英美崛起的历史真相

贸易与富强

梅俊杰　著

九州出版社 | 全国百佳图书出版单位
JIUZHOUPRESS

图书在版编目（CIP）数据

贸易与富强：英美崛起的历史真相 / 梅俊杰著. --
北京：九州出版社，2021.6
ISBN 978-7-5108-8621-8

Ⅰ．①贸… Ⅱ．①梅… Ⅲ．①经济史－英国②经济史
－美国 Ⅳ．①F156.19②F171.29

中国版本图书馆CIP数据核字(2019)第284801号

贸易与富强：英美崛起的历史真相

作　　者	梅俊杰　著
责任编辑	古秋建
出版发行	九州出版社
地　　址	北京市西城区阜外大街甲 35 号（100037）
发行电话	(010)68992190/3/5/6
网　　址	www.jiuzhoupress.com
电子信箱	jiuzhou@jiuzhoupress.com
印　　刷	三河市九洲财鑫印刷有限公司
开　　本	710 毫米 ×1000 毫米　16 开
印　　张	24.75
字　　数	378 千字
版　　次	2021 年 8 月第 1 版
印　　次	2021 年 8 月第 1 次印刷
书　　号	ISBN 978-7-5108-8621-8
定　　价	78.00 元

献给亲人

梅 健 梅 炜 梅纪成

再版说明

常言道:"听其言,观其行。"言下之意,行为重于言辞。在经济领域,同样也有言行之别。假如把西方经济理论当作"其言",西方的经济政策实践便是"其行"。衡量西方经济理论可信度的标尺,除了其自身的逻辑性外,更有西方一路走来的实际经济发展历程。显然,如果一定要两相分开的话,经济史(实践)至少应该占有与经济学(理论)同等的地位。

关于经济发展原理、国家富强机制、自由贸易与保护主义的利弊得失等重大问题,西方发达国家尤其是英国和美国,已经留下不少学说与定论。我们固然应当研习并采纳相关成果,但同时对于那些原本聚讼纷纭甚至备受质疑的论点,更应该深入西方经济史,通过"经史合参",去明辨是非、释疑解惑。这不仅具有一般的方法论意义,而且事关一国的战略选择、政策效应、风险防控等实务。

秉持"听其言,观其行"的精神,本书专就英美两国的崛起历程展开系统研究。全书突破经济学与历史学的流行陈说,从英美多个世纪的发展实践中挖掘真凭实据,还原了英美两国循由贸易保护而崛起的历史真相,着力揭示贸易保护与产业发展乃至国家富强之间的因果规律。作为基于后发国立场的学者,本人力图借助实证历史研究去探寻有效的后发展路径,以期对全球化时代的赶超发展有所启示。

拙著 2008 年经上海三联书店初版时，恰与全球金融危机不期而遇，书中诸多观点因此获得了额外关注和直接印证。2014 年新华出版社修订印行后，本书又逢民粹主义和去全球化在世界范围内暗潮涌动，正好为观察国际经济关系的演变提供了及时资鉴。今临中美贸易纷争、英国脱离欧盟、产业变革加速、经济版图重塑、疫情全球蔓延、不确定性增大之际，承蒙九州出版社雅意，拙作得以再版，希望其深长的历史视野有助于公众深入、客观地解读目前一系列国际政治经济学热点问题。

　　此次再版，除修订局部文字、调整注释位置、拆分过长段落之外，主体内容均一仍其旧，亦便于各界继续批评检验。专此说明。

梅俊杰
2020 年 3 月 18 日
记于上海社会科学院世界经济史研究中心

▎目录

前　言

在经济领域，自由贸易享有崇高地位。保罗·萨缪尔森就曾说过，如果理论也能选美的话，作为自由贸易基石的比较优势原理定会脱颖而出，因为它具有"无比优美的逻辑结构"。他断言，凡背离这一"全部经济学中最深刻的真理"，任何国家都会"在生活水平和经济增长方面付出沉重代价"。

基于这一认识，主流经济学界深信，消除国际贸易壁垒有助于增益各国福利，当今发展中国家若要取得经济发展，理当开放国内市场并参与国际自由贸易。主流学界且推近及远，称英国当年之所以率先迎来工业革命，盖因首先得益于亚当·斯密的自由经济学说，正是自由贸易及自由放任让英国等发达国家先行实现了产业发展和国家富强。这种看法在学界似也已成不言自明的常识。

然而，事实是否果真如此？自由贸易理论是否那么完美？历史上自由贸易是否发挥过那样的功效？如果是，为何现实中的自由贸易至今还障碍重重？全面融入世界经济的国家又有多少确实赢得了预期的发展？为解答此类疑问，笔者选择正本溯源，重点就英国和美国的贸易政策与经济发展历程，包括自由贸易理论的成长过程，进行实证考察。这部书稿便是此番考察的一个总结。

全书以充分的史实为依据，分析了主流话语中耳熟能详的自由贸易问题，还原了英美两国循由重商主义而崛起的历史真相，并揭示了在贸易政策与产业发展乃至国家富强之间存在的因果规律。书中得出的主要结论依次包括：

● 广为流行的看法，即是经济自由主义铸就了英国的富强，经不起推敲。不是自由贸易论推动了英国的工业革命，倒是英国工业竞争优势的确立将自由贸易论推上了主流意识形态地位。亚当·斯密在自由贸易等方面的主要观点早由其前人一一提出，缺乏创新的斯密只是因为现实利益的需要才被打造为经济学的始祖尊神。在成为主流意识形态的过程中，自由贸易论早已走过了一条狭隘化、教条化、为尊者讳、党同伐异的可叹道路。

● 作为英国"首要产业"的毛纺织业，是在数个世纪中严厉打击原料自由输出和成品自由输入，依靠深入微观经济活动中的国家干预和贸易保护之后，才最终确立起来的。英国的麻织业和丝织业经历了典型的国家主导下的进口替代过程，而英国的棉纺织业更是依靠对比较优势原理的彻底背弃，依靠禁入令和高关税等强制性"人为"手段才兴起的。历史事实表明，正是长期且严格的贸易保护才引发了英国的工业革命。

● 与通行看法相反，英国并非"内源""先发"现代化的原型，它实现发展的手段也与自由贸易或自由放任格格不入。英国之所以能够后来居上，靠的是早慧的经济学觉醒，尤其是依靠了融金银积累、贸易保护、工业扶植、就业促进、国家干预、强权打造、殖民征服于一体的重商主义；靠的是欧洲列国体系所带来的竞争性互动，包括工业革命前已经发生的技术、设备、技工等先进生产要素的大规模引进；靠的是国家政权对经济活动持续的激励和干预，而英国强大的国家能力特别得益于从外部引入的先进金融制度。

● 英国在19世纪上半叶转向自由贸易，这一政策转型绝非理论启蒙后的痛改前非，而是英国工业优势达到天下无敌后的一种自然选择，为的是打开并主导他国市场，建立一个以自身垄断优势和垄断利益为中心的国际分工体系。与创造普遍繁荣的承诺相反，自由贸易的推行酿成了欧洲经济的大萧条，弱势的欧洲各国随即改行贸易保护政策，方才摆脱危机并缩小了与英国的差距。对于实力等而下之的其他国家，英国的所谓自由贸易则完全是炮舰政策下的自由剥夺，其实质就是殖民主义和帝国主义。

● 美国的经济脱胎于英国重商主义时代的母体，亚历山大·汉密尔顿开辟了美国的保护主义传统，美国的富强盖源于此。虽然立国后曾经出现过争议和反复，但美国总体上选定了一条以国家干预和关税保护为核心的工业化道路。美国内战前的纺织业及其所带动的众多产业明显得益于贸易保护政策，内战后的美国更是长期一贯地实行了世所罕见的保护主义，借此始得赶超英国等先进国家。只有当自身产业优势压倒所有竞争者后，美国才在 20 世纪上半叶转向贸易自由化。美国的经验再次表明，自由贸易和保护主义都只是手段，产业的壮大才是贸易政策应当服务的目标。

● 严格说来，第二次世界大战后美国推动世界走过的是一条贸易自由化道路，而非自由贸易道路。即使在自身优势无可挑战之时，美国也以利己主义为准绳，实用主义地规划国际贸易体制、推动多边贸易谈判，并给自己划出诸多例外的范围。当自身优势受到竞争者侵蚀时，美国为了保住自己的产业（包括夕阳产业），即采用双重标准，拒绝顺应比较优势的演变趋势，频频打出"公平贸易"等旗号以势压人，五花八门的非关税贸易壁垒随之大量进入国际经济关系。美国主导下的当今国际贸易体制本质上还是一个强者各为私利互相角逐的倾斜舞台。

● 英美贸易政策与产业发展的历史实践如此背离自由贸易理论，追根溯源之下却不足为奇。由于推导过程中大量前提假定的存在，自由贸易论仅在严格限定的情形中才能成立，在真实世界里，该理论便显露出诸多漏洞。自由贸易论确立至今所遭遇的理论挑战，已从贸易条件、幼稚产业、收益递增、国内扭曲、不完全竞争等多个侧面揭示了这些漏洞。归结起来，自由贸易论的要害是，迁就并强化现实分工格局，引导弱势方依赖并不可靠的比较优势，最终使之固定在国际产业分工链的低端位置并因此流失机会和利益。至少对于有潜力的大国而言，唯有临时利用但又不屈服于比较优势，走产业升级、创造国际竞争优势之路，才能保障自身在现实世界中的利益所得。

本书的价值在于挖掘真凭实据，展现了英国工业革命和美国成功赶超本由贸易保护政策促成这一历史真相，证明了自由贸易论作为意识形态、自由贸易政策作为强者工具的本质特点，并且强调贸易政策与产业发展彼此关系的历史规律至今未有改变。这些归结到一起，实际上是在探讨何为国家富强的真正机制这个问题。研究国家富强之道，包括解释西方世界的崛起，一直是一门显学，各路大家提出了各种理论。从专业化分工、市场机制、自由贸易，到资本积累、技术创新、企业家作用；从新教伦理、产权制度、管理革命，到民主政体、威权主义、儒家价值，等等，众多相关因素都已被翻检一通，可谓各执一端、众说纷纭。现在，本人基于对英美发展历程的实证考察，也加入了"盲人摸象、各摸一块"的行列，所得出的答案说来也很简单，那就是以贸易保护手段殖产兴业。

近代以来的世界经济史表明，工业化实乃一国富强的必由之路。打造并不断升级产业，是由现实世界中产业层次偏低的一方无法在国际贸易中保障本国获利所决定的。而工业从零开始或者由弱起步，当然需要培育和激励，需要关税和非关税手段的保护。在已有工业强国崛起在先的世界上，任何一个后来者要再行工业化，都难以再依靠自由贸易，而只能依靠贸易保护。当今主要发达国家，历史上正是靠贸易保护才奠定了产业兴盛及国家崛起的基石，这一历史规律至今不失其适用性。贸易保护固然不可能是一国富强的充分条件，但足可视之为一个必要条件。假如要单选某个决定因素来解释一国富强之基础的话，我宁愿认为，该要素就是逆自由贸易而行的贸易保护和产业扶植。

如果称这一观点为贸易保护决定论，也并无不妥。戴上这副透视镜，再回望原先颇觉纷繁杂乱的世界史，大有豁然开朗之感。将这一观点放回世界史中加以检验，结果当令人满意。诚然，正如读者将在书中所见，历来不乏对于自由贸易的批判，从重商主义直到自由经济学派，从经济学的历史学派再到当代激进派发展理论，在贸易问题上都留下了不少务实、清醒、实证而并不教条的观点。同时，相当多历史学家（主要是经济史学家），更是提供了大量史实和观点的佐证。本人所做的就是，站到前人的肩膀上，通过自己的视角重新解读历史，把零星孤立的历史片断系统化，让湮没不彰的历史线条凸显出来，借以在自由贸易问题上提供足以使人清醒的思想资源。不用说，是否很好地做到了这一点，有关结论是否具有十分的说服力，尚需交由读者来评判。不过，我自己对此还是充满信心的。

作为一部严谨的经济史著作，本书力图做到言必有据，不发虚空之论。由于涉及历史考辨，全书为求得证据支持，引用了不少相关史实陈述和已有研究结论，而且为了存真，这些引证都尽量用了直接引语的形式。一部著作这样写法，实际上是吃力不讨好，但我以为这是诚实负责的态度。本书的文献基础主要是有关英国和美国贸易政策与产业发展的经济史研究成果，也包括贸易学说史的有关研究成果，其中部分为专著，大部分则为论文，多出自英国 1927 年以来的《经济史评论》（*Economic History Review*）和美国 1941 年以来的《经济史杂志》（*Journal of Economic History*）。对于所引文献的众多作者们，除已在注释和征引文献中一一列明外，我在这里还要特别表示敬意。

值此书稿付梓之际，我愿诚挚地感谢提供了"志奋领奖学金"（Chevening Scholarships）、资助我在伦敦经济学院学习的英国外交和联邦事务部。留学英国使我得以深化对自由贸易问题的思考，特别是为形成中的观点寻得了扎实的立论依据。此外，本项目研究先后得到了上海市浦江人才计划和国家社会科学基金的支持，在此亦谨致谢忱！

鉴于全书所涉议题范围较宽，虽自问用力已勤，且有之前版本为基础，恐仍有力所不逮之处。史实和议论方面如有疏失，尚希识者不吝指正。本人电子邮箱是：mayjunejuly@yeah.net。

第一章

亚当·斯密真相辨伪：现实利益打造自由贸易信条

我们的经济学家肆意漠视历史。

——亚力克西·德·托克维尔（法国政治思想家）

大凡确立一种意识形态，必然要造神，亚当·斯密就是为确立自由贸易意识形态而打造的一方始祖尊神。概而言之，流行的斯密崇拜至少包括如下几个方面：

● 自由贸易论是由亚当·斯密首创的，正如他首创了现代经济学和政治经济学一样，斯密是突兀而立的经济学巨人；

● 由斯密首创的自由贸易论，连同其自由主义经济学说，以无比的科学性、革命性和雄辩性，得到了迅速而普遍的接受；

● 斯密的学说，尤其是其中的自由贸易论，有力地推动英国率先走上了一条加速国家富强的工业化道路；

● 斯密学说不仅对英国是有效的，而且具有普遍的适用性，只有遵循自由贸易等自由主义经济原理才能让世界实现持久的共同繁荣。

围绕亚当·斯密的讨论经久而不息。2006 年 10 月 29 日，英格兰银行行长默文·金宣布，斯密的头像将荣登 20 英镑钞票。次日，英国《泰晤士报》评论道："当年《泰晤士报》刊登的讣告称他笨手笨脚、丢三落四、没有商业头脑，如今亚当·斯密将成为 20 英镑钞票上的历史人物，他的现代经济学之父地位从此不可动摇。……他撰写的《国富论》[《国民财富的性质和原因的研究》之简称] 主张自由市场和自由贸易，反对重商主义，并认为个人私利会在'看不见的手'的引导下促进公益。他的理论成为英国 19 世纪工业力量的奠基石。"[1]

如此斯密崇拜不仅见诸报端，而且早已流布学界。例如，2001 年同时在纽约和伦敦出版的严肃著作《现代经济学的创立：伟大思想家的生平与理念》，以隐喻人类创生的双关语"一切源自亚当"开篇，称"1776 年是一个先知预言的年份"，当年宣告了"政治自由和经营自由，二者相互协作开启了工业革命"；"《国富论》是全世界都聆听到的思想炮弹"，"是一份经济《独立宣言》"，"注定会产生巨大的全球影响"；斯密"写就了赢得繁荣和财富独立的普世公式"，"正如乔治·华盛顿是新生国家之父，亚当·斯密是新创的财富科学之父"；等等。[2] 有关斯密的宗教般命题在这里可谓一应俱全。

事实上，对斯密及其学说的顶礼膜拜在西方学术圈、课堂里、财经界、传媒上是何等司空见惯、理所当然，早已成为社会常识的一部分。况且，由于西方的综合实力及话语霸权，这种信仰终于主导了世界的主流舆论，从而众口一词、积非成是、弄假成真、以讹传讹，真正地让斯密学说"注定会产生巨大的全球影响"。然而，造神运动——不管是打造何种神灵、维持何类神话，依靠的手段不外乎歪曲历史、掩盖事实、高调兜售、反复灌输，斯密崇拜也是这样打造起来的。只要耐心地沉入历史，审慎地鉴别细节，相对独立地思考和怀疑，尽量开放地倾听被边缘化的声音，便可发现，这些所谓的常识实在与真相相距甚远！

有足够证据表明，亚当·斯密并无开拓性创见，其所谓"古典自由主义"经济学说的主要内容，包括自由贸易论在内，早由其前人一一提出，甚至阐述得比他更加周密和系统。只是当英国的产业发展还处在需要贸易保护的阶段时，他人早熟的自由化论点便注定无法成为主流学说。其实，即使到斯密去世的 1790 年，英国产业的国际竞争优势也未充分确立，自由贸易论之类的自由主义政策尚嫌超前，故而，就是斯密也还要等待相当一段时间才能真正名满天下。

与一炮打响的传说相反，《国富论》的出版不仅在斯密生前，而且在他死后初期，都未能为他带来一举走红的盛誉。可以肯定地说，远不是"英雄造时势"，即根本不是因为斯密学说而让英国率先走上了工业化道路，从而奠定了所谓世界繁荣的基础。历史真相恰恰是"时势造英雄"，或者更准确地说是"时势找英雄"。也即英国偏偏是依靠了与自由贸易论格格不入的政策，如此才率先确立了工业竞争优势，待到此时，现实的需要呼唤相应的意识形态，于是，幸运的亚当·斯密就被拉出来梳妆打扮一番，人为打造的神像从此便成为服务强者利益的最佳工具。

显然，本书开卷就着力于鉴别这一事实真相，绝非因为染上了"考据癖"。当今的人们依然需要，甚至更加需要思考这些根本性问题：为何自由贸易总是得到强者的偏爱，而弱者的利益频频受到损害；为何在贸易问题上，强者经常是嘴上一套或者纸上一套，而实际政策却是另外一套。揭开自由贸易论确立阶段的这个历史盖子，将有助于从源头上打破弥漫在我们周围的自由贸易流言，从而清晰地透视这个世界政治经济格局的原形。

一、缺乏创新缘何暴得大名

以为斯密天才般地创立了自由贸易理论，这种认识在西方，甚至在整个世界，早已凝固为某种不证自明的公理。例如，新近译成中文的一本西方著作言之凿凿地宣称："自由贸易原理是亚当·斯密 1776 年在其名著《国富论》中首先提出的。"[3] 中国的教科书也常称："古典经济学的伟大创始人亚当·斯密在其著作《国富论》中雄辩地证明了自由贸易的可能性与必然性，从而建立了古典主义的贸易理论。"[4] 而且，除了把自由贸易论的原创权归到斯密头上外，人们普遍认为，斯密还首创了支撑自由贸易论的那些基本的自由主义经济理念。比如，天赋自由、经济理性、私利有益、放任自流、无形之手、管制有害、劳动分工、贸易共荣，等等，据说均由斯密首倡。在斯密著作中，尤其在《国富论》中，我们的确可以读到这些有影响力的思想，只是它们纯由斯密转述而来。细究经济学说史可知，无论是自由贸易论，还是那些相关的自由主义经济理念，实际上无一由斯密原创，它们本质上都是斯密之前历史的产物，在斯密时代都已成为学术常识。

斯密之前早有深刻的自由贸易论述

在自由贸易论这个斯密似乎堪称鼻祖的领地，斯密不仅不是开风气之先的首创者，而且他也未必后来居上。即使按照偏于保守的估计，斯密之前，至少有五位作者实为"自由贸易完全的支持者"，至于倡导"较自由贸易"者，则人数起码还可翻倍。[5]据查，英国的经济学思潮在 17 世纪便呈现自由化倾向，那些被斯密笼统冠以"重商主义者"称号的（政治）经济学家大多在日益转向"重商自由主义"立场。"多数重商主义者，至少从 17 世纪末起，更应被称为自由贸易论者，而非保护主义者"。[6]因此，有学者提醒道："把转向自由贸易的任何变化都归因于斯密，我们对此须持谨慎态度，人所熟知，许多所谓重商主义文献已在反复讲述'自由'的好处。"[7]

也有学者明确指出："托马斯·孟……查尔斯·达维南特、尼古拉斯·巴贲、乔赛亚·蔡尔德，特别是达德利·诺思爵士，已经提出了倡导外贸自由的理论，其阐述的明确和清晰程度一如近一个世纪后的亚当·斯密。"[8]此外，比斯密早了半个到一个世纪的其他人物，从威廉·配第到亨利·马丁，都"提出了赞成自由市场和自由贸易的普遍原理及部分理由"。乔赛亚·塔克曾被法国经济学家誉为"认识到自由贸易之优势的唯一作者"，他稍长于斯密，斯密藏书中就有塔克的著作，在观点上也从中多有吸收。[9]另外，人所共知，长期游历法国的斯密深受以弗朗索瓦·魁奈为首的法国重农学派的影响，而"重农学派也许真正是第一个主张无条件自由贸易的集团"，[10]"在自由贸易问题上，如同在其他方面，斯密从重农学派那里受到了启发"。[11]

具体从学理上说，远在 13 世纪即有一位"米德尔顿的理查德"，他构想了用以解释国际贸易利益的两个国家、两种商品的初步模型。[12]此后很久，"塞缪尔·福特里在 1673 年阐述了斯密一个世纪后才会提出的大致相同的内容，即自由贸易会让资源得到更有效的配置"。[13]亨利·马丁、雅各布·范德林特、马修·戴克、乔赛亚·塔克等也均早于斯密，探讨了要素禀赋和优势差异以及在此基础上交易之利弊等命题，塔克、戴克在自由贸易问题上的观点甚至比斯密更加自由化。尤其是在 1701 年，亨利·马丁发表了坚定并系统地支持自由贸易的论册《关于东印度贸易的思考》。此书批评了贵金属主义论；认为不应对进口设置任何限制；强调自由进口所带来的竞争压力终将让总体的英国经济受益；提出自由贸易有助于专业化分工和规模经济；等等。[14]贸易学说史家不止一次指出："马丁在许多方面以比亚当·斯密更为深刻的推论阐述了自由贸易的逻辑"。[15]

再有，艾萨克·杰维斯 1720 年出版的《世界贸易体系与理论》深入分析了国际交换和支付问题，形成了首个国际经济一般均衡理论，得出了"全面呼吁普遍自由贸易"的结论。其理论被后人认为是"政治经济学最早的正式体系之一，为自由贸易奉献了最有力的实际论证"。[16] 还有，德国人恩斯特·路德维希·卡尔在其出版于 1722—1723 年的《论君主的财富》第二、三卷中，已经阐述了利用比较优势条件、开展国际分工、进行互利交易的思想，而且据考证，斯密了解此人著作，斯密有关分工的论述"有时甚至使用的语言也是一样的"。[17] 此外，法国人诺埃尔·安托万·普吕什在其 1732—1750 年出版的《自然观察》第六卷中，已经"提出了通常被谬称为'李嘉图模型'的谷物经济模型"，而且同样据考证，斯密也是完全能够接触到该著作的。[18]

为展示斯密之前已很深刻的自由贸易思想，这里特以马丁《关于东印度贸易的思考》为例，予以介绍亦供佐证。发表于 1701 年的这本册子共有80 页，旨在支持丝绸和棉纺织品从印度的进口，在辩护过程中，作者十分超前地表述了自由贸易论的经典见解。

首先，马丁已把国际贸易置于比较劳动成本的坚实基础上。他说："如果九个劳动力在英国不过生产三蒲式耳小麦，而在另一国家中九个劳动力能生产九蒲式耳小麦，那么把劳动力雇用于英国国内的农业生产，不过就是雇用了九个劳动力来从事外国三个劳动力便可完成的工作……这等于我们所雇用的六个劳动力没有创造利润，而这些劳动力本可以被雇来进行其他生产，以让英国获得同样多蒲式耳的小麦。故此，[让其在英国从事农业] 等于是损失了六蒲式耳小麦，或者损失了这么多的价值。"[19] 显而易见，马丁已经抓住了作为自由贸易基础的成本优势问题，若比较斯密 75 年后《国富论》中的相关内容，[20] 马丁显然有过人之处，故此有定论："在对自由贸易理由的分析性贡献方面，说马丁甚至超越了斯密，谅非无理之词。"[21]

其次，马丁进一步阐述了自由贸易基础上的国际分工利益，以及贸易限制会造成的危害。他说："可以从印度进口那些利用比英国更少人手便可生产的东西，允许消费印度的制品等于是减少劳动的损失。……那种限定我们只消费英国制品的法律，等于强迫我们亲手生产它们，强迫我们消费本可由较少劳动而现在却由较多劳动提供的东西。"据此推理，贸易及消费限制"等于让许多人劳而无功，让王国无利可图，干脆说，实把本可以创造利润的劳动扔掉了"。同时，马丁正面指出，自由贸易带来的竞争会促进生产率的提高。他说："鉴于东印度贸易能以较少因而也是更低廉的劳动获得进口品，这种贸易是一种非常可能的方式，会迫使人们发明工艺和机器。这样，其他事情也可能因此以较少和较廉的劳动来完成，从而会降低制品的价格。"[22] 马丁还专门以布匹和钟表为例，论述了国际贸易基础上的专业化所能导致的效率提高。

最后，马丁相信自由贸易不会带来有害的失业，相反会带来最大的就业。他说："东印度贸易没有摧毁英国盈利的制造业，也没有剥夺那些我们希望保留的就业岗位"；假如节省劳动的制成品进口真的意味着一定数量的人"因此无法从事其原先的营生，则东印度贸易不过是让原本不能为王国谋利的这么多人失了业。即使失去了这些人所生产的制品，失去了雇用这些人的工作，社会公众却毫无损失"。他坚持认为，开放的贸易"是最可能为所有人提供工作的一种方式"。限于篇幅，马丁用来支持自由贸易的其他一些观点，包括消费海外新奇产品、提高资源配置效率、商人自有良善判断等，就不再赘述。[23] 重要的是，应当意识到这些思想的巨大超前性。

自由经济学核心理念亦非斯密首创

与自由贸易论关系密切的其他自由主义经济理念，同样也非斯密首创。关于天然自由理念，包括天赋贸易自由理念，且不论古希腊和古罗马时代的古典哲学，以及中世纪基督教经院哲学中的相关阐述，至少在16世纪、17世纪，西班牙和荷兰的神学家和法学家已提出过系统的理论。道理很简单，比英国领先一步赢得海上霸权的强国，自然更迫切地需要为海外征服权和贸易权进行辩护。弗朗西斯科·德·费多礼亚于1557年宣称，西班牙人对印第安人的土地拥有自由通行等权利，此乃得自天赋的"国际法"。弗朗西斯科·苏亚雷斯1612年也认为，基于"国际法"，自由的国际商业交往纯属天经地义，所有民族和国家都不应违背。雨果·格劳秀斯在《论海洋自由》（1608年）等现代国际法奠基之作中认定，所有人都有权从事彼此间的自由贸易，并有权通过"正义战争"捍卫这一权益。塞缪尔·普芬多夫于 1660 年，还有其他人士，也有过类似的表述。[24]

因此，约瑟夫·熊彼特指出，虽然斯密认为自己在 1749 年最早提出了天赋自由原则，但实际上，"前人例如格劳秀斯和普芬多夫都已十分清楚地阐述了天赋自由原则"，"斯密的分析骨架师承于经院哲学家和自然法哲学家，不仅格劳秀斯和普芬多夫的著作中有现成的这种骨架，而且斯密的老师哈奇森也向斯密传授过"。[25] 也有研究者指出，关于不同国家天赋条件不同、理当贸易互利的思想，"在 16 世纪以及随后的英国神学家那里显然是寻常可见的学说"。[26]

关于经济理性、追逐私利可促进公益等理念，查尔斯·达维南特在 1695 年就宣称，经济和政治领域中存在着一条超越任何政府法规的法则，它本质上以个体的私利为基础。[27] 同样，强调个人私利与公共利益相互和谐的观点，一向被误认为是堪称"经济学核心矛盾"的"亚当·斯密悖论"，[28] 然而，"肯定无疑，关于市场上行为自私的个体可促进公众利益这一想法，早在 17 世纪的著作家那里就已相当普遍"。[29] 的确，达德利·诺思、刘易斯·罗伯茨、亨利·帕克、理查德·堪布伦、乔赛亚·蔡尔德等人在 17 世纪发表的著作中，乔赛亚·塔克、詹姆斯·斯图尔特等人最迟在 1760 年代发表的著作中都已提出，个人自发的谋利行为可以促进公共的福利；商人的行为虽然动机在于自利，但总归有利于国家和社会。

这些作者中，最有名者当数伯纳德·曼德维尔，他于 1714 年出版《蜜蜂的寓言：私人的恶德、公众的利益》。正如其书名所示，曼德维尔认为对奢侈和自爱的追求会带来勤勉的社会和繁荣的经济。据查，斯密书中相关的"整段文字……几乎一字未动，完全从曼德维尔的《蜜蜂的寓言》中转录过来"。[30] 皮埃尔·勒·佩桑·布阿吉尔贝尔写于 1690—1710 年的作品同样已经提出，私利驱使下的个体虽在谋取个人利益，客观上却在促进公益。[31] 据考证，曼德维尔和布阿吉尔贝尔都受到了更早的两位法国道德学家皮埃尔·尼古拉和让·多马的影响，斯密的观点与其十分相似，[32] 从中至少可见渊源之流长。因此，早有定论："'经济人'的概念，通常以为是 19 世纪古典学派的发明，实乃重商主义学说中的一项重要内容"；"一些作者已先于亚当·斯密，阐明了斯密的基本原理，即个人在追求自身目标时，往往同时在服务于公众利益，故而不加管制的贸易是可取的。"[33]

关于自由放任、无形之手、市场机制等理念，斯密亦非原创者。在 17世纪，西欧的经济思想中已包含两股思潮，即在所谓的重商主义之外，还存在着自然法哲学思想，后者早已在呼吁减少政府对经济的干预。最有名者就是法国所出现的经济自由派别，英语中"放任自流"一词即来自法文 laissez-faire et laissez-passer（自由放任、自由流通）。布阿吉尔贝尔早于斯密，揭示了市场通过价格发挥的连接和协调买卖双方并使之互相竞争的功能，得出了经济繁荣并不太需要政府干预的结论。[34] 普吕什也提出了斯密以后重复的观点，除讨论垄断是否可取、工人是否应当陷于贫困、劳动分工有何意义之外，人人为我、我为人人，甚至"看不见的手"这些观点都已出现。此人著作有英文译本，最早出现在 1739 年。[35] 斯密传的作者也指出："1749—1750 年，产业上的天然自由思想并非仅限于斯密一人的头脑中，在苏格兰同他直接交往的人们那里也很流行。大卫·休谟和詹姆斯·奥斯瓦尔德当时也就该问题有书信往还。"[36]

实际上，"看不见的手"这一说法在斯密的《道德情操论》和《国富论》中只分别出现过一次，并且是指"自然法则的体系"，而非后人理解的"市场"。[37] 相反，有关市场价格机制，包括货币流动的自我调节机制，这一理论的"英国渊源可谓举不胜举"。[38] "甚至重商主义文献也包含了很多可以被恰当地视为放任自流思想之先声的东西"。[39] 曾提携过斯密的亨利·霍姆·凯姆斯在 1774 年出版的著作中，"显示出充分了解决定价格的诸多力量"。[40] 理查德·坎梯隆也对市场的自我调节机制作过非常清晰的成功解释。"斯密之前的许多作者都已认识到在某些部门存在自我调节的力量……例如杰维斯和休谟对国际贸易的看法，诺思、曼德维尔、塔克关于国内市场、劳动和资本市场的看法。"[41] 而且，"斯密本人对保护政策提出的批评不会比诺思的严厉批评更高明"。[42] 据此，经济学说史家认定："斯密对'看不见的手'的坚持，并没有像人们先前认为的那样有重大意义。"[43]

关于劳动分工理念，尽管《国富论》以扣针为例论述劳动分工的第一章往往最为人传颂，但它不过是在重复常识。"人们错误地把发现'劳动分工'归功于亚当·斯密，可古希腊人都熟知将工作分给专门行当带来的好处。事实上，我尚未听说斯密前有哪个经济学家，未能对此有所观察，未能对其益处有所评论"。[44] 费尔南·布罗代尔也说过，劳动分工"这个旧概念远在斯密以前，已被威廉·配第、恩斯特·路德维希·卡尔、弗格森和贝卡里亚所指出"。[45]

的确，配第在其《政治算术》（1676年写成，1690年出版）等著作中曾分别以织布、船运、制钟为例，论述了专业化分工以及规模经济问题。比斯密更早分析过分工问题者，至少还有亨利·马丁（1701年）、伯纳德·曼德维尔（1714年）、亨利·马克斯韦尔（1721年）、本杰明·富兰克林（1729年）、塞缪尔·麦登（1737年，其所著《每周观察》见于斯密藏书）、弗朗西斯·哈奇森（1755年）、约瑟夫·哈里斯（1757年）、亚当·弗格森（1767年）、乔赛亚·塔克（除1774年出版物外，其另两种著作论述分工问题，斯密拥有其中之一）。他们的探讨涉及专业化分工促进技能熟练、效率提高、产量增加、质量改善、成本和价格降低、对劳动者综合要求降低，以及分工与市场的关系等问题。此外，普吕什（其著作英文版问世于1739年，且以"针"为例讨论分工问题），以及法国的《百科全书》（就以"扣针"为例论述分工之益处）等，亦被认为对斯密产生过重要影响。[46]

斯密有关分工可能带来异化后果的论述，则受到了法国哲学家让–雅克·卢梭的影响。[47] 再有，法国人安·罗伯特·雅克·杜尔阁出版于1766年的《关于财富的形成与分配的考察》，已提出十分完备的分工理论，斯密受到此书的影响也非同一般。[48] 故此熊彼特说，一般认为《国富论》中"最精彩"的关于分工的部分，尽管斯密将之置于卷首加以强调，实际上"没有任何富有创见的东西"。[49]

西方发达（政治）经济学传统久已有之

以上从已有研究中辑录的材料清楚显示，通常归功于斯密的那些基本的自由主义经济理念，包括自由贸易论在内，实际上均非斯密首创。即使不以《国富论》正式出版的1776年为界，而是按写于1763年的12000词的"国富论早期草稿"衡量，甚至再考虑更早的著作酝酿期，这一结论的总体有效性仍不容否定。正因如此，熊彼特在罗列了斯密应当了解并学习过的一长串经济学家，包括那些"因犯有'重商主义错误'而为他所轻视的作家"后，总结道，尽管"一些人把斯密的著作吹捧为具有划时代意义的开创性著作"，但"事实是：《国富论》中所包含的分析思想、分析原理或分析方法，没有一个在 1776 年是全新的"；"如果抽掉这些前驱者的思想，是否还能剩下斯密的思想，是很值得怀疑的"。[50]

雅各布·瓦伊纳也认为，"在经济分析的具体点上，一些前辈做得比斯密要好，斯密未能充分吸收休谟、重农学派和杜尔阁的某些真正有价值的分析性贡献"；[51]"在每一个细节上，单独地观察，斯密看来都有大量持论相同的前辈。只有在很少细节上，他能与前辈中的最好者具有同等的深刻性"。[52]埃里克·罗尔指出："在他的经济观点逐渐成熟的 25 年或更长时期内，斯密接受了很多前人的影响。虽然他在《国富论》里很少提到早期的著作家，而且几乎没有承认受过他人的启发，可是显而易见，这本书的任何重点都不是他的创见。"[53]

了解斯密之前经济学发展史的人对此不会感到奇怪，因为"在 [1620 年代] 之后的一个半世纪中，某种我们可称为现代经济学的东西诞生了。这绝不是斯密及其最密切盟友的一项发明，相反，它缓慢地浮现，在此过程中，市场分析的工具箱逐渐完备并日趋复杂"。[54] 作为佐证，请注意这些历史事实：包括英国在内的整个西欧"在 1662—1776 年无疑已拥有最高质量和最高品位的贸易、商业和政治经济学作者"，"以后将成为并且长期以来始终是政治经济学持久核心的那些问题，伴随由这些问题的方法、理论和政策而产生的大多数经久不息的对立观点（基本上至今仍未有定论并经常激烈争辩着），都可发现已在该阶段的著作中开始被人探讨"；[55]17 世纪、18 世纪"欧洲大陆的很大一部分经济学"，"在实际洞察力和实际有用性方面几乎不比《国富论》差"。[56]

显然，斯密之前的一两百年中，在西方，尤其在英国，已经存在高度发达、十分成熟的（政治）经济学传统，包括自由贸易论在内的古典主义经济学思想在斯密年代并不新鲜。既然如此，人们不禁要问，缺乏创新者缘何能够浪得虚名，就如取得创新者却何以未能实至名归？如果斯密拥有的盖世盛名不完全来自学术因素，那么，是什么样的非学术因素在起作用？看来，这倒是一个真正的堪称"经济学核心矛盾"的"亚当·斯密悖论"。

自由贸易论真正首创者何以反遭埋没

在清理斯密与其前人有关自由贸易等思想的渊源关系时，不能不为历史上反复出现的"反常"现象所震惊。既然亨利·马丁早于斯密75年就在自由贸易理论分析方面超过亚当·斯密，为什么马丁未能脱颖而出？同样，既然在18世纪早期，卡尔就已触及比较优势概念，还有，普吕什已提出"李嘉图模型"，他们怎么就未获世人青睐呢？而且，更加匪夷所思的是，这些真正的先行者不但未能获得应有的名声，甚至还几乎都被彻底埋没！

继1701年初版后，"亨利·马丁的小册子在1720年重印过，因此不可能遭受其同代人的完全忽视。可是，他的主张似乎没有引发任何书面的讨论或反驳"。更有甚者，此后长时间内居然"从未有人追随或引述他的观点，一直要到19世纪初，古典经济学家约翰·麦克库洛赫才将马丁从历史尘封中拯救出来"。[57] 近至1983年，还有人在进一步论证马丁确为其书册的作者这类问题。[58] 一个"在前斯密作者里出类拔萃、堪称异数"的自由贸易理论家，不仅未能如斯密般名扬天下，反而差点被历史湮没，这是令人诧异更启人深思的问题。

无独有偶，全面阐述了普遍自由贸易的"杰维斯的小册子，很长时间内看来几乎完全不为世人所知"，以后虽曾获得一位收藏家的极高评价，但要过了两个世纪后，即到1930年代，才由雅各布·瓦伊纳"充分地重新发现杰维斯的著作及其重要性"。然而，此等历史现象绝非仅在英国偶然发生，最早在法文版著作中提出了"比较优势"等重要思想的卡尔竟然也"被忽视了太长的时间"，也是在两个世纪后才由经济史家重新挖掘出来，并随后被奉为"政治经济学的真正创立者"。[59]

这几位自由贸易论的真正先驱，在英国和法国都遭遇了同样的命运，不仅未能受到追捧，反而同被时代埋没。此等事件一而再，再而三地重复发生，不能不让人思考一个问题：既然（政治）经济学涉及一个国家的重大利益，按照斯密本人的定义，"政治经济学"是"政治家或立法家的一门科学"，"其目的在于富国裕民"，[60] 那么，在这样的领域，一个理论及其创造者，难道仅仅是具有原创性或者新颖性或者逻辑性或者科学性，而不切合当下现实的需要、不计及政策建议的后果，便可以成就功名吗？换句话说，与现实利益紧密挂钩的理论及其首创者，其废存和沉浮难道可以不受现实情况的影响或选择吗？答案显然是否定的。

自由贸易论先驱之所以被淘汰，究其根本原因，恰恰在于他们的理论太过超前，而超前就是不合时宜，就难以行时得势。贸易学说史家就诺思、巴贲、马丁等人的命运明确指出："这些人播种了亚当·斯密日后收获的东西，但他们的思想超越了时代，对于现有的社会和政治秩序实在具有太大的颠覆性，故而无法取得成功。"与之对照，约翰·洛克的贵金属理论及贸易保护思想则"大行其道，因为其想法与议会权贵的利益和谐呼应"。[61]

由于是否合时与是否行世之间存在此种逻辑关系，我们便看到这样的结果："当英国的公众舆论和政治舆论依然强烈地反对自由贸易思想时，杰维斯的小册子看来对同代人或后来者甚少或者没有影响。"同样，马丁的自由贸易理论在当时的政治圈和舆论界也自然只能"不受欢迎"，"简直被置之不理"，"不得不再等待几乎一个世纪才会获得人们坦然的赞赏"。不妨进而言之，既然英法两国迟至 18 世纪都仍以贸易保护为国家政策的基石，那么，超前的自由贸易思想遑论行时得势，简直就是危及国家利益的异端邪说。这绝非夸大其词或危言耸听，沃尔特·贝奇豪特在 1895 年便说过："在现代英国人看来，'自由贸易'作为正统教义中的普遍真理，已成为陈词滥调，因而他肯定无法想到，一百年前它尚且是出人意料的异端邪说。那个世界的全部商业法则都立足于保护主义理论。"[62] 以此为背景，前述先驱屡被埋没的"反常"谜团也就迎刃而解了，而且，它足可让人悟出斯密成名背后的玄妙因缘。

二、现实需求选择理论工具

显而易见，当英国或其他国家还需要采取保护主义政策，借以确立自身产业竞争优势时，无论存在多么完善合理的自由贸易理论，这种理论都难逃被束之高阁甚至千夫所指的命运。反而言之，既然英国经过工业革命赢得了显著的产业竞争优势，那么，现实利益需求便注定要催生或者挖掘出一套自由贸易意识形态，不管它叫什么名号，也不管它是否属原创，甚或是否与工业化趋势同声相应、同气相求。

与斯密学说开启工业时代这一神话正恰相反，"斯密的著作非但不是对新时代的预告，相反，甚至最肤浅的读者也能看出，他对工商业者怀着深刻的憎恶，讽刺和批评唯恐不及"；"斯密不能被视为新兴工业主义的前驱者，他以坚韧的性格，墨守农业，不放过每个机会表达自己对农业的偏好"。[63] 另至少有三位知名经济史家指出，"斯密就没有意识到工业革命的存在"，"斯密未能预见到工业革命行将带来的变化"；[64] 斯密"并没有想要解释工业革命的到来，他其实丝毫没有意识到工业革命即将发生"，[65]"斯密撰写其最重要的经济学著作时置身于这些事变 [工业化变革] 中，可他未能提及它们"，他与"古典经济学家干脆就没有理解周围正在发生的事件"。[66]

然而，这一切又有何妨呢？单凭他对自由贸易的虔诚膜拜，已趋成熟的现实需求便会制造一个神化的斯密幸运儿。熊彼特的看法就是："斯密的运气很好，他的好恶与当时的社会风尚完全一致。他鼓吹的是现成的东西，相关分析也是为这些东西服务的……斯密的观点并非很特殊，而是当时流行的观点。"[67] 熊彼特称斯密与时代风尚完全一致，这是在一个宏观的历史大框架中给出的判断，它道出了斯密声名鹊起与时代需求在宏观上的吻合性。这种吻合性在对比斯密与其自由贸易思想先驱者的不同命运时，尤可清晰地观察到。

《国富论》尚需等待时机才能切合需要

当然，在熊彼特的宏观大框架内，如果具体深入历史细部，则尚应看到，斯密还是比熊彼特承认的要稍微超前于时代。从《国富论》面世的1776 年到斯密去世的1790 年，英国的工业革命总体上尚处于发动展开阶段，英国还未确立充分的国际产业竞争优势。"据新近研究，必须承认，工业化是一个比曾经认为的要缓慢得多的过程。制造业对国民产出的贡献在1740 年代并无显著上升；1780 年代的迸发大体上限于棉纺织业；直到1820 年代，新产业在数量上的重要性才体现于总体经济中。"[68] 另两位经济史家以实证研究确认了这一点："大约在1820 年出现了一个转折点"；[69]"经济直到1820 年代才达到持续年增2%的速度。"[70] 既然如此，现实需求应当不会太早地追捧自由贸易论，不管该理论由谁提出。令人兴奋的是，历史事实充分印证了这一判断，从而在微观上也彰显了斯密日后暴得大名与现实需求之间的吻合性。

与流行观点相反，斯密远不是随《国富论》的出版而一鸣惊人，不要说在他有生之年，就是在故去后的至少十年里，他都未能享有盛誉。"《国富论》出版后大约过了四分之一世纪，才开始出现清晰的证据，表明这部书在一流经济思想家那里树立起了权威。"[71]"有许多证据表明，虽然斯密在《国富论》出版后又生活了14 年，但斯密经济学的胜利终其一生都没有到来。"[72] 还有一说："斯密去世之后很久，直到如托马斯·马尔萨斯和大卫·李嘉图向世称'古典政治经济学'的文献主体作出贡献之后，斯密的思想才在立法中得到贯彻，这在英国最早发生于1820 年代和1830 年代。"[73] 显然，历史还需要等待英国产业竞争优势充分确立后，才会把斯密转述的自由贸易论推上主流意识形态地位。"那种认为《国富论》立刻成功的观点，一直是西方历史学中持久不衰的陈词滥调之一，可是缺乏清晰的证据加以证明。"[74]

考察亚当·斯密在经济领域迟来的成名过程，可以进一步支持前述结论，即实际上主要是英国不断滋长的新利益需求在物色和锻造意识形态工具。从发行数字看，《国富论》1776 年的初版印数据推测在 500—1000 册，不到两年出第二版，印 500 册，再过六年，即 1784 年始出第三版，印 1000 册，前三版跨越的十年里总发行 2000—2500 册。1786 年、1789 年、1791 年，《国富论》第四、五、六版问世，总发行 4750 册。[75]

虽则就初版发行量而言，出版商认为，"作为一本需要人们深入思考才能有所收益的书，其销路比我预料的要好"，[76] 但深入研究可知，公众对《国富论》的需求只是在斯密生命最后五年才有较大幅度的增长。然而，即使是新近的经济学史著作也还在重复不实的俗套陈说，称《国富论》"很快就得到成功，第一版的两卷本几乎立刻就告售罄。该书从一开始便受到极为有利的热烈欢迎，它的影响……那么巨大而又广泛"云云。对照实际发行数字，哪怕按当时的标准来衡量，也无法给人以《国富论》不胫而走、斯密一举成名的印象。事实上，重弹不实老调者随后也不得不承认："确实，要使他的著作产生实践效果需要经历时间。……直到 1820 年代，英国的关税壁垒从来都没有实行过什么重大的削减。"[77]

从最初的书评看，尽管绝大多数较有声望的刊物均对《国富论》有所反应，但所有评论家也只是笼统地说，书中"主要观点值得高度重视"，却并未言明斯密的观点与既有观点有何重要区别，也未提到"哪些观点可能会对英国社会产生何种影响"。即使是斯密的友人（包括大卫·休谟），在《国富论》出版后致作者的信件中固然对斯密赞誉颇多，但也是礼貌祝贺多于精当评判。因此，"没有证据表明，在 19 世纪最初 20 年以前，许多人认真探讨过他的论点，也没有证据可以支持那种依然通行的看法，好像斯密的著作'与时代精神完全合拍'，或者同代人不知不觉间会成为其'信徒'"。[78]

在斯密有生之年，舆论界此种反响平淡的状况未有改变。有研究者在考察了当时主要刊物《每周评论》和《批评》的反应后得出结论："总体而言，似可合理断言，18 世纪下半叶的两份重要刊物到亚当·斯密去世的 1790 年，都没有把他当作经济政策方面的可靠指导者。"甚至斯密家乡苏格兰的《苏格兰人杂志》和《爱丁堡周刊》，也并未"显示对斯密的任何特殊兴趣"，它们没有"特别用心去支持自由贸易这一说法"。[79] 可见在斯密生活的年代，《国富论》的反响不过平平，更没有如想当然者认为的那样，成为所谓自由贸易论的旗帜。

斯密对同代决策者的影响相当有限

事实上，斯密自己倒还颇有自知之明。他深知，自由贸易等自由经济思想无论在观念层面有多少优长，毕竟"大大超前于18世纪欧洲的实际政治和社会态度"。[80]为此，斯密明确说过："期望自由贸易在不列颠得到完全恢复[即恢复至斯密思想中的天然自由状态]，正如期望理想岛或乌托邦在不列颠得到设立一样荒唐。"[81]他还在1780年的通信中坦陈："我几乎忘记我是《国富论》的作者……我疑心我现在几乎是自己书册的唯一主顾"；"报纸上刊登的对我讽刺的无数短文，你不值得花时间去注意。但总的来说，攻击我的文章比我预料的还要少些"。[82]斯密的这些话中也许有自谦和自嘲因素，但总归反映了大致事实，表明斯密学说与时代气氛还很不合拍，他在相当长时间里根本没有受到舆论的热捧。

倒是有一封对斯密的批评信至今值得重视，那是《国富论》问世半年后出现的《波纳尔总督致函亚当·斯密》。除例行的赞扬外，信函作者指出，斯密在阐述英国的美洲政策和贸易限制措施时，经常过分纠缠于纯理论构想，以致无法看清自己著作的危险操作后果。波纳尔的结论是，斯密"很像一个未曾执业、茫然无策的庸医，手拿截肢手术刀跃跃欲试，却毫不精通回春之医术"。[83]若将同代人对斯密的这一尖锐批评与日后自由贸易对弱势方带来的后果进行对照，就无法不让人扼腕叹息。

不过应当指出，像这样高调的批评，就如高调的赞扬一样，在斯密余生中还是罕见的，反响平淡才是总的基调。斯密去世时的情况可资证明。据考证，"斯密之死在英格兰，乃至在家乡苏格兰，甚少引起关注。发表的讣告很少，而且并不恭敬。《年度档案》在报道亡故消息的'纪事'栏目，给了斯密12行文字，同栏中却把65行给予了梅厄·瑞，一位对气压计感兴趣的副军需官"。[84]在苏格兰首府爱丁堡，斯密之死"甚至还没有一个活跃牧师的死所引起的震动大，例如30年后，远不如斯密有名的杜格尔德·斯图尔特的死引起的震动就比斯密大。报纸上刊登的斯密讣告照例只有两小段文字"。难怪当时有人在信函里写道："人们几乎没有注意到他的死。"[85]

从实际政策方面来看，斯密在世时的影响的确相当有限。财政大臣腓特烈·诺斯因对美战争向斯密咨询过新税开征问题，事后还以苏格兰海关专员一职作为报答，但实际的政策动议与《国富论》中流行的批判政府管制、倡导自由贸易之类观点简直南辕北辙。故此，以自由主义经济教条论之，通常的结论是：《国富论》"所提论点在国内事务中产生影响的直接证据明显缺乏"。[86]1783 年，《国富论》首次在下院被引用，但大臣"福克斯只是很随便地引用了斯密的话"，并未涉及斯密的核心观点。"其后，下院便没有人再提及这本书，直到 1787 年罗伯特·桑顿先生为了替英法贸易条约辩护，才又援引了这本书。"而"在上院，直到 1793 年才有人提到这本书。"[87]

从 1780 年代末起，即便斯密言论在英国议会辩论中得到引用的频率有所增高，也应当知道一个对比性事实，即议会"18 世纪的辩论充满了对约翰·洛克、大卫·休谟、格雷戈里·金、查尔斯·达维南特、乔赛亚·蔡尔德、威廉·配第、乔赛亚·塔克、阿瑟·扬等人经济著作的引用。而且，与对这些作者的援引次数相比，对斯密援引的次数还是微不足道的。例如，18 世纪的辩论中对斯密总共提及 40 次稍多，但对亚瑟·扬大作的引用却有数百次之多。其实与其他经济学权威相比，斯密不过排在可怜的第九位或第十位"。[88]就 1776—1800 年斯密在议会中的影响，专题研究的结论是："即使在《国富论》出版 25 年后，议会两院基本上对其信条满不在乎，对其真理性抱怀疑态度，对其可应用性没有把握。"[89]

议员援引斯密开始增多的一个重要背景，恰恰是因为出现了两个与自由贸易相关的事件：一是国际形势趋紧，使得英国在 1770 年代末必须正视爱尔兰要求放松贸易管制的呼声；二是英国与法国于 1786 年订立了促进自由贸易的《艾登条约》。研究表明，不是斯密的学说带来了这些推动自由贸易的事件，他当时的影响力远不能达到如此程度，相反，倒是这些事件为斯密的走运提供了推动力。当然，在爱尔兰问题上，《国富论》据推测影响过有关策论的提出者，斯密也确实为英国政府提供过咨询意见。然而，与斯密要求完全放开贸易管制的建议相比，最后出台的政策还是谨慎和务实的，因为当时的决策者"受到了乔赛亚·塔克先生，而非亚当·斯密的引导"。[90] 实际从政者权衡利弊、道走中庸是毫不奇怪的。正如当时的政治家埃德蒙·伯克对斯密所言："斯密博士，您站在教授的讲坛上自可以像讲纯数学那样讲授自由贸易理论，议员们却不得不一步步地慢慢来，因为他们要受到利害关系和优先次序的节制，行动上必然受到阻碍。"[91]

纵然 1779 年、1780 年的爱尔兰事件在指向"较自由贸易"，但它"既没有确立《国富论》的权威，也没有激励人们更系统地研究该书"。至于《艾登条约》，有研究者言："似乎无法证明这一英法商约或者 1780 年代的其他任何外交举措，受到过斯密著作的某些启发或指导。"[92] 相反，主持 1786 年英法商约的威廉·艾登虽曾赞扬过《国富论》，但还是称那些贸易定理"纸面上看来正确，实践中不可信任"。[93] 更有人一语道破真相："斯密本不会是他那个时代议会的首要经济权威，看来只有随着英法谈判的成功，他才多少变成一个权威。"[94]

除此之外，诚如经济史家保尔·芒图所指出："与其说是斯密的著作，毋宁说是美国独立战争，证明了旧政治经济学的腐朽性，并导致了它的崩溃。"经济学说史家由此确信："把斯密思想的胜利完全归功于他巨著的影响，未免言过其实。有不少部分必须归功于当时多少有些偶然的客观条件。"[95] 综而论之，"斯密作为政府顾问的时候并不成功"，[96] 正是现实形势的变化在抬高斯密，而不是斯密在推动形势发展。

是辉格党派的政治需要在抬举斯密

还可证明的是，在现实需求逐步抬举斯密的初期，主要是党派政治在起作用。应该说，在斯密之前的英国，党派利益就左右着人们在贸易问题上秉持的政策立场。有言，"1680 年代、1690 年代，英国经济思想领域自由贸易的早期支持者，几乎肯定都以政治考虑为其动机"。[97] 经济学家因政治考虑而完全颠倒自己在贸易问题上的立场，这种例子也屡见不鲜。譬如，一般被认为是重商主义者的达维南特，曾以现实政治利益为动机倡导过自由贸易，故而被史学家称为"政治机会主义者"。同样，那位早已系统提出自由贸易论的马丁，后来却转向保护主义立场，"站在托利党一边反对与法国订立的贸易条约（1713 年），他明显像达维南特那样，非常关注政党政治"。[98]再如，作为"彻底的自由贸易论者"的诺思，"他的自由贸易观点，与其说是分析的结果，还不如说是由于他对保守党的忠诚"。[99]

18 世纪下半叶起适值英国政坛托利党和辉格党角力争锋的一个高潮，随着英国经济和社会结构的变化，在保护主义与自由贸易之间正开始酝酿范式转型。因此，期望贸易领域乃至更广泛的政治经济学领域的理论构建完全在象牙塔里进行，当然是不现实的，同样，也不应该期望某一经济理论，尤其是贸易理论在出笼之后，不受到现实政治的剪裁。

就在这一政治纷争中，斯密以其高度自由主义和实用主义的姿态，包括对自由贸易的鼓吹，赢得了当时执政的辉格派的注目。斯密不是不讲政治立场的。为了批判现有的经济管制，"斯密对于重商主义派追求自由、启蒙和进步的纲领闭口不言，足令人惊异。……在对重农主义的讨论中，斯密又避而不谈谷物自由贸易的两次试验所遭遇的失败"。[100]实际上，正如其传记两次明确指出："斯密始终是一个坚定的辉格党员。"[101]"对于亚当·斯密的激进辉格派倾向，任何一位学者都不会怀疑"，"正是那些激进辉格派议员在 1776—1800 年间最为一贯地提及斯密的名字"。[102]

与此同时，辉格派及其代表的力量又对斯密学说进行着符合自身需要的改造。据考察，从 1780 年代到 1800 年，一本《国富论》日益被简化为一条单一的原则，即"一切贸易都应当自由"。这种对斯密的改造也包括，在法国大革命期间，为了维护英国社会和政局的稳定，英国人刻意剔除斯密学说中的政治自由主义内容，从而让原本的斯密形象，即"准法国的、准无神论的、准革命的政治经济学家，消解为关于经济自由的简单药方"。[103]

学术与政治之间的互动让双方都各取所需并各得其所。"某些政客在议会公开称颂《国富论》，由此极大地帮助了斯密的事业"。例如，据考证，辉格派领袖查尔斯·詹姆斯·福克斯和威廉·皮特于 1783 年、1791 年在议会中对斯密的援引和称赞，便促进了斯密著作的再版和声誉的上升。[104]不过，意味深长的是，那位在下院最早提及斯密观点的福克斯私下曾说，他

"没有读过这本书[《国富论》]"，且曾"对斯密及政治经济学本身表示过极端的轻蔑"；他"不相信自由贸易"。[105] 而"皮特内阁的实际经济理念更接近于另一位经济学家，即斯密的同代人詹姆斯·斯图尔特，此人的著作强调有必要在货物和服务的交易中保持'钱财'的平衡"，毕竟当时"旧有的注重贸易顺差的重商主义观念依然存在"。[106]

但无论如何，需要"打鬼"时，打造的"钟馗"终究是个可用的帮手。比如，"在英国围绕废除《谷物法》的论辩中，斯密的名字就足以成为自由贸易益处的立论依据"。[107] 总之，斯密学说与辉格派政治的渊源关系无比密切，以至经济学说史家指出，"把《国富论》奉若'圣经'，认为其出版终结了充满经济学无知和重商主义偏见的中世纪，并开辟了经济进步、自由贸易、政府放任自流的新时代"，这是一种"对经济学说史的辉格派解释"。[108]

工业优势的确立才让斯密暴得大名

斯密去世后的十几年应当是斯密获得声誉的关键时期，因为1793年时，一位辉格党人且接掌斯密在爱丁堡大学道德哲学教授职位的杜格尔德·斯图尔特追忆斯密时，尚且希望"到一定时候"，政治经济学的其他学人能追随斯密的榜样，而仅仅过去十年，斯图尔特的一位学生就谈及围绕斯密的"迷信般崇拜"。对于这样显著的变化，不少研究者坦承："有关斯密著作被神化的过程，我们的了解依然少得可怜。"[109] 然而，把目光投向英国经济发展的大背景，特别是考虑到学说与政治互动的关系后，则不难获得对这一问题的某种答案。

正如研究者所指出，"随着英国的工业优势到1800年时明白无误地展现出来，我们可以期待，自由贸易开始成为英国制造商的最佳政策"；"英国的工业优势意味着，强大的游说集团看不到有什么理由来反对自由贸易，反而会把自由贸易视为扩大自身利益的一个手段"。[110] 尤其是在"1815年后，英国人确信本国已处于霸权地位，开始废除原先本着重商主义精神而实行的限制措施，如禁止出口机器和禁止工匠外迁的规定，以及某些重大关税壁垒和航海法令。与此同时，他们以无可指责的国际分工和贸易互惠的理由，力图说服别的国家也照此行事"。[111] 显然，以上提及的 1800—1815 年间英国工业竞争优势的迅速确立，与亚当·斯密超级声誉之确立发生在一起，这个重合现象绝非偶然。把以自由贸易为核心的自由主义经济理论巩固为主流意识形态，不仅已经水到渠成，而且已事关英国的核心国家利益。

斯密曾就给予爱尔兰自由贸易权问题向英国政府高官上书称："我认为，即使爱尔兰人享有自由贸易权利，在未来一个世纪中，爱尔兰制造业的竞争，也不会使大英帝国的制造业遭受多大损失。爱尔兰缺乏可与英格兰抗衡的技术与资本。他们虽然随着时间的推移可以获得这些东西，但要获得与英格兰完全相等的技术与资本，至少需要一个世纪的时间。"[112] 尽管斯密的建议并未得到充分采纳，但斯密对有关的利害关系还是表达得足够明白：因为我强他弱，所以不仅不应当害怕自由贸易，反而应当充分利用自由贸易；给予他人自由贸易权利，不是为了让对方由弱变强，而是借此巩固并扩大我方优势；在自由贸易格局中，落后者将难以改变与领先者之间的相对力量对比。

对于斯密包裹在自由贸易这一"世界主义"外衣下的利害算计，至少19 世纪的德国经济学家弗里德里希·李斯特早已洞若观火："威廉·皮特是第一个清楚地看到可对亚当·斯密的世界主义论加以适当利用的英国政治家，他常常随身带着一本《国富论》，这可不是装装门面的。"[113] 当然，对于精明强干的政治家而言，某个"不是装装门面"而是寄托了重要使命的对外牟利工具，在对内经营中则完全可以只是"装装门面"而已。皮特虽然"尊重作为学者的斯密，但并未让此人的思想妨碍自己去建立一个强大有效的政府"。[114] 什么叫"内外有别"，什么叫"老谋深算"，借助李斯特等人的著作，看看英国政治家对斯密学说的宣传和利用就知道了。

总之，以新的现实需求为基础，通过主流舆论的塑造，原本不合时宜的《国富论》终于"在 19 世纪成了自由贸易和经济自由主义的'福音书'，也成了英国经济优势地位的文本象征"。[115]

三、意识形态化难免的弊病

斯密学说终于成为英国的主流经济意识形态。大凡意识形态，除了其能为国家或集团利益服务这一本能外，至少不免三个特点：一是抹杀他人的思想贡献，从而展示一种世上万般真理我皆具备，甚至由我独创的形象；二是面对复杂的问题，提出某个十分简单明快、似乎放之四海而皆准的解决公式；三是出于现实需要，党同伐异，无视现有理论中的缺陷，又不宽容对现有理论的任何偏离。这些特点偏偏都可在斯密及其学说以及斯密同党那里见到。

斯密刻意抹杀前人（政治）经济学成就

就抹杀他人的思想贡献而言，在斯密身上表现得大大超乎通常所知的程度。如已考证，斯密学说原本缺乏独创性，可是他在本人著作中却惯于掩盖对他人成果的援用。熊彼特在承认斯密优点之余也指出，斯密"不很大方，从不像达尔文那样坦白地使人知道前人的足迹。批评他人时，斯密显得气量狭小，不那么宽宏大量"。[116] 特伦斯·哈奇森指出："斯密在《国富论》中只字不提这些前辈，如配第、卡尔、塔克、加利亚尼、维里、杜尔阁、孔狄亚克、斯图尔特，仅有一次提及坎梯隆。且不论此举当年是否欠缺和失当，对 20 世纪研究政治经济学史的人来说，如此对待 17 世纪、18 世纪的经济学家却是完全不够且有误导性的。"[117] 研究表明，"亚当·斯密借用了许多成果却未加承认"，[118] "他引述过一百位以上的作者，但并不时常说明出处"，[119] "即使按照他那个时代偏松的学术规范标准衡量，也是缺乏学者风度的"。[120]

事实上，斯密对他人成就的掠美复加掩饰，在同时代就曾引发批评和质疑。例一，斯图尔特"迟至 1796 年还是《大英百科全书》中的首要经济学权威"，当他 1780 年去世时，讣告撰写者为其遭到剽窃而打抱不平，"几乎不加掩饰地提到，亚当·斯密就是剽窃者"。例二，当斯密与同代经济学家亚当·弗格森于 1760 年代、1770 年代交恶后，斯密对弗格森提起了抄袭指控，对此弗格森有力回击道，自己跟斯密并无两样，彼此不过都掏取了相同的法文资料。[121]

更有甚者，斯密给他以前的（政治）经济学家统统扣上"重商主义者"这顶帽子，并以其著作大半的篇幅攻击所谓荒诞不经的"重商主义管制"，造成了斯密之前（政治）经济学一无可观的假象。"比较之下可见，斯密受惠于重商主义者，可他却捣毁了他们"；[122]"对于前辈，即所谓'重商主义体系'倡导者的理论和政策，斯密故意败坏其声誉……斯密及其 19 世纪的追随者十分有效地贬低了 17 世纪、18 世纪占主导地位的经济思想，以致凯恩斯那代人从小就受到灌输，相信重商主义理论'简直就是胡说八道'"。[123]一句话，"他的论点取得力量，靠的是完全漠视前代思想家，完全漠视不同意见"。[124]

对于此等行径，从李斯特到熊彼特，已经多有揭露，甚至是按自由主义路径创立了"赫克歇尔 – 俄林模型"的"斯密仰慕者"艾利·赫克歇尔都说，斯密对重商主义的描述不过是"高调的自由贸易宣传"而已。[125]可惜，在偏狭的自由主义话语中，这些真知灼见未能充分地进入更广的公众视野。不过，历史的真相已清晰可辨：部分由于斯密对前人成果有意无意的漠视、掩盖、贬低乃至歪曲，造成了日后人们对斯密之前（政治）经济学巨大成就的轻蔑和偏见，这反过来又增强了对斯密的妄信，而放大了的斯密神像所产生的巨大阴影则进一步遮蔽了斯密之前（政治）经济学成就的光芒。这种唯我独创的假象正好为唯我独尊的意识形态霸道铺垫了基础。

理论上的走极端反让斯密脱颖而出

以简单化的公式去求解复杂问题，这在斯密对古典自由主义理念的执着倡导中也表露无遗。斯密固然可算一个综合胜于独创的集成者，[126]然而，他在杂糅他人观点时为了突出对重商主义的批判和对自由贸易的强调，不幸走了一条极端化、狭隘化、公式化、简单化的路子。"为了取得这种单纯性，许多不适合该思想的重要事实就得退居次要位置。他所引用的证据也经常是不全面的"。[127]

概言之，斯密吸收了曼德维尔私人之恶带来公众之善的观点，却抛弃了曼氏有关应当管制贸易的观点；他吸收了哈奇森有关经济自由的思想，却抛弃了其关于调节贸易（鼓励出口、抑制进口）的观点；他吸收了休谟的自由主义思想，但抛弃了其对于某些保护关税之合法性的承认；他吸收了凯姆斯经济自由的思想，但抛弃了其有关管理贸易和保护国内产业的思想；他吸收了达维南特、戴克、范德林特、加德纳等人关于自由贸易的思想，但基本抛弃了其赞成政府干预的思想。[128] 还有，"斯密摧毁了重农学派的学说基础，却接受了他们所倡导的自由贸易理论"[129] 等等。

斯密这样的吸收和选择诚可谓匪夷所思。有研究者言："'诚实的'亚当·斯密犯有一系列学术罪行，他上下搜劫，寻觅着可支持'自由市场'观点的所有东西，对其他一切却弃如敝屣。"[130] 更有论者愤然指出："一部著作要跻身伟大的行列，必须含有既正确又独创的思想，但如果细致比较斯密的《国富论》与17世纪、18世纪的文献，可发现凡其中正确者均非他所独创，凡其所独创者则必定不正确。"[131]

不过，还是应该承认，斯密是个难得一见的简化高手。虽然斯密之先辈和同代人绝大多数都相当平衡、务实，甚至还有前代如威廉·配第、同代如詹姆斯·斯图尔特那样真正既首创又全面的大经济学家，但斯密学说却迥然不同。"现代经济学家发觉斯密的立论过于简单化，或许还太过情绪化和片面化。"[132] 可深具讽刺意味的是，斯密学说毕竟像漫画一样削繁就简、黑白分明，反而易为不明就里、无意细究的大众甚至政客所理解和喜好。比如，经济学说史家承认，斯图尔特1767年出版的巨著《政治经济学原理研究》"没有像斯密的著作那样，采用一种简单明了的方法来迅速征服舆论"，[133]"总是顾虑过分简单化的危险"，以致被人认为"太过冗长繁琐和模棱两可"，再加上作者个人因素，终于沦落为所在学科历史上"最完美、最杰出的一部败北作品"。[134]

与之相反，斯密走极端的理论简化反而使他更易成为一面意识形态旗帜，此所谓"斯密身上的种种弱点凑在一起，反而使他当之无愧地居于领导地位"。[135] 这是可悲复可叹的事情！"他赢得了简明性、可读性、可信性，却损害了学术的诚实性。"[136] 应当说，这里凸现了植根于人性中的悲哀。面对浩如烟海的历史和纷繁复杂的现实，人们往往满足于并最终停留在一些浮光掠影且似是而非的"事实"、观念、原理上，旨在通过宣传而占据人们心灵的意识形态更是需要简单明快的道理。于是，斯密以他在贸易等众多问题上比较极端自由主义的姿态而胜出，便不再显得不可思议，更何况利益需要的现实大势已在流向他这一边。

不过，在指出了斯密身上利于其理论成为意识形态的特点之后，也应当公正地承认，斯密虽不免若干取巧行为，但也不能说他就是一个利欲熏心的投机之徒。出版《国富论》时，他本已功成名就，初版扉页上列出的头衔便有："法学博士、皇家学会会员、前格拉斯哥大学道德哲学教授"，1759 年出版的《道德情操论》也早已给他带来相当的声誉，尽管那种声誉与日后的盖世盛誉尚不可同日而语。从个性上看，斯密也还属淡泊寡欲的君子。他"只喜欢书，不喜欢其他任何东西"，最大的乐趣是"同母亲、朋友和书本在一起"，有着独自出神和自言自语的习惯，性格内向，终生未婚，钟爱文学和哲学。他将自己定位于哲学家而非经济学家这样的角色，《国富论》不过是他构想的哲学体系在经济领域的部分应用而已。正是这样一个书生本色的斯密，才会对本人的著作反复修订，并在去世前要求把自认为不成熟的 16 卷手稿付之一炬，也才会明知自由贸易时机尚未成熟却热衷地推销。[137] 这样说，不过是想说明，对于他这样一个追求正常闻达的人而言，其身后的过誉终究是后世加诸头上的，故此，后世的时势与动机才更值得细察。

同样，也须公正指出，虽然斯密总体上比起其前辈和同代人秉持更激进的自由主义立场，但他也还是比古典自由派后来塑造的公式化形象要显得不那么走极端。不妨同意这个评论："他不是教条主义者，他并没有忘记任何一种法则都有一些例外。"[138] 特别是由于《国富论》本身的庞杂性，以及其中许多模棱两可的表述，"每一类可以想象的教义，都可在无所不包的《国富论》中找到痕迹，只有本人理论怪异的经济学家才无法援用此书来支持自己的特定目标"。[139]

通观《国富论》诸多论题，包括在自由贸易问题上，斯密还是设想了若干例外可能。例如，他提出了可设置进口关税的几种情况，一是"特定产业，为国防所必需"；二是对国内物品课税时，也应"对外国同样物产课以同税额"；三是在对外实施贸易报复和向自由贸易过渡时，可以合理使用进口关税。此外，斯密承认商人利益有时会与公众利益相背离，故而相信政府一定程度上应当辅佐市场机制的运行，比如，政府可提供公共产品、建立法治体系，从而让天然自由秩序运行得更加有效。[140] 还有，斯密基于"国防比富裕重要得多"的思想，毫无保留地支持"现代历史学家视为重商主义基石的《航海法》"。[141]

有鉴于斯密的上述观点，以下这段评论还是不失公允的："虽然斯密讲过一些尚值得进一步解释的一边倒的话，但斯密并非教条地主张，政府在经济事务中应当撒手不管。他的论述必须放在其所处时代的背景下加以理解，当时，从重商主义时期甚至从中世纪，因袭了太多的东西。他强烈反对各种垄断、垄断团体、特权待遇，就如他强烈反对通过限制性贸易立法去促进国家繁荣。他经常被冠以'私利布道者'之名，可他毫不掩饰本人对贸易和工业中自私自利现象所持有的反感，他并不厌恶实际上会带来益处的法律措施。"[142] 显然，斯密的本来面目与古典自由派刻意呈现的教条化自由主义形象也还是有所差别的。故此，有人提醒道："就如对待卡尔·马克思一样，需要把亚当·斯密与其门徒区分开来……需要剥去层层累积的自由派涂抹。"[143] 这一点确实值得注意，尽管将教宗与门徒区分开来、还原斯密及其理论的本相又谈何容易！

古典学派为何掩盖缺陷并打压歧见

一个学说一旦上升为事关国家利益的意识形态，它便会沿着新设的轨道往前滑行，其原有的特点，包括出发点乃至闪光点，也包括其构思者曾经的意图以及审慎等等，都不再具有决定性影响力。从 19 世纪初期开始，古典自由主义经济学派便"致力于建立古典政治经济学新的正统信仰……其强调的重点和重新的解释遮蔽了 [《国富论》] 原本的内容"。我们所能看到的便是狭隘化、教条化、为尊者讳、党同伐异。例如，"李嘉图把斯密那些颇为散漫的原理改造成一个让生产和分配与自由国际贸易相挂钩的体系……在自由贸易与经济增长之间建立起了必然的关系"。[144] 这当然是一种为抬高自由贸易作用而进行的狭隘化和教条化理论改造。

还有的例子更加发人深省。例一，作为"一个坚定的自由派辉格党人"，经济学家"弗朗西斯·豪纳拒绝出版《国富论》注释本，因为他'不愿在斯密著作产生充分效果以前去揭露其谬误'"。这是一个出于眼前实用目的而为尊者讳的典型例子。例二，斯密之后古典自由主义经济学的要员约翰·斯图尔特·穆勒，于1833年在阐述为何要坚持斯密崇尚的"放任自流"原则时说得一清二楚："那个原则，如同其他负面性原则一样，还有工作要做，那主要是一种摧毁性工作。我高兴地看到，它有足够的力量去完成此项任务。之后则它必须很快失效，待失效后，但愿灰烬归于沉寂，因为我对于死灰复燃心怀疑虑"。[145] 此话说得何等明白，为了促使重商主义功成身退，此时此刻需要借用本无多少建设性可言的"放任自流"。显然，英国的这些经济学家是非常讲究服从现实利益的，为了当下的需要，无论是学术的还是政治的或者其他的需要，何妨暂时矫枉过正一下、隐瞒实情一下？关键是先树起有助于其时英国利益的自由主义经济学大旗。

意识形态的确立除了要求自觉性之外，更需要高压的外部环境。斯密时代前后，英国从来都不缺这种遵从主流意识形态的强大外部压力。且不说稍前哲学家洛克曾被监控、革职及流亡海外，[146] 就在斯密身边，他的老师哈奇森即被指讲课内容抵触官方教义而面临惩罚；他的好友休谟也因本人的宗教观点而被逐出苏格兰学术圈。[147] 休谟曾难以谋得教授职位，难以在生前出版著作，斯密本人便不敢依从病中休谟所托，为其出版身后著作。斯密在通信中写道："我的一篇十分无害的悼念朋友休谟去世的文章，却为我招来了比对大不列颠整个贸易制度的猛烈攻击还多十倍的辱骂。"[148] 即使在远离宗教的贸易问题探讨中，也一向存在着压服异端的力量。贸易学说史家提到，当重商主义在英国大行其道时，"自由贸易依然是一种不折不扣的异端邪说，或许有些人赞成自由贸易，却不敢形诸笔墨来暴露自己的独到观点"。[149] 及至19世纪，当英国要扶植自由贸易学说时，也丝毫不缺这种高压环境，惟让人惊异的是，此等压力多强加在古典自由派中堪称"头牌"的经济学家身上。

第一个受压者是罗伯特·托伦斯，这是一位对比较优势原理所作贡献不亚于李嘉图的一流经济学家，他其实早于李嘉图（1817 年），在 1815 年即已提出比较优势思想，不过他向来受到相当的忽视，而这很大程度上就是因为他从崇奉自由主义始，却以探究保护主义终。针对当时盛行的自由贸易论，甚至是单方面自由贸易论，托伦斯逐渐发现，"一国可以通过设置一项关税来让贸易条件变得对自己有利"，由此可推论："英国贸易条件的改善会意味着其他国家贸易条件的相应恶化"，国家"繁荣所依据的贸易政策不应立足于自由贸易，而应立足于对等互惠"。然而，英国"政治经济学俱乐部"通过投票，一致反对托伦斯的观点，并为这种"连道理的影子都没有"的"不负责任的观点"而无比愤慨。[150] 须知，这个政治经济学俱乐部 1821 年的首次会议，在李嘉图、马尔萨斯、詹姆斯·穆勒等人出席的情况下，还是由托伦斯主持的呢。[151]

如今，贸易学说史证明："在所有反对自由贸易的经济理由中，贸易条件说最为有力、漏洞最少，作为对自由贸易的限定，它依然是经济理论所承认的认同面最广、得到普遍接受的一项非议。"然而，"在当时多数经济学家的头脑中，非议自由贸易就等于主张异端邪说，托伦斯由于越出了那些框框，在随后近百年里便成了众人羞与为伍的异类"。最早的《帕格雷夫经济学词典》对托伦斯的著作不屑一顾，称其"缺乏恒久价值"，只是过了几十年，到英国自身竞争力已明显受到单方面自由贸易政策削弱之后的1913 年，新版词典才承认了托伦斯："假如不能跻身一流古典经济学家行列，比如若不能与李嘉图、西尼尔、约翰·斯图尔特·穆勒齐名，也至少会因为其原创性、理论推理，以及所思考经济命题的范围，而能跻身第二行列，与詹姆斯·穆勒、麦克库洛赫比肩而立甚至超越他们。"[152] 可见，哪怕是参与奠定了古典自由贸易理论重要基石且也同样深切关注国家利益的大师，如果要动摇已上"圣坛"的教条，也会遭到主流意识形态的无情打击。

党同伐异声浪中连穆勒也噤若寒蝉

更著名的古典经济学大师约翰·斯图尔特·穆勒也领教过这种党同伐异的高压态势。就在英国挟其如日中天的工业优势正图利用自由贸易武器拿下世界的 1848 年，穆勒的《政治经济学原理》初版问世，虽然该书此后成为几代人的经济学教材，但在幼稚产业保护问题上却引起了一场轩然大波。此前，美国的亚历山大·汉密尔顿及德国的弗里德里希·李斯特等都已提出过对自由贸易原理的非议，事实上，幼稚产业保护论及其实践在英国甚至"可一直追溯至伊丽莎白时代"。然而，是穆勒凭借其在古典自由派中的地位和声誉，首次将此论"正式纳入古典贸易理论"，并"赋予其思想可信度"。[153]

穆勒这样指出："单从政治经济学原理说，只有在一种情况下保护性关税才站得住脚，这就是，临时性地设置这些关税，特别是在一个正在兴起的年轻国度，借以使某一外来产业在国内生根，当然，这一产业本应完全适合该国条件。一国在某一生产行当相对于另一国的优势，往往只是因为它动手更早。一方没有天生的优势，就如另一方也没有天生的劣势，有的只是所获技能和经验基础上的当前优势。尚未获得这种技能和经验的国家，也许本来比先走一步的国家更适合从事这种生产。……在合理时间内延续的保护性关税，有时是国家通过税收手段支持这种 [新产业] 试验的最简便方法。"[154]

此论甫一发布，英国舆论一片哗然。"不满的声浪很快就传到穆勒那里，人们抱怨，保护主义者正在曲解他的那番言论，用以为 1860 年代美国、加拿大和澳大利亚的高关税提供辩护。"所以，虽说"人之将死，其言也善"，可英国 19 世纪自由贸易的急先锋理查德·科布登临死仍愤言，穆勒书中那段赞成产业保护的话，"盖过了他其余著述可能带来的全部好处"。阿尔弗雷德·马歇尔也提出，穆勒的斗胆一言让"他的朋友一说起来就愤怒，但比愤怒更多的是痛心，痛惜他可悲地偏离了经济科学的正确原理"。[155]

高压之下，穆勒不得不自律自纠，他开始修饰自己的观点和言词，同时高调谴责任何总体上的保护政策，甚至还说出了日后被自由派广泛引用的话，即贸易保护是"少数人对多数人进行掠夺的一项系统性制度"。然而，非理性的批评声浪持续不断，弄得穆勒终于难以招架，他坦言："我现在对自己的观点也发生了极大动摇，可人们如此经常地把我的观点引用于未曾设定的目的"。在私人通信中，穆勒依然坚持个人的原有观点，但在《政治经济学原理》1865 年的第六版和 1871 年的第七版也是最后一版，他被迫步步退让，把自己的真实想法用很多委婉含蓄的措辞包裹起来。史家称："最终，穆勒宣布撤回本人观点（即针对进口的保护是促进幼稚产业发展的恰当手段），尽管他从未放弃自己的信念。"最后也是最好的收场当然是让及门弟子来出场。穆勒 1873 年去世后，其"最首要的门徒约翰·坎斯"在 1874 年、1878 年都公开著文批评幼稚产业保护论，称之为"一位伟大作者的附带意见"，并提醒人们注意穆勒为个人观点设下的"严格限制"。至此，一场剿灭异端思想的战斗终于完满结束。结果是："1848 年之后的数十年里，穆勒对幼稚产业保护有节制的赞同未能取得经济学家们的较多支持。"[156] 就这样，英国在自己工业竞争力节节上升之时，牢牢抓住了意识形态的主动权，压制了一个本来会让落后国家及早觉醒起来的重大思想成果，延误了落后国家利用贸易保护手段推进自身工业发展的步伐。

除托伦斯和穆勒之外，大名鼎鼎的托马斯·马尔萨斯也备受压力。虽然马尔萨斯总体上认同自由贸易，但他从关怀民生的一贯立场出发，特别考虑了农产品的供应安全问题，认为如果粮食出口国在短缺年份不遵守自由出口的承诺，那么，进口国也有理由为普遍的自由贸易设定某种例外情形。因此，他表示支持《谷物法》这一横亘在英国自由贸易道路上的重要制度。[157] 既然发表此番言论，他就必须为此付出代价。于是，"马尔萨斯在辉格党人那里迅速而且永久地失宠，证据是在 1814 年支持《谷物法》后，他被完全逐出《爱丁堡评论》。此前，《爱丁堡评论》不仅高度称颂马尔萨斯，而且在经济问题上援引他为某种权威"。[158] 用翻脸不认人来形容一点也不过分。可见，在古典自由派学者和政客那里，自由贸易论固然被奉若神明，号称刀枪不入，但谁要是真的"在太岁头上动土"，那都是要严惩不贷的。

　　凡是涉及或者被认为涉及重大利益，出现上述种种情况当属正常现象，科学史上有不少这样的可叹例子。自由贸易论既然成长为主流的官方学说和政策工具，在其意识形态化的过程中一方面会走向无比的辉煌，并总体上有效地履行其服务于国家利益的重要使命，但另一方面也首先需要历经一个狭隘化、教条化、为尊者讳、党同伐异之类的过程。值得指出的是，意识形态化不管其起点如何，终究会妨碍真正自由的讨论，这种对自由的妨碍可以是有形的挞伐，也可以是长期的弄假成真、自我麻痹、沾沾自喜、自我内心过滤等等，所以意识形态在实现一段时期的正面功能后最终往往会回过头来损及自身。英国19世纪中下叶实行几近单方面的自由贸易后为何不久就疲相毕露，又为何到20世纪初英国拾起所谓的"新重商主义"，充分印证了意识形态化一定程度上的自损性。

　　然而，历史地看，当英国及其他随后崛起的国家赢得了总体优势地位后，巩固自由贸易这一意识形态无疑更多地为它们带来了滚滚利益。19世纪以后，发达世界借助自由贸易理论及其选择性实践，总体上维持并扩大了其产业竞争优势和相对经济收益，这种状况至今未有本质改变。正因如此，作为其主流意识形态的自由主义经济理论从来都热衷于煽动斯密崇拜，把自由贸易论打扮成"价值中立""利益超然"的普世主义"科学理论"，并广为宣称是自由贸易让英国率先赢得了现代发展。与此同时，在自由贸易旗帜下，包括通过压制对自由贸易论的各种挑战，国际贸易中利益分配的不对称性甚至冲突性、自由贸易中弱势方陷于依附困境的可能性、落后国自主工业化的必要性、工业化过程中采用保护手段的正当性等关键问题，或被边缘化或被作误导性探讨，落后国家的追赶步伐因此受到进一步牵制。显而易见，对于尚处落后状态并试图在全球化浪潮中寻求发展的国人来说，尤有必要从自己的立场出发，保持清醒头脑，维护自身利益。就此而言，深究亚当·斯密及其经济学说之所以获得追捧的历史，辨析其中真真假假、似是而非的细节，仍然不失重要的现实意义。

注释：

[1] [英]《泰晤士报》，2006 年 10 月 30 日，转见《参考消息》，2006 年 11 月 1 日，第 4 版。

[2] Mark Skousen, *The Making of Modern Economics: The Lives and Ideas of the Great Thinkers*, M. E. Sharpe, 2001, pp. 13-16.

[3] [美]罗伯特·马克斯：《现代世界的起源：全球的、生态的述说》，夏继果译，商务印书馆，2006 年，第 176 页。

[4] 华民：《国际经济学》，复旦大学出版社，1998 年，第 10 页。

[5] 参见 Jacob Viner, *Studies in the Theory of International Trade*, George Allen & Unwin Ltd., 1955, p. 92, p. 103, p. 106.

[6] Lars Magnusson, *Mercantilism: The Shaping of an Economic Language*, Routledge, 1994, p. 139.

[7] Salim Rashid, *The Myth of Adam Smith*, Edward Elgar Publishing Ltd., 1998, p. 169.

[8] Frank H. Knight, *On the History and Method of Economics*, The University of Chicago Press, 1956, p. 6.

[9] 参见 Terence Wilmot Hutchison, *Before Adam Smith: The Emergence of Political Economy, 1662-1776*, Basil Blackwell Ltd., 1988, p. 86, p. 238.

[10] [奥]约瑟夫·熊彼特：《经济分析史》，第 1 卷，朱泱等译，商务印书馆，1994 年，第 349 页。

[11] [法]夏尔·季德、[法]夏尔·利斯特：《经济学说史》，上册，徐卓英等译，商务印书馆，1986 年，第 111 页。

[12] 参见[美]道格拉斯·欧文：《国富策：自由贸易还是保护主义》，梅俊杰译，华东师范大学出版社，2013 年，第 23—24 页；Ibid. Rashid, *The Myth of Adam Smith*, p. 43.

[13] Ibid. Magnusson, *Mercantilism: The Shaping of an Economic Language*, p. 101.

[14] 参见 Ibid. Hutchison, *Before Adam Smith: The Emergence of Political Economy, 1662-1776*, pp. 83-86, p. 233, p. 394, p. 402.

[15] 前引欧文：《国富策：自由贸易还是保护主义》，第 84 页。

[16] 前引熊彼特：《经济分析史》，第 1 卷，第 298 页。参见 Ibid. Hutchison, *Before*

Adam Smith: The Emergence of Political Economy, 1662-1776, pp. 126-129.

[17] [美] 雅各布·瓦伊纳：《约翰·雷著〈亚当·斯密传〉指南》，[英] 约翰·雷：《亚当·斯密传》，胡企林等译，商务印书馆，1998 年，第 482—483 页。参见 Ibid. Hutchison, *Before Adam Smith: The Emergence of Political Economy, 1662-1776*, pp. 161-163; ibid. Rashid, *The Myth of Adam Smith*, p. 25.

[18] 参见 Ibid. Rashid, *The Myth of Adam Smith*, p. 25.

[19] 转见 Ibid. Hutchison, *Before Adam Smith: The Emergence of Political Economy, 1662-1776*, p. 85.

[20] 参见 [英] 亚当·斯密：《国民财富的性质和原因的研究》，下卷，郭大力等译，商务印书馆，1997 年，第 28—30 页。

[21] 前引欧文：《国富策：自由贸易还是保护主义》，第 76 页。

[22] 前引欧文：《国富策：自由贸易还是保护主义》，第 77—79 页。

[23] 前引欧文：《国富策：自由贸易还是保护主义》，第 78—79、76 页。

[24] 参见前引欧文：《国富策：自由贸易还是保护主义》，第 25—29 页。

[25] 前引熊彼特：《经济分析史》，第 1 卷，第 278 页。参见前引欧文：《国富策：自由贸易还是保护主义》，第 93—94 页；Jacob Viner, "Adam Smith and Laissez-Faire", in Douglas A. Irwin (ed.), *Essays on Intellectual History of Economics*, Princeton University Press, 1991, p. 86.

[26] Ibid. Viner, *Studies in the Theory of International Trade*, p. 100.

[27] 参见 Ibid. Hutchison, *Before Adam Smith: The Emergence of Political Economy, 1662-1776*, p. 49.

[28] [美] 马克·斯考森、[美] 肯那·泰勒：《经济学的困惑与悖论》，吴汉洪等译，华夏出版社，2003 年，第 22 页。

[29] Lars Magnusson (ed.), *Mercantilism*, Vol. 1, Routledge, 1995, p. 4.

[30] 前引季德、利斯特：《经济学说史》，上册，第 134 页。

[31] 参见前引欧文：《国富策：自由贸易还是保护主义》，第 63、87、92 页；Ibid. Hutchison, *Before Adam Smith: The Emergence of Political Economy, 1662-1776*, p. 80, p. 235, p. 340.

[32] 参见 Ibid. Hutchison, *Before Adam Smith: The Emergence of Political Economy, 1662-1776*, pp. 100-103.

[33] Ibid. Viner, *Studies in the Theory of International Trade*, p. 93, p. 98.

[34] 前引欧文：《国富策：自由贸易还是保护主义》，第 87—88 页。

[35] 参见 Ibid. Rashid, *The Myth of Adam Smith*, pp. 25-27.

[36] [英] 约翰·雷：《亚当·斯密传》，胡企林等译，商务印书馆，1998 年，第 35 页。

[37] 参见 Heinz Lubasz, "Adam Smith and the 'Free Market'", in Stephen Copley, and Kathryn Sutherland (eds.), *Adam Smith's Wealth of Nations: New Interdisciplinary Essays*, Manchester University Press, 1995, p. 46.

[38] Ibid. Rashid, *The Myth of Adam Smith*, p. 38. 参见Ibid. Viner, *Studies in the Theory of International Trade*, pp. 74-87.

[39] Ibid. Hutchison, *Before Adam Smith: The Emergence of Political Economy, 1662-1776*, p. 385.

[40] Ibid. Rashid, *The Myth of Adam Smith*, p. 39.

[41] Ibid. Hutchison, *Before Adam Smith: The Emergence of Political Economy, 1662-1776*, p. 398, p. 359.

[42] [英] 埃里克·罗尔：《经济思想史》，陆元诚译，商务印书馆，1981 年，第 143 页。

[43] Ibid. Magnusson (ed.), *Mercantilism*, Vol. 1, p. 4.

[44] Gwydion M. Williams, *Adam Smith – Wealth without Nations*, Athol Books, 2000, p. 9.

[45] [法] 费尔南·布罗代尔：《15 至 18 世纪的物质文明、经济和资本主义》，第 3 卷，施康强等译，三联书店，1993 年，第 687 页。

[46] 参见 Ibid. Rashid, *The Myth of Adam Smith*, pp. 14-29; 前引瓦伊纳：《约翰·雷著〈亚当·斯密传〉指南》，第 480—484 页；Ibid. Hutchison, *Before Adam Smith: The Emergence of Political Economy, 1662-1776*, pp. 161-163, p. 403.

[47] 参见 Jacob Viner, "Adam Smith", in ibid. Irwin (ed.), *Essays on Intellectual History of Economics*, p. 256.

[48] 参见 Ibid. Hutchison, *Before Adam Smith: The Emergence of Political Economy, 1662-1776*, pp. 309-310; 前引瓦伊纳：《约翰·雷著〈亚当·斯密传〉指南》，第 504、508 页。

[49] 前引熊彼特：《经济分析史》，第 1 卷，第 284 页。

[50] 前引熊彼特：《经济分析史》，第 1 卷，第 280、294 页。

[51] Ibid. Viner, "Adam Smith", p. 257.

[52] Ibid. Viner, "Adam Smith and Laissez-Faire", p. 86.

[53] 前引罗尔：《经济思想史》，第 142 页。

[54] Ibid. Magnusson (ed.), *Mercantilism*, Vol. 1, p. 15. 参见Ibid. Magnusson, *Mercantilism: The Shaping of an Economic Language*, pp. 1-7.

[55] Ibid. Hutchison, *Before Adam Smith: The Emergence of Political Economy, 1662-1776*, p. 9, p. 11. 参见 Ibid. Rashid, *The Myth of Adam Smith*, pp. 30-31.

[56] 前引熊彼特：《经济分析史》，第 1 卷，第 263 页。

[57] 前引欧文：《国富策：自由贸易还是保护主义》，第 79—84 页。

[58] Ibid. Rashid, *The Myth of Adam Smith*, p. 28.

[59] Ibid. Hutchison, *Before Adam Smith: The Emergence of Political Economy, 1662-1776*, p. 129, p. 163. 参见前引熊彼特：《经济分析史》，第 1 卷，第 542 页；前引瓦伊纳：《约翰·雷著〈亚当·斯密传〉指南》，第 482 页。

[60] 前引斯密：《国民财富的性质和原因的研究》，下卷，第 1 页。

[61] Donald Winch, "Economic Liberalism as Ideology: The Appleby Version", *The Economic History Review*, Vol. 38, No. 2 (May, 1985), pp. 287-288.

[62] Ibid. Hutchison, *Before Adam Smith: The Emergence of Political Economy, 1662-1776*, p.129, p. 389, p. 360.

[63] 前引季德、利斯特：《经济学说史》，上册，第 84—85 页。参见 Hiram Caton, "The Preindustrial Economics of Adam Smith", *The Journal of Economic History*, Vol. 45, No. 4 (Dec. 1985), p. 833.

[64] [美] 查尔斯·金德尔伯格：《世界经济霸权，1500—1990 年》，高祖贵译，商务印书馆，2003 年，第 207—208 页。

[65] [美]W.W. 罗斯托：《这一切是怎么开始的——现代经济的起源》，黄其祥等译，商务印书馆，1997 年，第 182 页。

[66] Douglass C. North, *Structure and Change in Economic History*, W. W. Norton & Company Inc., 1981, p. 160.

[67] 前引熊彼特：《经济分析史》，第 1 卷，第 282 页。

[68] P. J. Cain, and A. G. Hopkins, "Gentlemanly Capitalism and British Expansion Overseas, I. The Old Colonial System, 1688-1850", *The Economic History Review*, Vol. 39, No. 4 (Nov., 1986), p. 512.

[69] W. Hoffmann, "The Growth of Industrial Production in Great Britain: A Quantitative Study", *The Economic History Review*, Vol. 2, Iss. 2 (1949), p. 178.

[70] N. F. R. Crafts, "British Economic Growth, 1700-1831: A Review of the

Evidence", *The Economic History Review*, Vol. 36, No. 2 (May 1983), p. 199.

[71] 前引欧文：《国富策：自由贸易还是保护主义》，第 116 页。参见 Ibid. Viner, "Adam Smith", p. 254.

[72] Ibid. Rashid, *The Myth of Adam Smith*, p. 139.

[73] Rondo Cameron, *A Concise Economic History of the World: From Paleolithic Times to the Present*, Oxford University Press, 1997, p. 214.

[74] Richard F. Teichgraeber, "'Less Abused Than I Had Reason to Expect': The Reception of *the Wealth of Nations* in Britain, 1776-90", *The Historical Journal*, Vol. 30, No. 2 (June, 1987), p. 338.

[75] 参见 Ibid. Teichgraeber, "'Less Abused Than I Had Reason to Expect': The Reception of *the Wealth of Nations* in Britain, 1776-90", p. 341, p. 363.

[76] 前引雷：《亚当·斯密传》，第 258 页。

[77] [英] 约翰·米尔斯：《一种批判的经济学史》，高湘泽译，商务印书馆，2005 年，第 116、124 页。

[78] Ibid. Teichgraeber, "'Less Abused Than I Had Reason to Expect': The Reception of *the Wealth of Nations* in Britain, 1776-90", p. 339.

[79] Ibid. Rashid, *The Myth of Adam Smith*, pp. 151-152.

[80] Ibid. Teichgraeber, "'Less Abused Than I Had Reason to Expect': The Reception of *the Wealth of Nations* in Britain, 1776-90", p. 337.

[81] 前引斯密：《国民财富的性质和原因的研究》，下卷，第 42 页（此处引文据原版自译）。

[82] [英] 欧内斯特·莫斯纳、[英] 伊恩·辛普森·罗斯编：《亚当·斯密通信集》，林国夫等译，商务印书馆，1992 年，第 343、341、346 页。

[83] 转见 Ibid. Teichgraeber, "'Less Abused Than I Had Reason to Expect': The Reception of *the Wealth of Nations* in Britain, 1776-90", p. 350.

[84] Emma Rothschild, "Adam Smith and Conservative Economics", *Economic History Review*, XLV, 1 (1992), p. 74.

[85] 前引雷：《亚当·斯密传》，第 394 页。

[86] Keith Tribe, "Natural Liberty and *Laissez-Faire*: How Adam Smith Became a Free Trade Ideologue", in ibid. Copley, and Sutherland (eds.), *Adam Smith's Wealth of Nations: New Interdisciplinary Essays*, p. 23.

[87] 前引雷：《亚当·斯密传》，第 262—263 页。

[88] Kirk Willis, "The Role in Parliament of the Economic Ideas of Adam Smith, 1776-1800", *History of Political Economy*, No. 11 (Winter 1979), p. 510. 参见 Ibid. Teichgraeber, " 'Less Abused Than I Had Reason to Expect' : The Reception of *the Wealth of Nations* in Britain, 1776-90", pp. 361-362; ibid. Rashid, *The Myth of Adam Smith*, p. 137.

[89] Ibid. Willis, "The Role in Parliament of the Economic Ideas of Adam Smith, 1776-1800", p. 544.

[90] Ibid. Rashid, *The Myth of Adam Smith*, p. 144.

[91] 前引瓦伊纳：《约翰·雷著〈亚当·斯密传〉指南》，第 416 页。

[92] Ibid. Teichgraeber, " 'Less Abused Than I Had Reason to Expect' : The Reception of *the Wealth of Nations* in Britain, 1776-90", p. 359, p. 361.

[93] Ibid. Rashid, *The Myth of Adam Smith*, p. 145, p. 153.

[94] Ibid. Teichgraeber, " 'Less Abused Than I Had Reason to Expect' : The Reception of *the Wealth of Nations* in Britain, 1776-90", p. 362.

[95] 前引季德、利斯特：《经济学说史》，上册，第 116 页。参见 [法] 保尔·芒图：《18 世纪产业革命：英国近代大工业初期的概况》，杨人楩等译，商务印书馆，1997 年，第 75 页。

[96] Ibid. Williams, *Adam Smith – Wealth without Nations*, p. 27.

[97] Ibid. Rashid, *The Myth of Adam Smith*, p. 166.

[98] Ibid. Hutchison, *Before Adam Smith: The Emergence of Political Economy, 1662-1776*, p. 49, p. 389.

[99] 前引熊彼特：《经济分析史》，第 1 卷，第 546—547 页。

[100] Ibid. Caton, "The Preindustrial Economics of Adam Smith", p. 842.

[101] 前引雷：《亚当·斯密传》，第 146、291 页。

[102] 参见 Ibid. Rashid, *The Myth of Adam Smith*, p. 160, p. 138, p. 156, p. 162, p. 173.

[103] Ibid. Rothschild, "Adam Smith and Conservative Economics", p. 93, p. 87.

[104] 参见 Ibid. Rashid, *The Myth of Adam Smith*, p. 138, pp. 161-162.

[105] 前引雷：《亚当·斯密传》，第 261—262 页。

[106] John A. C. Conybeare, *Trade Wars: The Theory and Practice of International Commercial Rivalry*, Columbia University Press, 1987, p. 141.

[107] Ibid. Tribe, "Natural Liberty and *Laissez-Faire*: How Adam Smith Became a

Free Trade Ideologue", p. 40.

[108] A. W. Bob Coats, *British and American Economic Essays*, Vol. I, Routledge, 1992, pp. 120-121.

[109] Ibid. Teichgraeber, " 'Less Abused Than I Had Reason to Expect': The Reception of *the Wealth of Nations* in Britain, 1776-90", p. 365.

[110] Ibid. Rashid, *The Myth of Adam Smith*, p. 159, p. 172.

[111] [美] 戴维·兰德斯：《国富国穷》，门洪华等译，新华出版社，2001 年，第 637 页。

[112] 前引雷：《亚当·斯密传》，第 321 页。

[113] [德] 弗里德里希·李斯特：《政治经济学的国民体系》，陈万煦译，商务印书馆，1997 年，第 307 页。

[114] Ibid. Williams, *Adam Smith – Wealth without Nations*, p. 121.

[115] Ibid. Tribe, "Natural Liberty and *Laissez-Faire*: How Adam Smith Became a Free Trade Ideologue", p. 23.

[116] 前引熊彼特：《经济分析史》，第 1 卷，第 277 页。

[117] Ibid. Hutchison, *Before Adam Smith: The Emergence of Political Economy, 1662-1776*, p. 372.

[118] Ibid. Rashid, *The Myth of Adam Smith*, p. 200.

[119] 前引季德、利斯特：《经济学说史》，上册，第 73 页。

[120] Ibid. Williams, *Adam Smith – Wealth without Nations*, p. 38.

[121] Ibid. Rashid, *The Myth of Adam Smith*, p. 152, p. 18. 参见前引雷：《亚当·斯密传》，第 60、422—423 页；前引熊彼特：《经济分析史》，第 1 卷，第 279—280 页。

[122] Ibid. Winch, "Economic Liberalism as Ideology: The Appleby Version", p. 292.

[123] Ibid. Coats, *British and American Economic Essays*, Vol. I, p. 119, p. 134. 参见 [英] 约翰·梅纳德·凯恩斯：《就业、利息和货币通论》，高鸿业译，商务印书馆，2004 年，第 344—346 页。

[124] Ibid. Williams, *Adam Smith – Wealth without Nations*, p. 35.

[125] 转见 Ibid. Coats, *British and American Economic Essays*, Vol. I, p. 140.

[126] 参见 Ibid. Viner, "Adam Smith and Laissez-Faire", p. 86.

[127] 前引季德、利斯特：《经济学说史》，上册，第 115 页。

[128] 参见前引欧文：《国富策：自由贸易还是保护主义》，第 59—100 页。

[129] [德] 弗里德里希·李斯特：《政治经济学的自然体系》，杨春学译，商务印书馆，1997 年，第 146 页。

[130] Ibid. Williams, *Adam Smith – Wealth without Nations*, p. 38.

[131] Ibid. Rashid, *The Myth of Adam Smith*, p. 3.

[132] Ibid. Viner, "Adam Smith", p. 259.

[133] 前引熊彼特：《经济分析史》，第 1 卷，第 268 页。

[134] Ibid. Hutchison, *Before Adam Smith: The Emergence of Political Economy, 1662-1776*, p. 338, pp. 349-350.

[135] 前引熊彼特：《经济分析史》，第 1 卷，第 288 页。

[136] Ibid. Williams, *Adam Smith – Wealth without Nations*, p. 58.

[137] 参见前引雷：《亚当·斯密传》，第 257、298—299、6、203、85、242、303、45、231、393 页；前引莫斯纳、罗斯编：《亚当·斯密通信集》，第 366、396、428 页。

[138] 前引季德、利斯特：《经济学说史》，上册，第 109 页。

[139] Ibid. Viner, "Adam Smith and Laissez-Faire", p. 92.

[140] 参见前引斯密：《国民财富的性质和原因的研究》，下卷，第 34、36、38、40 等页。

[141] Ibid. Coats, *British and American Economic Essays*, Vol. I, p. 151.

[142] Ibid. Knight, *On the History and Method of Economics*, p. 9.

[143] Ibid. Coats, *British and American Economic Essays*, Vol. I, p. 135.

[144] Ibid. Tribe, "Natural Liberty and *Laissez-Faire*: How Adam Smith Became a Free Trade Ideologue", pp. 28-29.

[145] Ibid. Rashid, *The Myth of Adam Smith*, p. 162, p. 166.

[146] 参见 Henry William Spiegel, *The Growth of Economic Thought*, Duke University Press, 1991, p. 223.

[147] 参见前引雷：《亚当·斯密传》，第 13、23、112—114 页；ibid. Coats, *British and American Economic Essays*, Vol. I, p. 125.

[148] 前引莫斯纳、罗斯编：《亚当·斯密通信集》，第 346、27、278、280 页。参见 Ibid. Williams, *Adam Smith – Wealth without Nations*, p. 19; 前引雷：《亚当·斯密传》，第 268、291 页。

[149] Ibid. Viner, *Studies in the Theory of International Trade*, p. 108.

[150] 前引欧文：《国富策：自由贸易还是保护主义》，第 120、137—138、141 页。

[151] 参见 Ibid. Spiegel, *The Growth of Economic Thought*, p. 347.

[152] 前引欧文：《国富策：自由贸易还是保护主义》，第 155、135 页。

[153] 前引欧文：《国富策：自由贸易还是保护主义》，第 156、172—173 页。

[154] [英] 约翰·穆勒：《政治经济学原理（及其在社会哲学上的若干应用)》，下卷，胡企林等译，商务印书馆，1991 年，第 508—509 页（此处引文据原版自译）。

[155] 前引欧文：《国富策：自由贸易还是保护主义》，第 173 页。

[156] 前引欧文：《国富策：自由贸易还是保护主义》，第 173—175 页。

[157] 参见前引欧文：《国富策：自由贸易还是保护主义》，第 127 页。

[158] Ibid. Rashid, *The Myth of Adam Smith*, p. 175.

第二章

贸易保护引发工业革命：英国纺织业的成长案例

在向操着国家祸福之权的执政诸公献策以前，先请读一读英国工业发展的历史。

——弗里德里希·李斯特（德国经济学家）

　　贸易政策与产业发展之间到底存在何种关系，进而言之，到底是自由贸易还是贸易保护才能更有效地促进产业成长和国家富强？由于其中包含众多变量，这不是一个可一概而论或者仅凭逻辑便可轻易推演的问题，似乎也无法像自然科学那样通过实验来证实或证伪。然而，人类走到今天，社会科学也有其独特的实验室，这个实验室就是过往的"历史"。历史的实验已经完成，只需要我们凭借耐心和洞察力去从中整理线索、归纳结论。

　　当然，自由派也有他们的"历史"结论，英国近期出版的著作在论及工业革命时还在说："最小限度的政府干预和自由放任政策给英国的经济大变革提供了良好的环境"，[1]"《国富论》最终还是成了英国工业革命的'圣经'"。[2]这种论调不过承袭了老阿诺德·汤因比曾用诗化语言表达的不实观点："《国富论》和蒸汽机摧毁了旧世界，创立了新世界。"[3]国内舆论在解读英国崛起的历史时随声附和，也称："斯密－李嘉图的'自由经济理论'和边沁的'功利主义'是英国工业化的指导思想，在这种思想指导下英国走上自由资本主义道路……使英国顺利完成了工业化，成为第一个工业化国家"。[4]

　　为查验这种流行论调，理当更具体地发问：如果贸易政策起过作用的话，英国工业革命究竟是自由贸易还是贸易保护影响下的产物？由于纺织业（先是毛纺织业）是英国人自称的"首要产业"，也是现代机器化大生产率先突破的部门，故而有必要以此为案例，深入查考该战略性产业在英国成长壮大的过程与缘由。相信实证的历史研究有助于澄清有关自由贸易与贸易保护的宣传烟幕和思想混乱，可望让人接近真相并获得启示。

　　养羊几乎是英国的天然营生，"自古以来，在工业活动兴起以前很久，牧场遍地的英国就饲养着众多羊群，同时经营着羊毛生意"。[5]一般认为，作为英国纺织业母体的毛纺织业至少可追溯到 12 世纪，当时已经存在某种规模的手工呢绒织造。然而，在相当长的岁月，英国的纺织业实际上处于明显的落后状态。这一落后状态首先体现为某种经典的不对等国际贸易关系，主要是长期地输出羊毛，输入羊毛制成品。以英国与当时欧洲北部的佛兰德的商贸关系为例，11 世纪时，佛兰德尚且主要靠自产的羊毛织造布匹，但很快它就日益从英国进口羊毛，而且在 12 世纪日渐以羊毛制成的呢绒等成品展开贸易。随着佛兰德的手工制造业在 13 世纪进入全盛时代，英国从那里的制成品进口也快速增长，中高档织物在其中占有相当大的比例。尽管在此过程中，英国以羊毛纺织为主体的手工织造业也曾有所发展并勉强竞争着，但在价格和质量两个方面，"佛兰德拥有竞争优势"。结果是，大约从 13 世纪中期起，佛兰德等低地国家的产品先是控制英国的出口市场，后则汹涌进入英国，并在 1300 年前后开始主导英国国内市场。这样，英国与低地国家总体上形成了输出羊毛并输入成品的不对等国际贸易关系，英国的"繁荣不可避免地受到了侵蚀"。[6]

当然，经过 14 世纪的苦心经营，英国的毛纺织业在进入 15 世纪后发生了反转，即从主要输出羊毛原料转变为主要输出粗呢绒成品。再到 16 世纪，国际分工格局出现转型，某些种类呢绒的织造从尼德兰转向英国。然而，即便如此，"众所周知，英国的商业一边倒地依赖于低地国家，伦敦在经济上不过是安特卫普的卫星"，[7]英国向欧洲主要地区的呢绒出口和几乎全部的进口都依赖安特卫普。英国经济的脆弱性确实可以概括为"基本依赖一种商品——呢绒、一个港口——伦敦、一个贸易组织——冒险商人公司、一个商品市场——安特卫普"，而脆弱性不时会酿成经济和社会危机。对安特卫普的供过于求就曾导致 1552 年英国呢绒出口下跌 36%，政府关税收入减少 40%，许多纺织手工业者失业或破产。1556 年为缓和呢绒积压，英国甚至停航了所有开往尼德兰的船舶达四个月。[8]

更严峻的是，英国在毛纺织品的国际贸易中无法获得应得利润份额。由于缺乏印染等增值环节的技术，英国绝大部分呢绒总是未经深加工便出口低地国家，直至 17 世纪初，较高的估算是，"荷兰人的印染占到最终呢绒销售增加值的约 75%"，[9]荷兰人因此获得了"布匹贸易利润中明显不成比例的分成"。[10] 事实上，纵观 13 世纪到 16 世纪，英国毛纺织业的对外贸易长期被操控于外国人之手。"13 世纪、14 世纪之交，意大利大家族控制着英国羊毛出口，在若干年内完全垄断出口，并且整个控制了王国海关"。[11] 另据知，"外国商人一直操纵着英国的羊毛及毛纺织品交易，来自海外贸易的商人资本在英国中世纪经济中一直占有显著地位，几百年间没有发生重大改变"。[12]

上述历史展示了一个不争的事实，即英国经济在工业革命前的多个世纪，纵然在其拥有比较优势的毛纺织业，也曾处于落后甚至是某种依附性"欠发达"状态。有鉴于此，不禁要问，英国这个似乎是自由主义天生堡垒、人称自由贸易论发祥地的国家，当自己身处落后甚至欠发达状态，在对待国际贸易及产业发展问题时，究竟是如何作为的？依照自由贸易论，在这些世纪，英国的明智政策显然应当是立足于养羊业，着力借助羊毛原料，最多是未深加工的粗呢绒的出口，来参与国际经济循环，以此换取佛兰德人、荷兰人、意大利人擅长加工的制成品，而不必另起炉灶地去建立并提升本国产业，因为只有通过各自比较优势的发挥，才可最大限度地提高效率、增加福利。

耐人寻味的是，历史的真相与自由贸易论所推崇和标榜的原理截然相反。英国的工商人士、政治领袖和政治经济学家们在数百年里偏偏走了一条违逆自由贸易原则、对贸易加以管制、对产业进行保护的道路，其政策内容包括：严厉限制原料出口，严格限制成品进口，积极吸引国外技术工人，悉心扶持本国工商力量，大力推动进口替代，强行提升输出品附加值，利用国家力量进行经济外交，甚至频频策动市场争夺战争，等等。英国以贸易保护和国家干预为核心的举措不仅有效扶持了纺织业的成长，而且引发了最终影响人类历史进程的工业革命。相信面对历史事实与理论说教之间的惊人背反现象，关心着如何改变民族落后命运、保持国运长盛不衰的人们，都会掩卷深思。

一、压制自由贸易成就了毛纺织业

"在新生产制度变更了一切并改换了观念和事物以前，英国人总认为国家繁荣的主要养料是毛纺织业。"[13] 这句话的含义相当清楚：毛纺织业是英国工业革命之前的本钱和家底，即所谓"第一桶金"。既然是第一桶金，其重要性不言而喻。在许多世纪，英国出口贸易的内容几乎完全是羊毛及羊毛制品，到 1700 年都未有大的改变。"英国的羊群如此长久地背起了英国贸易扩张的重负，以至于 18 世纪开始时，人们依然不假思索地以为，英国繁荣的关键基础，仍要靠羊群来继续扮演这种成功角色。"[14] 有观点认为，到 1780 年代甚至更晚时候，英国工业中的首要部门还是毛纺织业，而不是棉纺织业和炼铁业。[15] 显然，说毛纺织业对当年英国的战略重要性，绝不亚于当今世界的汽车、电子、飞机、医药等支柱产业，这谅非夸大其词或类比不当。为了培植毛纺织业这一战略产业，英国可谓多管齐下、费尽心机，然而，经仔细分析不难发现，其核心还是贸易保护和国家干预。

限制羊毛原料出口和呢绒成品进口

英国发展毛纺织业的逻辑起点就是限制羊毛原料的自由出口。早在 1258 年，英国就颁布了具有强烈保护主义色彩的《牛津条例》，据此，"英国所产羊毛必须在国内加工生产，不得卖给外国人；人人都必须穿用本国织造的呢绒。在 1332 年、1337 年、1376 年、1377 年、1464 年、1467 年，上述规定得到多次重申"。当然，反复重申也说明，羊毛出口的禁令一再被打破，足以证明一般商人天然热衷于顺势赚取眼前快钱，而要改输出原料为输出加工品，若非战争等原因被迫使然，往往需要政治意志的推动。到 16 世纪，仍可时常见到着眼当下与着眼长远这两股势力的较量。1547 年，英国"王室诰令重申，只有获得了特许证的羊毛商人协会成员才能输出羊毛，其他人必须将羊毛纺成线、织成呢，或制成帽、带，始得出口"。1549 年，王室又颁布更严厉的诰令，对于无特许证而输出羊毛的违令者，"处以双倍于出口羊毛值的罚款，羊毛的所有者要被投入监狱"。[16]

实际上，羊毛之外，绵羊、毛线、精纺毛纱、漂泥等"都在禁止出口的清单上。法律的实施十分严厉，首犯者要砍去左手，再犯者则要处死"。[17]除禁令外，英国也利用关税设限。1275 年，羊毛出口税在英国开征，此后又多次调高税率，早期的这些出口税基本上都向外国商人征收。后来国王爱德华三世（1327—1377 年在位）于"1347 年扩大到向本国商人征收"，在他统治下，不仅进一步大幅提高了羊毛出口税，而且组建了掌控羊毛出口的辛迪加斯特普尔公司。[18]"到 1361 年，斯特普尔公司实际上占有了向北欧出口羊毛的垄断权。"[19]据估计，"1421 年羊毛税占整个 [英国] 关税收入的 74%。"[20]严厉控制羊毛出口一直是英国的基本国策。迟至 1662 年，官方还在重申对"违者施重刑"，[21]其后一个多世纪，乔治三世（1760—1820 年在位）为禁运羊毛并打击走私，甚至颁布法令，"不准在海滨五英里内剪羊毛"。[22]

正因如此，自 14 世纪中叶至 17 世纪初，英国羊毛出口的数量总体上呈逐渐下降趋势。考虑到英国为发展养羊业而进行的圈地运动正好发生在该时期，羊毛出口的减少显然不是羊毛总产量萎缩了，而是原料出口限制政策在起作用。英国严厉限制羊毛原料出口的动机，除了相信输出成品比输出原料有利可图外，也是相信，对于当时规模和利润均首屈一指的纺织业，这样做有利于增加国内就业。另外，还有一个重要判断是，其他国家对英国羊毛的需求依赖严重又缺乏弹性，故此，英国可用类似于"最优关税"的手段，把相当部分的贸易收益强行转移过来。事实上，英国统治者深知本国羊毛在欧洲市场上的支配地位，曾经将之用作政治武器。例如，爱德华三世在 1328 年通令禁止将羊毛卖给佛兰德，"其用意也在迫使尼德兰城市与自己结盟，共同反对作为英国世仇的法国"。[23]随着英国对羊毛原料输出的管控，海外毛纺业的生产成本必然上升，由此引致欧洲大陆各竞争国的毛纺业相继衰退。据分析，佛兰德在 14 世纪上半叶从欧洲纺织品生产霸主地位上跌落，即与此存在一定的因果关系。[24]

15 世纪末，作为英国羊毛客户的呢绒加工城市，如尼德兰的布鲁日、伊普尔等，意大利的佛罗伦萨等，都开始经历生产萎缩、行业瓦解的过程。

"这些城市生产衰落的原因是多方面的，但在羊毛原料上受到英国政府的遏制，是其中一个十分重要的方面"。[25] 难怪 15 世纪一本小册子的作者十分自信地宣称，英国羊毛"能使我们管理和统治整个基督教世界所有的王国"。[26] 英国以羊毛为武器的做法以后长期延续，从 17 世纪下半叶到 18 世纪下半叶始终维持着羊毛出口禁令。据载，"1660—1825 年，英国羊毛的出口被绝对禁止。"[27] "当时限制措施的初衷，不仅要给英国毛纺工人以照顾，而且要通过不让产业对手获得英国羊毛，令外国竞争彻底被釜底抽薪。"[28]

不过，即使英国在羊毛原料的供应上享有强势地位，它也并未满足于操纵原料市场而忽略对发展本国纺织业的长远追求，相反，统治者们在限制原料出口的同时，全力利用手中的原料优势，严格限制成品的自由进口，俾以排除外国竞争对手，为自己留下市场空间。"爱德华二世 [1307—1327 年在位] 企图禁止外国呢绒的输入，仅规定供贵族使用的外来呢绒不受此限。"[29] 爱德华三世随后于 1337 年下令禁止羊毛呢布的进口（据考证，该禁令直到 18 世纪"依然有效"，当时的英国"海关指南手册援引此令，禁止布匹进口"），[30] 他还"禁止臣民穿着任何外国布匹制成的服装"。此后的爱德华四世（1461—1483 年在位）继承并发展了这一政策，他命令外国商人在向英国输入商品时，必须输出等值的英国纺织品。"1463 年，他实际上禁止进口所有外国纺织品及许多其他外国产品"。在亨利七世（1485—1509 年在位）时期，外国商人不得不再次执行向英国输入商品时必须等值输出英国制成品的法令。[31]

与此同时，英国政府为了发展本国的呢绒加工业，为了提升出口品的附加值，也开始禁止半成品的出口。政府从 1487 年起，下令禁止出口未充分加工的呢绒半成品。"1512 年、1514 年、1536 年又多次重申这项法令。法令明文规定，运出未加工的呢绒低价出卖，属于犯法行为。"[32] 应当指出，如同原先出口羊毛原料一样，对商人而言，出口半成品比之出口成品在当时更为简便有利，也属明智之举，毕竟英国的呢绒加工技艺尚欠水平，在国外并无声誉，质次价高的成品势必滞销。然而，政府偏偏要违逆一般商人的短视倾向，原因就在于至少从爱德华三世开始，英国人即已深知，"需要的不是增加'交换的价值'，而是提高'生产的能力'"。[33]

利用技术移民扶持产业本土化升级

培植一项产业固然需要抑制短视的谋利冲动，采取诸如禁运等限制性措施，但更需要从正面实施产业鼓励政策。英国扶植毛纺业过程中发挥首要作用的一项政策是，通过大力吸引外国纺织技工，实现技术与经验的引进和产业的跨越式发展。早在诺曼人于 1066 年登陆入侵英国之初，国王"威廉一世便鼓励佛兰德织工前来定居"。[34] 此后，英国"王室屡次三番地"奖励吸引佛兰德纺织工匠，"力图借助这些外国的先驱来创设民族工业"。[35] 尤其是爱德华三世时，曾吸引佛兰德等地的呢绒织工、染工、漂洗工等纷纷落户伦敦等地，形成了英国工业史上"第一个重大的里程碑"。[36] 爱德华四世时也曾出现过"大量移民的涌入"，其中一大部分为毛纺织技工。[37] 都铎王朝（1484—1603 年）统治时，"亨利七世重申允许外国织工定居英国的法令；爱德华六世 [1547—1553 年在位] 则建立移民点，向外国移民提供贷款和每户四英亩土地"。[38]

伊丽莎白一世（1558—1603 年在位）时期，正遇上法国镇压属于基督新教的胡格诺教徒，尼德兰亦发生宗教及政治迫害，英国便乘机把"大批宗教难民作为'英国经济和工业方面有价值的资产'加以吸收"。向移民颁发特许证、授予专利权、给予宗教宽容，还以学徒制促进技术本地化，诸多此类政策合在一起，造就了数十万工匠的大移民，并且取得了预期的产业效果。[39] "众所周知，东英吉利新织物的扩大生产是基于胡格诺教徒难民的技艺传授，这些人因宗教战争而被逐出法国北部和低地国家南部。"[40] 如果说 14 世纪外来移民潮提高了一般粗呢的织造水平，那么，"16 世纪外来移民引进了一系列新型毛织品，使英国呢绒工业向高质量和多品种的方向发展"。政策的有效性令政策精神代代相传并不断强化。到 17 世纪，英国之所以能从 1643 年开始不再受制于荷兰人，转而在国内印染呢绒，由此掌握呢绒生产的全部工艺；同时在毛纺业之外，英国之所以在麻织业和丝织业中取得突破，在国际市场竞争中胜出或者摆脱对进口的依赖，都与政策驱动下荷兰、法国技术人才的移入直接相关。[41]

对外国移民的优待绝不意味着英国在毛纺业或者总体产业发展问题上，采取了自由贸易论者所标榜的世界大同态度。事实上，掌握先进技艺的外国工匠不过是英国追求产业升级和展开国际竞争的工具而已，他们之所以得到优待，仅仅因为他们是有用的手段，有利于英国产业目标的实现。在当时民族身份认同日趋强烈的大背景下，只要条件许可，英国就会采取内外有别的政策，借以全力扶持本国工商力量，让产业之树在本土扎根。例如，14 世纪末，本国商人每输出一包羊毛要缴纳出口税和附加费共计 40 先令，外商则需缴纳每包 53 先令 4 便士。到 1471 年，本国商人输出一包羊毛仍只缴纳 40 先令，但外商已需缴纳每包 76 先令 8 便士。[42] 同样，15 世纪下半叶，本国商人在出口呢绒时只需缴纳货价 2% 的关税，外国商人则需缴纳 6% 的关税。[43]

当然，从中世纪前期起，由于英王在财政上对汉萨商人多有依赖，汉萨商人历来在英国的对外贸易中享有特殊地位，即今所谓"超国民待遇"。例如，迟至 15 世纪末，还可见到呢绒出口税倒挂的现象，对于染色呢布、半染色呢布、未染色呢布，英国商人需缴纳的出口税分别为每匹 28 便士、21 便士、14 便士，均高于汉萨商人的 24 便士、18 便士、12 便士。[44] 但即便如此，对于其他外国人，英国仍然执行区别对待政策。比如，对于未染色呢布，英商每匹缴纳出口税 14 便士、汉萨商人缴纳 12 便士，并且均不必缴纳附加费，相比之下，其他外商却需缴纳出口税 33 便士，以及附加费 12 便士。[45]

随着国家财政状况的改善和本国工商力量的成长，都铎王朝不断收缩国力薄弱时因不得已而给予外商的优惠政策。本来，1270 年代以前，英国的羊毛主要由佛兰德人控制，之后主要由意大利人，再后则主要由汉萨商人控制。[46] 通过长期周旋，继 15 世纪完成对意大利商人势力的清除后，英国人又开始应付势力强大的汉萨商人。他们对之采取遏制与怀柔相结合的方针，一般在和平时排挤和打击之，以最终维护英商利益，只有在战争爆发需要其支持时，才暂时笼络和利用之。亨利七世先于 1486 年成立伦敦冒险商人公司，以此"垄断了同安特卫普的出口联系"，[47] 随后又"规定汉萨商人只许出口完全制成的呢布，受优惠的商品限于来自汉萨城市的特产"。

在 1493 年伦敦市民攻击汉萨商人居住区后，国王又乘机把汉萨商人从英国与尼德兰的贸易中排挤出去，并且将其居住地置于英国关税官员的监督之下。1552 年，爱德华六世断然下令，收回给予汉萨商人的"全部特权和特惠措施"，只保留那些"与其他国家商人相同的普通贸易权利"。此前的 1534 年，威尼斯商人在英国的特权地位也被最终废除。英国扶持本国工商力量、反对外国商人控制外贸的斗争由此而取得决定性胜利。[48]

从呢绒出口的份额看，1503—1509 年，即亨利七世统治末年，英国本国商人已占到总出口的 53%，汉萨商人尚占 24%，其他外国商人则占 23%。[49] 及至 1598 年，经由伊丽莎白一世更坚定地打击外商势力、更有为地发展民族经济之后，汉萨势力终被彻底削平，其对英国毛纺市场的影响已无足轻重，英国的商贸开始由民族工商力量主导。[50] 商贸控制本土化与自由贸易的世界主义差之远矣，但无疑为自主产业发展创造了有利的前提条件。

国家干预和保护渗透产业链各环节

国家力量给予的扶持与管理贯穿着英国毛纺业的壮大过程，甚至体现在某些产业细节中。呢绒的染色加工过程会用到一种叫靛蓝的染料，英国以往通常从法国的土鲁兹地区进口，也可从葡萄牙所属亚速尔群岛等地进口。为摆脱对外依赖、发展本国完整的产业链，英国于伊丽莎白一世时期开始在南部四郡种植靛蓝作物。由于这一替代进口的努力，经伦敦而进口的靛蓝总值从 1559/1560 年度的 33000 镑下降到 1593/1594 年度的区区 3500 镑，自法国进入伦敦的靛蓝也相应大减。有数据显示，全英国自法国的靛蓝进口总值在 1575—1586 年间，从 23000 镑降为 8000 镑。[51]

须知，这样的进口替代努力首先是政府鼓励甚至强制的结果，而非听任商人乘兴逐利或者市场自发调节才取得。比如，在毛纺织业进步迅猛的都铎王朝，总共"约有 250 个法令涉及经济问题，其中有关呢绒的生产、销售、工资、价格方面的法令占有突出地位"。[52] 事实上，至少在都铎王朝的君主身边，除了有一般的顾问外，还专门有一批经济"计划者"，[53] 从事统计收集和研究工作，目的是要制订长远的官方政策，并具体规范和管理经济活动。

这些经济计划者特别重视计算战争的成本与收益，也重视对贸易的性质、数量、流向进行分析，以便对"酒类和奢侈性纺织品"的进口加以限制。

经济史家告诉我们："在伊丽莎白统治时期，由于面临反复出现的经济危机，且面临着遭受外国攻击和民众抗议这些迫切得多的威胁，政府将其行政控制持续延伸到国民经济的几乎所有部门。"特别在外贸领域，"主导伊丽莎白时期外贸的一个强大因素，就是政府干预无孔不入的影响力"。[54]这种政府干预也延伸到了消费环节。以制帽业为例，鉴于当时在伦敦便雇用着 8000 名制帽工人，促进消费借以保障就业和产业发展便非同小可。为此，伊丽莎白一世规定："在每个周日和圣日，除少数例外，凡六岁及以上者，每人都应头戴一顶完全在英国织造的帽子，如有违犯，每次罚款 3.4 便士。"[55]通盘考察英国当年的贸易和产业政策，这种微观经济层面的政府干预完全不足为奇。

英国政府一方面对内扶持和管理毛纺织业，另一方面则面向国际竞争，冲在前头并护在前头，集中且引导工商阶层的意志，为其创造有利的国际环境，并从中分享利润，而绝不是任其散兵游勇地孤军奋战、自生自灭。美国人说的一句话，"经国大事，唯生意二字"，其实早由不列颠王国实践着，这是真正的盎格罗－撒克逊传统，以后帝国时代的首相帕默斯顿所言，"政府的职责就是为商人开辟道路并保持其畅通"，[56]与此在精神上一脉相承。

为了打开并保障英国毛纺织品在海外的销售市场，同时也为了削弱主要竞争对手，英国非常重视与外国签订商业条约、向外派驻领事、建立海外同盟关系，等等。就签约而言，仅亨利七世一朝便在 15 世纪末为反对汉萨同盟，而与正在仇视汉萨商人贸易垄断的丹麦签订条约，从而恢复了英国商人在北欧的贸易特权；另与属于汉萨同盟的城市里加签订条约，试图分裂汉萨同盟，以便直接进入波罗的海；也与佛罗伦萨签订条约，借以在比萨港设立英国羊毛市场、垄断羊毛运输权，并遏制威尼斯的呢绒业和贸易；还与尼德兰多次签订通商条约，重新确立一度中断的贸易关系，使英国商人获准在尼德兰大部分地区自由销售呢绒，并逐步扩大商业特权；亦分别与西班牙、德意志、法兰西等国签订商业条约。[57]

同样，伊丽莎白一世为开辟新市场，也派遣贸易特使拜访罗马教皇，以及俄国、印度和波斯等国君主，并开始利用由大规模投资而确立的航海霸权来占领新市场，还将占领的市场殖民化、垄断化。[58] 此外，英国为争取自身产业优势、消除竞争对手，于 1699 年出台法令，禁止爱尔兰"向英国出口毛纺制成品，爱尔兰的羊毛也只能在王国内销售。1721 年通过的法令进一步禁止其出口棉花、纺织品和玻璃制品"。[59] 英国就是如此依靠国家力量争夺市场机会，从而为国内的产业发展提供了强大推动力，使之与工商界自身的拉动力相得益彰并合而为一。

为拓展产业成长的国际空间，英国政府全力以赴，不惜以武力去保驾护航。17 世纪初，随着意大利在国际纺织业中地位的衰落，英国与荷兰的竞争趋于白热化。在 1620 年代遭遇贸易危机和经济萧条后，英国紧急成立"1622 年委员会"，提出六项经济对策，包括：禁止羊毛、漂泥等商品的出口，尤其针对荷兰；制止英国船舶及商人向荷兰提供西班牙或土耳其的羊毛，以打击荷兰竞争者；发展制造业，以减少进口需要及金银流出，并通过国内种植，争取自制亚麻布；将荷兰人从捕鱼场赶出，代之以英国捕鱼公司；对于将物品运至英国而赚钱的外国商人及船长，强迫其在英国购置英国制成品；从国外进口之物品须由英国或原产地船舶运送。[60] 这些政策突出地表明，国家对于国际经济竞争，特别是以纺织品为核心的贸易活动，如何在更深程度地介入、不遗余力地干预。

在 1622 年、1630 年、1632 年、1634 年、1639 年、1647 年、1649 年、1650 年、1651 年、1652 年、1660 年、1662 年，英国又连下一道道禁令，不准向荷兰出口羊毛，包括于 1652 年专门立法，禁止后院苏格兰向荷兰输出羊毛。英国另设立高关税，阻挡荷兰莱顿富有竞争力的新织物输入英国。"只有英国市场才以每码 10 先令的关税实际上将之拒于门外，莱顿的制造商认为这一关税高到无可容忍，由此招致持久的愤怒。"[61] 与此相呼应，英国往后又"在 1700 年废除了对于羊毛制品的所有出口关税"，尽管毛纺织品的出口税此前数个世纪一直不过维持在 5%。[62] 自不待言，贸易战频频引起军事战，1650 年代、1660 年代、1670 年代，英国与荷兰连打了多场战争，借以维护毛纺织业在内的国家商业利益。[63]

毛纺织业终于成长为英国首要产业

至此已能看得很清楚，从最初限制羊毛原料自由出口，到不遗余力地夺取产品的海外市场，英国在毛纺织业的培植上用尽手段，因此终于修得圆满之正果。表 2-1 所列羊毛原料与呢绒成品在出口中的消长趋势足可提供相关佐证。

表 2-1 13—16 世纪英国羊毛出口与呢绒出口的消长趋势

单位：包

年份	羊毛原料出口量	呢绒出口量（折算成羊毛）
1281—1290	26856	
1301—1310	34493	
1321—1330	25268	
1341—1350	22013	
1351—1360	32655	1276
1371—1380	23241	3432
1391—1400	17679	8967
1401—1410	13922	7651
1421—1430	13696	9309
1441—1450	9398	11803
1451—1460	8058	8445
1471—1480	9299	10123
1491—1500	8149	13891
1501—1510	7562	18700
1521—1530	4990	20305
1531—1540	3481	23424

资料来源：转见陈曦文：《英国 16 世纪经济变革与政策研究》，首都师范大学出版社，1995 年，第 32 页。

说明：表中包数系十年平均数；每包羊毛重 364 磅，可织法定标准呢绒 4.25 匹。

在英国毛纺织业发展过程中，政策的核心是贸易保护和国家干预，而不是放任自流或拘守比较优势原则，所以，正是因逆自由贸易而行，英国的毛纺织业才跨上了一个个具有里程碑意义的台阶：

● 14 世纪上半叶，英国自产的毛纺织品稳步地收复此前由进口货占领的国内市场，1337 年，英国从原每年通过外商渠道进口 1.2 万匹呢绒下降到仅进口 0.2 万匹。[64] 第一个转折点终在 14 世纪中叶发生，其标志是英国开始向外出口呢绒，从此总体上羊毛原料出口持续减少，毛织呢绒出口则稳步增加。

● 15 世纪中叶，出口呢绒所耗羊毛量稳超羊毛原料出口量，呢绒织造已成英国第一大出口产业，标志着出口结构已经发生良性逆转。与这种此消彼长相关联，15 世纪以后，毛纺织品从外国的进口实际上已告停止，国产毛纺织品得以独占国内市场。[65]

● 进入 16 世纪，羊毛原料输出持续大减，呢绒出口则逐年攀升，在出口贸易中占据支配地位，尤其上半叶更是英国呢绒出口的全盛期。据统计，亨利七世在位的 24 年，即 1485—1509 年，呢绒出口增长 61%；亨利八世在位的 38 年，即 1509—1547 年，呢绒出口增长 45%。[66] 另外，如 1564/1565 年度所示，单呢绒一项就占到出口品总值的 78%，各类的羊毛、羊毛皮和衣着加总，则占到 90% 以上。[67] 此外，外国商人控制贸易的局面终于改变。

● 17 世纪延续了 16 世纪的发展势头，品种的增多和质量的提高支撑着大规模出口能力，轻质精纺的新织物成为出口主体。到该世纪中叶，英国全面掌握呢绒生产的整套工艺，呢绒经国内印染和精加工后再行出口的比例，从约占三分之一提高到近 100%，后续处理的本土化大幅提高了出口品的附加值。同时，毛纺织业在传统领域外开辟了新领域，主要是从事各类新织物的生产，新产品并已行销西班牙、葡萄牙甚至意大利。[68]

● 尤为重要的是，通过至此完成的毛纺织业发展全过程，英国一方面积累了厚实的物质财富基础，另一方面，至少同等重要的是，国家政权在政策扶持、产业管理和对外争夺，工商界在生产的组织经营、技术应用和外贸竞逐，劳动力在技艺学习和培养，以及政治经济学家们在探讨产业发展和贸易保护、经济运行规律与社会政策制订等众多方面，都积累了至为关键的经验和专长，从而为下阶段棉纺织业及其他各行业的迅速发展，乃至为帝国殖民政策的形成，等等，都奠定了一个必不可少的扎实基础。

二、进口替代催生麻织业和丝织业

如果说毛纺织业是英国本土产业的话，那么，麻织业，更不用说丝织业和棉纺织业，都可算外来产业。在相当长时期内，英国虽然在毛纺织业中具有强大的竞争优势，成为欧洲市场上首屈一指的毛纺织品供应国，但其国内麻类等非毛纺织品的需求仍然依靠进口来满足。以伊丽莎白一世执政初年为例，在 1559/1560 年度的全部进口中，有 6% 为来自意大利的高档布料，如天鹅绒、丝绸、缎子、塔夫绸、麻纱、里子薄绸等，除此之外，足有 17% 的份额为亚麻及亚麻布和粗帆布。当时国库财富"所有流失中最严重者就是亚麻和亚麻材料的进口"，俨然已成国家财富的漏斗。[69] 英国历代王朝对于发展具有国防意义的麻织业固已倾注大量心血，可是，一项产业的本土化终究需要相当长的过程，麻织业落后的局面一直要延续到 17 世纪下半叶。"在制成品的进口中，最为重要的门类就是从荷兰和德国进口的粗麻制品。进口量在 17 世纪有了快速增长，因为英国没有可观的产业与之展开有效竞争，甚至都没有人出来高声地呼唤保护。"[70]

从下令植麻开始培育国防关联产业

当某一项产业几乎是一片空白、连要求保护的声音都发不出来时，显然只有超越局部和短期关注的国家政权，才能作出是否发展以及如何发展有关产业的决断。面对大量的麻织品进口，当时的英国政府至少可以有两种选择，一是恰如自由贸易论者通常建议的那样，贸易相关方各自依据自然禀赋，发挥自身比较优势，在分工和交易中求得福利的最大增进。就此而言，凭借英国在毛纺织业中的既有优势，特别是考虑到英国当时连麻类种植都还付诸阙如，自由贸易可谓一条合理的出路。然而，在英国当政者看来，减少麻织品的进口具有经济和安全两方面的意义，既可以节省花费，从而减少财富的流失，又可以推动海运业和海军力量的成长，因为麻织业涉及航船帆布和绳索的供应。有鉴于此，英国的决策者偏偏再次违逆自由贸易原则，作出了另一种选择，那就是"人为刺激、设法生产此前从国外进口的大量工业品"。[71]

用当代语言说，在处理麻类等非毛纺织品进口问题上，英国首先选择了进口替代发展战略，然后在此基础上通过出口竞争来壮大产业优势。简言之，就如促进毛纺织业的成长那样，英国历代统治者为了培植麻织业，也是各种手段多管齐下，不仅争夺技术人才，而且禁止输入竞争对手的产品，还鼓励种子、原料和半成品的输入，并奖励成品的输出，甚至刻意扶植附属国的相关产业，以便对抗主要竞争对手。

当然，与毛纺织业有所不同，麻织业的起步首先还要往上游多走一程，这就是原料的进口替代。伊丽莎白一世时的麻类制品进口主要涉及两项，一是经低地国家从意大利进口棉亚麻混纺布，该产品中所含的亚麻和棉花产自叙利亚、埃及或巴巴里和葡萄牙殖民地；二是进口亚麻布和帆布，主要从法国西部输入，少量来自佛兰德。对于前者，当时提出可通过装运地中海甜酒的船舶直接从克里特岛进口原料，以期在英国内部加工，从而替代棉亚麻混纺布的进口。而为了替代亚麻布和帆布的进口，当局计划从源头抓起，在英国和爱尔兰鼓励甚至强迫种植麻类作物。据载，"特别是在伊丽莎白女王时期，1563 年再次重申 1553 年的法令，规定在 60 亩及以上的耕地上，四分之一的土地必须用于种亚麻或大麻。"[72]

毫无疑问，这是典型的行政干预、长官命令行为，可是，它却终究产生了积极的效果。据推算，经伦敦进口的亚麻从女王当政初年的总值约 15000 镑，降至 1593/1594 年度的 9571 镑，亚麻布和帆布的进口值则从原每年 10 万镑以上，降至 1594—1601 年间年均不超过 7 万镑。[73] 据对诺福克和萨福克两郡的统计，到 16 世纪末，有 13 个教区发展了麻织业，虽然这只占教区总数的 1.1%，与 17 世纪下半叶有 262 个教区、占 23%不可同日而语，[74] 但是，麻织业终于在原料进口替代的基础上艰难起步了。

此后，英国再走其引进工匠这一"借鸡生蛋"的熟路。在查理二世（1660—1685 年在位）和威廉三世（1689—1702 年在位）等时期，英国议会深知，"假如对于邀请外国新教徒在此定居给予适当鼓励，那么每年因购买亚麻及其制品而导致货币和贵金属大量外流的现象，就可依靠来自爱尔兰相关商品的供给而大致制止"。为此，议会颁布法令，出台自由经营和税收豁免等优惠措施，招引外商前来发展麻织业。同时，英国驻法大使特别留心当时法国对胡格诺教徒愈演愈烈的迫害，在获悉有胡格诺亚麻布工场主有意携家移居英国后，立即告请国务大臣抓住机会，以"使帆布生产方法引入英国"。很快，英格兰的伊普斯威奇在这位法国胡格诺工场主管理下，开始织造上等细麻布，况且还引来了 4500 名法国诺曼底的麻织工匠。此外，北爱尔兰及以后苏格兰境内麻织业的建立，也直接得益于法国胡格诺工场主及其他工匠移民的迁入。[75]

值得玩味的是，针对劲敌法国，英国远不止于抽空其技术力量，更辅之以高关税和禁运措施。1678—1685 年间以及 1689 年交战后，英国完全禁止法国制成品的输入，1693 年、1696 年又再次对法国制成品设立近乎禁运的特别关税，这些措施一直延续到 1786 年两国签订《艾登条约》。所以，当时在麻织业及其他行业中，所出现的局面是，英国"躲在高关税背后，借助胡格诺难民的技能，正在建起大幅替代 [法国产品] 的产业"。[76] 进口替代的结果就此注定："16 世纪，法国各种优质麻织品尚可在西班牙市场上与荷兰同类产品相匹敌，但到了 17 世纪，竟为爱尔兰出产的麻织品所击败，而后者恰恰是由定居在贝尔法斯特的法国移民工匠织造的。"[77]

与促进毛纺织业发展相比，英国在培植麻织业过程中更加娴熟地利用了关税调节手段。据观察，"在威廉三世继承英国王位后的 15 年里，英国的关税结构从一个大体水平偏低、以财政为目标的体系，改变成一个水平较高的体系，虽然它依然怀有财政目标，但在实践中已具备贸易保护的功能。"这固然体现于"1690—1704 年进口贸易关税总水平大致增长了四倍"，[78] 更体现于此后税收政策的保护主义性质。在此背景下，为进一步鼓励国内麻类种植，满足国内麻织业加工能力扩大的需要，英国"于 1705 年、1707 年解除了亚麻种子的进口税，并为大麻种子的进口提供补贴"。[79] 接着，英国在 1732 年废除了亚麻的进口税，1752 年降低并在 1756 年废除了亚麻线的进口税。同时，英国自 1732 年开始补贴帆布的出口，1742 年开始并于 1756 年延续补贴输往某些外国及殖民地市场的亚麻制品。[80]

宁愿扶植爱尔兰和苏格兰的麻织业

为了集中力量对抗欧陆麻织业强国，英国宁愿扶持自己附属国的相关产业，以便用迂回手段实现目标。它于 1697 年、1703 年免除了爱尔兰麻织品的进口税，1705 年又废除了爱尔兰的出口税；在 1707 年与苏格兰合并后则撤除了与之原有的一切关税，还于 1727 年成立专门机构鼓励苏格兰种植亚麻作物并培训麻织工。[81] 特别是在 1720 年代、1730 年代，英国严厉禁止印度软棉布的输入，而自产的棉纺织业尚未成长起来，故此，"爱尔兰和苏格兰的亚麻制品正好填补了由保护主义立法造成的供应缺口。爱尔兰亚麻出口在 1718/1722—1734/1738 年增加了一倍，苏格兰亚麻制品的销售很可能也以可比的速度增加着"。1742 年，英国同时对经英格兰出口的苏格兰和爱尔兰麻织品提供奖励性补贴，并于 1745 年加大了补贴力度。[82]

通过多元催化，爱尔兰和苏格兰的麻织业在 18 世纪 20—70 年代的半个世纪中简直突飞猛进。[83] 当然，扶植附属国麻织业绝非无偿援助，它是与禁止爱尔兰向英格兰出口羊毛呢绒、压服苏格兰与英格兰合并等目标相挂钩的。所以毫不奇怪，"1707 年后，自由贸易让边境以北 [附属国] 的毛纺织业大受损害。"[84] 精明的强者就这样凭借连环计成功达成了多重目的，既消除了附属国竞争性的毛纺织业，扩大了自己强势的毛纺织业的发展空间，还削弱了主要对手的麻织业。到 18 世纪中叶，来自大陆的麻织品进口遂急剧下跌，并已被苏格兰和爱尔兰的供应反超颇多，再"到 1774 年，英国及其殖民地所消费的大多数麻织品已来自不列颠岛屿内部，原从德国和荷兰的进口则已被砍去一半"。[85]

至此，在麻织业中，以进口替代为核心的系统产业保护战略可谓大功告成，英国实现了：让出口贸易做大做强原有产业，让进口替代激发新产业的创立。对于这段历史，英国学者自己总结道："毫无疑问，凭借长时期内一系列的保护措施、出口补贴，以及原料税的降低，英格兰和苏格兰的麻织业缓慢并艰苦地建立起来，原大量进口的供英国及其殖民地使用的外国麻织品有了大幅减少。"值得注意的是，本来在此前的欧洲产业格局中，英国已专业化于毛纺织业并已形成显著优势，欧洲大陆则在麻织业及丝织业中也充分形成了自身优势，已经在 16 世纪、17 世纪赢得了英国市场，而且，"假如延续原来几近自由贸易状况的话，此格局原本完全可能保持至 18 世纪"。这不是一个据说十分理想的国际自由贸易格局吗？然而，总有人执意扩大战果，以图赢家通吃。英国"通过关税和补贴，实际上让外国麻织品在英国及其殖民地市场上备受打压，麻织和丝织则都在 18 世纪的英国被拔高成大产业。此二者都是幼稚产业经保护下的悉心哺育而走向成熟的清晰案例"。[86]

在一个至今仍相互竞争的世界里，英国的贸易政策和产业行为当然无可厚非甚至天经地义。可是，当它劝导他人遵循自由贸易原则时，为何自己曾经置现成的国际自由贸易格局于不顾，刻意追求并也最终成功培植了新兴产业呢？难道仅仅是因为自己当年在经济学上尚未开化却运气特别好吗？如今在听闻自由贸易的劝导时，再回头咀嚼英国的这一历史片段，谅必不会徒劳无益。

延绵四个世纪保护丝织业的发展

这里顺便简要介绍一下英国丝织业在刻意保护中成长的情况。丝织业的保护在英国同样历史悠久，有案可稽的是，"1455 年，即已禁止丝织品进口，以保护本国的织造业"，[87] 当时禁止的对象主要是欧洲大陆的产品。此后据知，英国对法国的丝绸长期征收"进口价上再加三分之二"的关税，而对于中国和印度的丝绸，则实行"历来禁入东方丝绸"的政策。[88] 然而，丝绸的特有品质优势使之依然在英国较富有的消费者中大有市场，自然也造成了英国人眼中"财富的流失"。故此，英国的国策是，加大禁入的力度并同时大力推动进口替代。英国于"1678 年禁止进口法国的丝绸和亚麻织物"，当然，一个不期而遇的结果是，"使印度棉织品的销路有了扩大"，[89]

不过，此是后话。

与毛纺织业和麻织业一样，英国丝织业的关键发展也依赖了法国胡格诺工匠的移入。技术移民"使英国丝织业逐步专业化和多样化，生产规模也不断扩大。……到 18 世纪初叶，丝织业已成为英国纺织工业中最重要的部门之一。1685 年以前，英国每年需要进口价值 20 万镑的光亮绸。而到 1698 年，英国政府已可完全禁止这种丝绸的进口"。[90]

同时，在印度棉纺织品持续涌入的态势下，丝绸行业又开始主动争取立法保护。"羊毛和丝织产业开始寻求议会支持，于 1696 年发起了首次寻求保护的运动。到 1701 年，它们已经遏制了亚洲纺织成品向英国市场的侵入。"[91] 此后，保护措施不仅未有收敛，反而变本加厉。1722 年，英国以进口原料和加捻丝线已被征过进口税为由，向丝绸制品的输出提供出口奖励；1765 年，废除了生丝进口税；1763—1776 年出台一系列保护性立法，有关禁入商品中包括了丝绸手套、长筒袜、天鹅绒及其他丝织品；其间 1766 年制订有一项临时法令，完全禁止进口外国丝绸品。据此，"丝织业在针对法国进口所设的特别税收壁垒背后建立起来，它同样在 18 世纪得到了一系列有利的关税措施的进一步支持。"[92]

丝织业一向是英国纺织业中被选定的重点支持行业，地位仅次于毛纺织业，其中原因既有抗衡法国这一长期对手的政治考虑，也有基于丝织业属劳动密集型产业的就业考虑。就在英法 1786 年《艾登条约》签订前夕，丝织工人在伦敦掀起骚乱，迫使当局将丝绸从商约义务中删除，由此可见丝织业的政治影响力及英国政府的顾忌所在。1820 年，英国首相感慨道，也许一开始就不应当鼓励丝织业，但由于它雇用着五万人，故而"不该听任其遭受进口竞争的打击"。[93]

此外，值得一书的是，丝织业在英国的机器化大生产实际上直接源自对意大利技术机密的窃取。17 世纪末，英国虽然因气候不适宜植桑和养蚕而不得不向国外购买生丝，但仍坚持在本国把蚕茧细丝合股捻成丝线。然而，贸易限制措施导致大量走私捻丝进入英国市场，而且其价格要低很多。闻知低价产品系由意大利捻丝机器生产之后，英国人在 18 世纪初也试图制造捻丝机，可并未取得成功，廉价捻丝继续走私输入。在此情况下，英国人约翰·隆贝于 1716 年冒险前往意大利打探。经一当地教士纵容，隆贝进入机器所在建筑，秘密画下机器图样，将之藏于丝绸布匹寄回英国，随即上船逃亡。意大利人察觉后派船追击，当时追逐未及，但据传终在数年后赶至英国将其毒死。但隆贝一回到英国即与兄弟于 1717 年安装根据图样制造的机器，还于 1718 年得到为期 14 年的专利权，并不久建起了一家大型捻丝厂。该厂不仅极大地推动了英国丝绸业的发展，而且"标志着英国工厂制度的真正开始"。[94] 这一工业间谍故事从另一个侧面展示，在进口替代及产业发展过程中，英国人为了获得核心技术也曾经无所不用其极。

三、市场独占下棉纺织业异军突起

与麻织业和丝织业相比，实际上最得益于贸易保护措施者当数棉纺织业。从 17 世纪下半叶到 18 世纪下半叶，英国由棉纺织品的进口大国，一跃而在棉纺织领域实现工业革命的突破，这一个世纪中的产业保护令人叹为观止。按照通行说法，英国的棉纺织业是 1585 年安特卫普沦陷后，随着许多难民工匠移居前来才起步的。[95] 大约 1640 年时，曼彻斯特开始兴办棉纺织业，只是"产品的品质属中等以下，数量也微不足道"。[96] 在毛纺织业占有压倒优势的情况下，棉纺织业真正走上历史舞台，是在东方的棉纺织品不期而至地涌入英国市场之后。

无力与东方竞争只得诉诸进口禁令

1600 年东印度公司成立前，东方的棉布和棉纱已有销往英国，不过，此后数十年中，经由东印度公司输入的"印度软棉布"数量一向不多，只是"到 1660 年代，其总值才超过中国丝绸，并在世纪末占到英国全部进口纺织品的约四分之一"。据估计，亚洲纺织品在英国的销售于 1687 年达到峰值，直到该世纪末，亚洲棉纺织品及丝织品均以前所未有的速度输入英国和欧洲市场，且被认为已妨碍到英国毛纺织品在国内市场、在欧洲固有出口市场，以及在殖民帝国市场之上的销售。当时英国有评论称："突然间，我们发现我国全体妇女，无论是富是穷，都穿上了印花棉布"，而且"窗帘、坐垫、椅子和床上，除了印花棉布或印度其他纺织品外，简直没有别的织品"。1700 年，"虽然英国是纺织品的净出口国，但国内纺织品消费的一大部分（按价值算约 37.5%），还是要靠进口麻织品、丝织品、棉织品来满足，这让毛纺和丝织行业大为惊恐"。[97]

大为惊恐是有原因的，因为与羊毛呢绒相比，棉布轻薄舒适、多彩时尚，尤其是印度的棉纺织品更是色泽、设计、质地俱佳，且在物轻质优之外价格低廉。即使在英国使用机器生产之后的 1813 年，议会中尚有人作证说："印度的棉织品和丝织品，还能以比英国制品低 5%—6% 的售价在英国市场上赚钱"。[98]

很显然，在东方棉纺织品大举涌入的情况下，英国本土的毛纺等行业如果纯粹交由市场力量，定将无法招架立足。英国人深知这一点，所以，为了克服外来强大竞争下暴露出的自身产业劣势，他们再次自然而然地诉诸早已娴熟的非市场手段，唯一有所不同的是，经过 1688 年那场"光荣革命"，君权已受到议会削弱，议会控制下的立宪君主制得以建立，故而此时，议会更进一步成为制定贸易和产业政策的主体。英国议会对进口棉纺织品的限制最晚在 1666 年就已拉开序幕，是年通过的《安葬法》规定，"无论谁在安葬死者时用呢绒以外的纺织品裹尸，都要受罚"，违者处罚款五镑。实际上，1622 年詹姆斯一世曾发布过类似诰令，不过现在特别予以重申。[99] 在 1678 年、1680 年，此项消费禁令再次得到重申与更新。[100] 据统计，1688 年英国的人均收入不过"7 镑 18 先令"。[101] 这意味着上述罚款额相当于一个人大半年的收入，足见消费管制及贸易限制之严厉。

当然，随着进口棉纺织品压力的增大，光在裹尸布上做文章是远远不够的，故此，主要代表毛纺织和丝织业利益的小册子、请愿书、备忘录等等，开始掀起日益强大的保护主义声浪。它们声称，进口亚洲纺织品导致外汇储备向东方流失，造成破坏性通货紧缩，也造成毛纺等部门的雇用工人失业或骚乱，坠入贫困还会促使人们向爱尔兰和法国移民，而这些地方较低的劳动成本原已对英国的毛纺织业构成威胁；此外，工资如果向印度水平靠拢，则会减少需求并降低土地租金云云。当然，从事棉纺织品进口的东印度公司拥有一流的辩护士，如蔡尔德、马丁、达维南特等，他们从自由贸易角度争辩说，来自亚洲的进口货品创造了商业财富，不会危及国内产业，比如荷兰就没有因为软棉布和丝绸的自由输入而丧失其亚麻业的竞争力；遏制进口会导致消费者转向法国丝绸等替代品，对英国国家利益更加有害；另外，限制措施会引起关税报复及走私活动，等等。[102] 然而，经过 1790 年代的经济危机，英国决策者在这个问题上还是秉持其至此一贯的干预传统，选择了务实的保护主义政策。

这个保护主义政策的内容是：为照顾国内毛纺和丝绸等行业的利益，以高关税方式限制乃至一律禁止亚洲成品软棉布的输入，甚至禁止其在英国的穿用消费；但考虑到英国国内印染等加工业的利益，又允许白坯软棉布的进口，不过须对之征收重税。其实早在 1675 年，议会就讨论过英国纺织业界已感受到的印度输英纺织品的竞争压力，"并对棉布征收了关税"。[103] 此后，且不谈 1695 年前对软棉布所设的每件 3—9 便士的从量税，就从价税而言，可以看到节节攀高的势头。"1685 年，议会追加了 10% 的从价税，1690 年再增加 20%，1697 年又增加 5%，最后一个 5% 是在 1704/1705 年加上的"。对于 1700 年后仍允许进口的白坯软棉布，英国议会于 1701 年、1704 年、1708 年等数次调高关税，到 1712 年，此项从价税已达 68.3%。[104]

鉴于印度软棉织品超强的竞争力，光是一般的关税措施已嫌不够，禁止输入和消费的法律于是出笼。1700 年，英国议会上下院通过了《鼓励本王国制造业以更有效雇用穷人之法律》，其中规定，从 1701 年起，"由波斯、中国或东印度制造的所有经加工的丝品、罗缎及其制品、与丝或草本物混纺品，所有上述地区上色、印染的软棉布，已经或者将要进口至本王国，均不得穿着"。1704 年，鉴于有报告说被禁止输入英国的软棉布涌入殖民地，排挤了英国毛纺织品在当地的销售，议会一委员会投票，把软棉布的消费禁令又从英国扩大到爱尔兰和殖民地。[105]

1719—1720 年，仍有大量请愿书涌向议会，称亚洲纺织成品在从欧洲走私进入，同时 1700 年禁令尚允许进口白坯软棉布在英国印染后就在英国销售，据称，这些漏洞造成英国毛纺和丝绸业失业严重。于是，1721 年，议会又收紧口子，不仅禁止进口白布在英国印染后就地销售（只许其在殖民地及外国销售），更立法规定，次年圣诞节后，"不管任何人，在不论任何衣着或服饰中，凡使用或穿戴任何上色、印染的软棉布，在英国均属违法行为"，违法的个人会被罚款五镑，而违法的商家会被罚款 20 镑。特别是为了限制外来棉织品，官方鼓励私下举报，对于成品软棉布的进口、穿戴、使用乃至展示，任何人均可检举揭发并因此获得多达五镑的奖励。至此，"1721 年的法律有效地关闭了本国市场，阻挡了亚洲纺织品的进一步渗透"，特别是"英国市场最终对印度软棉布关上了大门"。[106]

　　如此严厉的禁止措施自然可以产生立竿见影的效果。刚进入 18 世纪，"合法进口的亚洲纺织品便骤然减少"；"哪怕是白坯软棉布的份额有了增长，总体进口量在 1701 年后也陡然下跌"。[107] 当然，必须马上指出，阻止亚洲棉纺织品的初衷并非为了发展英国的棉纺织业，禁令首先还是着眼于保护英国的毛纺织业以及丝织业。就此而言，结果十分令人满意。"1700—1770 年，英格兰毛纺织品的实际产量增长了 2.5 倍，在前 40 年里，每 10 年的增长率达 85%，1741—1770 年，每 10 年的增长率为 13%—14%。"[108] 前述苏格兰和爱尔兰的麻织业在同一段时期内的快速发展，很大程度上也与棉织品的进口限制有因果关系。这也再次证明，在为其留出市场保护空间之后，一个产业的成长一般总是可期的。

　　不过，对英国而言，更具意义的是，自己的纺织业因此出现了一轮进口替代的发明创新。据统计，在 1700—1760 年有关纺织业的发明中，"流程创新"即一般不可能包含进口替代成分的"要素节约"型发明已占去 32.1%，而明确等于进口替代的"材料节省"和"产品开发"型发明占到 28.6%，况且剩下的"产品开发"型发明中也包含有进口替代内容，只是未有再细列明；对于后继的 1760—1790 年，明确等于进口替代的发明也还占到 16.3%。[109] 罗斯托也确认，"1700 年和 1721 年禁止进口的立法，导致了保护性高额关税。在高额关税的保护下，英国的发明者和革新者终于解决了用棉线做经线的问题，从而以机器同印度人灵巧的双手展开了竞争"；"那些向议院成功游说反对进口印度棉织品的人们，实际上促成了以国货取代进口货为根本目标的第一次起飞。该过程为后人所效法"。[110] 当时的进口替代是市场独占下的一种典型结果，英国人对此法早已不再陌生，不过，棉纺织业后来居上乃至诱发一场工业革命，恐怕亦出乎他们预料。

棉纺织取代毛纺织成为新首要产业

享有严密保护的棉纺织业迅速在生产量及出口量上取得跃进。"到 1750 年，英国经济已经生产着比印度之外的其他任何一个经济体数量大得多、完全或部分由棉花纤维加工的纱、布、纺织成品。"[111] 及至 18 世纪末，棉纺织业已取代毛纺织业，成为英国的首要产业，这是英国产业发展中一个新的里程碑。[112]

棉纺织业的异军突起尤其推动了英国出口的快速增长。据统计，英国（不含苏格兰）的出口年均增长率 1697—1800 年间仅为 1.5%，但在其中的 1780—1800 年却高达 5.1%，在此高增长阶段，"外贸首次成为国民收入强有力的增长引擎"。出口占英国国民收入的比重在 1801 年占到 18%，自 1783 年以来翻了一倍还多，而这一增长主要由棉纺织品的出口推动着。"1784/1786 年—1814/1816 年间，出口总值的增长中，约 53% 由棉纺织品所贡献。至 1804/1806 年，棉纺织品占出口总值的 42%，1805/1807 年时，棉纺织业产值中足有三分之二为外销出口值"。从出口市场看，在 1780 年代、1790 年代，英国棉纺织品的约四分之三销往欧洲和美国，故而经济史家称："英国在 18 世纪首次拥有了一个在主要市场上具有竞争优势的产品"。[113] 此外，鉴于整个 18 世纪中，英国"工业的出口生产增长了将近 450%，而供国内消费的货品生产仅增长 52%"，[114] 显然，纺织业尤其是棉纺织业为英国的经济增长提供了关键的动力，特别是使这种增长呈现出明显的出口导向特点。

有关英国经济起飞关键期中出口部门与国内部门之间的不平衡增长，以及棉纺织业在英国出口超速增长中的关键作用，可参见表 2–2 和表 2–3。

表2-2　1700—1800年英国出口部门与国内部门增长对比

单位：%

年份	出口工业	国内市场工业	农业生产	国民收入
1700	100	100	100	100
1760	222	114	115	147
1780	246	123	126	167
1800	544	152	143	251

资料来源：转见 [德] 安德烈·冈德·弗兰克：《依附性积累与不发达》，高铦等译，译林出版社，1999 年，第 79 页。

表2-3　1700—1800年英国制成品出口商品门类构成

单位：%

	1699—1701	1752—1754	1800
毛纺织品	85.0	61.9	22.1
麻织品	—	3.3	2.9
丝织品	2.2	2.5	2.0
棉纺织品	0.6	1.3	35.4
金属制品	3.2	9.2	15.2
其他	9.0	21.7	22.5

资料来源：转见 Stanley L. Engerman, "Mercantilism and Overseas Trade, 1700—1800", in Roderick Floud, and Donald McCloskey (eds.), *The Economic History of Britain since 1700*, Vol. 1, Cambridge University Press, 1994, p. 190.

　　追根溯源则不难发现，"英国棉布的成功，即印度织物之代用品的成功，是从 1700 年禁令开始的"。[115] 英国的保护主义立法以保护毛纺织业等部门为初衷，最终却收获了一个强大的棉纺织业，但是并不能因此说，棉纺织业的发展纯粹是一个阴差阳错或歪打正着的立法结果。在出台针对进口棉织品的限制措施时，英国决策者还是注意尽可能照顾各集团利益的，若与法国等一刀切的彻底禁止政策相比，英国人确实展现了考虑之平衡与权变、用心之良苦与周密。例如，最初议会为安抚羊毛和丝绸商利益而提高关税时，也还是照顾了东印度公司游说团维持开放市场的要求，只是在"关税未能真正阻挡消费者购买具有价格竞争力的印度纺织品"之后，才转而提升关税税率的。同样，在设置禁入障碍时，东印度公司方面的反面声音也还是得到了一定的倾听，故此，在 1700 年禁令中，白坯软棉布依然获准进入英国本土，此外，"麦斯林布也不在禁运单子里"。[116]

与此类似，在 1721 年禁令中，一方面的确再次收紧了口子，但另一方面却又意味深长地网开一面，除了准许向殖民地和外国转口输出在英国印染的进口白坯软棉布外，还特别规定："本法中没有任何内容可以延伸适用于……诸如染成完全蓝色的软棉布……或麦斯林布、男装领饰和棉亚麻混纺布"。据分析，放行蓝色软棉布也许就是要照顾当时在威马斯郡刚起步的棉纺织业，对棉亚麻混纺布的容许则"打开了与羊毛和丝绸业认真竞争的大门"。更典型的是 1736 年的《曼彻斯特法》，此法"在经过一个世纪的黄灯限制后，现给兰开夏郡以绿灯，允许它纺、织、印、染包含各种亚麻和棉花纤维的棉亚麻混纺制品，且可在英国市场销售"。很快，混纺布中棉的成分上升至三分之二，亚麻的成分仅占三分之一，兰开夏等地几乎替代印度软棉布，成为轻薄印染呢绒和丝绸的最大威胁。就这样随机应变地与时俱进，终于迎来了纯棉布在英国印染并销售的时代。及至 1774 年，议会正式宣布："在大不列颠王国，任何人使用或穿着任何由英国纺棉织成的新制衣饰，不管是衣服、家什、家具或其他东西，也不管是以何单色或多色上色与印染，一律合法"。棉纺织业发展道路上的全部障碍从此被清除干净。[117]

工业革命实由保护主义引发而来

从客观效果看，英国由毛纺织利益集团争取来的保护主义立法措施，最终却让本国的棉纺织业坐收渔利，这是一个不争的历史事实。史家指出："假如说英国棉纺工业是在外国竞争面前未受保护的条件下成长起来的，那就太不确切了，因为那些使它几乎身受其害的禁令仍然对它有利。印花棉织品的输入，不管来源如何，仍被禁止。人们难以想象比这更加彻底的保护，因为它已经保证了生产者对国内市场的真正独占。"[118] 其他历史学家也表达了类似的看法：英国毛纺织业争取到的棉纺织品进口禁令，"在不经意间成功地让本国未来的棉纺织厂商拥有了国内市场上的某种独家经营权"。[119] 正是由于保证了市场独占机会，相关的投资才会迅速跟进，况且，进口品受到的追捧早已向投资者展示了诱人的市场前景。

据判断，1700 年禁令所开启的严厉保护主义措施"刺激了伦敦新兴的印染业的扩展，它也让关注棉布加工与销售的生产者和商人看到了一种可能，即国内市场将不会开放给从印度进口的成品，哪怕是白坯；以此观之，扩大国内的棉纺织产能自然会有利可图"。英国的这一情况，若与荷兰作对比便可看得更加清楚。在荷兰内部，碍于商船运输等部门的强大既得利益，加之松散联邦制的国家政体，即使莱顿的毛纺织业和哈勒姆的麻织业大力反对，但荷兰还是在 1650—1730 年对亚洲纺织品保持了自由输入的贸易政策。荷兰的衰落固然有多重原因，然而就纺织品领域而言，自由贸易政策无疑使得"荷兰未能为国产布匹保留市场，最终让英国而非荷兰赢得了世界棉纺生产的超大份额。荷兰人乃至丧失了在棉纺等轻纺织品领域漂洗和印染的比较优势，输给了其在伦敦、兰开夏、苏格兰和爱尔兰享有精心呵护的竞争对手"。[120] 更有甚者，英国此后不仅继续把国内市场留给本国棉纺织业，而且通过奖励措施从正面来帮助它夺取海外市场，"对于输出的每匹白棉布或细棉布，都会发给奖励金"。据乔治三世 1781 年、1783 年的法令，补贴额"按照织品的品质，达每码半便士至一便士"。[121]

从工业革命的角度看，涉及纺织业的保护主义尤有非同寻常的意义，要说英国的产业突破由它造就，也毫不夸张。历史学家在论及英国议会的立法时说道，1700 年的法律"禁止棉布或棉纺织品的输入，但它并未禁止棉布的生产，这为当地产业创造了一个独特的机会，富有创业精神的中间商很快就用足了这一政策。现在的问题是，如何充分加快纺纱与织布的速度，以便满足受保护的庞大国内市场的需求"。[122]1721 年的法律"则又刺激了基于进口原棉的国内棉纺织业，这最终成为所谓工业革命的摇篮"。就是在这种非市场手段的催化下，约翰·凯于 1733 年发明了飞梭，加快了织布的速度，反过来也对纺纱的速度提出了新要求。此后，詹姆斯·哈格里夫

77

斯于 1764 年发明多锭纺纱机；理查德·阿克赖特于 1769 年获水力纺纱机专利；塞缪尔·克朗普顿于 1774—1779 年发明并完善了走锭纺纱机。纺纱速度的显著提高又使织布速度相对落后，为保持平衡，埃德蒙·卡特赖特于 1785 年发明了力织机。纺织业中纺与织二者间的你追我赶、相互带动，还延伸到纺织业与其他产业的关系中。新的棉纺织机器要求获得比水轮和马力更大、更可靠的动力，于是詹姆斯·瓦特在 1763 年改进了蒸汽机。新的棉纺织机器和蒸汽机当然又对铁、钢、煤提出更大需求，从而引发矿产和冶炼的技术进步，交通、通讯的突破自然也随之而跟上。[123] 一场工业革命就此发动了起来。

退一步讲，即使棉纺织业对机械化的高涨和对大型冶金企业的兴起没有起到直接拉动作用，它所创造的早期利润也"无疑为工业化支付了第一批账单。一个周期推动了另一个周期"。[124] 需要说明的是，之所以由相对后起的棉纺织业而不是一向强大的毛纺织业触发连环的机械化发明，从技术上讲，主要是因为棉花纤维比起亚麻或羊毛，更容易由机器捻拉成连续不断的纱。据载，"1678—1738 年间，曾经注册过数项纺线机器的专利，涉及各类亚麻、各类羊毛和丝绸。怀亚特和保尔早在 1738—1741 年就试验过羊毛的滚筒纺纱，但只有棉花在其机器上过关了。……亚麻和羊毛隔了几十年方才重复棉花机纺的商业成功。"[125] 可见，在各类纤维中，受技术特点所决定，最早是棉花纤维率先实现了机器纺纱的工业化突破。既然在保护主义立法与棉纺织业发展、大规模使用机器和工业革命之间存在如此的因果关系，则可想而知，显然是贸易保护引发了对人类历史影响深远的英国工业革命。哪怕不把贸易保护当作工业革命的缔造者，至少也应将之视为工业革命的催化剂。

即便在凭借保护主义和机械化而获得强大竞争力之后，英国也丝毫没有轻易放弃其保护主义政策。在禁令之外，英国于 1797—1819 年对东印度布匹的进口税共提高了 12 次之多。[126] 另据统计，"1787—1813 年，白棉布的从价税由 16.5% 提高到 85%，细棉布的从价税由 18% 提高到 44%。"[127] 在此过程中，商业老到并且手握强权的英国人借助不对称的市场开放战略，轻而易举地瓦解了印度的产业。"1814 年，印度对从英国进口的毛织品仅征

2%的关税，对棉织品、丝织品仅征 3.5%的关税。相反，英国对从印度进口的原棉征税十分微薄，但对印度的棉织品征税高达 70%—80%。结果，在 1814—1844 年的 30 年里，印度棉织品输入英国的数量从 125 万匹跌到 6.3 万匹，而英国棉织品输入印度的数量从不足 100 万码增至 5300 万码以上"。[128]

英国在赢得技术优势后，也把保护的重点放到限制棉纺织业关键生产要素的流出上。早在 1719 年，英国便立法制止印染工人移居亚洲和欧洲大陆。[129] 现在，它先于 1764 年重申禁止英国技工受雇于外国，除威胁对招工者处予监禁和罚款外，还专门规定，在外技工如接通知后半年内不回国，"即失去英国臣民的资格，其在英国的财产将遭没收"；又于 1774 年强化了原 1750 年的立法，进一步禁止输出"制造棉织品或棉麻织品的工具和用具"，对违者的惩处可加重到"罚款 1000 镑并监禁五年"；还于 1781 年"把这项禁令推广到图样、模型和说明书"。[130] 然而，这不过是限制措施的初级阶段，因为"英国通过立法禁止技术出口，在 1780 年代至 1824 年间最为突出"。[131] 依靠如此关税与非关税的严厉管制，英国的棉纺织业从此长期独步天下，"直至 1880 年，英国的棉纱和棉布产量依然超过欧洲其他国家之总和，到 1913 年，尽管相对地位已非复当年，但依然占到欧洲总产量的三分之一，比紧随其后的竞争者多出两倍以上"。[132]

也不必把英国纺织业的成长理想化

为了不致因视野片面而产生误解，在回顾英国产业发展的成功故事时，还需补充说明如下。

其一，英国的君主并非人人天纵英才，个个志在强国富民，也非一律都能主动抓住良机，卓有成效地促进产业成长。即便是在积极推动工商事业的都铎王朝，先有亨利八世（1509—1547 在位），他"下令驱逐 15000 名外国工匠，恢复汉萨商人从前的特权，鼓励他们增加进口。这种政策极不利于英国工匠"。[133] 后有"血腥玛丽"女王（1553—1558 在位），她曾把 400 多名外来技工移民赶出英国；[134] 还曾提高呢绒出口关税，致使出口乏力、走私大增。[135]

其二，即便是在明君能臣统治时代，也并非没有战略性抉择错误。比如，有人指出，伊丽莎白一世时期，安特卫普作为国际贸易中心垮塌，英国固然让自身国际商贸发生了成功转型，但是，"该时期在安特卫普跌落与阿姆斯特丹兴起之间的独特机会，却还是错失了。有迹象表明，在英国经济史的这一关键阶段，她的确成功接过了德国在矿业和工业技术方面的领导权，却输掉了争夺商业和航运霸权地位的竞赛，输给了更有闯劲、效率更高、组织更好的荷兰人。未能从安特卫普的垮塌中获利，让英国延后了至少一个世纪才登上世界头等地位，这样说当不算过分"。[136]

其三，即使不谈宏观的战略抉择，在微观具体的纺织业项目上，也并非没有严重的政策性和操作性失误。一个典型例子就是1614年启动的著名的"科凯因计划"。英国商人原本期望从荷兰人手中夺取呢绒印染及后道整理这些利润丰厚的深加工环节，岂料国内缺乏技术人才、资金投入不足，加之荷兰人以禁入成品相报复，欧洲大陆上又爆发了战争，如此等等，不但使得计划半途而废，朝廷被迫收回成命，还加剧了1620年代前期英国经济的严重萧条。[137]

其四，尽管英国比欧陆国家享有更多的和平，但它并非完全置身战争之外，尤其是内战曾严重干扰产业发展的进程。"事实上，1640年代，当英国人开打内战时，布匹的贸易，就如煤和盐的贸易一样，受到扰乱，让纺织业及采矿业和制盐业，遭受重大破坏。"所以，有理由相信，17世纪中期实际发生的内战很大程度上推迟了英国的工业革命。[138]

其五，实际产生正面效果的重要举措，也并非总是刻意设计的结果。棉纺织业发展过程中，已多少反映了这种动机与结果一定程度的脱节。同样，高关税也未必都是主动为了产业保护目的而设置的。"古老的英国关税体系是为创造财政收入而设计的一个简单体系，在1690年之前大同小异。"即使此后英国开始系统地利用关税来保护产业，也有观点认为，最强大的动因"既不是经济学家的理论，也不是大臣们长远的商业政策……而是政府用钱支付昂贵战争的需要，关税是对这些需要的回应而已"。[139]

其六，刻意设计的政策措施并非总能不折不扣地得到落实。英国数百年里历朝甚至一朝中反复重申羊毛出口禁令，除了折射出此事非同小可、官方意志坚定不移外，也传达了政策措施时有落空这一信息。此外，走私也一向伴随着羊毛出口禁令。这里的主要问题是存在颇为强大的既得利益集团，也包括决策者还受到像汉萨商人这类强势外来集团的牵制。所以，有人甚至极而言之："除非在某些罕见情况下这些利益与政府利益相互重合，否则，哪怕是做得最好的时候，落实也是不到位的，一般情况下则简直形同虚设。"[140]

其七，英国的社会和经济环境中，也并非不存在阻碍技术进步的因素。备受英国人看重的毛纺织业在得到官方大力保护的同时，也受到行会制度的严格约束，工业革命最后在新兴的棉纺织业中首先突破，一定程度上也与此相关。另外，众多机械发明的应用遭遇强大阻力，甚至发明者被施加暴力。发明织袜机（1598 年）的威廉·李、发明飞梭的约翰·凯、发明多锭纺纱机的詹姆斯·哈格里夫斯都被迫远走他乡，前两人还逃往法国避难。约翰·凯、发明并改良纺纱机（1733 年）的约翰·怀亚特和刘易斯·保尔、发明力织机的埃德蒙·卡特赖特都负债破产，发明走锭纺纱机的塞缪尔·克朗普顿等也陷于贫困，而且并非纯因发明家不擅经营所致。[141]

其八，正当英国培植自身产业时，周边国家也非无动于衷或无所事事，相反，在英国尚处于相对落后状态的很长时间里，荷兰更是长袖善舞。可以看到，16 世纪下半叶，莱顿市政府与英国展开了争夺佛兰德技术难民的竞赛，也吸引到大量的纺织工匠；同样，在 17 世纪与英国的两雄相争中，荷兰先在 1614 年禁止进口英国印染过的羊毛制品，后又在 1643 年将禁令扩大至染色的细哗叽和密绒厚呢。荷兰人"任何时候只要光景不好，就会继续提出进一步的保护要求"。因此毫不奇怪，17 世纪中期，只有六七万人的莱顿成了欧洲最大的工业聚集地，其生产的呢绒足足等于英国出口量的一半。[142]

类似的事实不必罗列下去，这里只望传达一个信息，即英国崛起过程中的各种政策措施并非都是无可挑剔，以纺织品为代表的英国产业发展道路并非总是一帆风顺。至少 16 世纪下半叶曾发生过英国呢绒出口持续增长之后的严重下滑。在最低谷的 1571—1573 年，英国呢绒平均年出口仅为

7.3 万匹，这比 1543—1547 年的年均出口 12.6 万匹减少了四成还多。[143]

应该问的是，既然存在诸多政策失误和不利条件，英国究竟依靠什么才克服了种种挑战，保证了大方向的正确，从而维持了纺织业崛起的宏观态势，并最终在国际竞争中胜人一筹呢？有关答案将在下一章详加探讨，此处仅提示三点：一是经过一场经济学革命，参与决策的英国精英阶层拥有了良好的经济学素养，尤其是重商主义理念更为贸易保护措施提供了不可或缺的思想资源；二是在欧洲范围的国际体系中，包括知识技能在内的各种生产要素及商品较易跨境流动，列国既短兵相接地相互竞争又如饥似渴地彼此学习，英国在其中做得更为出色；三是民族国家的功能在英国相对较早地完善并趋于强大，政权对经济与社会生活的干预远远超出一般想象。正是这些相互关联的因素共同形成了以发展为导向的现代价值观念，保证了包括产业发展在内的国家政策能够在大体上理性并有效。

统而言之，英国纺织业成长的历程充分昭示，与自由贸易论等自由主义学说所灌输的说教正好相反，英国之所以几乎从零开始培育起具有竞争优势的纺织业，借此率先取得工业化的突破，抢得经济增长和国力强盛的先机，并不是因为仰仗天然要素禀赋优势、固守既成国际分工格局、国家对于经济发展放任自流、一切交给市场这一"看不见的手"、产业竞争优势纯由自发长成、坚定地恪守自由贸易原则，等等。历史的真相是，英国至少在工业革命之前的数百年里，实际上屡屡违背了此后构想出来并向世界推销的那套自由贸易原理。从毛纺织业、麻织业、丝织业到棉纺织业，英国一直依赖于政权的干预和保护，长期不懈地通过非经济的和经济的、非市场的和市场的各种手段，采用贸易双重标准和不对称竞争手段，致力于培植自身产业优势，提升自己在国际分工格局中的地位，甚至工业革命本身都是借由贸易壁垒设置和经济政策管制而催生出的一个结果。

有经济史家针对近现代世界产业发展的历程指出："确实，一国在某些产业活动中的比较优势，很大程度上可能是某种历史的偶然结果。这是说，此前建立在相对要素禀赋基础上的国际专业化，会有助于一国强化并发展自己的自然技能、创新能力、投资活动，从而形成有别于其他国家的路径。"[144] 不难看到，要素禀赋也许在初始阶段发挥着较大的作用，但此后一方面会有路径依赖，另一方面能动选择的因素将不断放大其影响力。强调比较优势绝非一成不变、绝非只可被动拘守而不能主动创造，远比单纯强调被动接受国际分工格局、仅仅静态地重视眼前的交易利益，更能说明一个产业的成长或者一国经济的进步，英国纺织业的发展历程正可放到这一框架中加以恰当解读。从毛纺织业到麻织、丝织和棉纺织业，天然禀赋的作用空间相对于综合要素的积累，相对于政策干预的意愿和能力，当然是越来越小。英国自己的历史学家对此完全了然于胸，经济史家特别就棉纺织业的成长评论道："这一新产业是人为培植的，它依赖于从海外进口的原料，而且为了战胜各种攻击、克服技术困难，曾被迫灵活调整，随时采用新的方法"。[145]

　　显然，在英国的纺织业特别是棉纺织业的成长过程中，看不到什么自由贸易原则，除非把它颠倒过来。有鉴于毛纺织业是英国经济发展得以启动的第一笔重要资本，而棉纺织业一家就占到英国工业 1780—1860 年间所赢得的全要素生产率增长中的大约六成，[146] 更有鉴于"第一次工业革命相当程度上是一场纺织业革命，尤其体现为棉纺织业乃首要的增长引擎"，[147] 则再高地评估纺织业对英国日后取得世界霸权的推动作用，由此而再高地评估保护主义性质的贸易与产业政策对英国崛起的促进作用，恐怕都不为过。相信摆出事实之后，即便不再多言，真相也应已自明。

注释：

[1] John Brewer, *The Sinews of Power* (London, 1989), 转见杨杰：《英国现代化的初级阶段：工业革命》，丁建宏主编：《发达国家的现代化道路》，北京大学出版社，1999 年，第 146 页。

[2] [英] 约翰·米尔斯：《一种批判的经济学史》，高湘泽译，商务印书馆，2005 年，第 124 页。

[3] 转见 Salim Rashid, *The Myth of Adam Smith*, Edward Elgar Publishing Ltd., 1998, p. 140.

[4] 唐晋主编：《大国崛起》，人民出版社，2006 年，第 156 页；钱乘旦、许洁明：

《英国通史》，上海社会科学院出版社，2002 年，第 222 页。

[5] [法] 保尔·芒图：《18 世纪产业革命：英国近代大工业初期的概况》，杨人楩等译，商务印书馆，1997 年，第 30 页。

[6] Edward Miller, "The Fortunes of the English Textile Industry during the Thirteenth Century", *The Economic History Review*, Vol. 18, Iss. 1 (1965), pp. 74-77.

[7] F. J. Fisher, "Commercial Trends and Policy in Sixteenth-Century England", *The Economic History Review*, Vol. 10, Iss. 2 (Nov., 1940), p. 97.

[8] 参见赵秀荣：《1500—1700 年英国商业与商人研究》，社会科学文献出版社，2004 年，第 86 页。

[9] Douglas A. Irwin, "Strategic Trade Policy and Mercantilist Trade Rivalries", *The American Economic Journal*, Vol. 82, No. 2 (May, 1992), p. 138. 参见 [美] 戴维·兰德斯：《国富国穷》，门洪华等译，新华出版社，2001 年，第 636 页。

[10] Charles Wilson, *Mercantilism*, Routledge and Kegan Paul, 1958, p. 13.

[11] [法] 伊曼纽尔·沃勒斯坦：《现代世界体系》，第 1 卷，尤来寅等译，高等教育出版社，1998 年，第 206 页。

[12] 张卫良：《英国社会的商业化历史进程》，人民出版社，2004 年，第 47 页。

[13] 前引芒图：《18 世纪产业革命：英国近代大工业初期的概况》，第 31 页。

[14] Ralph Davis, "English Foreign Trade, 1700-1774", *The Economic History Review*, Vol. 15, Iss. 2 (1962), p. 286.

[15] 参见 [美] W.W. 罗斯托：《这一切是怎么开始的——现代经济的起源》，黄其祥等译，商务印书馆，1997 年，第 150 页。

[16] 陈曦文：《英国 16 世纪经济变革与政策研究》，首都师范大学出版社，1995 年，第 79、166—167 页。

[17] P. T. Ellsworth, and J. Clark Leith, *The International Economy*, Macmillan Publishing Company, 1984, p. 21.

[18] Ibid. Miller, "The Fortunes of the English Textile Industry during the Thirteenth Century", p. 81. 参见前引陈曦文：《英国 16 世纪经济变革与政策研究》，第 73 页。

[19] 前引沃勒斯坦：《现代世界体系》，第 1 卷，第 206 页。

[20] 转见李增洪：《13—15 世纪伦敦社会各阶层分析》，中国社会科学出版社，2005 年，第 104 页。

[21] 覃翠柏：《英国工业革命为什么从棉纺织业开始》，《北大史学》，1997 年总第 4 期，第 170 页。

[22] 前引芒图：《18 世纪产业革命：英国近代大工业初期的概况》，第 62 页。

[23] 前引陈曦文：《英国 16 世纪经济变革与政策研究》，第 106 页。

[24] 参见 Ibid. Miller, "The Fortunes of the English Textile Industry during the Thirteenth Century", p. 81.

[25] 前引陈曦文：《英国 16 世纪经济变革与政策研究》，第 81 页。

[26] 转见前引李增洪：《13—15 世纪伦敦社会各阶层分析》，第 104 页。

[27] William James Ashley, *The Economic Organization of England*, Longmans, Green and Co., 1914, in Roger E. Backhouse, and Peter J. Cain (eds.), *The English Historical School of Economics*, Vol. 6, Overstone of Thoemmes Press, 2001, p. 88.

[28] William Cunningham, *The Growth of English Industry and Commerce in Modern Times*, Part I, Cambridge: at the University Press, 1907, in ibid. Backhouse, and Cain (eds.), *The English Historical School of Economics*, Vol. 4, p. 504.

[29] [比] 亨利·皮朗：《中世纪欧洲经济社会史》，乐文译，上海人民出版社，1986 年，第 196 页。

[30] Ralph Davis, "The Rise of Protection in England, 1689-1786", *The Economic History Review*, Vol. 19, Iss. 2 (1966), p. 307.

[31] 参见 [德] 弗里德里希·李斯特：《政治经济学的自然体系》，杨春学译，商务印书馆，1997 年，第 129—130 页。

[32] 前引陈曦文：《英国 16 世纪经济变革与政策研究》，第 109 页。

[33] 转见陈勇：《14 至 17 世纪英国的外来移民及其历史作用》，吴于廑主编：《15、16 世纪东西方历史初学集》，武汉大学出版社，1985 年，第 165 页。

[34] A. L. Morton, *A People's History of England*, Lawrence & Wishart Ltd., 1979, p. 78.

[35] 前引芒图：《18 世纪产业革命：英国近代大工业初期的概况》，第 30 页。

[36] 前引陈勇：《14 至 17 世纪英国的外来移民及其历史作用》，第 164 页。

[37] Ibid. Cunningham, *The Growth of English Industry and Commerce in Modern Times*, Part I, p. 79.

[38] 前引陈曦文：《英国 16 世纪经济变革与政策研究》，第 77 页。

[39] 参见前引陈勇：《14 至 17 世纪英国的外来移民及其历史作用》，第 167—174 页；Ibid. Cunningham, *The Growth of English Industry and Commerce in Modern Times*, Part I, pp. 79-84.

[40] John U. Nef, "War and Economic Progress 1540-1640", *The Economic History*

Review, Vol. 12, Iss. 1/2 (1942), p. 25.

[41] 参见前引陈勇：《14 至 17 世纪英国的外来移民及其历史作用》，第 175—190 页。

[42] 参见前引陈曦文：《英国 16 世纪经济变革与政策研究》，第 79 页。

[43] Peter Ramsey, "Overseas Trade in the Reign of Henry VII: The Evidence of Customs Accounts", *The Economic History Review*, Vol. 6, Iss. 2 (1953), p. 176.

[44] 参见高作钢：《英国都铎王朝海上政策初探》，前引吴于廑主编：《15、16 世纪东西方历史初学集》，第 195 页。

[45] 前引陈曦文：《英国 16 世纪经济变革与政策研究》，第 174 页。

[46] 参见前引李增洪：《13—15 世纪伦敦社会各阶层分析》，第 104 页。

[47] 前引沃勒斯坦：《现代世界体系》，第 1 卷，第 299 页。

[48] 前引高作钢：《英国都铎王朝海上政策初探》，第 202 页。

[49] Ibid. Ramsey, "Overseas Trade in the Reign of Henry VII: The Evidence of Customs Accounts", p. 179.

[50] 参见 John A. C. Conybeare, *Trade Wars: The Theory and Practice of International Commercial Rivalry*, Columbia University Press, 1987, pp. 99-128.

[51] 参见 Lawrence Stone, "Elizabethan Overseas Trade", *The Economic History Review*, Vol. 2, Iss. 1 (1949), pp. 46-47.

[52] 前引陈曦文：《英国 16 世纪经济变革与政策研究》，第 67 页。

[53] 参见 G. R. Elton, "State Planning in Early Tudor England", *The Economic History Review*, Vol. 13, Iss. 3 (1961), p. 437; ibid. Stone, "Elizabethan Overseas Trade", p. 33, p. 43, p. 47.

[54] Ibid. Stone, "Elizabethan Overseas Trade", p. 31, p. 43.

[55] Ibid. Cunningham, *The Growth of English Industry and Commerce in Modern Times*, Part I, pp. 25-26. 参见 [法] 帕斯卡·萨兰：《自由贸易与保护主义》，肖云上译，商务印书馆，1997 年，第 109 页。

[56] P. J. Cain, and A. G. Hopkins, "The Political Economy of British Expansion Overseas, 1705-1914", *The Economic History Review*, Vol. 33, No. 4 (Nov., 1980), p. 481.

[57] 参见前引高作钢：《英国都铎王朝海上政策初探》，第 200—201 页。

[58] 参见 [韩] 张夏准：《富国陷阱：发达国家为何踢开梯子》，肖炼等译，社会科学文献出版社，2007 年，第 30 页。

[59] Patrick O'Brien, "Central Government and the Economy, 1688-1815", in

Roderick Floud, and Donald McCloskey (eds.), *The Economic History of Britain since 1700*, Vol. 1, Cambridge University Press, 1994, p. 208.

[60] 参见林钟雄：《欧洲经济发展史》，三民书局（台北），1987年，第293页。

[61] Charles Wilson, "Cloth Production and International Competition in the Seventeenth Century", *The Economic History Review*, Vol. 13, Iss. 2 (1960), p. 215, p. 217.

[62] Ibid. Davis, "The Rise of Protection in England, 1689-1786", p. 311.

[63] 参见 Ibid. Conybeare, *Trade Wars: The Theory and Practice of International Commercial Rivalry*, p. 133.

[64] Ibid. Miller, "The Fortunes of the English Textile Industry during the Thirteenth Century", p. 80.

[65] 参见前引陈曦文：《英国16世纪经济变革与政策研究》，第107、79页。

[66] Ibid. Ramsey, "Overseas Trade in the Reign of Henry VII: The Evidence of Customs Accounts", p. 178.

[67] Ibid. Stone, "Elizabethan Overseas Trade", p. 37.

[68] Ibid. Davis, "English Foreign Trade, 1700-1774", p. 293.

[69] Ibid. Stone, "Elizabethan Overseas Trade", p. 38, p. 46.

[70] Ibid. Davis, "English Foreign Trade, 1700-1774", p. 287.

[71] Ibid. Stone, "Elizabethan Overseas Trade", p. 44.

[72] 前引赵秀荣：《1500—1700年英国商业与商人研究》，第38页。

[73] Ibid. Stone, "Elizabethan Overseas Trade", p. 46.

[74] 参见前引赵秀荣：《1500—1700年英国商业与商人研究》，第40页。

[75] 参见前引陈勇：《14至17世纪英国的外来移民及其历史作用》，第183—186页。

[76] Ibid. Davis, "English Foreign Trade, 1700-1774", p. 287.

[77] 前引陈勇：《14至17世纪英国的外来移民及其历史作用》，第186页。

[78] Ibid. Davis, "The Rise of Protection in England, 1689-1786", pp. 306-307.

[79] Patrick O'Brien, Trevor Griffiths, and Philip Hunt, "Political Components of the Industrial Revolution: Parliament and the English Cotton Textile Industry, 1660-1774", *The Economic History Review*, Vol. 44, No. 3 (Aug., 1991), p. 408.

[80] Ibid. Davis, "The Rise of Protection in England, 1689-1786", p. 314.

[81] 参见 Ibid. Davis, "English Foreign Trade, 1700-1774", pp. 287-288; ibid. Davis, "The Rise of Protection in England, 1689-1786", p. 308.

[82] Ibid. O'Brien, Griffiths, and Hunt, "Political Components of the Industrial Revolution: Parliament and the English Cotton Textile Industry, 1660-1774", p. 414, p. 410.

[83] 参见 Ibid. Davis, "English Foreign Trade, 1700-1774", p. 288.

[84] Ibid. O'Brien, Griffiths, and Hunt, "Political Components of the Industrial Revolution: Parliament and the English Cotton Textile Industry, 1660-1774", p. 408.

[85] Ibid. Davis, "English Foreign Trade, 1700-1774", p. 288.

[86] Ibid. Davis, "The Rise of Protection in England, 1689-1786", p. 316.

[87] 前引皮朗：《中世纪欧洲经济社会史》，第 196 页。

[88] Ibid. Davis, "The Rise of Protection in England, 1689-1786", p. 316.

[89] 前引罗斯托：《这一切是怎么开始的——现代经济的起源》，第 53 页。

[90] 前引陈勇：《14 至 17 世纪英国的外来移民及其历史作用》，第 185 页。

[91] Ibid. O'Brien, Griffiths, and Hunt, "Political Components of the Industrial Revolution: Parliament and the English Cotton Textile Industry, 1660-1774", p. 413.

[92] Ibid. Davis, "The Rise of Protection in England, 1689-1786", p. 314, p.316.

[93] Ibid. Conybeare, *Trade Wars: The Theory and Practice of International Commercial Rivalry*, p. 154.

[94] 参见前引芒图：《18 世纪产业革命：英国近代大工业初期的概况》，第 149—151 页。

[95] 参见 Ibid. Cunningham, *The Growth of English Industry and Commerce in Modern Times*, Part I, p. 83.

[96] 前引芒图：《18 世纪产业革命：英国近代大工业初期的概况》，第 153—154 页。

[97] Ibid. O'Brien, Griffiths, and Hunt, "Political Components of the Industrial Revolution: Parliament and the English Cotton Textile Industry, 1660-1774", pp. 396-398, p. 413; [美] 罗伯特·马克斯：《现代世界的起源：全球的、生态的述说》，夏继果译，商务印书馆，2006 年，第 132—133 页。

[98] 前引覃翠柏：《英国工业革命为什么从棉纺织业开始》，第 169 页。

[99] 前引萨兰：《自由贸易与保护主义》，第 109 页；Ibid. Cunningham, *The Growth of English Industry and Commerce in Modern Times*, Part I, p. 393.

[100] 参见 [秘鲁] 赫尔南多·德·索托：《另一条道路：一位经济学家对法学家、立法者和政府的明智忠告》，于海生译，华夏出版社，2007 年，第 236 页。

[101] 参见 [美] 查尔斯·金德尔伯格：《世界经济霸权，1500—1990 年》，高祖贵

译，商务印书馆，2003 年，第 174 页；前引罗斯托：《这一切是怎么开始的——现代经济的起源》，第 137 页。

[102] 参见 Ibid. O'Brien, Griffiths, and Hunt, "Political Components of the Industrial Revolution: Parliament and the English Cotton Textile Industry, 1660-1774", p. 398, pp. 402-404.

[103] [法] 伊曼纽尔·沃勒斯坦：《现代世界体系》，第 2 卷，吕丹等译，高等教育出版社，1998 年，第 349 页。

[104] Ibid. O'Brien, Griffiths, and Hunt, "Political Components of the Industrial Revolution: Parliament and the English Cotton Textile Industry, 1660-1774", p. 400, pp. 405-406.

[105] Ibid. O'Brien, Griffiths, and Hunt, "Political Components of the Industrial Revolution: Parliament and the English Cotton Textile Industry, 1660-1774", pp. 403-404, p. 406.

[106] Ibid. O'Brien, Griffiths, and Hunt, "Political Components of the Industrial Revolution: Parliament and the English Cotton Textile Industry, 1660-1774", p. 406, p. 409, p. 414. 参见前引芒图：《18 世纪产业革命：英国近代大工业初期的概况》，第 155 页。

[107] Ibid. O'Brien, Griffiths, and Hunt, "Political Components of the Industrial Revolution: Parliament and the English Cotton Textile Industry, 1660-1774", pp. 405-406.

[108] [法] 伊曼纽尔·沃勒斯坦：《现代世界体系》，第 3 卷，孙立田等译，高等教育出版社，2000 年，第 58 页。

[109] 参见 Trevor Philip A. Griffiths, Hunt, and Patrick K. O'Brien, "Inventive Activity in the British Textile Industry, 1700-1800", *The Journal of Economic History*, Vol. 52, No. 4 (Dec., 1992), pp. 891-892.

[110] 前引罗斯托：《这一切是怎么开始的——现代经济的起源》，第 106、55 页。

[111] Ibid. O'Brien, Griffiths, and Hunt, "Political Components of the Industrial Revolution: Parliament and the English Cotton Textile Industry, 1660-1774", p. 395.

[112] 参见 Rondo Cameron, *A Concise Economic History of the World: From Paleolithic Times to the Present*, Oxford University Press, 1997, p. 161.

[113] Ibid. Cain, and Hopkins, "The Political Economy of British Expansion Overseas, 1705-1914", p. 468, p. 472, p. 474.

[114] [法] 费尔南·布罗代尔：《15 至 18 世纪的物质文明、经济和资本主义》，第
3 卷，施康强等译，三联书店，1993 年，第 673 页。

[115] 前引芒图：《18 世纪产业革命：英国近代大工业初期的概况》，第 157 页。

[116] Ibid. O'Brien, Griffiths, and Hunt, "Political Components of the Industrial
Revolution: Parliament and the English Cotton Textile Industry, 1660-1774", pp.
399-400, p. 404.

[117] Ibid. O'Brien, Griffiths, and Hunt, "Political Components of the Industrial
Revolution: Parliament and the English Cotton Textile Industry, 1660-1774", pp.
409-410, p. 415, p. 412.

[118] 前引芒图：《18 世纪产业革命：英国近代大工业初期的概况》，第 204 页。

[119] [英] 埃里克·霍布斯鲍姆：《工业与帝国：英国的现代化历程》，梅俊杰译，
中央编译出版社，2017 年，第 54 页。

[120] Ibid. O'Brien, Trevor Griffiths, and Philip Hunt, "Political Components of the
Industrial Revolution: Parliament and the English Cotton Textile Industry, 1660-
1774", p. 414, p. 418.

[121] 前引芒图：《18 世纪产业革命：英国近代大工业初期的概况》，第 204、454 页。

[122] L. S. Stavrianos, *A Global History: The World since 1500*, Prentice Hall, Inc.,
1971, p. 213.

[123] 参见 Ibid. Cameron, *A Concise Economic History of the World: From Paleolithic
Times to the Present*, p. 161, pp. 180-181; ibid Stavrianos, *A Global History: The
World since 1500*, pp. 213-219.

[124] 前引布罗代尔：《15 至 18 世纪的物质文明、经济和资本主义》，第 3 卷，第
665 页。

[125] Ibid. O'Brien, Griffiths, and Hunt, "Political Components of the Industrial
Revolution: Parliament and the English Cotton Textile Industry, 1660-1774", p. 415.
参见前引兰德斯：《国富国穷》，第 261、286 页；前引芒图：《18 世纪产业革命：
英国近代大工业初期的概况》，第 162 页。

[126] 参见 Ibid. Cain, and Hopkins, "The Political Economy of British Expansion Overseas,
1705-1914", p. 473.

[127] 前引芒图：《18 世纪产业革命：英国近代大工业初期的概况》，第 204、454 页。

[128] [美] L.S. 斯塔夫里亚诺斯：《全球分裂：第三世界的历史进程》，上册，迟越
等译，商务印书馆，1993 年，第 254 页。

[129] 参见 Ibid. O'Brien, Griffiths, and Hunt, "Political Components of the Industrial Revolution: Parliament and the English Cotton Textile Industry, 1660-1774", p. 414.

[130] 前引芒图：《18 世纪产业革命：英国近代大工业初期的概况》，第 205、454 页。参见前引张夏准：《富国陷阱：发达国家为何踢开梯子》，第 93—94 页。

[131] 前引沃勒斯坦：《现代世界体系》，第 3 卷，第 147 页。

[132] Ibid. Cameron, *A Concise Economic History of the World: From Paleolithic Times to the Present*, p. 224.

[133] 前引李斯特：《政治经济学的自然体系》，第 130 页。

[134] 参见前引陈勇：《14 至 17 世纪英国的外来移民及其历史作用》，第 173 页。

[135] 参见 Ibid. Ramsey, "Overseas Trade in the Reign of Henry VII: The Evidence of Customs Accounts", p. 177.

[136] Ibid. Stone, "Elizabethan Overseas Trade", p. 54.

[137] 参见 Ibid. Wilson, *Mercantilism*, pp. 12-13.

[138] Ibid. Nef, "War and Economic Progress 1540-1640", p. 35, p. 38.

[139] Ibid. Davis, "The Rise of Protection in England, 1689-1786", p. 306-307.

[140] Ibid. Cameron, *A Concise Economic History of the World: From Paleolithic Times to the Present*, p. 158.

[141] 参见前引芒图：《18 世纪产业革命：英国近代大工业初期的概况》，第 148、161、166-168、170、187、192 页。

[142] Ibid. Wilson, "Cloth Production and International Competition in the Seventeenth Century", pp. 213-214.

[143] 参见前引赵秀荣：《1500—1700 年英国商业与商人研究》，第 87、79 页。

[144] A. G. Kenwood, and A. L. Lougheed, *The Growth of the International Economy, 1820-1960*, George Allen & Unwin Ltd., 1971, p. 16.

[145] Ibid. Morton, *A People's History of England*, p. 337.

[146] Ibid. O'Brien, Griffiths, and Hunt, "Political Components of the Industrial Revolution: Parliament and the English Cotton Textile Industry, 1660-1774", p. 395.

[147] Peter Dicken, *Global Shift: Transforming the World Economy*, Paul Chapman Publishing Ltd., 1999, p. 283.

第三章

重商主义奠定富强根基：三场革命令英国后来居上

英国承诺自由贸易之后，往往抹杀自己早先时间长得多的经济民族主义行为。

——戴维·兰德斯（哈佛大学经济史教授）

说英国后来居上，其前提当然是相信它曾经落后过。正如前文所示，放长历史考察的时段后不难看到，英国日后拥有巨大竞争优势的纺织业，原本起步于相当落后甚至是"欠发达"的状态。实际上，岂止纺织业，整个英国经济都曾如此。以拓展的历史视野来如此研判英国经济的发展水平，决非无关紧要，因为它涉及我们是否能够较为全面地认识英国由弱变强的发展过程，并是否能够较为敏锐地识别英国并非自由主义的发展战略。进入19世纪，英国的现代化早已走过关键的追赶期，假如依照通行做法，仅仅从英国工业革命定局之后再来观察英国的发展过程及其发展手段，则不但无法完整解读历史经验，恐怕还会得出误导性结论。也许对于立志追赶先进的人们来说，工业革命前英国长期在落后中设法奋起的历史更具有深刻的启发性。

遗憾的是，国内学界对于英国的现代发展或称现代化进程存在严重的误判，普遍未能深究英国经济曾经落后甚至欠发达这一历史事实。但凡提及现代化，大家几乎会异口同声地说，世界主要国家的现代化进程存在两种不同类型，一类是"先发"和"内源"型现代化，另一类是与之相对的"后发"和"外源"型现代化。据称，前一类型主要凭借内部创新而自发演进，率先主动开启现代化进程，依靠市场力量而实现现代化，西欧国家，尤其是作为"第一个工业化社会"的英国必然属于此列。而在后一类型中，"现代生产力要素和现代化的文化要素都是从外部移植或引进的，工业化投资在很大程度上借用外国资本，甚至受外国支配；市场发育不成熟，在经济生活中未形成自动运转机制，政治权力即中央国家作为一种超经济的组织力量，在现代化过程中一度或长期发挥巨大的控制与管理作用"。[1] 按照这种通行的现代化进程"二分法"，被视为"先发"和"内源"型现代化

"原型"的英国，当然与"后发"和"外源"型现代化进程中呈现的那些政治与经济特征不可能同日而语。

然而，正如英国纺织业成长历程所示，仔细对照实际的历史（当然是周期相对完整的历史），却可发现，英国远不是什么"先发"和"内源"型现代化国家，它并没有与"后发"和"外源"型现代化格格不入，相反倒是集中了上文罗列的种种所谓"后发"和"外源"特征。谓予不信，在正文特别论述"内源"与"外源"问题前，先就"先发"与"后发"问题摘录若干提示性事实：

● 英国在工业革命之前的外贸结构长期呈现经典的欠发达经济特征。"英国从前与汉萨同盟 [活跃于 14—16 世纪] 之间的关系，正同后来波兰与荷兰之间以及德国与英国之间的关系相类似；英国输出的是羊毛、锡、皮革、奶油、其他矿产品和农产品，换来的是制成品。"[2]

● "伊丽莎白一世继位时，英国几乎在全部行业都大大落后于欧洲其他地区，只能指望通过引进技术工匠并且鼓励冒险者引进新的制造业来取得进步"；[3] "在修道院体制解体 [16 世纪中叶] 前，与意大利、西班牙、低地国家、南德诸邦，甚至是法国相比，英国在产业上处于落后状态"。[4]

● 毛纺织业后来固然成为英国的首要产业，可须知，佛罗伦萨在 12世纪、13 世纪便已达到了年产呢绒八万匹的水平，更何况它还从欧洲其他国家进口大量白坯呢绒进行深加工，并拥有发达的丝织业及金融业，其政府岁入比伊丽莎白时代英国与爱尔兰的合计岁入还要多。[5]

● "到 1570 年，荷兰商船的运输量大约相当于英格兰、法国、德国全部商船队的总和。从人均水平来看，它是后者的 25 倍。"[6] 通过《航海法》等严格保护措施，"英国造船业成长为比以往任何时候都重要得多的产业，然而在 17 世纪，英国大部分捕鱼业和对外商业依旧掌握在荷兰船东手中，大批挂着英国旗帜的商船仍然是由造价更低的荷兰船坞建造"。[7]

● "在 19 世纪中叶的世界经济霸权之前，17 世纪还有过一个世界经济霸权"；当时的英国"仍难以忽视荷兰人在贸易及造船等相关工业中的领导地位。……英国的人口多于荷兰，但世界贸易和金融的枢纽却在阿姆斯特丹，这种状况直至 18 世纪中叶都始终未变。……据认为，1780 年第四次英荷战争爆发时，荷兰人仍处于领先地位"。[8]同时，"18世纪的英国人在注视对岸的法国时，更清醒地意识到本国的相对劣势而不是实力。"[9]

另有一些事实，比如，意大利人曾控制英国羊毛出口乃至控制英国海关，荷兰人依靠呢绒印染等深加工环节分走大部分利润，英国政权对于纺织业进行了几近无孔不入的保护与干预，等等，就不必重复了。以前一章为背景，再列举以上事实，无非要说明一点，即英国的现代化既非"先发"，亦非"内源"，当然也不是以放任自流的自由主义为导向。可叹者，国人往往以那个非历史的现代化进程"二分法"为思维框框，接着就把英国等西方国家的初始状态、发展进程及其发展手段浪漫化和理想化，前引观点，即认为是斯密等人的自由经济理论促成了英国的率先工业化，便是如此错误的一个典型例证。

这样错误的历史解读会虚构一个本不存在的自由主义发展模式，如果依照其逻辑而得出放任自流、自由贸易才能促进发展这样的政策结论，最终的效果与善良的初衷只会南辕北辙。可资对照的是，英美学者中倒有立足史实、持论公允者在说："英国的自由放任是一个政治的和经济的神话"；[10]"总体而言，英国工业能够在受保护的国内市场上成长起来，等到足够强大后再要求自由进入他国市场，此乃所谓'自由贸易'"；[11]"历史上最坚强的自由贸易主张者——维多利亚时代的英国、第二次世界大战后的美国，在其自身成长阶段都曾是强有力的保护主义者。它们叫别人不要做我过去做的事，而要做我现在做得了的事"。[12]为了拥有一个不被人误导，也不误导他人的历史观，还是应当深入探究英国工业革命前的历史，以便准确把握其由弱变强、后来居上的关键点，特别是洞悉其中与自由贸易等理论教条完全相左的政策实践。

一、经济学的革命与重商主义的贡献

在英国及整个西欧的崛起过程中，除工业革命外，人们多会提及文艺复兴、地理发现、宗教改革、商业革命、科技革命、启蒙运动、政治革命等，然而，对于 16—18 世纪之间还曾发生过的一场以重商主义为核心的经济学革命，大家似乎普遍缺乏认识。这场革命除了表现为经济学讨论的专业化和高密度外，特别体现在经济研究重点的转向和新型政策目标的倡导上。可是，自从亚当·斯密接过法国重农学派的说法，把他之前的经济学理论统统冠以"重商主义"并进行一番歪曲和贬损，而英国出于国家利益又需要神化斯密及其学说之后，在西欧尤其是英国曾发生的这场以重商主义为核心的经济学革命远未得到充分的评价。然而，这场经济学革命同样是区别英国与其他国家、区别西方与非西方不同发展历程的一个关键因素。[13]

重商主义源自经济自由化引发的危机

英国的重商主义经济学革命实际上直接起源于自由贸易酿成的经济危机，这种因果关系当然绝非偶然。16 世纪上半叶，英国的对外贸易曾经趋向自由化，有人甚至称之为一个"自由贸易"阶段。的确有一些标志性事件可以证明这种自由，如冒险商人公司的贸易垄断权一度受到限制、有关高利贷的法律遭到废止、对非成品布匹的出口限制有了放松、攻击汉萨商人的行为基本结束、向外国人征收的歧视性关税得到取消、货币不断贬值推动着出口增长、政府干预贸易的意愿和努力明显降低，等等。[14] 然而，这样的贸易自由化在带来阶段性繁荣景象后，也酿成了不利后果："德国、尼德兰和意大利商人分享了伦敦半数以上的呢绒出口额"，[15] 伦敦成了安特卫普的"卫星"，英国经济受制于低地国家，并从 16 世纪中期起陷入频发的经济与社会危机。除了 16 世纪中期由贸易萧条引发严重危机外，在托马斯·孟 1571—1641 年的 70 年生命中，"贸易状况良好者仅有 36 年，其余年份或者萧条或者糟糕"，"长短不一的严重危机就有七次"。[16]

不过，与日后众多欠发达国家不同的是，英国并未掉入从此难以自拔的结构性依附陷阱，原因是：一方面，当时发达与欠发达经济间的落差尚且不大，那种主导与依附关系远未固化，还相对较易逆转；另一方面，英国社会的精英分子在频发的危机面前，推动了一场以重商主义为导向的经济思想与经济政策的革命。"1550 年代的失调揭开了英国经济史上的新篇章。……经济讨论喷涌而出，虽然它们大量地从历史中借鉴思想，但讨论所使用的语言和强调的重点都有别于 1530 年代、1540 年代。"[17]英国人自己将 16 世纪中叶之后的这一变迁称为"由紧迫的实际经济问题刺激而催生的创新性大讨论和大转折"，类似于 1820 年代、1870—1880 年代、1930 年代那样的经济思想与政策方向大调整。[18]

英国开启的这场经济学革命，一方面体现为经济学的专业化，即"经济现象本身，包括其对国家政策的影响，首次被认为值得专门研究，也即不再被单纯视作伦理道德或法律探讨中的附带研究对象"。[19]更具体地说，此前的思想者是道德说教者和社会改良者，而现在已变为工商业者和执政人士；此前典型的表达方式是讲经布道和学理申论，现在已变为技术性的条陈和策论；此前的价值导向和检验标准是社会公平，现在已变为经济利益；此前论辩的对象是农业，现在已变为贸易与工业。[20]另一方面，更重要的是，重商主义理念得到系统地阐发和贯彻，重商主义从此成为英国直到 19 世纪初都未动摇的经济发展主流战略。

在理论上，一般认为托马斯·史密斯 1549 年前后撰写的《关于英吉利王国福利的对话》首开先河，提出了以后两个世纪经济文献中反复出现的重商主义命题，包括争取贸易收支顺差、限制原料出口以鼓励国内生产、禁止或以关税手段限制进口奢侈品及国内可生产货品、扩大国内就业，等等。[21]在政策上，英国开始倡导经济民族主义、打压汉萨同盟等外国商人、建立垄断公司以控制对外贸易、开辟欧洲以外的远地市场、整合已经掌控的海外市场、鼓励新产业特别是新织物的生产、控制旧产业中的过度竞争和无序扩张、政府动用公共资金买下呢绒借以救市、统筹经济变革的总体节奏、向失业人员提供公共援助等。所以说，"1550 年代开辟了崭新阶段，经济政策如果不是完全逆转，也至少已得到激烈改造"，其中"最显而易见的特征便是经济民族主义的迸发"。[22]这些措施经由伊丽莎白一世的长期贯彻，终于凝固为一种偏离自由主义道路的新型经济体制。

经济讨论及经济政策的革命性转折到 1620 年代又得到进一步巩固。此时，英国经济再次遭遇危机，其成因已非前次危机时单纯的自由贸易，而涉及广泛的国内和国际问题。其中既有长期的起因，如荷兰等不少国家纺织业的发展导致国际竞争进一步加剧，而内部向新织物的转型带来了生产地点、生产要素的转移及调整困难；也有短期的起因，如科凯因计划的失败（此计划意图从荷兰人手中夺回纺织品深加工的增值利润）、三十年战争（1618—1648 年）的爆发、波兰和德意志等国钱币的贬值加重英国产品的滞销；还有的原因诸如，金银货币流向海外以及国内熔铸引发货币短缺、垄断公司压价出口造成利益损失、制造商偷工减料致使货品质量下降。[23]由于这些林林总总的因素，英国出现了延续四五年的贸易与产业萧条，破产、失业、乞讨、偷抢、骚乱可谓此起彼伏。

为应对危机，枢密院接连成立了多个或临时或常设的委员会，以调查原因、提出对策，并重塑国家的经济治理。正是在此过程中，在官方委员会兼职的杰拉德·马利内、爱德华·米塞尔登、托马斯·孟等人展开了著名的辩论，并留下了《英国得自对外贸易的财富》（成稿于 1620 年代晚期，后经改写出版于 1664 年）等重商主义经济学名篇。虽然论者的观点存有分歧，但 1622 年委员会提出的限制原料出口、发展本国工业、打击竞争对手、控制贵金属流出、扶持国内航运业等政策主张，无疑反映了重商主义者的共同立场。[24]这场多由经济危机触发的经济讨论和政策转型作为经济学革命的重要进展，进一步巩固了重商主义治国理念，从而成就了英国崛起中至为关键的一块奠基石。

以重商主义为核心的经济学革命自此而进入 17 世纪的高潮，并延续到18 世纪。"无论多么粗略地考察这一时期的文献都可看到，对于国家生活经济方面的研究，在 17 世纪已经取得了何等巨大的进步。"[25]单纯从数量上说，英国在《国富论》出版前两百年里的经济论著当令目光只及亚当·斯密的"近视者"惊讶不已。据英国 18 世纪一位文献家编订的书目，英国经济领域发表于"1557—1763 年间的作品接近 2400 部"，而且"一些相当知名的著作尚未列入其中"，仅该文献家本人便收集到 1500 种书籍和小册子。据研究，英国"在 1662—1776 年无疑已经拥有最高质量和最高品位的贸易、商业和政治经济学作者"；[26]17 世纪、18 世纪的（政治）经济学"已经大有成就，以至于现代讨论中任何有价值的论点，几乎没有哪个未曾被该经济科学第一阶段的作者们明言或暗示"。[27]

当然，在同时期的法国，"从 16 世纪到大革命 [1789 年]，出现了或达 25 万册内容关乎'经济'的法文书籍，数以千计的著作涉及诸如国家财政、货币、农业、税收等议题"。这再次证明，欧洲的诸多革命终究都不可能限于一两个国家，这场经济学革命亦不例外。然而，两相对照可知，"在英国，自孟以后，针对马利内道德主义的普遍批判促成了一门'贸易科学'的诞生；而在法国，'政治经济学'的建立意味着确立了一套以国家政权和自给自足为关注焦点的经济话语体系"。[28] 孟德斯鸠也说过有点类似的话："其他国家让商业利益服从政治利益，英国人则相反，始终让政治利益服务商业利益。"[29] 事实上，重商主义的作者多半是英国人，虽然法国、意大利、西班牙、荷兰、奥地利等国也贡献了重商主义著作，但"重要的是应注意到，这类文献中的大部分是用英语撰写的"。[30]

以此观之，英国的经济学革命，或称（西欧）经济学革命在英国的兴起，确实是相当早慧和独特的。恰如历史学家指出，"在 16 世纪，[重商主义] 这一学说首先在英国得到了发展"；[31] "约 1540—1560 年震动欧洲的经济危机在英格兰特别严重"，"英国对所谓'17 世纪危机'的反应同其他国家有所不同，这正是它能以强劲力量进入重商主义时代的原因"。[32]

重商主义包含丰富务实的治国思想

应当及时指出，英国的重商主义尽管以贸易为重心，但作为一个至少跨越三个世纪、内容量大面广的经济学思潮，它绝不限于贸易或国际贸易问题。经济史家沃尔特·罗斯托便提到，重商主义包括了丰富的国内治理内涵，如"改进国内的交通设施；直接或间接地鼓励和保护手工业与采矿业；采取直接方法使军队拥有独立的经济基础（如枪炮、炸药、军服、舰船等）；采取措施以保障充足的粮食供应；采取措施以扩大财政收入；采取措施以提高行政机构的素质"。而且，他深刻地指出："重商主义涉及国内政策的纲领，在工业化前的社会里，构成了相当典型的一整套现代化活动，直到今天也是如此。"[33]

重商主义其实是内外统筹、里外兼修的治国理政方案。上述国内治理政策纲领与国际商业政策纲领互为表里，才使重商主义成为一套引导新生民族国家走向富强的现代化方略。其中，推动向现代工商社会的转型实乃重商主义的本质所在："重商主义制度包括了所有立法的、行政的、管理的工具，那些依然主要是农业型的社会借此将自身改造成贸易和工业社会，以让本国不仅富裕，而且强大，并且还要保持此种富强状态。"[34]

毫无疑问，就具体政策包括贸易政策而言，重商主义者之间难免意见相左，甚至同一个人也会有前后立场的不一致，更不用说实际利益的驱使又助长了有意的观点倾向性。然而，这些都不妨碍重商主义存在某种一以贯之的核心思想。史家告诉我们，"当时最伟大的经济学家，从配第、曼德维尔，到詹姆斯·斯图尔特爵士"，还有坎梯隆等，在政策问题上都大体抱持重商主义立场；[35]"有一点让人印象深刻，即在 16 世纪中叶托马斯·史密斯爵士的《关于英吉利王国福利的对话》与 18 世纪初年查尔斯·金的《英国商人》，再甚至与 1767 年斯图尔特的《政治经济学原理研究》之间，关于商业政策的观念居然变化得如此之少"。[36]这里特将重商主义比较一贯的思想概括为三个方面，展示如下：

第一，关于国民财富的增长和国家实力的增强，重商主义的贡献是：

● 确立了以财富增长为优先目标的新价值观。地理大发现之后，国际交往大幅增多，民族国家在世界舞台上竞相崛起，经济、政治、军事、宗教等冲突连绵不断。重商主义者抓住历史的空前变局，明确提出包括经济在内的国家政策应当致力于追求国民财富的增长，相信"财富乃国家和战争之命脉"（托马斯·史密斯）。[37]这一鲜明的价值观意义重大而又深远。

● 提出将财富增长与国家实力增强结合起来。财富与力量存在互动共生的关系，所谓"财富即实力，实力即财富"（托马斯·霍布斯）。"外贸能带来财富，财富能带来实力，而实力又能维持我们的贸易和宗教"，所以"绝对有必要将利润与力量统筹谋划"（乔赛亚·蔡尔德）。"富强"或"强盛"就成为二元合一的最高目标。

● 相信对外贸易是实现财富增长的关键手段。普遍的共识是，兴旺的外贸乃经济增长的发动机，是"王国致富的唯一手段"（罗杰·科克）、"王国繁荣的试金石"（托马斯·孟）。"当贸易兴旺时，国王的岁入得到增加，土地和租金得到增益，航运得到扩大，穷人得到就业。而假如贸易衰败下来，所有这些部门都会跟着衰落"（爱德华·米塞尔登）。

● 清醒地认识到现实世界的"无政府"本质。"普遍的自由贸易需要某个依靠同样的法律来治理、依照协调的计划来管理"的世界政府，但现实中"存在着利益必然各异的不同国家"。因此，"各国利益都应单独加以考虑"，"任何一国若向各类外国进口货敞开门户，同时又不能获准对等进入所有邻国市场，我想它很快会被毁掉"（詹姆斯·斯图尔特）。

● 冷峻地以零和博弈眼光看待国际经济关系。贸易的必要性、可取性，甚至两利性固然不言而喻，但某一时段内的贸易总量、贸易利润所得、贸易线路控制等，具有零和博弈性质。故此，应通过国家干预来保证贸易利益最大限度地流向己方，保证"与我竞争的其他国家无法从我手中夺走贸易，我方贸易则可维持并增长，且又减少他人所得"（乔赛亚·蔡尔德）。

● 把上述独占战略系统地落实到航运管制中。当时能将财富与实力合为一体的产业首推航运业，大家认定，荷兰的成功"须臾离不开"捕鱼与航运（托马斯·孟），并相信"在海上比在陆上能更快建起一个帝国"（尼古拉斯·巴贲）。为此，英国从1651年起完善并落实严格排挤对手的《航海法》，借助这个斯密所谓"最明智"的方法，最终奠定了富强的基石。

第二，关于贸易顺差的实现和金银钱财的积累，重商主义的贡献是：

● 强调外贸的主导目标就是获得收支顺差。"必须注意，我们从外人那里的购买不应多于我们向他们的销售，否则，我们会穷了自己而富了别人"（托马斯·史密斯）。"必须时时谨守这一原则：在价值上，每年卖给外国人的货物，必须比我们消费他们的货物要多"；"只有外贸顺差带给我国的财富，才会留在我们之间，从而使我们致富"（托马斯·孟）。

● 要求全力鼓励出口并同时严格限制进口。"必须想方设法通过外贸出售多余产品"，并应严格限入本国"可自行供应的货物"（托马斯·孟）。出口（除某些原料和粮食外）总是好的，应从基础设施到税收等各个环节鼓励出口，包括采用修建港口、扶持产业、减免税费、提高质量等手段。同时，应提高进口关税甚至动用禁运措施来限制进口。

● 区分出了"好"的贸易与"坏"的贸易。"并非所有贸易都对一国有利"（凯鲁·瑞内）。"出口我们的产品和制成品对王国有利"（约翰·卡里），"把钱花在外国商品上，特别是外国制成品上，是一国最糟糕的支出，应尽可能加以避免"（乔赛亚·蔡尔德）。故此，对"奢侈和不必要"的产品，应"非常严厉地征收极高的关税"（威廉·伍德）。

● 鉴别了商人利益与国民利益的不一致性。"对商人有利的贸易，未必对全体国民有利"（狄奥多尔·詹森）。商人为使"自身收益最大化，通常不会考虑公众的利益"（杰拉德·马利内）。"单一个体可能借助一项贸易而增加财富，国家却可能因此陷于贫困"（威廉·佩蒂特）。为此，国家应该对贸易活动加以指导、监督、管制、干预。

● 指出追求贸易顺差存在多重现实合理性。一般商品只是"此时此地的财富"，只有铸币和贵金属才是"通用财富"（威廉·配第）、"一切商品的储备"，特别有助于"备战备荒"（托马斯·史密斯）。欧洲金银矿藏的缺乏、国际结算体系的欠缺、大量非贸易支付的需要、避免通缩与扩大就业的需要、低利率及低投资成本的要求，都使得有必要积累贵金属。[38]

● 注意到在出口与进口之间存在依存关系。从支付能力的角度看，"难道我们希望自己不购买或不交换其他国家的某些商品，让他们无钱来购买我们的制品吗"（托马斯·孟）？更何况，阻止外国商品输入还存在被报复的可能。故而，为遏制进口而设置高关税终究"会减少我们自己的出口"，不过是"只治标不治本"的权宜之计（P. 帕克斯顿）。

第三，关于本国工业的扶植和国内就业的保障，重商主义的贡献是：

● 早就从出口角度认识到工业化的特殊价值。"农业耕作和畜牧养殖固然会改善必需品供应，但工业制造才能增加货币财富"（克莱门特·阿姆斯特朗）。应当"尽量减少天然物产出口，改为依靠制造业和运输业，因为这些行业……最能增益一国财富"（弗朗西斯·培根）。对财富源泉的这一判断必然指向工业化，并走上产业升级、技术创新、市场开拓的现代之路。

● 抓住了制造业能提高附加值这一关键环节。"爱尔兰出口多于进口，却照样变得更穷"（威廉·配第），"症结就在于仅用原料换取制成品"（乔赛亚·蔡尔德）。制成品比起原料可"带来五倍、十倍乃至二十倍的财富"，故此"以制成品而非原料形式出口会有利很多"，"出口原料最危险，会把制造业转移到某个邻国"（威廉·佩蒂特）。

● 倡导商业政策应细致区分制成品与原材料。"政府的最大智慧在于，以最利于促进我国制造业的方法来管理全部外贸"（约翰·卡里）。落实到政策即，对外来原料仅征低税乃至免税，对外来制品则设高税乃至禁入，"出口品税率的高低应与其加工制成的程度成反比，直至绝对禁止原料出口，而进口品税率的高低应与其加工制成的程度成正比"（乔赛亚·塔克）。

● 具备了要培植长远工业生产力的明确意识。贸易是否有助于国内工业成长才是一条评判标准，"虽然外国人提供的商品可能比我们自产的同类品更便宜，但我们最好购买本国产品，哪怕它们更贵"（托马斯·史密斯）。重要的是本土工业生产力的提升，极而言之，"宁愿把一千人劳动得来的产品烧掉，也不要让这一千人失业而丧失了技艺"（威廉·配第）。

● 日益将扩大就业置于对外贸易的核心地位。"贸易的伟大在于雇用国民并令其致富"（P. 帕克斯顿）。因此，贸易顺差论后来发展为"劳动顺差论"或"外国付酬论"，其要害是，"阻止劳动成果的进口，鼓励劳动成果的出口"（詹姆斯·斯图尔特）。凡出口劳动量大于进口劳动量，就能让"外国人总是向我方劳动力提供支付和支持"（理查德·坎梯隆）。

● 注重从劳动就业角度设想人口与殖民政策。为扩大生产、增强国力，理当广殖人口，毕竟"人多力量大"（罗杰·科克）。不过，"有多大的就业需要，才该有多大的人口规模"（乔赛亚·蔡尔德）。对富余人口及其就业的忧虑，遂衍生出殖民政策，"凡购买宗主国产品、利用宗主国船运，并给宗主国工人带来就业的殖民地，都应加以鼓励"（乔赛亚·蔡尔德）。

重商主义预示了对自由贸易论的修正

在重商主义经济思想中，最值得注意的是，某些关键内容与后人对自由贸易论等古典经济学理论的关键质疑似曾相识甚至多有契合，且举四例。

例一，关于幼稚产业保护的观点，托马斯·史密斯已经说过，"我们宁愿较为昂贵地从自己国民这里购得这些制品，也不要较为便宜地从外国人那里购得"，我们对于外国货品或可禁止或可征税，直到国产货品便宜下来。[39] 以后，坎梯隆、塔克、斯图尔特等亦有相当成熟的表述。[40] 日后影响巨大的李斯特的幼稚产业保护论与他们的这些表述简直就是一脉相承，但英国毕竟提前一两百年就掌握并实施了这一重要思想。

例二，关于涉及贸易条件的相互需求问题，托马斯·孟已经注意到需求弹性规律及其在国际贸易中的可利用性，他提出一般"要将售价提高到不致因价高而使出售量减少的程度为止"，而对竞争性产品，则"必须尽可能地减低价格，而不让这种货物失去销路"。[41] 同时，"重商主义者进一步意识到，'现代'产业体现出更高的生产潜力，可使更发达的国家获得技术垄断，并以此来剥削他人或改善自身贸易条件。"[42] 以后托伦斯和穆勒等人构想的对于自由贸易论的重要限制，以及再后劳尔·普雷维什和冈纳·缪尔达尔等人对于自由贸易隐含不平等性的批判，实际上都是这一国际贸易利益分配思想的延续。

例三，经过 1930 年代及此前的经济波动，凯恩斯终于为重商主义的主要观点所折服，他对于货币供应不足及其通货紧缩后果的忧虑、对于购买力未能同步跟上生产能力扩张的担心、对市场自行调节的不信任以及对调节过程本身的关切，还有对自由贸易的保留态度，等等，无不证明着重商主义的先见之明。熊彼特即言："有些重商主义作家对就业论点研究得很深，达到了惊人的水平，实际上达到了凯恩斯主义的水平。"[43] 凯恩斯自己则说道："我想做的，是要把公正还给以往百年中被 [亚当·斯密以来的] 古典学派视为'弱智'的那个思想派别，并尤其想表明，我确实不是那么伟大的一位创新者，除非与古典学派相对照。古典学派前早有重要的先辈，我不过是在向那个拥有常识判断力的久远传统回归而已。"[44]

例四，1980 年代起风靡一时的战略性贸易理论，依据博弈论和寡头模型等分析工具证明，通过贸易政策的最优化操作，能够在不完全竞争中从对手那里获取超额利润。可实际上重商主义者已经倡导，而且当时的诸多欧洲国家已经实践了这一理论。故此有论："重商主义的国际贸易观与战略性贸易政策的文献所展示的看法如出一辙。"[45] 例二中提到，重商主义者关于"现代"产业具有技术垄断及寻租潜力的认识等等，其实都已预示了战略性贸易理论的相关见解。

若非这些案例，人们难以想象，问世在先的重商主义居然已经先知般地匡正了自由贸易论中的诸多弊端。这中间当然并无超自然的力量在起作用，关键是严重而频发的经济危机，包括自由贸易实践引发的经济危机早已发生在先，多个世纪前就使得人们不得不改弦更张、另辟生路。研究者已指出，"[包含] 重商主义理念的那些著作基本上都是经济危机的产物。……瓦伊纳教授《英国外贸理论》参考书目中列举的几乎所有著作，以及赫克歇尔教授《重商主义》索引中列举的大多数英国立法，都正好或者接近专家所确定的贸易糟糕的时期。17 世纪各贸易委员会的指令体现了重商主义思想，其调查鼓励了此种思想，它们本身就成立于危机之中。"[46]

显然，基于现实世界的经济运作，特别是基于曾有过的自由贸易实践及其教训，重商主义经济学家们已经十分深刻地洞察了自由贸易的危害性，以及贸易管制对一国经济发展的必要性。一旦寻得重商主义这一国家富强的妙法，英国便行之而不舍，日益将它组合成一套融金银积累、贸易保护、工业扶植、就业促进、政府干预、强权打造、殖民征服于一体的国家发展战略。

即使英国似乎并无前后一贯的有形发展计划，政治精英也是代有新人，但国家政策的总方向一直没有偏离重商主义。"从伊丽莎白统治初年到皮特上台，在两个多世纪的岁月里，通过政府行动来促进经济进步的努力得到了持续维护，很少出现偏离这个政策大方向的现象。"[47] 另有人浩叹："真正了不起的是整个 17 世纪中经济政策的持续连贯性，国王们就如共和执政者一样，愿意倾听商人的呼吁，某种程度上还更加主动。"[48] 比照日后对自由贸易论的诸多挑战，包括比照进口替代理论、依附理论，以及从德国、美国到东亚国家的发展历程，不难看到，对于一个落后特别是欠发达的国家而言，拥有如此务实切用的重商主义经济思想与政策是何等幸运，早慧的英国正是通过对之始终如一的坚持而深受其惠，终于后来居上，率先达到了现代工业社会的彼岸。"19 世纪的工业化哺育了自由贸易理论，该理论将《航海法》视为寻租，可是，若非斯图亚特时代 [1603—1714 年] 那些不开明的立法者所实施的限制措施，工业主义的大厦也许永远不能矗立于世。这是一个具有讽刺意味的问题。"[49]

重商主义才是英国富强的真正基石

目光深邃的史家看得很清楚，"英国的政治精英们似乎在 18 世纪以前，就已找到了促进国家财富和实力不断增长的窍门"。[50] 至于何为英国的"窍门"，两个法国人回答得很明白。伏尔泰说："使英格兰变得强大的是下述事实，即从伊丽莎白时代开始，各方已经就重商的必要性达成一致。"[51] 芒图说："英国政策在 18 世纪的胜利，同时也是重商主义的胜利。"[52] 英国经济史家威廉·坎宁安也有非常明确的结论："从都铎时代直到亚当·斯密时代，[重商主义] 这一体制为英国提供了政治实力，提高了工人的生活水准，并使英国成为'世界工厂'。"[53] 大家所划定的从伊丽莎白时代到 18 世纪恰为英国发生经济学革命、重商主义占据主流地位的时期。

在这个海外贸易日益兴旺、制造业迅速成长的时期，经济学尤其是对贸易政策与产业发展关系的探究，作为一门"显学"，简直就是英国精英分子的共通语言和必备常识。"英国商人是 16 世纪和 17 世纪的天之骄子"，[54] "在所有知识领域，精通贸易和海运是人们对政治家最寄予希望的方面"[55]。1995 年出版的四卷本重商主义文选所列 15 位作者中，除一人生平不详外，足有 12 人直接经商，另两人也是政府的经贸管理者。[56] 所以，与其说英国的重商主义作者们多为商人，莫如说英国的社会精英多为商业经营家或者经济学家，而且是重商主义经济学家。实际上，重商主义成了国家的主导价值观。重商主义经济学家中，蔡尔德和孟固然曾任东印度公司的董事长和副总裁，但他们也曾供职于政府的经贸委员会；达维南特还是法学博士、戏剧检察官、国内货物税专员、进出口总监，以及三任下议院议员；洛克一度担任贸易理事会秘书，也是英格兰银行的创办者之一、贸易与殖民地理事会专员，另外还是哲学家和医生；而哲学家弗朗西斯·培根除任宫廷大臣外，也写下了大量富含重商主义思想的文字，被认为是不折不扣的重商主义者。

当然，必须再次强调，这里所说的"重商主义"绝非狭隘的贵金属聚敛或进出口买卖问题，其聚焦点还是以贸易限制手段实现工业化的问题。

拨开斯密以来沉积的迷雾可知，这些重商主义者其实都"清楚表述过这一要点，即本国工业的发展是一国持续繁荣的真正秘密所在"。[57]因此，李斯特干脆指出，要不是斯密等人的误导性命名已经约定俗成，重商主义实应被称作"工业主义"。[58]英国在崇尚经济学的气氛中，率先探得的国家富强的不二法门，就是这种以工业主义或工业化为内核的重商主义。

应当明确一点，历史从来都是层层累积的，在重商主义革命之前，相关的理念与实践也非一片空白。据知，保护主义就曾是中世纪欧洲诸多"城市政策的主要特征"；[59]重商主义政策，包括对待制造业的最初办法，"只是把中世纪的方法在大范围内具体化"。[60]而英国尤其不缺这方面的传统，根据英国人自己的结论，"理查二世[1377—1399年在位]乃真正的重商主义先驱，他通过国家对产业的组织提供了社会保障，通过《谷物法》发展了本国农业，通过《航海法》激发了本国航运业，通过向英国手艺人和生意人提供优于外国人的照顾而创造了就业"。[61]德国人则更往前追溯，称"英国显然是重商主义的发祥地，在1331年，就可以在那里窥见应用重商主义原则最早的迹象"，当面临银根紧缩的情况时，英国议会指派的一个委员会曾"制定过若干紧急措施，包括禁止进口和鼓励出口之类办法"。[62]

可是，历史在延续性中也会有跳跃性，直接因素譬如前述自由贸易实行后发生的危机，背景因素则如民族国家纷纷崛起、列国竞逐不断加剧、农业社会向工商社会蜕变。所有这些因素叠加到一起，终于诱发了这场经济思想及国家治理战略的革命，使重商主义的理论和实践得到了系统拓展。正如史家所言："保护贸易的观念也有中世纪的根源。但是，只有从对外贸易发达之时起，只有从各国能够充分意识到它们的经济竞争之时起，保护贸易的观念才拥有其全部力量。"[63]毫无疑问，在列国竞相向工商社会转型的大跨越时代，英国比其他任何国家都更加娴熟地应用了重商主义这个转型的神器和竞争的利器。盎格罗－撒克逊民族在经济学上的早慧性令人感慨万千。一个五六百年前就系统掌握了重商主义精髓的民族，再不率先崛起简直天理难容。

但必须揭露的是，自工业革命奠定了英国全面的竞争优势后，得益于重商主义经济学革命的领先者却通过神化亚当·斯密和自由贸易理论，过河拆桥，百般掩藏、歪曲、贬损自己成功的"窍门"，直至"养成了一种作风，即只要认为某一种著作具有一丁点'重商主义'气味，就几乎足以判处这部著作死刑"（熊彼特的结论）。[64]凯恩斯也曾揭露，重商主义者的"部分明智之道，首先为李嘉图脱离实际的抽象方法所忘掉，然后又被他的方法涂抹掉"。在古典经济学派话语霸权的误导下，完全可以想象，世人对重商主义这套行之有效的政策工具不仅陌生起来，而且徒生偏见和厌恶，本能般地以为，"重商主义的论点来自彻头彻尾的思维混乱"。[65]如此一来，经济学的进步，主要是有助于落后国家实现富强的经济学进步，必然受到严重阻碍。

熟悉历史的西方人也注意到："经济学是一门可能成为科学的学科，众所周知，科学在不断进步，所以前辈的专著和文章常被抛于脑后。因此，一个学科就会有这样的怪事：它在日新月异的时候，往往会重新发现昨日的发现，而且往往意识不到这一点。"[66]不过，这种观察还只及表象，尚应进一步点明的是，早慧的真知灼见之所以被长期遮蔽，之后再被一点点重新发现，恰恰是西方主流意识形态集体操纵后才出现的反常现象。假如没有主流派的误导，在科学昌明的近现代数百年里，本不会发生如此的曲折现象。罗斯托就认为，在重商主义的核心问题（国家在经济发展中应当扮演何种角色）上，"亚当·斯密给了我们以错误的指导。……斯密把重商主义视为一种力量，似乎只有先消除它，工业革命方可能出现。这种过分简单化的观点需要补充与修正"[67]。重商主义的研究者指出："在亚当·斯密和19世纪自由贸易论者身后，认为有过这样一场17世纪[经济学]革命的观念受到压制。因此，在研究经济学说史的许多代著作家那里，重商主义或者被视为愚不可及，或者被视为不过追求国家利益[而缺乏经济学理论价值]，似乎只有在启蒙的18世纪和亚当·斯密降临后，这一'谬误'才得以全部彻底地清除干净。"[68]可见，在重商主义问题上，需要进一步拨乱反正、还原真相。

特别应当指出，自古典经济学派以来对重商主义和近现代历史的系统曲解也误导了中国人，何况我们的现代（政治）经济学素养本来就远不能与这方面早慧的英国人或西方人相比较。必须承认，除个别人士外，[69]绝大多数国内经济学家和历史学家，包括对西方经济学传统应当有所了解者，亦难免俗见。比如陈岱孙就称，"重商主义者都是把财富和货币混为一谈"，"是以守财奴的眼光来看货币"，"未能渗透到现象的深处"，其"研究结果不能为经济学提供理论基础"，等等。[70] 面对西方主流意识形态的强大影响力，可以说，假如不深入查考历史，不把西方经济学（理论）与西方经济史（实践）结合起来对照考辨，即使不想人云亦云，也难以真正看清重商主义的历史作用和现实意义。有鉴于此，我们对于英国由早期自由贸易导致经济危机，到借助重商主义经济学革命而赢得后来居上的发展，再到掩藏、歪曲并贬损其制胜法宝这样一段历史过程，尤其不能不明察。

二、初始工业革命与列国体系的优势

在通常的教科书里，从 18 世纪下半叶到 19 世纪早期在英国所发生的工业化运动多被称作"（第一次）工业革命"。如果强调此次工业化浪潮中的动力来源开始不再依赖人力或自然力，强调其对于整个世界格局产生的全面冲击，则这一说法还算贴切。然而，如果因使用了"（第一次）工业革命"这一术语而以为，在此之前在英国或其他地方没有资本主义工厂，或者没有用于生产的机械装置，或者没有大规模的制造业，或者没有发生过工业生产的突飞猛进，那就是对历史的彻底误解。阿瑟·刘易斯说过："改变世界的那次工业革命开始于 18 世纪末，不过，自 13 世纪以来，英国发生过许多次工业革命。"[71] 埃里克·霍布斯鲍姆说道："英国工业革命之前，至少已有 200 年颇为连绵不断的经济发展，有关基础实已奠定。"[72] 道格拉斯·诺斯也说："需要修正我们对于过往两个世纪所持的公式化观点。我们现在称作'工业革命'的这个时期，并非如有时相信的那样，是与过去的彻底决裂。相反，它是既往事件逐渐演化的最终结果。"[73]

而在前工业革命的长期产业进步浪潮中，1540—1640 年旨在摆脱落后的那场工业化运动，对于英国的后来居上尤有关键意义。正是凭借历来产业进步的积累，英国才得以迎来此后那次著名的"工业革命"，并赢得世界性的产业主导地位。有鉴于此，这里应当强调一点，即到通常所谓工业革命时，英国其实已经在不少领域完成了而不是才开始其追赶先进的历程！当然，国内外学界对于 18 世纪工业革命前曾经发生的产业进步还是有所认识的，故而有所谓"原工业化"之说。[74] 不过，鉴于"原工业化"一词更多地指西欧中世纪晚期农村手工业的发展，故而，这里专用"初始工业革命"以示区别。

初始工业革命既非"先发"也非"内源"

英国的初始工业革命完全是一场建立在大规模引进技术和人才等外部生产要素基础之上、带有强烈"后发"和"外源"特征的产业革命。经济史学家 J.U. 奈夫早在 1934 年已证明，在 1540—1640 年，英国经历了与此后那次工业革命相比"速度毫不逊色"的一场工业化运动，当时英国依靠外部因素为自己众多行业的起步与成长奠定了现代基础。顺便指出，"以后的研究，尽管有时是批评性的，也已确认了奈夫的论点"。[75]

据研究，在初始工业革命的一百年里，英国通过三种技术进步建立了大规模工业。"第一是引进了宗教改革之前在英国几乎未曾立足的一系列资本主义产业；第二是把此前尤其在欧洲大陆某些地区已知、但在英国很少使用的各种技术流程应用到旧有的产业中；第三是发现和应用了新的技术方法。"[76] 外部先进因素不仅推动了生产力的跃进，而且促进了生产关系的现代转型，英国史家的判断是："16 世纪与 17 世纪工商业制度结构中已出现实质性变化：行会消匿、商业公司开始更新、新的工业组织开始产生"。[77]

这一初始工业革命的最大特点是，它几乎完全依赖外部因素的推动，从而证伪了所谓英国现代化系"内源"和"先发"这一定论，足以让人看清，传统上有关工业革命的说法，所谓英国依赖内部因素在 18 世纪经历了一场突变云云，不过是个非历史的神话而已。初始工业革命的确凿证据更进一步表明，英国最终得以走上崛起道路，绝非因为奉行了自由贸易原理。换言之，英国并未服从既有国际分工体系、甘于发挥自身比较优势，倒是刻意利用所谓"人为"手段，大力引入先进技术、人才和制度，悉心推动自主的产业跨越与创新，如此才实现了成功赶超。

初始工业革命的上阶段是 16 世纪的最后 60 年，这大致也是重商主义经济学革命发动并由伊丽莎白一世统治的时期。当时，为了改变英国产业全面落后的局面，女王及其重臣威廉·塞西尔"极其渴望发展每一种类的英国产业，俾以让英国不仅在经济上独立起来，能够支付某些进口，而且也许还能生产可出口外国市场的高价值产品"。最后付诸实施的政策是，由王室向那些"具有足够企业精神、可资移植新技艺或引进新制造业"的人士包括外国人颁发特许证，利用该垄断性特许证制度来撬动产业升级。"伊丽莎白的目标是要引进明矾、玻璃、肥皂、油、盐、硝石、金属片的制造，这些产品此前均靠进口。新颖性是颁发特许证的标准。"[78] 当时的通行做法是，以一定年限的特许专营权换取技术和产业的本土化，故而，特许证制度本质上是一项鼓励进口替代的政策。"在伊丽莎白治下授予的 55 项垄断特权中，有 21 项是授给外国人或者归化英国的国民。这些特权涉及制造的产品包括肥皂、排水机、掘地机、烘机和熔炉、油料和皮革、碾磨机、盐、玻璃、玻璃杯、水泵、书写纸等，当然也引进了炼铁、碾谷、轧油以及纺织的整染、砑光等工艺。"[79]

正是依靠工业革命前已经发生的大规模进口替代，英国政府从欧洲大陆移植了一系列新产业，建起了首批造纸厂、黑色火药厂、火炮铸造厂、明矾和绿矾厂、食糖炼制厂、硝石厂、黄铜炼制和压延厂。此前在这些行业中，英国也不是没有一点小作坊，可是，它们"产量微不足道，生产场地简陋原始"，与"历史更早、生产规模更大"的大陆无法相提并论。现在官方鼓励兴办的工厂则投资量大，投资周期长，雇用工人多，重型机械也多，绝非小业主能够置办。随着工厂的兴建，英国相关产品的进口明显下降。尽管仍从法国进口一定数量的纸张，并且仍从西印度群岛进口糖，但明矾、绿矾、黄铜、紫铜的进口已大为减少，而英国产的火炮到伊丽莎白一世晚期甚至因质优价廉而在欧洲各地大有市场。尤其应当看到，新厂建设过程中从国外引进的精巧水动力机械、大型炉子及配件，以及工厂的规模本身，据信都具有强大的"示范激励"效应，其"对工业资本主义在英国的成长所产生的影响，超出了产量和雇工数这些可计量指标"。[80]

与新厂建设同时，英国官方借助大陆的先进技术，着力改造采矿业和冶金业等旧有产业，并且开创了新的技术方法，从而在若干技术环节，"不仅在赶上大陆各国，而且已开始呈现超越态势"。初始工业革命期间，政府建设了数以百计的矿井排水和通风设施，极大地提高了生产能力，进而使英国后来居上。以采煤这一基础产业为例，16世纪中期前，一个煤矿的年产量很少超过几百吨，而到1640年前，年产1000—25000吨的煤矿已司空见惯，"英国的煤产量很可能是整个欧洲大陆产量的三四倍"。加之铜、锡等金属的采掘业经由技术引进也建起了大规模企业，"采掘业在[英国]国民经济中所占据的显赫位置已超过其他任何一国"。英国正是基于大陆先进技术创造的条件，在这场初始工业革命中率先实现了煤对于木材或木炭的革命性替代，由此也触发了一系列产业中因燃料变革而必需的流程改造，大大促进了冶金业及其他产业的技术进步和规模扩大。英国人之所以在初始工业革命中领先一步地发现并使用焦炭，大规模地烧制砖块和玻璃，等等，都与燃料转变相关。[81]特别是炼铁中焦炭的使用，被认为比起日后快速的机械化和棉纺织业的增长，"对于工业化甚至更具有根本意义"。[82]

在冶金领域，铸铁用的大型鼓风炉在原从大陆引进的基础上又再次引进，铁的年产量达到100—500吨，大大超出英国原来小铁炉年产最多20吨的水平。大型炉子以及水力机械这些关键技术的引进，让整个冶金行业脱胎换骨，从铁制品加工的标准化和规模化，到大型钢厂的建立，都是此期大陆技术引进的结果。同期，机械改良也风行于"英国上自贵族下至基层工匠在内的所有阶级，并令那些富有者游历海外以寻求启发"。[83]这的确是英国大规模向外借鉴的年代。

背弃自由贸易原则反而促成产业跨越

由上不难看出，英国17世纪内战之前的百年里，早已发生过一场改变英国产业落后面貌的初始工业革命，英国借此全面奠定其现代工业的基础。值得深思的是，这一赶超过程根本不是通过自由贸易或者基于比较优势的专业化分工而完成的，也不是英国内部循序渐进地自发成长起来的，相反，它依赖于国家对投资与产业活动的组织和管理，包括特许证这一垄断性手段的采用，尤其依赖于对外国先进技术的嫁接，或者干脆是对外国技术人才的引进。伊丽莎白一世"统治的特点是采取严厉的管制措施，该年代竟然出现了工艺水平的快速提高，这具有非比寻常的意义"。[84] 这正好应验了一句话："几乎所有产业的开端可以说看起来都是刻意人为的。"[85]

　　当代人在讨论出口挣钱是否促进经济发展时提到了下列可选方案："是把钱用于投资呢，还是消费掉？即使决定投资，谁能保证这些钱会投到应该投资的经济活动中？再者，哪些活动才算是该投资的？是继续投资在大宗初级产品上从而保持最大限度的比较优势，还是以一种权衡兼顾的发展为目标，即现在少拿钱以便以后多挣钱？"[86] 显然，在重商主义治国方略的指导下，英国的决策者做对了这些选择题，他们集中财力，为长远而投资，其中包括屡屡争取对外汇实行国家管制，甚至曾在 1576 年因此而引发在英意大利商人的示威抗议。[87]

　　从国际贸易角度看，作为初始工业革命关键期的伊丽莎白一世时代，虽然长达四五十年，但其贸易总量居然未有大的增长，"众所周知的所谓伊丽莎白统治年间贸易的扩张，看来是个笃信的神话而已"。然而，大量并不直接体现于贸易增长的战略性创业活动却扎扎实实地起步了。"投资于造船、远程贸易、内部殖民与沼泽排水、采矿、冶金及各种产业技术方法，虽然很可能并不总是在经济上非常有利可图，但无疑带来了国家生产能力的显著增长。"[88] 产业发展与贸易成长固然不能相割裂或相对立，但以长远眼光看，政策重点应当放在何处不是一清二楚的吗？

　　在英国的早期经验中，引人瞩目的是，直接促成生产能力增长的动力得自外来技术要素的引进，及其所带动的新产业的创立、新技术方法的开发。就如纺织业曾得益于外来工匠的移入一样，在初始工业革命中，主要是外来技术人员促成了英国技术与产业的跃进。例如，"皇家矿业学会"兴办的巨型铜业开采和冶炼企业依靠了来自德国的熟练技工；数家钢厂的建造则借助了荷兰的熟练技工，其中 1565 年于萨塞克斯兴建的钢厂确知曾雇用 30 名外国工人；较大规模的商业性玻璃生产厂也是依靠外国工匠而兴建。[89] 故此，史家得出结论："1600 年之前，英国是一个从欧洲大陆进口技术的国家，它雇用了德国的矿工、荷兰专门从事排水装置设计的工程师、法国的土木工程师和建筑师等。"[90] 毫无疑问，当时发达的欧洲大陆成了英国初始工业革命的技术源泉。

正是基于上述事实，经济史家认为，称英国为"第一个工业化社会"往往让人忽略了欧洲大陆曾有的工业优势，事实上，"假如英国从未存在过，或者在一场滔天海啸中沉没了，欧洲（及美洲）也还是会工业化的，尽管路径可能有所不同"。[91] 罗斯托也断言："我们有理由假定，假如英国没有率先起飞的话，正在起作用的各种力量迟早会使欧洲别的国家（或者美国）起飞。这种情况可能不需要太长时间就会发生。"[92] 当然，从 16 世纪英国的角度说，幸运的是，自己虽然落伍（未能"先发"），但已通过重商主义经济学革命而较早觉醒，终于富有远见地选择了一条积极有为的道路：不靠眼前的比较优势吃饭，而是借助外部技术要素的引进，争取跨越式产业升级，以此来确立长远的贸易与竞争优势。与日后的情况相比，当时的技术构成相对简单，固定资本要求也比较有限，领先者的比较优势尚不深厚，故而产业追赶难度相对要小些。关键要素有二，一是着眼长远的发展战略，这一点英国经重商主义经济学革命已经充分拥有；二是可资利用的国际环境，而这便由欧洲独特的国际体系提供着。

多元国际舞台提供了产业进步的激励

与包括亚洲在内的其他地区相比，中世纪以后欧洲国际环境的本质特点是，存在着主权民族国家彼此并立、不同君主政权竞逐富强的一个多元国际体系。若与中国相比尤可显见，整体的欧洲不存在一个令行禁止、自足保守的大一统帝制政体，故而国别或局部范围内破坏生产力的非理性行为，如宗教迫害，不仅不会让技艺废弃、倒退或失传，反而会促进更广泛的知识扩散和技术传播。"事实是，即使别人在掠夺和驱逐商人的时候，欧洲总有一些王公和地方贵族愿意容忍商人及其行为方式，而且如文献所载，受压迫的犹太商人、破了产的佛兰德纺织工人和受迫害的胡格诺教徒，迁移时都随身带着他们的专门技艺。"[93]

特别在西欧范围内，物和财、人和艺、思想和做法等各种物质与精神要素频繁地跨境流动，形成了一种激发相互学习和彼此竞争的开放大环境，这是同期世界其他任何地区均无可比拟的，英国的初始工业革命就是在生产要素活跃流动的这一大环境中才得以发生。据李斯特观察，"大批的新教徒技工被腓力二世和路易十四分别从比利时和法国逐出以后流入英国，这一点使英国在工艺上、工业资本上获得了无可计量的增益。英国精细呢绒的制造，麻布、玻璃、纸张、帽子、绸缎、钟表等工业技术的改进，以及一部分五金工业的建立，都是靠了这些人而获得实现的。它懂得怎样利用进口禁令与高额关税来促进这些工业迅速发展。"[94] 所以说，英国的"工业革命不能单纯从英国角度来解释，毕竟英国从属于一个更大的经济体，姑且称之为'欧洲经济'或者'欧洲海洋国家结成的世界经济'，英国是庞大经济关系网络中的一部分"。[95]

当然，既然英国所属是一个开放多元的国际体系，其他国家也可利用这样的条件。例如，虽然法国流失过大量身怀长技的胡格诺工匠，但它也有积极吸引他国包括英国工匠的时候。路易十四统治时，被誉为"法国工商业之父"的财政大臣科尔贝（1662—1683 年任职）在高筑关税壁垒的同时，为了"向法国人传授技艺"，"不惜高价""从荷兰招来呢绒制造商，从德国招来洋铁匠，从瑞典招来采矿工程师，从威尼斯和米兰招来玻璃制造工和花边织绣工"。[96] 于此可见，"这一时期，引进外国技术人员乃欧洲国家的普遍特点。"[97] 在这一动态开放的平台上，"技术熟练的工匠们就如学者和艺术家一样，把整个欧洲当成自己的家"，一国在任何领域中的技术进步随之会较快地流向他国。因此而带来的一个重要结果是，在积极捕获技术要素的国家里，会发生"明显的违背比较优势和相依条件'规律'的现象"。[98] 换句话说，在技术要素流动活跃的欧洲多元体系中，精明的决策者们早已能够看得非常清楚，比较优势随时可以流失，但也可以人为创造，国际间的产业力量对比因而是动态转换、变化不息的。

与商品、工匠及技艺流动同时发生的还有思想和做法上的传播与交流，所以，按重大思潮和经济制度创新的采纳来判断，欧洲主要是西欧基本上可视为一个整体。从 16 世纪到 18 世纪，该地区的主要国家中，到处都能看到追求国家富强的重商主义潮流在不停地涌动。从崇尚贵金属、寻求贸易顺差、管制消费、奖励制造业，到发展捕鱼业、重视造船和海运业、拓展海外殖民、强化政权力量，甚至是鼓励海盗活动，相似的政策原则得到了新兴民族国家的普遍接受，其立场观点上的共性压过了国情方面的差异。[99]

例如，欧洲各国曾竞相成立旨在扩张的垄断性公司，"1554—1698年间，英国、荷兰、法国、瑞典和丹麦成立了50—60个贸易公司"。[100]再如，当亚洲纺织品行销欧洲时，各国的反应也是惊人地相似。1681年，苏格兰禁止穿着软棉布，甚至禁止了棉与其他纤维的混纺品；1686年，法国禁止了除转口之外的印度软棉布和中国丝绸的进口，并且严禁印度白坯软棉布在法国的印染和后道整理；威尼斯、西班牙、葡萄牙、荷兰、普鲁士等也都实施了类似的禁令。[101]与此同时，"对印度产品的仿造，在英国、德意志、尼德兰和法国，大约在同一时期兴盛起来。"[102]英国的贸易保护和产业扶持政策自然应当放到欧洲内部密切互动这样的大背景中来考察。

在要素流动频繁的欧洲国际环境中，英国人尤其务实地以国家富强为目标，表现得更加肯于接纳、勤于学习、善于吸收，由此而充分利用欧洲的有利条件并从中获益最丰。早期的一个典型例子是，对英国毛纺织业大有贡献的亨利七世在1485年加冕之前，曾在欧洲大陆流亡。其间，"以羊毛加工为基础的低地国家的繁荣给他留下了深刻印象，从1489年开始，他就把促进英国羊毛加工业列入计划。亨利七世采取的措施包括：派遣皇家使团选择适合羊毛加工业的地点，暗地引入低地国家的熟练工人，提高羊毛出口税赋，甚至有意禁止羊毛出口"。[103]

从16世纪到17世纪，英国乐于接纳或主动吸引的外来技工中，除了自荷兰南部带来新织物技术秘诀的纺织工匠外，还有来自荷兰的农民，他们引进了排水和精耕细作的农技；来自西班牙的犹太人，他们带来了公私理财的经验；来自法国等地的胡格诺教徒，他们贡献了工商及金融的知识；等等。尤其关键的是胡格诺教徒的贡献，"这些难民从法国带来了堪称标杆的新技能和新趣味，要说几乎每一种产业技能都因此而得到激发，丝毫不算夸张"。[104]显然，由于英国的政治精英很早就在重商主义的指导下，务实地以产业培植乃至国家富强作为追求目标，并因此采取较为开明的政策，它"从别的国家自己造成的伤痛中受益匪浅"。[105] 李斯特的结论是："每一个欧洲大陆国家都是这个岛国的老师，它的每一种工业技术都是向这些国家模仿来的，它学会了以后就把这些工业建立在自己的国土上，然后在关税制度下加以保护，促使它们发展。"[106]

在关键的追赶时期，英国特别重视效法荷兰。可谓小国寡民的荷兰共和国居然依靠捕鱼、航运和工商业雄踞富强之首，这种示范效应强烈刺激了英国及法国去奋力竞争，令其"不愿消极地接受自己的从属和欠发达"状态。"17 世纪荷兰共和国的榜样对英国和法国的重商主义政策的确发挥了重要作用，即使不是最重要的作用。"[107] 面对荷兰这个一马当先的邻国，当时的英国精英阶层展现了嫉妒与不甘、效仿和奋斗、竞逐并决胜的全过程。"因为我们'知识薄弱'，所以我们'财富匮乏'，这个主题在整个 [17] 世纪被始终不停地反复念叨着。"[108] 这颇类似于中国近现代历史上反复出现的"落后就要挨打"口号。英国精英分子"都将荷兰视为经济楷模，英国经济制度改革很大程度上就是沿着荷兰的方向进行的。这一改革进程在 1688 年随着新国王登基而得到进一步巩固，因为他同时也是荷兰总督"。[109]

尤可注意，17 世纪的英国经济学家，从配第、米塞尔登，到洛克、斯图尔特、达维南特，多在荷兰留学、访问、工作过，他们亲身观察荷兰的经济成就，念念不忘荷兰致富的奥秘。探讨荷兰富强的原因，如同探究西班牙何以在暴富之后跌入贫困一样，成了英国当时的一门显学。[110] 从配第的《政治算术》，到蔡尔德的《贸易新论》，都详细分析了荷兰富裕的缘由，蔡尔德的书甚至列出了多达 15 条的具体原因。[111] 英国人的确言必称荷兰、见强而思齐。"就经济政策的大方针而言，所有的英国人，不管是否保皇派，都以钦慕的态度看待荷兰这一楷模"，"都渴望通过师法荷兰人而超越荷兰人"。[112] 英国对荷兰这一成功榜样的长期模仿几乎触及各个方面，小到毛纺织业中的精纺和后序染整技术，大到海上力量的培育和英格兰银行的建立，都大量得自荷兰（还有意大利）的榜样，在无所不用其极的手段中当然也包括窃取技术秘密。[113]

竞逐体系中更需国家为产业保驾护航

列国体系除提供相互学习的机会外，也意味着此起彼伏的角力竞逐，而重商主义正是一个有力的竞争工具。英国的胜出就在于把重商体制发挥到了极致，其中最突出者当数施行了人称"旧殖民体系核心"的《航海法》。荷兰在捕鱼、航运等海上技术方面一向都远在英国之上，以后甚至还在殖民地生产者与英国的消费者之间充当牟利中间商的角色。为了夺取海上权益，英国悉心培养海上技能，刻意锤炼商船和海军力量。

伊丽莎白时代，出于鼓励产业的政治动机而非宗教动机，"1549年发布律令，要求人们在周五、周六、四季节、斋戒前夜、大斋节吃鱼"，在这些特定日子吃肉甚至家中备肉者都曾被戴上木枷以示惩戒。为了打压敌国渔业，还曾"借口外国鳕鱼在桶中罐装存在问题，于1563年完全禁止了进口"；[114] 同样，"詹姆斯一世对于造船业与渔业的鼓励有着特别热烈的兴趣，他不断劝告他的百姓多吃些鱼"。[115] 英国政府在17世纪对航运业的支持还包括：为弥补商船被劫损失而在城镇征收保险性质的"船金，向渔业提供补贴，对纽卡斯尔与伦敦之间的煤炭输运给予补贴，为从事商业服务的海员开设托儿所，当然也为皇家海军士兵开设托儿所"。[116]

不过，英国真正的突破还是，根据重商主义原则于1651年制订并随后不断修订和严加落实《航海法》，从而"在经过将近40年的间隔之后，让托马斯·孟及其同仁的建议在实践中充分生效"。[117] 从1381年开始，英国固然已经有过多部类似的法律，但关键是，英国现在拥有了相应的执行力。《航海法》的规定包括：所有输入英国的货物只能由英国的或者货源地的船舶运输；船舶也应在英国建造；所有船舶应从货源地直接运输，而不得经停中途港口；英国近海国内运输完全由英国船舶承担；与北美和东西印度殖民地的贸易只能由英国船舶从事；殖民地从外国进口的所有制成品必须先期运到英国；殖民地的出口货物也应先经英国再运抵外国港口。总体而言，这种种限制贸易、打压对手的规定终于"成为英国殖民制度的基石"，"促进了英国商船力量和海上贸易的增长"。[118]

当然，竞逐也不免战争，"欧洲列国制度的竞争性和利己主义本性意味着长期的和平是稀有的"，就如中国的战国时代。从面上来看，欧洲"1450年后进行的战争与'民族国家的诞生'密切相关"，战争使各国民族意识、中央集权、税收能力等得到加强，也有其刺激技术和生产发展的一面。但如果说整个欧洲到"1660年以后……各国已不再为超国家利益、宗教信仰而战，他们对战争或和平的决断，越来越多地受'国家利益'所左右"，[119]那么，英国的特殊性在于，其对外战争从中世纪之后早已服从于商业利益的盘算。延绵14世纪、15世纪的英法百年战争首开先河，英国的动机是要吞并当时法国毛纺织业中心佛兰德和盛产酒、盐、铁的加斯科涅，故而，此战"只在形式和表面上如同中世纪征服战争，本质上却是一场贸易战争"。[120]

贸易战的核心当然就是利益，英国人以老谋深算、务实节制的方针指导其国际竞逐，使得海外战争往往促进了国内产业与财富的成长。1588年对西班牙的战争、17世纪与荷兰的系列战争、1756—1763年与法国的七年战争，等等，显然都是英国积累商业和殖民优势过程中的重要里程碑。据统计，"1689—1802年，英国卷入较大性质军事行动的时间不少于75年"，而罗斯托认为，"毫无疑问，在一个列国经济竞争的世界里，18世纪的战争长远看是有利可图的……世界贸易的总量极不可能因为1700—1815年间的战争而放大，但英国贸易的相应数量无疑比起本来可能达到的规模却更大了"。[121]从产业发展的角度看，除了广为人知的纺织业获得刺激这一事实外，"战争，特别是海军，为制铁业提供了持之以恒的激励、时断时续的市场"。[122]

英国的霸权优势是在欧洲那个诸强竞逐的舞台上积累和确立的，这一点并不偶然。人类学家下过结论："人类历史证明，文化的进步依赖于一个社会群体拥有向其邻人学习经验的机会。一个群体的发明会向其他群体传播，所以接触越多，学习的机会也越多。有的部落文化极为原始，一般而言是因为很长时期内孤立独处，因而无法受益于其邻人的文化成就。"[123]这里表述的宏观原则在欧洲尤其是在英国的崛起中得到了具体印证。"对经济史有直接意义的是，欧洲的民族国家虽然陷入了无法摆脱的竞争罗网，却仍然在互相学习。"[124] 其结果是，"在欧洲内部，技术的扩散是相当迅速的，即使有着连续不断的战争，各国的技术水平终究不是特别悬殊"，而与之相反，"这些进步在欧洲之外的扩散是相对有限的"。[125] 显然，英国通过借助外来要素而后来居上的历史跨越，只有在颇为独特的欧洲列国体系中才能得到更好的解读。

当然，英国在欧洲内部是最终的领先者，但列国竞逐争雄的体系本身，又让整个欧洲特别是西欧在现代化进程中脱颖而出，使其发展水平明显超拔于世界其他地区。假如与中国或东亚作一历史比较，欧洲列国并立竞逐的多元动态体系对于现代发展所提供的激励便更可一目了然。从这个意义上看，称中国"只是在近代落伍了"，完全是缺乏历史穿透力的皮相之谈。可以说从很早以前起，东西方就由于地理、制度、文化等多重原因而走上了两条十分不同的轨道。

三、金融革命与强大国家政权的作用

细究历史可以发现，英国的后来居上，除得益于经济学革命和初始工业革命外，还有赖于一场金融革命。欧洲经济史家明确指出："建立完善的金融机构、富有弹性的货币供应以及便利的信贷，这是工业发展必需的先决条件。……如果没有'金融革命'作为先导，欧洲就不可能出现'工业革命'。"[126] 然而，金融革命不要说在中国的历史学界和经济学界，就是一般在西方知识界也久未得到应有的认识，"认为金融发展可能在经济现代化过程中发挥过更积极作用的人实在寥若晨星"。[127]

原因何在呢？除了从第一次世界大战到 1970 年代之间，世界范围内金融普遍受到压制，总体作用不彰，从而造成历史学家和经济学家推近及远一叶障目之外，关键的原因是，古典经济学派确立以来的主流意识形态热衷于诋毁重商主义、宣扬放任自流，而现代金融的发展有赖于健全的政府职能，并反过来大大强化政府职能，显然，金融革命说对于自由主义经济理念而言是个尴尬的事实，故此，必须掩盖英国或其他地区曾发生过金融革命这一事实，就如必须歪曲重商主义经济学革命一样。西方学者承认，尽管 P.G.M. 狄克森 1967 年发表的《英国的金融革命》已提出，1688—1720 年间英国完成了一场金融革命，但总体而言，存在一段"历史学家和经济学家诋毁和轻视金融制度的历史"。[128]

光荣革命促使引进荷兰的金融制度

金融革命对于历史上经济增长的直接贡献是有迹可寻的。"历史上的金融革命，包括 1600 年前后荷兰的、1700 年前后英国的、1800 年前后美国的、19 世纪中期欧洲大陆的，以及 1900 年之前日本的金融革命，都曾发生于这些国家赢得高速现代经济增长之前，这至少启示人们，增长可能先由金融引领。……经历如此金融革命的国家，其经济增长很大程度上超过了大多数其他国家。"[129] 同样值得重视的是，金融革命对于现代国家的政权能力也具有直接的促进作用。尤其在民族国家崛起的时代，"政府需要不断巩固并扩大自身权威，需要将异己分子和敌对势力统揽于国家麾下，需要扶持由国家牵头、由财政支持的经济发展工程……还需要向竞争敌国发动战争"。[130] 这一切无不依赖于资金支持，并要求创新大规模融资手段。从中世纪到 19 世纪，欧洲各国为发展民族经济、实现政治抱负，无不卷入以融资筹款为核心的金融变革中，但只有英国的经验最令人刮目相看，也最具典型的革命意义。

英国长时期内在金融上也是一个非常落后的国家。中世纪时期，威尼斯"在发展国际汇兑和信贷市场、金融和会计业务方面已独领风骚，它以定期支付利息的强制性政府贷款为基础，创立了一个有效的政府公债市场。另外，它的财政体系也颇有效率"；到 16 世纪，荷兰"又是一个银行、金融和国际商业中心，相当于欧洲北部的威尼斯"。[131] 相比之下，英国的"财政机构和商业基础设施，比起意大利、德意志南部以及低地国家还很简陋粗糙"。[132] 到 17 世纪甚至 18 世纪，比如英国与瑞典之间的贸易还需通过阿姆斯特丹和汉堡进行结算，"在伦敦发生的交易依然只占次要地位"。[133] 17 世纪初，英国曾有两人提出"建立一个结算中心网络，以取代铸币的实物运输"，国王詹姆斯一世还向其颁发过专利书，但这一想法也不过完全效仿了意大利和荷兰早已成熟运作的国家银行及其先进的信用体系。[134]

英国金融发展的真正加速点是 1688 年的光荣革命，而且主要是靠外部因素推动，这一点再次证伪了所谓英国现代化"先发""内源"的论调。随着荷兰奥伦治王室入主英国，"威廉国王的荷兰顾问们向英国全盘移植"了荷兰发达的金融技术手段，包括作为交易中介和可议付工具的汇票、在二级市场交易的公司可转让股票、政府发行并担保的永久年利债券等，且这些金融手段"在英国习惯法与成文法提供的新的法律环境中，居然比在荷兰还更有效"。[135]荷兰最早形成了将私人财富有效联合并使财富得到有效汲取和利用的现代国家财政制度，借此奠定了其称霸一时的国力基础，因此，英国通过承袭荷兰现代国家金融财政制度，简直就是继承了打造帝国霸业的衣钵。

在荷兰经验的辅佐下，"17 世纪末英国金融革命的核心是，出现了政府执法机构和立法机构两权鼎立的局面"。一方面，国家年度预算公开透明，国家财政必须经由议会批准，这提高了资本家对国家财政的信任；另一方面，更有效的中央政府控制的税收体制得以建立，使得国家可采用适当手段对资本家征税。此外，1694 年英格兰银行、1698 年伦敦证券交易所相继特许设立，创造了更富流动性和更便于交易的债务工具。"有很多理由可证明，这些变革为以后英国的经济发展奠定了重要基础"。[136]英国的金融革命到 1725 年便告完成，其标志是广受投资者追捧的"3% 永续年利政府债券"开始发行，英格兰银行作为英国首要金融机构的地位得到巩固。关键是，"经过一系列变革，18 世纪的英国已成功建立起一套稳健的公共财政体系，这与同期法国薄弱的公共财政体系形成了强烈对照"。[137]借助外力促成的这场金融革命，英国具备了直到 19 世纪中叶都仍能运行良好的现代金融体系。

传统上人们倾向于认为，英国的金融活动与产业革命各不相干、各行其道，但后来的研究却"发现了在产业发展与金融创新之间越来越多的关系"，实际上，"在各种法律形式的工商企业、具体的金融工具、各类金融中介，以及英国可资利用的所有储蓄者之间，都存在着联系"。[138]从 17 世纪末期开始，英国十分发达的信贷手段，包括国际汇票、国内汇票、期票、抵押、商业贷款、政府债券，加上发达的金融中介，诸如金匠铺、书记公证人、法律代理人、乡镇银行、商人银行，等等，使得英国工商业者能获得充裕的资金融通。"方便的信贷在 17 世纪和 18 世纪促进了英国出口的扩张，尤其是向殖民地和南欧的贸易扩张。出口商更能向其海外顾客和商业伙伴提供长期信贷，因为他们从供应商那里获得了同样的长期信贷"；"到 17 世纪末，毛纺织品出口销售中赊账一年已成惯例，而到 1775 年，几乎所有行当都期待如此，有的行当获得长达两年的赊账期"。在融资便利之外，保险公司、劳埃德交易所、证券交易所，以至商业惯例、商业信誉、人力资本等，作为英国与金融相关的有形与无形的历史积累，"在随后快速工业化和出口相应增长的年代里，形成了对整个经济具有重大效用的基础设施，这比具体产品的具体市场更为重要"。[139]

显然，随着金融的大发展，英国到 18 世纪上半叶已经以伦敦为中心，建起了包括信贷融资网络在内的发达金融体系。至此，结论已不言而喻："若无这一保障，英国经济是否还能实现 1760—1850 年大转型期间在技术、产品、市场诸方面的结构变迁，是很值得怀疑的。对工业革命而言，这场金融革命即使不是充分条件，也至少是必要条件。"[140]

先进的税收和国债制度强化国家能力

对于这场金融革命实现过程中包括立法机构在内的国家政权所发挥的作用，此处不拟申论，这是十分关键但也毋庸赘述的事实。这里特别要强调金融革命反过来对于英国强大国家能力的锻造，因为英国产业优势和全球霸业正恰建立在强大的国家能力基础之上，这一点又与自由主义经济学和历史观大相径庭。

有关国家能力，且以英国 1688—1815 年，即从光荣革命和金融革命开始到英国工业竞争优势确立期间，历届政府筹集的资金及其用途来说明。先就税收而言，在传统包税制终被取消后，1688—1815 年间，英国的税收惊人地增长了 16 倍；1700 年税收总额仅占国民收入的 9%，而到 1815 年已升至 18%，说明税收增长的速度远快于国民收入的增速。"税收如此无可抗拒地上涨，是汉诺威王朝 [1714—1901 年] 推行的战略政策、外交政策、帝国政策在财政上的反映。"这一事实推翻了关于英国历史上小政府、轻税负的传统观点。不过，尽管"英国完全可能是欧洲征税最高的社会……[但] 大多数新增岁入来自对商品和服务课征的间接税，这个特点加上较少依赖'非累进'的直接税收，似乎包含了某种设计初衷，要防止税收对储蓄和投资积极性造成不利影响"。[141]

英国有效的税收汲取能力与当时作为头号竞争对手的法国适成对照。据研究，同期法国未能有效并公平地课征经济中增长的财富，"1735—1780 年间，法国和平年代的税收负担不但没有增加，反而还减少了"。[142] 总体上法国的现代金融发展至少要比英国晚一个世纪，因此法国财政捉襟见肘，较普遍的观点认为，法国大革命正是由国家财政的虚弱乃至金融危机而酿成。[143]

比税收制度更令人印象深刻的是英国的国债制度，因为到 18 世纪末，"增加的税收也仅能支付已增债务的利息"，国家的运转纯粹依靠赤字预算。主要为了支付代价高昂的频繁战争，英国的国债额从詹姆斯二世（1685—1688 年在位）时的 200 万—300 万镑激增到乔治四世（1820—1830 年在位）时的 8.21 亿镑，放大了数百倍之多。在拿破仑战争结束后的 1816 年，英国累积国债已达 7.92 亿镑，足为国民总收入的 2.5 倍还多。[144] 在整个 1688—1815 年阶段，借款占英国战争时期的总开支保持在 27%—40% 之间。如此罕见的举借战债的能力意味着，英国能够"把大大超过其税务收入的钱财用于战争，这样一来它就把具有决定性优势的舰船和兵力投入到同法国及其盟国的战争中，而假如缺乏这种优势，它先前已投入的人力物力都会付诸东流"。[145] 毫无疑问，长期并大举"寅吃卯粮"的现象，只有在金融工具有效创新的前提下才成为可能，事实上，"大多数用于偿付 1689—1815 年战争开支的额外资金，就是从伦敦资本市场上筹借的"。[146]

尤其突出的是，英国依靠其债权的流动性、议会给予的信用担保、有吸引力的利率等手段，开辟了向海外特别是荷兰投资者大举融资的渠道。资料显示，英国 1776 年的国债总额为 1.43 亿镑，其中 0.59 亿镑为荷兰人持有，足占四成以上。历史学家论道："当时的国际借贷新体制让英国政府能够超出英国自身资源过日子。光荣革命之前的政府之所以宏图难展，是因为受制于实际筹资能力，而光荣革命后的政府日益成功地利用了超出自身资源过日子的可能性。借助荷兰黄金时代的获利，英国把赌注压在自己的帝国未来之上，并且赌博成功了。"[147] 同样值得注意的是国债制度带来的外溢好处，不仅"国债投资人的手脚都与政权捆绑到一起"，[148] 而且大而言之，至少伦敦的国际金融中心地位开始确立；伦敦资本市场与国内及欧洲大城市间银行代理和票据经纪关系得以建立，"这样的联系构成了金融革命的组成部分，从而把既有储蓄调动起来，并强化了人们储蓄的机会和倾向"。[149] 一句话，先进的金融制度盘活并放大了可用资源，大大增强了国家的实际行为能力。

顺便指出，经常会看到一些人比较 18 世纪或 19 世纪中国相对于英国或世界的总产出或铁产量，试图以此证明中国不久前至少还是很富裕的。比如，有国内史学家援引西方研究出的数据，称 1820 年时，中国的国内生产总值占世界总份额的 32.9%，领先于欧洲核心 12 国（共占 12%），更遥遥领先于美国（1.8%）、日本（3.0%），甚至因此得出匪夷所思的结论：中国近代挨打不是因经济落后，因为"当时中国经济并不落后，国内生产总值仍居世界第一"，"中国对外并不封闭"；挨打的原因纯粹在于"政治腐败、社会黑暗"。[150] 且不论经济中的技术含量和组织效率等问题，单说把笼统的经济总量等同于经济实力或综合国力，这就很不可取。哪怕有关数据是切实的，这种表面比较也没有太大意义，分散状态的财富即使有个虚拟的总量，也不等于一国政权实际汲取到的财力，而如英国历史所示，金融革命孕育的制度创新已能让一国的实际财力以及国家能力远远超出其有形的财富范围。

再往深层看，在财政制度的背后更有政治精英的价值理念和国家所处的战略环境，是它们决定着一国政权认为有多大必要以及用什么方式从社会汲取财富。对于一个天下一统、尚无发展或进步意识的前现代国家而言，轻徭薄赋、清静无为（且不探讨实际是否做到这一点）当然是上策，但对于信奉重商主义而在列国环境中逐鹿争雄的现代民族国家而言，最大限度地调动资源、最为高效地配置资源却是必须的。此两种治国模式本来各有自己的坐标和理性，不必强做简单的类比和褒贬，可是当它们在某个近代时间点上正面遭遇时，其强弱对照和最后结局便自不待言。

同时，也须认识到，金融与实体经济原是密切相连的，制度创新固然可以更有效地调动并配置已有资源，况且也能在不小的程度上激励财富的新创，然而，假如长期不顾实体经济的承受水平而超额汲取财富，也一定会带来经济危机甚至社会灾难。英国金融革命的成功与侥幸也在于，此时英国的实体经济正在迎头赶上，而且财政的超额支出切实转化成了能够带来经济厚利的霸业。正如保罗·肯尼迪所言："商业和贸易的日益增长所带来的丰厚利润，特别是有利可图的海外市场的繁荣，容许英国政府以空前规模借债和征税，而不致使国家财政破产。"[151] 所以说，这的确是一场要么前功尽弃、要么赢家通吃的赌博。

凭借金融革命带来的前述税收和国债制度，英国中央政府把骤然增加的资源掌握到自己手中，锻造了以军事力量为核心的强大国家能力。据统计，1688 年之前的两个世纪里，英国君主们征收和花费的财富在国民收入中所占的比重，在战争年代大致接近 6%，在和平岁月则一般回落到 3%－4%。而在 1689—1815 年间，战争年代该比重先是翻倍至 12%，随后则连续保持在 15%—20% 的高位。这阶段庞大的财政绝大部分用于包括"安全、贸易、帝国"在内的英国海外霸业，很大程度上回应了其时英国社会的扩张需求。从 17 世纪中期往后，参与海外商业的利益群体，包括商人、货主、船东、银行家、经纪人、保险商、种植园主、投资商在内，其经济与社会影响力日益巨大，他们"期待国家保护大家在王国境外的贸易和资产，并向汉诺威王朝施加压力，要求朝廷动用外交与武力，拓展并保护海外创业逐利的机会"。[152] 作为这股推动力的核心结果之一，例如，英国"海军的舰船吨位从 1685 年的约 10 万吨倍增至 1760 年的 32.5 万吨"。[153]

当代人谅必感到不可思议，汉诺威王朝居然"从来没有将超过五分之一的国家岁入用于军事以外的行政目的，因此从财政角度说，汉诺威时的国家堪称一个军事政权"。（见表 3-1）然而，这样的开支方式在当年的国际格局中并非那么悖理。史家承认，"回过头来可以说，这笔钱的绝大部分看来还是花得其所的"，毕竟在 1688—1815 年这一英国变身世界工厂的冲刺阶段，不仅没有出现破坏国内经济的外来入侵，而且"在 1805 年前，欧洲大陆上没有出现哪个强权能够阻止英国与大陆的贸易，外国针对英国商业和领地的侵犯也大为减少"。更重要的是，历届政府"在与资产阶级工商界成果丰硕的伙伴合作中，向战略目标投入了数以百万计巨款，事后看来，这为维多利亚时代英国的市场经济和守夜人般的政权角色，也为 1846—1914 年英国霸权时代兴盛的自由世界秩序，创造了前提条件"。[154] 最后这段引语尤其值得玩味，它说的是，即使英国日后有过自由主义者崇奉的"小政府"模样，那也是先已实施了足够的政府干预并因此打好了基础，这与经济领域通过严格的保护主义赢得产业竞争优势，然后再推行自由贸易，完全是如出一辙的。

表 3-1 1688—1815 年英国政府开支构成

单位：%

年份	军事开支	民用开支	利息支付
1689—1697（战时）	79	15	6
1698—1702（平时）	67	9	24
1702—1713（战时）	72	9	19
1714—1739（平时）	39	17	44
1740—1748（战时）	65	10	25
1750—1755（平时）	41	15	44
1756—1763（战时）	70	8	22
1764—1775（平时）	37	20	43
1776—1783（战时）	62	8	30
1784—1792（平时）	31	13	56
1793—1815（战时）	61	9	30

资料来源：Patrick K. O'Brien, "The Political Economy of British Taxation, 1660–1815", *The Economic History Review*, Vol. 41, No. 1 (Feb., 1988), p. 2.

强有力的国家干预本乃英国传统

金融革命为我们提供了又一个清晰的角度，可从此再次观察，具有强大效能的国家政权在英国后来居上的发展过程中，发挥过何等直接的推动作用。伊曼纽尔·沃勒斯坦在论及近现代世界史上国家的能力时，从政治经济等多个角度提出了五项标准：其一，国家在多大程度上能够直接帮助生产经营者在世界市场上进行竞争（重商主义）；其二，国家在多大程度上能够左右其他国家的竞争能力（军事实力）；其三，国家在多大程度上能够有效开展国际竞逐而又不耗竭自身财政资源（政府财力）；其四，国家在多大程度上能够建立起一个迅速执行战略决策的行政体系（行政能力）；其五，国家在多大程度上能够平衡不同利益集团，尤其是照应生产经营者阶层，从而整合出支持国家稳定的强大社会力量（社会合力）。[155] 历经从重商主义经济学革命到金融革命的演变，英国毫无疑问已经最贴近这些标准的高端，也即在工业革命之前，英国就已全面具备了干预经济活动、保障经济扩张所需要的有效国家能力。

追溯历史可知，在国家功能的完善方面，英国倒是一直走在欧洲各国的前列。自中世纪末期，西欧的民族国家开始纷纷兴起，英国政治发展的特点是，很早便具有国家"认同和忠诚"，是拥有民族主义"这种新情操的首批国家之一"，[156] 有观点甚至认为，"民族主义首先出现在英格兰"。[157]

同时，英国因"对外隔绝的自然地理状况，在君主集中权力的奋进中遇到的障碍比欧洲大陆地区要少"。在此总特点之下，一方面，以 13 世纪末英国议会成形特别是 17 世纪的光荣革命为标志，逐渐确立了权力节制的成熟君主立宪政体；另一方面，以 1530—1542 年由托马斯·克伦威尔推动的"行政革命"为标志，建立了适应现代主权民族国家需要的高效行政体系，包括"新的财政管理方式"，使得都铎王朝时期中央政府的集权化大为加速。前一方面的长处是，"英国的国家机器强大到刚好能够抵御毁灭性的外部势力，但同时尚无法大力支持'传统'势力和国家官僚机构中新的寄生者，因而这两者均不能完全吞噬最强大生产力创造出的剩余"。后一方面的长处是，英国这样的民族君主国能够在愈演愈烈的列国竞逐的挑战面前，借助重商主义理念，打造一个实力强大的民族经济和效能显赫的国家政权。据认为，远在工业革命启动前，"英国便拥有了欧洲最有效能的国家机器"。而一个强大的国家政权与重商主义自然互为促进、相得益彰，本来"重商主义就是一个只有非常强大的国家才能成功运用的武器"。[158]

有效的国家机器与有为的重商主义结合在一起，很早便产生了"一种非常流行的思想"，即为了国家利益，政府有权力甚至有义务来管理经济。[159]且应强调，这种思想早已成为英国全社会的一种共识。据威廉·坎宁安观察，"直到亚当·斯密时代，英国所有派别的人们公认，明智的政府应当追求某个明确的经济政策，并且着眼于获取特定形式的财富"；"所有各派都公认，为了扶植工业、促进商业，政府的行为是必要的"。[160]

对于一个有发展目标、又有行政能力的有为政权而言，干预经济活动是顺理成章的事。费尔南·布罗代尔相信，"远在重商主义时代以前，王公已经干预经济领域，试图强制、刺激、禁止、提供方便、堵住缺口、开辟市场"，[161]更何况身处列国竞逐方兴未艾的时代。"在 1640 年代内战爆发前的大约一个世纪中，英国的产业实际上由政府程度不一地彻底管制着，这如今已成为经济史学家的老生常谈。"[162]在都铎时期，英国对于经济活动的管制已触及非常微观的层面。例如，1552 年的《整合布业法》，详细规定了 22 种毛料的标准；1563 年的《工匠法》，除明确了工资、学徒等规则外，还规定，工匠在农忙时必须协助收割。[163]

随着经济活动的加速，这种积极干预的态势日益加强，而不是日渐减弱。除前文集中介绍的种种贸易限制外，以土地的"分割、分配和围圈"这一工业化的前提条件为例，18 世纪初至 19 世纪初，英国议会总共通过了"数以千百计"的法令，而且基本上呈持续上升的势头：1720—1730 年为 33 项；1730—1740 年为 35 项；1740—1750 年为 38 项；1750—1760 年为 156 项；1760—1770 年为 424 项；1770—1780 年为 642 项；1780—1790年为 287 项；1790—1800 年为 506 项；1800—1810 年不少于 906 项。再如，有关道路建筑及其养护，议会在 1760—1774 年至少通过了 452 项法令。[164]

这些数字能够最好地说明，正是国家通过司法干预和立法，为现代市场运作提供了必不可少的产权基础。同样，"英国《济贫法》的经历很好地说明，国家怎样历史性地进行干预，以确保劳动力对资本家的依赖。"[165]基于这样的史实，沃勒斯坦得出结论：至少从16世纪初直到18世纪，在欧洲的核心地区，强大的国家政权在经济体系中起着关键的作用，国家政权为资本主义体系提供了必不可少的政治保障和经济基础，它本身就是近代资本主义发展的基本组成部分。其中对英国而言，它尤其具备一个有利条件，那就是拥有一台"随时准备积极干预市场的国家机器"。[166]

如果说国家政权在英国国内经济活动中举足轻重，那么在英国的对外经济活动中作用更为突出。英国经济之所以在工业革命时实现起飞，固然得益于其规模较大、增长稳定的国内市场，但有理由相信，加速质变的关键动力还是来自海外市场。"1700—1750年，内需行业增长7%，出口行业却增长了76%；1750—1770年（不妨将此期视作工业'起飞'的跑道），二者又分别增长了7%和80%。"据研究，当时英国对外出口的高速增长主要依靠两个途径：一是占领一系列其他国家的出口市场；二是通过战争和殖民这样的军事和政治方式，摧毁某些国家内部的竞争力。只有大量攫取了出口市场，才会使得后来的工业革命不仅可能，而且必要，而攫取海外市场在当时尤其需要强大的政权为其鸣锣开道。埃里克·霍布斯保姆就指出："借助战争和殖民去征服市场，不仅需要有一个能够开发利用这些市场的经济，而且需要一个愿意为了英国制造商的利益而发动战争或进行殖民的政府。"[167]这意味着在经济与政权之间，政权的分量实际上更重。

英国的历史学家说得很明白："英国的棉纺织业当时固然在世上最为卓越，但它取得如此的结果就如其开端一样，并非依赖自身竞争优势，而是靠了对殖民地和欠发达市场的垄断，可这种垄断是由大英帝国、英国海军加上英国商业优势赋予的。"哺育英国工业革命的政权不仅善于在国内经营产业，而且敢于在海外为之保驾护航。与所有其他竞争对手不同的是，英国在18世纪的政策是系统的好战政策，最明显体现为打击法国这一主要对手。所以说，英国的出口"得到政府系统并猛烈支持"，"政府向商人和制造商提供了系统的支持，并对技术创新和资本货物行业的发展施加了某些绝非可有可无的激励"。由此不难立论："英国经济在过去之所以取得胜利，很大程度上是因为，英国历届政府通过冷酷无情和敢作敢为的经济歧视政策，并通过针对一切潜在竞争敌手的公开战争，毫不动摇地随时准备支持其商人。"[168]英国战略产业发展过程中的这一历史真相还不够发人深省吗？

应当摒弃非历史的放任自流观念

国家干预其实也不是英国一家的经验。"在近现代世界，一个国家的政府要保护和支持该国的商贸活动，几乎已成普遍的惯例"，无非是英国做得最好，他们"拥有的政权既愿意又能够使用政府权力，去维护经济霸权优势"。[169]尤其值得注意的是，即便进入了英国工业乃至综合优势无可挑战的19世纪中下叶，即所谓"自由放任"流行的时代，英国本质上也未改变一向积极介入的国家政权角色。

以海运业和造船业为例，1860—1914年间，即使英国这两个产业早已享有世界领跑的地位，即使放任自流理论早已如日中天，即使船运界与文官系统严重对立，也"从来没有哪个时候英国的商船队是完全单纯依靠自身竞争能力的。英国的补贴也许不像法国那样公开地给予，可政府的支持隐藏于邮政补贴、辅助快艇保有费、贷款、海军合同、部队运输服务、殖民地当局付酬，甚至是《吨位法》当中，此点不容丝毫怀疑"。[170]同样，在贸易领域，纵然自由贸易一度盛行，国家政权也从未放松其干预和扶持。"为激励欧洲贸易而放弃大多数重商主义工具，并不意味着贸易不再是国家的关注对象，也不意味着政府不再利用政治手段来支持其工商群体。"[171]

然而，即使面对这些事实，西方的自由派却惯于无视历史、掩盖真相、混淆视听，在他们的说教中，"政府是个经常被忽略的因素"。[172]岂但如此，流行的自由主义经济学和历史观简直"把现代时期视为一个追求软弱政府的漫长历史过程，这一追求被认为与人类自由的进步是同义的。这种观点在理论上距无政府主义仅有一步之遥"，[173]难怪托马斯·卡莱尔要将如此虚构的国家政权角色讥讽为"无政府状态外加一个治安官"。[174]

遗憾的是，在分析英国的现代化进程时，国内学者对国家政权的作用也缺乏恰当认识。有学者曾经断言："英国人把'自由放任'实行得太彻底了。从亚当·斯密起，政治经济学就把'自由放任'说成是发展经济的根本保证，'自由放任'被看作工业革命的指导方针，连最保守的政治家都把它奉为神明。因此，政府对一切经济问题都袖手旁观，决不干预经济的发展。"[175] 应当说，这种看法完全脱离英国历史的实际，不过是西方自由主义经济学与历史观留给我们的十分有害的二手教条。西方学者很早就有指出，"自由放任简直是唯一未经证实的乌托邦"，"尽管自由放任从未在英国或其他任何现代国家盛行过，但当今许多人受到引导而相信，真的如此发生过。也许还可进而言之，如今甚至连某些学者也相信，曾经盛行过放任自流。学者的错误信念部分可归咎于特有的口味或天生的偏好，部分则要归咎于他们对其他学者之书本的依赖"。[176]

事实上，哪怕以所谓"彻底自由放任"的 19 世纪为例，经济史家在实证查考了中央政府开支占国民生产总值的比重后，尚且得出结论："虽然英国拥有最小政府之故乡这一声誉，但其政府的规模堪称整个欧洲的典型，甚至可言，其政府规模相对说来比大多数欧洲大陆国家还稍大些"。因此，所谓英国政权严格地不干预经济活动，的确是个"自由放任的神话"而已。顺便指出，"自由放任""这个词语在英语中首次出现仅仅是在 1825 年"。[177] 对照历史，这正是英国开始获得全面工业优势之际，结合前文已有分析，可以相信，"自由放任"在此时进入英语谅必不会纯属偶然。

我们周围还有其他一些相当流行的说法，它们对包括英国在内的西方国家政权的作用同样认识不足，故而也宜一并讨论。例如，有种看法一方面正确地指出："在 16—18 世纪欧洲商业资本主义形成和发展时期，国家在推动原始资本积累，开拓海外殖民地，制定圈地和惩治流浪者的立法，推动国债和保护关税制度，策动商业战争等许多方面，都起过重要作用。"另一方面却又认为："西方早期现代化，特别是它的原型英国现代化，是以现代私有制为基础，以自由市场为杠杆的私人资本主义发展道路。新生的现代资本主义经济因素是在相对自由的环境中成长壮大，很少受到政府的干预；甚至对殖民地的开拓与经营，也都是私人冒险家和合股公司的事业，而不是国家的事业。"[178] 很抱歉，这一看法也有待商榷。可资对照的是，戴维·兰德斯针对同样的话题说过："直接的补贴和援助只是事情的一部分，政府还把手伸到了别的地方，甚至是并非直接看得见的地方。即使是在英国，政府也支持并且保护海外贸易：国家作为一个整体为远洋的私人冒险事业和历险行为支付相关的保障费用。这种非直接补贴容易被人忽略，却是至关重要的。"[179]

此外，还有一个颇为流行的警句式结论："历史表明，经济愈落后，现代化进程中的权力集中程度一般都更高，国家的支配和干预一般也更大。"[180] 对于这一不无启迪意义的说法，我们也仍需谨慎以对。因为假如仍然秉持那个非历史的现代化类型"二分法"，便很容易由近溯远地推想，既然英国是现代化的先行者，则国家政权在其发展过程中定然没有像后来者那样发挥过强大作用，可是这一点已证明乃大谬不然。思之再三还不如说，就现代化进程中国家政权的作用而言，相对于当时的历史条件和历史要求，在先发者与后发者之间没有本质差异，差异只存在于效能高而成功者与效能低而失败者之间。

一国的富强决不会得自偶然，更不可能纯靠运气，"在欧洲工业现代化之前的历史中，每一个国家都经历过特殊的发奋图强的阶段"。[181] 同理，现代化也从来不是放任自流的产物，从英国纺织业的成长历程到英国总体后来居上所依仗的法宝，应已让这一结论昭然若揭。自由主义意识形态惯于截取某一个侧面、某小段历史，以偏概全甚至无中生有，传输片面和不实观点。然而，假如我们稍微系统深入地研究西方历史，尤其是英国工业革命之前的历史，特别是细致考察英国长期的贸易与产业政策，那么，我们就可以避免掉入预设的意识形态陷阱。

严格说来，英国相对完整的现代化周期至少起自 16 世纪中期，自此直至 19 世纪初，属于"重商主义体制"阶段，这是英国借助贸易保护后来居上的图强赶超期，实际上构成了英国现代化的上半场；而自 19 世纪上半叶起，英国迈入"自由贸易体制"阶段，这是英国已实力无敌故而自拆藩篱的恃强竞逐期，实际上构成了英国现代化的下半场。如果说这两个阶段在意识形态和政策实践上呈现较大的反差，则须认识到，下半场恰恰是上半场的逻辑发展结果，其某些自由化特征正是立于上半场严格管控所造就的基础之上。因此，假如只看到下半场"自由贸易体制"的表象，而无视上半场"重商主义体制"的本质，便难免以偏概全甚至误读错判。[182]

就国家政权在现代民族国家经济发展中的作用，在目前舆论不够平衡的情况下，多倾听德国经济学历史学派的观点无疑有助于我们保持清醒的头脑，这里且引其部分观点作结。古斯塔夫·施莫勒说过："正是那些政府，它们知道如何将其舰队和海军的实力、《海关法》和《航海法》这些制度安排，以及快速、果敢、明确的目标，服务于民族与国家的经济利益，才在争斗中取胜，才赢得了财富和产业繁荣。"[183] 弗里德里希·李斯特则说过："不论何处，不论何时，国家的福祉总是同人民的智力、道德、勤奋成正比的，财富也随着这些因素而增进或减退；但是，个人的勤奋与俭约、创造与进取，如果没有内政上的自由、适当的公共制度与法律、国家行政与对外政策，尤其是国家的团结和实力这些方面的支持，就决不会有任何重大的成就。"[184] 这样的真知灼见尤其值得后进民族用心记取并反复思忖。

注释：

[1] 罗荣渠：《现代化新论：世界与中国的现代化进程》，北京大学出版社，1993 年，第 124 页。参见罗荣渠主编：《各国现代化比较研究》，陕西人民出版社，1993 年，杨豫文，第 167 页；北京大学世界现代化进程研究中心编：《罗荣渠与现代化研究》，北京大学出版社，1997 年，章开沅文，第 11 页；张少华文，第 169 页。

[2] [德] 弗里德里希·李斯特：《政治经济学的国民体系》，陈万煦译，商务印书馆，1997 年，第 20 页。

[3] William Cunningham, *The Growth of English Industry and Commerce in Modern Times*, Part I, Cambridge: at the University Press, 1907, in Roger E. Backhouse, and Peter J. Cain (eds.), *The English Historical School of Economics*, Vol. 4, Overstone of Thoemmes Press, 2001, p. 58.

[4] J. U. Nef, "The Progress of Technology and the Growth of Large-Scale Industry in Great Britain, 1540-1640", *The Economic History Review*, Vol. 5, Iss. 1 (Oct., 1934), p. 23.

[5] 参见前引李斯特：《政治经济学的国民体系》，第 10 页。

[6] [英] 安格斯·麦迪森：《世界经济千年史》，伍晓鹰等译，北京大学出版社，

2003 年，第 6 页。

[7] Ibid. Nef, "The Progress of Technology and the Growth of Large-Scale Industry in Great Britain, 1540-1640", p. 21. 参 见 William James Ashley, *The Economic Organization of England*, Longmans, Green and Co., 1914, in ibid. Backhouse, and Cain (eds.), *The English Historical School of Economics*, Vol. 6, pp. 68-69.

[8] [美] 查尔斯·金德尔伯格：《世界经济霸权，1500—1990 年》，高祖贵译，商务印书馆，2003 年，第 201、203 页。

[9] [美] 保罗·肯尼迪：《大国的兴衰：1500—2000 年的经济变迁与军事冲突》，陈景彪等译，国际文化出版公司，2006 年，第 75 页。

[10] J. Bartlet Brebner, "*Laissez-Faire* and State Intervention in Nineteenth-Century Britain", *The Journal of Economic History*, Vol. 8, Supplement (1948), p. 59.

[11] [英] 埃里克·霍布斯鲍姆：《工业与帝国：英国的现代化历程》，梅俊杰译，中央编译出版社，2017 年，第 23 页。

[12] [美] 戴维·兰德斯：《国富国穷》，门洪华等译，新华出版社，2001 年，第 368 页。

[13] 参见梅俊杰：《重商主义真相探解》，《社会科学》，2017 年第 7 期，第 123—144 页。

[14] 参见 F. J. Fisher, "Commercial Trends and Policy in Sixteenth-Century England", *The Economic History Review*, Vol. 10, Iss. 2 (Nov., 1940), pp. 101-102.

[15] 陈曦文：《英国 16 世纪经济变革与政策研究》，首都师范大学出版社，1995 年，第 115 页。

[16] R. W. K. Hinton, "The Mercantilist System in the Time of Thomas Mun", *The Economic History Review*, Vol. 7, Iss. 3 (1955), p. 285.

[17] Ibid. Fisher, "Commercial Trends and Policy in Sixteenth-Century England", p. 104.

[18] Terence Wilmot Hutchison, *Before Adam Smith: The Emergence of Political Economy, 1662-1776*, Basil Blackwell Ltd., 1988, p. 7.

[19] [美] 道格拉斯·欧文：《国富策：自由贸易还是保护主义》，梅俊杰译，华东师范大学出版社，2013 年，第 33 页。

[20] 参见 Ibid. Fisher, "Commercial Trends and Policy in Sixteenth-Century England", p. 104.

[21] 参见前引欧文：《国富策：自由贸易还是保护主义》，第 33—35 页。

[22] Ibid. Fisher, "Commercial Trends and Policy in Sixteenth-Century England", pp. 107-108.

[23] 参见 Lars Magnusson, *Mercantilism: The Shaping of an Economic Language*, Routledge, 1994, pp. 62-64.

[24] 参见 Charles Wilson, *Mercantilism*, Routledge and Kegan Paul, 1958, p. 13.

[25] Ibid. Cunningham, *The Growth of English Industry and Commerce in Modern Times*, Part I, p. 401.

[26] Ibid. Hutchison, *Before Adam Smith: The Emergence of Political Economy, 1662-1776*, p. 9, p. 239.

[27] Salim Rashid, *The Myth of Adam Smith*, Edward Elgar Publishing Ltd., 1998, p. 30.

[28] Ibid. Magnusson, *Mercantilism: The Shaping of an Economic Language*, pp. 178-179.

[29] 转见 Ibid. Hutchison, *Before Adam Smith: The Emergence of Political Economy, 1662-1776*, p. 222.

[30] Lars Magnusson (ed.), *Mercantilism*, Vol. 1, Routledge, 1995, p. 1.

[31] [德] 马克斯·韦伯：《经济通史》，姚曾廙译，上海三联书店，2006 年，第 218 页。

[32] [法] 伊曼纽尔·沃勒斯坦：《现代世界体系》，第 1 卷，尤来寅等译，高等教育出版社，1998 年，第 303、324 页。

[33] [美]W.W. 罗斯托：《这一切是怎么开始的——现代经济的起源》，黄其祥等译，商务印书馆，1997 年，第 40 页。

[34] Ibid. Wilson, *Mercantilism*, p. 26.

[35] Ibid. Hutchison, *Before Adam Smith: The Emergence of Political Economy, 1662-1776*, p. 178.

[36] 前引欧文：《国富策：自由贸易还是保护主义》，第 56 页。

[37] 本节这些重商主义观点，综合参见 Eli F. Heckscher, *Mercantilism*, Routledge, 1994; ibid. Magnusson, *Mercantilism: The Shaping of an Economic Language*; Max Beer, *Early British Economics from the 13th to the Middle of the 18th Century*, (1938, reprinted by) Routledge, 2003; Jacob Viner, *Studies in the Theory of International Trade*, George Allen & Unwin Ltd., 1955; 前引欧文：《国富策：自由贸易还是保护主义》，第 32—58 页；[英] 托马斯·孟：《英国得自对外贸易的财

富》，袁南宇译，商务印书馆，1981 年；[英] 查尔斯·达维南特：《论英国的公共收入与贸易》，朱泱等译，商务印书馆，1995 年；[英] 托马斯·孟、尼古拉斯·巴贲、达德利·诺思：《贸易论》（三种），顾为群等译，商务印书馆，1982年；[奥] 约瑟夫·熊彼特：《经济分析史》，第 1 卷，朱泱等译，商务印书馆，1994 年。

[38] 参见 J. D. Gould, "The Trade Crisis of the Early 1620's and English Economic Thought", *The Journal of Economic History*, Vol. 15, No. 2 (June, 1955), pp. 124-125; Rudolph, C. Blitz, "Mercantilist Policies and the Pattern of World Trade, 1500-1750", *The Journal of Economic History*, Vol. 27, No. 1 (Mar., 1967), pp. 40-41.

[39] 前引欧文：《国富策：自由贸易还是保护主义》，第 35 页。

[40] 参见 Ibid. Hutchison, *Before Adam Smith: The Emergence of Political Economy, 1662-1776*, p. 177, p. 232, p. 349.

[41] 前引孟：《英国得自对外贸易的财富》，第 6—7 页。

[42] Ibid. Magnusson, *Mercantilism: The Shaping of an Economic Language*, p. 53.

[43] 前引熊彼特：《经济分析史》，第 1 卷，第 520 页。

[44] Ibid. Hutchison, *Before Adam Smith: The Emergence of Political Economy, 1662-1776*, 1988, p. 155.

[45] Douglas A. Irwin, "Strategic Trade Policy and Mercantilist Trade Rivalries", *The American Economic Journal*, Vol. 82, No. 2 (May, 1992), p. 135.

[46] Ibid. Hinton, "The Mercantilist System in the Time of Thomas Mun", p. 284.

[47] Ibid. Cunningham, *The Growth of English Industry and Commerce in Modern Times*, Part I, p. 20.

[48] Ibid. Wilson, *Mercantilism*, p. 18.

[49] Ralph Davis, "Merchant Shipping in the Economy of the Late Seventeenth Century", *The Economic History Review*, Vol. 9, Iss. 1 (1956), p. 73.

[50] 前引肯尼迪：《大国的兴衰：1500—2000 年的经济变迁与军事冲突》，第 92 页。

[51] 前引兰德斯：《国富国穷》，第 327 页。

[52] [法] 保尔·芒图：《18 世纪产业革命：英国近代大工业初期的概况》，杨人楩等译，商务印书馆，1997 年，第 74 页。

[53] Gerard M. Koot, "Historical Economics and the Revival of Mercantilism Thought in Britain, 1870-1920", in Lars Magnusson (ed.), *Mercantilist Economics*, Kluwer Academic Publishers, 1993, p. 202.

[54] Ibid. Hinton, "The Mercantilist System in the Time of Thomas Mun", p. 277.

[55] Jacob M. Price, "What Did Merchants Do? Reflections on British Overseas Trade, 1660-1790", *The Journal of Economic History*, Vol. 49, No. 2 (June, 1989), p. 270.

[56] 参见 Ibid. Magnusson (ed.), *Mercantilism*, Vol. 1, pp. 19-43.

[57] Ibid. Cunningham, *The Growth of English Industry and Commerce in Modern Times*, Part I, p. 401.

[58] 参见前引李斯特：《政治经济学的国民体系》，第 282、286—287、293—294 页。

[59] 参见 [比] 亨利·皮朗：《中世纪欧洲经济社会史》，乐文译，上海人民出版社，1986 年，第 187、189、195 页。

[60] 前引罗斯托：《这一切是怎么开始的——现代经济的起源》，第 44 页。

[61] Ibid. Koot, "Historical Economics and the Revival of Mercantilism Thought in Britain, 1870-1920", 1993, p. 202.

[62] 前引韦伯：《经济通史》，第 218 页。

[63] 前引芒图：《18 世纪产业革命：英国近代大工业初期的概况》，第 60 页。

[64] 前引熊彼特：《经济分析史》，第 1 卷，第 501 页。

[65] [英] 约翰·梅纳德·凯恩斯：《就业、利息和货币通论》，高鸿业译，商务印书馆，2004 年，第 350、344 页。

[66] 前引兰德斯：《国富国穷》，第 265 页。

[67] 前引罗斯托：《这一切是怎么开始的——现代经济的起源》，第 182 页。

[68] Ibid. Magnusson, *Mercantilism: The Shaping of an Economic Language*, p. 216.

[69] 参见何新：《思考：新国家主义的经济观》，时事出版社，2001 年，第 206—256 页。

[70] 陈岱孙：《陈岱孙遗稿和文稿拾零》，北京大学出版社，2005 年，第 123—124 页。

[71] W. Arthur Lewis, *The Evolution of the International Economic Order*, Princeton University Press, 1978, p. 4.

[72] 前引霍布斯鲍姆：《工业与帝国：英国的现代化历程》，第 30 页。

[73] Douglass C. North, *Structure and Change in Economic History*, W. W. Norton & Company Inc., 1981, p. 162.

[74] 参见王家丰、张卫良：《西欧原工业化的兴起》，中国社会科学出版社，2004 年，第 1—35 页。

[75] Richard M. Hartwell, "Economic Growth in England before the Industrial

Revolution: Some Methodological Issues", *The Journal of Economic History*, Vol. 29, No. 1 (Mar., 1969), p. 26.

[76] Ibid. Nef, "The Progress of Technology and the Growth of Large-Scale Industry in Great Britain, 1540-1640", p. 5.

[77] 转见杨杰：《英国现代化的初级阶段：工业革命》，丁建宏主编：《发达国家的现代化道路》，北京大学出版社，1999 年，第 136 页。

[78] Ibid. Cunningham, *The Growth of English Industry and Commerce in Modern Times*, Part I, p. 75, p. 78.

[79] [美] 道格拉斯·诺斯、[美] 罗伯特·托马斯：《西方世界的兴起》，张炳九译，学苑出版社，1988 年，第 210 页。

[80] 参见 Ibid. Nef, "The Progress of Technology and the Growth of Large-Scale Industry in Great Britain, 1540-1640", pp. 5-9.

[81] Ibid. Nef, "The Progress of Technology and the Growth of Large-Scale Industry in Great Britain, 1540-1640", p. 14, p. 10, p. 16.

[82] Rondo Cameron, *A Concise Economic History of the World: From Paleolithic Times to the Present*, Oxford University Press, 1997, p. 175.

[83] Ibid. Nef, "The Progress of Technology and the Growth of Large-Scale Industry in Great Britain, 1540-1640", pp. 11-13, p. 16.

[84] Ibid. Cunningham, *The Growth of English Industry and Commerce in Modern Times*, Part I, p. 84.

[85] Ibid. Wilson, *Mercantilism*, p. 24.

[86] 前引兰德斯：《国富国穷》，第 412 页。

[87] 参见 Eli F. Heckscher, "Multilateralism, Baltic Trade, and the Mercantilists", *The Economic History Review*, Vol. 3, Iss. 2 (1950), p. 222, p. 224; 前引熊彼特：《经济分析史》，第 1 卷，第 508 页。

[88] Lawrence Stone, "Elizabethan Overseas Trade", *The Economic History Review*, Vol. 2, Iss. 1 (1949), p. 50, p. 55.

[89] 参见 Ibid. Nef, "The Progress of Technology and the Growth of Large-Scale Industry in Great Britain, 1540-1640", pp. 12-13, p. 17.

[90] 前引金德尔伯格：《世界经济霸权，1500—1990 年》，第 174 页。

[91] Ibid. Cameron, *A Concise Economic History of the World: From Paleolithic Times to the Present*, p. 164.

[92] 前引罗斯托：《这一切是怎么开始的——现代经济的起源》，第 179 页。

[93] 前引肯尼迪：《大国的兴衰：1500—2000 年的经济变迁与军事冲突》，第 19 页。

[94] 前引李斯特：《政治经济学的国民体系》，第 40 页。

[95] 前引霍布斯鲍姆：《工业与帝国：英国的现代化历程》，第 30 页。

[96] [法] 伊奈丝·缪拉：《科尔贝：法国重商主义之父》，梅俊杰译，上海远东出
　　 版社，2012 年，第 166 页；前引芒图：《18 世纪产业革命：英国近代大工业初期
　　 的概况》，第 390 页。

[97] 前引罗斯托：《这一切是怎么开始的——现代经济的起源》，第 49 页。

[98] 前引兰德斯：《国富国穷》，第 387、403 页。

[99] 参见 Ibid. Cameron, *A Concise Economic History of the World: From Paleolithic
　　 Times to the Present*, pp. 132-134.

[100] 傅殷才、颜鹏飞：《自由经营还是国家干预：西方两大经济思潮概论》，经济
　　　 科学出版社，1995 年，第 11 页。

[101] 参见 Patrick O'Brien, Trevor Griffiths, and Philip Hunt, "Political Components
　　　 of the Industrial Revolution: Parliament and the English Cotton Textile Industry,
　　　 1660-1774", *The Economic History Review*, Vol. 44, No. 3 (Aug., 1991), p. 400.

[102] [法] 伊曼纽尔·沃勒斯坦：《现代世界体系》，第 2 卷，吕丹等译，高等教育
　　　 出版社，1998 年，第 388 页。

[103] [韩] 张夏准：《富国陷阱：发达国家为何踢开梯子》，肖炼等译，社会科学文
　　　 献出版社，2007 年，第 28 页。

[104] Ibid. Cunningham, *The Growth of English Industry and Commerce in Modern
　　　 Times*, Part I, p. 331.

[105] 前引兰德斯：《国富国穷》，第 309 页。

[106] 前引李斯特：《政治经济学的国民体系》，第 40 页。

[107] 前引罗斯托：《这一切是怎么开始的——现代经济的起源》，第 36、90、43 页。

[108] Ibid. Wilson, *Mercantilism*, p. 15.

[109] 前引麦迪森：《世界经济千年史》，第 83 页。

[110] 参见 Ibid. Hutchison, *Before Adam Smith: The Emergence of Political Economy,
　　　 1662-1776*, p. 23; Douglas Coombs, "Dr. Davenant and the Debate on Franco-Dutch
　　　 Trade", *The Economic History Review*, Vol. 10, Iss. 1 (1957), p. 98; Cosimo Perrotta,
　　　 "Early Spanish Mercantilism: The First Analysis of Underdevelopment", in ibid
　　　 Magnusson (ed.), *Mercantilist Economics*, p. 20.

[111] 参见 Ibid. Hutchison, *Before Adam Smith: The Emergence of Political Economy, 1662-1776*, p. 38; ibid. Magnusson (ed.), *Mercantilism*, Vol. 1, p. 29.

[112] Ibid. Cunningham, *The Growth of English Industry and Commerce in Modern Times*, Part I, p. 14, pp. 208-209. 参见 Ibid. North, *Structure and Change in Economic History*, p. 154.

[113] 参见前引芒图：《18 世纪产业革命：英国近代大工业初期的概况》，第 68、72 页；Charles Wilson, "Cloth Production and International Competition in the Seventeenth Century", *The Economic History Review*, Vol. 13, Iss. 2 (1960), p. 215.

[114] 参见 Ibid. Cunningham, *The Growth of English Industry and Commerce in Modern Times*, Part I, pp. 67-68, pp. 72-73.

[115] 前引李斯特：《政治经济学的国民体系》，第 39 页。

[116] 前引金德尔伯格：《世界经济霸权，1500—1990 年》，第 205 页。

[117] Ibid. Wilson, *Mercantilism*, p. 17.

[118] Ibid. Cameron, *A Concise Economic History of the World: From Paleolithic Times to the Present*, pp. 159-160. 参见前引李斯特：《政治经济学的国民体系》，第 42 页。

[119] 前引肯尼迪：《大国的兴衰：1500—2000 年的经济变迁与军事冲突》，第 80、65—66、77、69 页。

[120] A. L. Morton, *A People's History of England*, Lawrence & Wishart Ltd., 1979, p. 108.

[121] A. H. John, "War and the English Economy, 1700-1763", *The Economic History Review*, Vol. 7, Iss. 3 (1955), p. 329, p. 344.

[122] 前引霍布斯鲍姆：《工业与帝国：英国的现代化历程》，第 67 页。

[123] 转见 L. S. Stavrianos, *A Global History: The World Since 1500*, Prentice Hall, Inc., 1971, p. 6.

[124] 前引罗斯托：《这一切是怎么开始的——现代经济的起源》，第 35 页。

[125] 前引麦迪森：《世界经济千年史》，第 10 页。

[126] [英] 杰弗里·帕克：《1500—1730 年欧洲近代金融的产生》，[意] 卡洛·奇波拉主编：《欧洲经济史》，第 2 卷，贝昱等译，商务印书馆，1988 年，第 454 页。

[127] Peter L. Rousseau, and Richard Sylla, "Financial Revolution and Economic Growth: Introducing this EEH Symposium", *Explorations in Economic History*, No. 43 (2006), p. 2.

[128] [美]R. 西拉、[德]R. 蒂利、[德]G. 托特拉：《国家、金融体制与经济现代化》，吕刚译，四川人民出版社，2002 年，第 5、25、前言 2 页。参见前引金德尔伯格：《世界经济霸权，1500—1990 年》，第 203 页。

[129] Ibid. Rousseau, and Sylla, "Financial Revolution and Economic Growth: Introducing this EEH Symposium", p. 4.

[130] 前引西拉、蒂利、托特拉：《国家、金融体制与经济现代化》，第 1 页。

[131] 前引麦迪森：《世界经济千年史》，第 41、7 页。

[132] 前引肯尼迪：《大国的兴衰：1500—2000 年的经济变迁与军事冲突》，第 56 页。

[133] Ibid. Heckscher, "Multilateralism, Baltic Trade, and the Mercantilists", pp. 221-222.

[134] Lynn Muchmore, "A Note on Thomas Mun's 'England's Treasure by Forraign Trade'", *The Economic History Review*, Vol. 23, No. 3 (Dec., 1970), p. 498.

[135] Larry Neal, "The Finance of Business during the Industrial Revolution", in Roderick Floud, and Donald McCloskey (eds.), *The Economic History of Britain since 1700*, Vol. 1, Cambridge University Press, 1994, p. 151.

[136] 前引西拉、蒂利、托特拉：《国家、金融体制与经济现代化》，第 6—7 页。

[137] 前引麦迪森：《世界经济千年史》，第 84 页。参见前引帕克：《1500—1730 年欧洲近代金融的产生》，第 488、497 页。

[138] Ibid. Neal, "The Finance of Business during the Industrial Revolution", p. 153.

[139] Ibid. Price, "What Did Merchants Do? Reflections on British Overseas Trade, 1660-1790", p. 278, pp. 272-273, pp. 283-284.

[140] Ibid. Neal, "The Finance of Business during the Industrial Revolution", p. 181.

[141] Patrick O'Brien, "Central Government and the Economy, 1688-1815", in ibid. Floud, and McCloskey (eds.), *The Economic History of Britain since 1700*, Vol. 1, p. 210, p. 212. 参见前引杨杰：《英国现代化的初级阶段：工业革命》，第 149 页。

[142] 参见 [法] 伊曼纽尔·沃勒斯坦：《现代世界体系》，第 3 卷，孙立田等译，高等教育出版社，2000 年，第 55、14—16 页。

[143] 参见前引西拉、蒂利、托特拉：《国家、金融体制与经济现代化》，第 8 页；前引肯尼迪：《大国的兴衰：1500—2000 年的经济变迁与军事冲突》，第 75—80、124—126 页。

[144] 参见 J. F. Wright, "British Government Borrowing in Wartime, 1750-1815", *Economic History Review*, Vol. 52, No. 2 (Feb., 1999), p. 355, p. 361; ibid. O'Brien, "Central Government and the Economy, 1688-1815", p. 210.

[145] 参见前引肯尼迪：《大国的兴衰：1500—2000 年的经济变迁与军事冲突》，第 77 页。

[146] Ibid. O'Brien, "Central Government and the Economy, 1688-1815", p. 210.

[147] Charles Wilson, "Treasures and Trade Balances: The Mercantilist Problem", *The Economic History Review*, Vol. 2, Iss. 2 (1949), p. 161.

[148] Julian Hoppit, "Financial Crises in Eighteenth-Century England", *The Economic History Review*, Vol. 39, No. 1 (Feb., 1986), p. 42.

[149] Ibid. O'Brien, "Central Government and the Economy, 1688-1815", p. 214.

[150] 朱维铮：《重读近代史》，上海文艺出版集团、中西书局，2010 年，第 2—4 页。

[151] 前引肯尼迪：《大国的兴衰：1500—2000 年的经济变迁与军事冲突》，第 94 页。

[152] 参见 Ibid. O'Brien, "Central Government and the Economy, 1688-1815", p. 210, p. 216, p. 205.

[153] 前引霍布斯鲍姆：《工业与帝国：英国的现代化历程》，第 44 页。

[154] 参见 Ibid. O'Brien, "Central Government and the Economy, 1688-1815", p. 211, pp. 215-216.

[155] 参见前引沃勒斯坦：《现代世界体系》，第 2 卷，第 128 页。

[156] 前引兰德斯：《国富国穷》，第 303、305 页。

[157] [美] 里亚·格林菲尔德：《资本主义精神：民族主义与经济增长》，张京生等译，上海人民出版社，2004 年，第 29 页。

[158] 前引沃勒斯坦：《现代世界体系》，第 1 卷，第 300、321 页；第 2 卷，第 363、341 页。

[159] 参见前引罗斯托：《这一切是怎么开始的——现代经济的起源》，第 44 页。

[160] Ibid. Cunningham, *The Growth of English Industry and Commerce in Modern Times*, Part I, p. 16, p. 18.

[161] [法] 费尔南·布罗代尔：《15 至 18 世纪的物质文明、经济和资本主义》，第 3 卷，施康强等译，三联书店，1993 年，第 366 页。

[162] G. D. Ramsay, "Industrial Laisser-Faire and the Policy of Cromwell", *The Economic History Review*, Vol. 16, Iss. 2 (1946), p. 93.

[163] 参见林钟雄：《欧洲经济发展史》，三民书局（台北），1987 年，第 294 页。

[164] 参见前引芒图：《18 世纪产业革命：英国近代大工业初期的概况》，第 111、90 页。

[165] [加] 埃伦·伍德：《资本的帝国》，王恒杰等译，上海译文出版社，2006 年，

第7—8页。

[166] 前引沃勒斯坦：《现代世界体系》，第 1 卷，第 173—174 页；第 3 卷，第 97 页。

[167] 前引霍布斯鲍姆：《工业与帝国：英国的现代化历程》，第 42—43 页。

[168] 前引霍布斯鲍姆：《工业与帝国：英国的现代化历程》，第 55、44—45、253 页。

[169] Larry Sawers, "The Navigation Acts Revisited", *The Economic History Review*, Vol. 45, No. 2 (May, 1992), p. 267.

[170] S. Pollard, "*Laissez-Faire* and Shipbuilding", *The Economic History Review*, Vol. 5, Iss. 1 (1952), p. 111.

[171] D. K. Fieldhouse, "'Imperialism': An Historiographical Revision", *The Economic History Review*, Vol. 14, Iss. 2 (1961), p. 202.

[172] 前引霍布斯鲍姆：《工业与帝国：英国的现代化历程》，第 36 页。

[173] 前引沃勒斯坦：《现代世界体系》，第 2 卷，第 129 页。

[174] 转见 Ibid. Cameron, *A Concise Economic History of the World: From Paleolithic Times to the Present*, p. 215.

[175] 钱乘旦：《第一个工业化社会》，四川人民出版社，1988 年，第 94 页。

[176] Ibid. Brebner, "*Laissez-Faire* and State Intervention in Nineteenth-Century Britain", p. 73, p. 60.

[177] Ibid. Cameron, *A Concise Economic History of the World: From Paleolithic Times to the Present*, pp. 291-292, p. 215.

[178] 前引罗荣渠：《现代化新论：世界与中国的现代化进程》，第 186 页。

[179] 前引兰德斯：《国富国穷》，第 368 页。

[180] 前引罗荣渠：《现代化新论：世界与中国的现代化进程》，第 148 页。

[181] 前引罗斯托：《这一切是怎么开始的——现代经济的起源》，第 47 页。

[182] 参见梅俊杰：《所谓英国现代化"内源""先发"性质商议》，《社会科学》，2010 年第 10 期，第 133 页。

[183] 转见 Charles Wilson, "'Mercantilism': Some Vicissitudes of an Idea", *The Economic History Review*, Vol. 10, Iss. 2 (1957), p. 185.

[184] 前引李斯特：《政治经济学的国民体系》，第 98 页。

第四章

一项扶强抑弱的战略：英国自由贸易政策的原形

自由贸易不过是一种精巧的重商主义，只有从中获得优势的人才相信它。

——琼·罗宾逊（新剑桥经济学派领袖）

经过多个世纪严格的贸易保护后，英国在 19 世纪上半叶较为全面地转向自由贸易。这当然是确凿无疑的历史事实，据载：

● "自由贸易派成功地促使英国政府根本改变了重商主义政策。其中包括：1813 年终止英国东印度公司的贸易垄断权；1807 年废止奴隶贸易；1833 年废止英国属地的奴隶制度；1835 年取消向外国出口机器的禁令；1846 年废除《谷物法》。"[1]此外，"《航海法》在 1849 年被废除。"[2]

● "英国贸易委员会在 1823—1827年开始降低关税，废除了进口禁令和过高关税，并限定制成品进口从价税不得超过 30%。"[3]

● "指向自由贸易的关键步骤于 1840 年代迈出。罗伯特·皮尔在 1842 年预算中废除了余下的英国制成品出口关税，还降低了海关清单中至少 750 种商品的进口关税。"当时制成品进口税减让至 20%，原材料进口税限定于 5%以下。后在 1845 年，"皮尔又清除了 520 项海关税收，还废止了剩余的原材料出口税"。[4]另一口径的统计得出类似结论："1841—1846 年，共废除 605 项关税，降低了其他 1035 种关税的税率。"[5]

● "1853 年，将制成品进口税限定在 10%以内，废止了半制成品的大部分进口税，降低了进口水果、奶制品、茶叶、可可的关税。到 1860 年，英国仅对 48 种商品课征进口税，这些关税为财政收入目的而征收。"[6]虽然如木材、玉米、蔗糖等不多商品的关税尚延续了若干年份，但"从实际情况看，正是 1860 年的预算标志着英国以自由贸易国家的形象现身于国际经济"。[7]

英国转向自由贸易，无疑是划时代的大事，特别是《谷物法》和《航海法》的废止更具有标志意义。有言，"1846 年废除《谷物法》，以政治经济影响而论，比起 19 世纪英国的其他所谓决定性事件，在许多方面都要深远得多"，[8] "此乃英国历史的转折点"。[9] 这些说法应该不算夸张。

单纯从时间上看，英国在政策上转向自由贸易，正好与自由贸易理论的出炉相互重合。尽管亚当·斯密先已论及"绝对优势"原理，但一般认为，大卫·李嘉图发表于 1817 年的"比较优势"原理才有效解释了贸易发生的普遍性，正是这个比较优势原理竖起了自由贸易论的支柱。从 1817 年到约翰·斯图尔特·穆勒提出"相互需求方程"的 1848 年，不仅关于贸易可能性与可取性的基本问题得到了阐述，而且，贸易双方之间交换比值的确定及贸易利益在各方间的分配等深层问题也得到了研究。

鉴于自由贸易的理论成熟与自由贸易的付诸实践基本上同时发生，学者们乐于传播一个貌似合理的结论，即正是自由贸易理论引导了英国贸易自由化的实践。查尔斯·金德尔伯格就断言："1830 年代、1840 年代的英国政治经济学家说服了罗伯特·皮尔爵士和罗素勋爵等托利党人，终于在 1846 年让许多地主同意废除《谷物法》，他们代表了一种崭新的意识形态。"在金德尔伯格看来，对英国转向自由贸易的各种解释，无论是"既得利益集团寻租说""制造商扩大市场说"，还是"衰落者的最后一搏说"，"如果跟政治经济学家赢得了思想胜利这一'意识形态说'相比，都显得牵强附会"。他的意思是，当时这一轮自由贸易"谅必由意识形态推动，而不是由经济或政治利益推动"。[10]

这一"意识形态说"认定，在 19 世纪的欧洲特别是英国，人们"强烈并且普遍地相信，同时代正统经济学家包括自由贸易论者的学说，如同科学一般精确，放之四海而皆准，理当得到众人赞同"。[11] 显然，这个观点推断，是自由贸易论无可比拟的理论魅力征服了精英和大众，也即，是古典经济学家发现了伟大的科学真理——自由贸易可优化资源配置，可提高普遍福利，可促进世界和平，如此才迎来了自由贸易的实践。当时以反《谷物法》运动领导者理查德·科布登为名的"科布登俱乐部"，不就是把"自由贸易、和平、善意"当作座右铭吗？这套逻辑的结论可想而知：英国实行自由贸易，与追求自身经济或政治利益没有直接关系，至少英国在追求自身利益的同时也在追求世界的利益。

然而，一个不能不思考的问题是，自由贸易既然如此之好，而且，正如前文已述，出色的自由贸易理论一个多世纪以前早就在英国出现，斯密大肆攻击重商主义体制的《国富论》也已问世半个世纪，为何英国偏偏选择在此时此刻转向自由贸易？一个理论要得到传播和接受，到底是仅仅需要等待一段必要的发酵时间，还是实际上要依靠某种合适的时机？而如果是需要合适的时机，那不就包含了思想观念之外的政治、经济、社会等因素吗？

有经济史家深刻地指出："在古典经济学家看来，当今许多经济学家也以为，普遍自由贸易俨然是个万古不移的真理，不受时间和地点的限制。然而，从十分真切的意义上讲，该学说不过是个时代的产物，因为它成为某国的信条时，该国正对自己的实力充满信心，自信能在夺取市场的斗争中打败一切竞争对手，同时，该国又受自然环境的制约，被迫依赖世界其他地区来获取自身所需的大部分食物和原料。"[12] 以此观之，何尝不能把自由贸易论在19世纪上半叶的成长以及自由贸易的实施，一起视作英国经济结构变化和国家利益催化的结果呢？有学者干脆道破天机，当时"经济政策上的重大变化……其实顶着大多数经济学家的反对而发生"。[13] 这种看法至少让人理解到通行说教的片面性和实际历史的复杂性。

前文在揭示亚当·斯密的成名真相时已经证明，不是自由贸易学说推动了英国的产业革命，倒是英国产业竞争优势的确立将自由贸易学说推上了主流意识形态地位。借此现可进一步推论，英国转向自由贸易的根本原因，主要是它经由长期的贸易保护政策，至此已积累起强大无比的工业优势，而要维持并进而扩大此种优势，自由贸易作为一个政策选项此刻已远胜于保护主义。不管主流意识形态如何把这种显然基于自身利益的策略包装成一种利益均沾甚至利他主义的东西，继续鉴别历史足可看清，自由贸易无非是"一种精巧的重商主义"，毕竟"正是以前支持保护主义的资产阶级，如今在坚定支持英国的自由贸易"。[14]

一、强者借助自由贸易扩大优势

英国在 19 世纪上半叶转向自由贸易，其大背景是，英国凭借数个世纪的急起直追，特别是经过工业革命，至此取得了世界范围内无可匹敌的强势地位，这一事实应当首先挑明。1800 年，英国人口仅占欧洲总数的 8%—10%，却生产着欧洲全部生铁的 29%，该比重在 1830 年增至 45%。[15] 国别对比显示，1700 年，荷兰曾占到世界海运能力的四分之一强，英国则为五分之一，但到 1820 年，英国的份额已超出 40%，荷兰的份额仅剩 2% 稍多。[16] 毫无疑问，英荷的主次位置百年间已经彻底易手。

在英国与整个欧洲大陆之间，特别是经过 1793—1815 年的拿破仑战争后，彼此工业发展的距离已显著拉大。战争进一步刺激了英国本有相当基础的纺织、钢铁、煤炭等产业迅速扩张并机械化，而在工业革命未全面启动的欧洲大陆，"战争却延误了这些领域的进展。随着军事冲突的结束，英国的领先产业优势无敌，任何地方的任何人都无法向它们发起有效竞争"，因为大陆"欧洲的工业在 1815 年几乎完全处于手工阶段"。[17] 英国史学家承认，1820 年时，"英国的工业确实占据世界垄断的地位。……虽然制造商为压低工资而乐于谈论外国竞争，但实际上其他国家无一拥有可观的大规模工业或富余的制成品可供出口"。[18]《剑桥欧洲史》确认，当英国在 1840 年代开启贸易自由化时，"这个国家已走过将近一个世纪的工业发展，比邻国领先了大约 40—60 年"。[19]

有意用自由贸易垄断世界工业利益

英国决策者在实行贸易自由化政策时，对于本国与外国间悬殊的力量对比不仅十分清楚，而且恰恰以之作为决策依据。以机器出口管制为例，如果从 1696 年立法禁止织袜机的出口算起，经过一百多年的严厉控制，到 1842 年总算完全放开。在开放机器出口前，决策者当然不是学习了自由贸易理论，而是进行了锱铢必较的利害算计。英国议会一特别委员会在其调查报告中得出结论：外国难以与英国制造商展开竞争，机器出口禁令已不再必要。据判断，外国即使拥有英国的机器和技工，也缺乏英国所拥有的矿物、铁路、河流、专业化分工及训练有素的工人，况且，"他们无法进口英国的企业精神，终究只能望洋兴叹"。1825 年的定论是："出口机器是安全的，何况在曼彻斯特，工龄七年的机器本就要淘汰。"[20] 当然，英国日益无法有效地禁止技工外流和机器出口，这也是一个客观因素。

但说到底，在综合优势明显胜人一筹的情况下，此前长期贯彻的保护政策已显多余，毕竟"工业和金融部门越来越有能力不靠国家扶持而在海外竞争"。[21] 事实上，坚守原先的保护主义反而会自捆手脚，会妨碍产能的利用和扩大，也无助于生产成本的降低。英国史家对此洞若观火："保护，尽管在早些阶段是必要的，如今对工业界却是个烦人的累赘，工业界已无可见的竞争对手，只希望尽量低成本地生产，尽量广泛地销售产品。"[22] 日后的英国首相迪斯累利讲得更直白："在进行了巨大的革命之后，我们不能紧紧抓住保护制度的破衣烂衫还不肯放手。"[23]

当时由生产能力膨胀、市场销售不旺所造成的不景气局面，也促使工商阶层迫切要求放松已不合时宜的贸易限制。拿破仑战争结束后，一方面英国的工业产能上了一个很大的台阶，另一方面却又面临开拓市场的巨大困难。庞大的战时合同随战争结束而戛然终止，欧洲大陆历经长年战争也无力消费大量英国货物，从南美到东方更未形成可观的工业品消费能力。结果是，英国进出口在 1815 年均告下挫，商品价格尤其是批发价格大幅下跌，工资下降之外失业又普遍增加，酿成了严重的经济和社会危机，其中最受打击的就是新兴的重工业，整个英国工业到 1820 年始得摆脱危机。[24]

应当说，英国此前从来就不缺危机，不过，工业革命发生后，在产能有了飞跃的同时，资本主义的原始性正方兴未艾，所以，经济和社会危机的易发性和影响面都在步步增大，1830 年代、1840 年代正是如此。在一场又一场危机的冲击面前，开拓海外市场、增加产品销售的压力可谓前所未有，这无疑形成了英国贸易自由化的巨大推动力。据载，"1830 年代末萧条之后，全体机器制造商都在施压，要求撤除禁令"；[25] "当社会和经济危机在宪章运动 [1838—1848 年] 达到顶峰时，对自由贸易的兴趣急剧复活。

实业家们面临外来竞争和国内动荡，自然把目光投向自由贸易，以图降低成本并扩大英国的海外消费群体"。[26]

英国之所以下决心实行自由贸易，也是因为察觉到，其他国家正通过构筑贸易壁垒推进本国工业化，决策者判定，尚具显著优势的英国只有依仗自由贸易才能先发制人，阻止外国工业的兴起。"从 1815 年起，战争的共同苦难被和平的共同灾难所取代，英国制成品大面积地向欧洲市场倾销……对数个大陆工业中心无疑构成了创伤性挫折"。[27] 当此局面，"许多大陆欧洲国家担忧汹涌而入的外国货的竞争及其政治后果，遂向英国货提高了保护主义壁垒。重商主义和保护主义依然是对外贸易政策的意识形态核心"。[28] 在此背景下，落后的大陆国家在关税壁垒背后，埋头效法英国的工业革命，法国、比利时便是如此，1834 年起结成关税同盟的德意志诸邦更在急起直追。

面对潜在的挑战，英国政府的外围经济学家，随同"贸易部的政治经济学家，如鲍令、雅各布、麦格利高，决意以自由贸易为手段，延缓大陆制造业的成长。在他们看来，德意志关税同盟之所以成立，一定程度上是为了回应英国实施的《谷物法》，既然如此，废除此法就有望引导欧洲特别是普鲁士领导下的关税同盟去更大幅度地投资于农业，那样便可延缓其制造业的前进步伐"。鲍令在 1839 年致信时任外交大臣、后任首相的帕默斯顿，明言在德意志关税同盟内，制造业利益已"大为增强，除非以关税逐步下降为手段，用一套让步措施加以遏制，否则，外国对手势将逐年壮大"。此后的 1840 年，鲍令在英国议会进口关税特别委员会作证："我相信，由于我们恶劣的立法 [尤指《谷物法》]，我们自己制造了不必要的竞争对手。许多这类国家本来绝不会梦想成为工业制造者的。"据其判断，关税同盟的动向充分表明，已到了"需要快速"应对的时候，不然关税同盟会立刻变成"一个威胁"。[29]

我们不妨细看一下约翰·鲍令这位十分活跃的英国政治经济学家。也许有人会说，他在推动英国开展自由贸易，特别是推动废除农产品进口限制时，也毕竟还是符合自由贸易基本原理的。尽快阻止其他国家从事尚无法与英国效率相媲美的制造业，让其安分于拥有比较优势的农业，据此而与英国开展自由贸易，世界不是会增加总体福利并增进和平和谐吗？道理似乎不错，问题是，"鲍令认识到德国比英国更有优势发展制造业"，[30] 也即他清楚德国发展制造业的禀赋甚至还优于英国。考虑到德国以后的强大制造能力，你不得不佩服鲍令入木三分的眼力。但另一方面，"鲍令 1840 年给德意志关税同盟各成员邦提过建议：请种小麦吧！再卖出小麦来购买英国的工业品"，他还"曾叹息说德国人愚蠢，居然要制造钢铁，而不是坚持生产小麦和黑麦再从英国购买工业品"。如此两副面孔不是很奇怪吗？

　　如果鲍令真的相信自由贸易论，那他为何不让拥有制造业禀赋的德国顺其自然地在工业领域发挥自身比较优势，反而要误导它去大量投资农业呢？鉴于当时的德意志人对自由贸易论尤其是其扶强抑弱的本质普遍认识不透，先知先觉的英国人如此心口不一，不是在有意误导甚至存心欺骗吗？至于为何要这样做，其实也不费解，答案就在于，鲍令是个"为英国商业利益四处奔走""周游世界的英国经济学家"。针对这段往事，戴维·兰德斯评论道："请种小麦吧！再卖出小麦来购买英国的工业品。这听起来像是堂而皇之的道理，但是德意志诸邦若采纳了这一建议，就会更穷了，今天的比较优势到明天就不一定是优势"；"倘若当时的德国人听从了他的话，他们会让那些经济学家感到满意，并凭借自己的葡萄酒、软木以及橄榄油会取代葡萄牙，从而构建合理经济的完美模式。[但] 同时他们结果也会穷得多"！[31]

　　上述历史片断充分表明，英国此时此刻转向自由贸易，不是自己被新近发现的"真理"说服了，更是因为这一政策选项符合自身当下的利益需要。"这些政策创新适合作为首个工业国和世界工厂的英国，因为它不必担心外国的任何竞争，反倒可从贸易障碍的减少中大量获益"。[32] 为了固定此种利益，英国在思想深层还另有一番用心。一方面，如威廉·坎宁安揭示，英国要借自由贸易"打垮世界每个地方对我构成竞争的产业"；[33] 另一方面，"英国最终希望通过接受自由贸易，向欧美竞争者提供开放英国市场这个有吸引力的诱饵，借此说服他们把生产要素放回到农业中。……在工业部门的代言人看来，自由贸易是个手段，借此可把英国的主要竞争对手，当然还有那些'落后'地区和新殖民的国家，纳入一种塔克早在 1750 年就倡导的依附关系中"。[34] 打垮竞争对手，将之纳入依附关系中，根本的目标就是英国要"垄断世界制成品贸易"，[35] 并就此而垄断财富与实力。"只要我们注意考察英国自由贸易的性质，几乎可以处处看到，其'自由'的基础就是垄断"。[36] 马克思 1858 年写下的这句话的确是至理名言。

据观察，"英国向来有一个牢不可破的准则，认为一国只有用工业品来交换农产品与原料，只有进行这样的国外贸易，才能达到最高度的富强……这一准则在当时且直到现在依然是英国的一个秘诀，以后从未见公开提起，不过实际上却是越来越认真地在坚决执行"。[37] 因此，说比较优势原理"几乎是一个先进国家的学者规劝一个后进国家加入国际分工体系的学说：即使你们国家一切都落后，你们也能够在贸易中获得利益"，[38] 是一点不错的，尽管话说得太客气了点。直而言之，要说自由贸易论就是先知先觉者为后知后觉者准备的一个圈套，自由贸易是强者用以捆绑弱者借以垄断既得优势的一根绳索，也并不过分。事实上，就在欧洲内部，近在拿破仑战争期间，都已有过此类实例。该"战争期间，西班牙、葡萄牙、瑞典这些国家因跌入英国经济轨道，遭遇了本国传统产业的危机甚或崩溃，却并无任何补偿性的新产业兴起"。[39] 因此，安格斯·麦迪森纵览近现代经济史后说得一针见血，英国是一路"通过灵活运用以邻为壑战略逐步成为世界商业霸主"的。[40]

以宣传等手段诱导他国开放市场

不过，凭借活生生的历史教训，加上世界之大、智慧之广，要让英国以外的人们长期陷入圈套谈何容易。即使在当时，历经拿破仑战争产业后果的李斯特便已洞察英国的不良居心："任何国家，如果靠了保护关税与海运限制政策，在工业与海运事业上达到了这样的发展高度，因此在自由竞争下再没有别的国家能同它相抗，当这个时候，代它设想，最聪明的办法莫过于把爬上高枝时所用的梯子扔掉，然后向别的国家苦口宣传自由贸易的好处，用着那种过来人后悔莫及的语气告诉它们，自己过去走了许多弯路，犯了许多错误，到现在才终于发现自由贸易这个真理"；"把英国的实际政策隐蔽在亚当·斯密所发现的世界主义的措辞和论据之下，目的在于防止外国效仿这个政策……免得别人跟着上来。斯密的世界主义学说的秘密就在这里。他伟大的同代者威廉·皮特以及其后所有英国执政者的世界主义意向的秘密，也就在这里。"[41]

不过，李斯特的真知灼见要比较广泛地为人接受自非易事，他本人就"曾经不仅是斯密和萨伊的忠实信徒，而且还是一位把他们的理论当作确实可靠的学说而热情讲授的教师"，[42]更何况英国此时正开足马力，又是宣传，又是利诱。

就自由贸易的宣传而言，不能不提到英国的反《谷物法》联盟，这是1838年由科布登领导、成立于制造业中心曼彻斯特的一个游说组织，它在英国的贸易自由化过程中扮演了最为活跃的角色，以至人们把"科布登主义"当作自由贸易的代名词。该组织以大量资金为后盾，"仅在1843年便借助800人的工作班子分发了900万本论辩严谨的小册子"。[43]然而，其宣传实际上与自由贸易原则的理性没有什么关系，倒像是一场宗教运动。科布登曾发动近700位牧师集会，让其宣布《谷物法》"与上帝的法则相对立……离经叛道、亵渎宗教"；鲍令也曾叫嚷："耶稣基督是自由贸易，自由贸易是耶稣基督！"如此造势让自由贸易与保护主义之间的较量看似纯粹一场善与恶、科学与愚昧、博爱与自私之间的较量，"从此往后，这个国家的自由贸易事业有了一种怪异的神圣气味"。[44]

但要的就是这种效果，正如反《谷物法》联盟一成员所说："我们的敌人可以对我们的政治经济学提出异议，但他们的嘴巴却因我们的神学而无法张开。"到1846年，联盟已成功地把自由贸易变成一种"众人追捧的道德十字军远征"。虽然科布登们挂在嘴上的词尽是"繁荣""和谐""和平""道德""正义""天意""善报"之类美妙的辞藻，然而，其真正用意首先还是要用英国的自由贸易来诱使他国取消关税壁垒，从而实现英国利益的最大化。科布登曾说过："如果我们老老实实地废除《谷物法》，干干脆脆地采用自由贸易，在榜样的带动下，欧洲就不会有哪种关税不能在五年内得到改变。"[45]这番话尽管终究被证明过于乐观和一厢情愿，却道出了英国自由贸易宣传家们的真实用心。

　　为了实现目的，1846 年 7 月，科布登挟《谷物法》刚刚废除的势头，"丢下辉格党那里的公职，踏上了欧洲大陆之旅，准备向蒙昧无知的大陆国家宣讲反《谷物法》联盟的旨意"。此君访问了法国、西班牙、意大利、匈牙利、奥地利、德国、俄国等，足迹几乎遍及欧洲。鉴于当政者对自由贸易并无兴趣，科布登便采用迂回战术，把重点放在媒体和舆论，广泛散发自由派尤其是非英国的自由派人士的著作，跟有影响力的大臣和海关官员交谈，并向商人、记者、经济学家发表讲演。他反复强调，"自由贸易会让走私销声匿迹，从而改善国家税收；会消除农业和工业利益集团助长的经济扭曲，从而创造繁荣；还能防止自私自利的统治者煽动的战争，从而缔造和平"。[46]

　　巡回宣讲期间，科布登特别用心为各地的自由贸易势力吹风打气，使他们相信，自由贸易政策将带来英国已在享受的那些经济利益，借此鼓励他们向本国政府施加自由化的压力。"英国人正在经济上不断取得进步，这个事实给自由贸易的支持者平添了一大优势。最发达的国家已经最自由化，这很容易让人在经济成功与自由贸易制度之间画上等号，可实际上，因果关系正恰相反"。[47]不过，对于只看表面现象、无意细究历史的人来说，科布登的那些言词确实非常动听也似乎合情合理，更何况此后不久，英国为展示本国工业成就于"1851 年举办世界博览会，在许多方面又为自由贸易乐观主义提供了令人信服的佐证"。[48]

　　除科布登外，另有其他英国利益代言人也在欧洲四处活动，为的是"继续努力削弱李斯特的学说"。英国驻外外交官也正式加入这一行列，开始宣讲自由贸易的好处。[49]而且，李斯特曾揭露："尽人皆知，英国政府通过'机密费'的布置，在操纵国外舆论。……于是在汉堡和不来梅，在莱比锡和法兰克福，出现了数不清的大批新闻记者和报刊社论作者投入阵地。他们同声谴责德国工商业者要求施行统一的保护税制这一'不合理愿望'，并且竭力诋毁作为这些工商业者的顾问 [李斯特]。"[50]撇开幕后操纵的诡异攻势不谈，单说对自由贸易作热情宣传，其实本也无可厚非，但鉴于宣传者或者别有用心，或者至少是利益障目而影响判断，加之自由贸易论终究漏洞多多，因此，它对于落后国当时工业化的意愿和努力，无疑具有巨大的腐蚀性。

当时英国的"许多人，包括持世界主义立场的科布登，把欧洲和美国的竞争视为刻意人为的、'不自然的'"，[51] 他们相信或劝人相信，只有英国才适合发展工业，而按照优势分工原则，其他国家都不适合也没必要搞工业。这无疑是自由贸易宣传的要害和危险所在，幸而，对于此种叵测居心，终有识而破之者，比如若干德国人。除李斯特外，马克思也说过，英国人的如意算盘是，如果自己"撇掉农业，专门来搞工业，那么，整个欧洲就得把工厂全部关掉，那时英国也就成了一个大的工厂城市，而欧洲的其他部分就都变成英国的农业区了"。[52] 德国还有保护主义者更说道，科布登"非常清楚如何把英国的特殊利益用一件利他行善的世界主义外衣包裹起来"。[53]

以"互惠"条约打开自由贸易之门

在宣传的同时，利诱当然必不可少。"英国在创立一个开放体系时，也很好地利用了经济工具"。[54] 英国制造商尤其坚信，《谷物法》让国内农产品价格人为虚高，而且妨碍了其他国家向英国销售食物并购买英国制成品。于是，"部分人希望，单方面地降低英国关税，这将诱发其他国家的贸易自由化，可导致一种国际分工，让英国专门加工他国的农产品和原材料。重要的是，这种安排将把欧洲和美国渐成气候的工业竞争扼杀在萌芽状态"。[55] 这段话已经把利诱的手段和意图讲得十分明白。

在《谷物法》外，还有一个核心问题就是英国的《航海法》，该法从17世纪起，明令禁止外国染指英国的外贸运输及船舶制造。在英国重商体系中发挥了支柱作用的这一法律，曾被亚当·斯密网开一面地称颂为："由于国防比国富重要得多，所以，在英国各种通商条例中，《航海法》也许是最明智的一种。"[56] 然而，对其他国家来说，这是不折不扣、登峰造极的保护主义。德意志"关税同盟在一段时间里就曾把矛头指向《航海法》，认为它阻碍了英国与关税同盟间商业谈判的进展"。基于这一原因，既然1840年代早期寻求签订英德互惠条约的努力已基本上归于失败，[57] 真要诱使欧陆国家在市场开放上让步，英国首先就该在农产品和海运业这些关键领域以身作则，甚至做出单方面让步。

尽管如此，英国仍清醒地立足于自身利益来考虑问题。其时主政的辉格党内阁大臣格雷曾说："在所有这些商务问题上，明智的政策不是寻求其他国家的让步，然后我们再以此为条件，同意做那些我们自身利益本来也要求我们做的事。相反，我们让自己采用一套自由体制，是因为确信，不管其他国家做什么，这样做对我们自己最有利。"[58] 有了这样的逻辑彻底性，就能防止原本充当诱饵的漂亮话说多了以后把自己也给骗了。

在自由贸易问题上，英国当时存在两个系统，一个是科布登代表的对外游说的乌托邦系统，另一个则是首相帕默斯顿代表的注重帝国利益的决策系统。帕氏"鄙视科布登式理想"，崇尚"炮舰外交、领土吞并"，而"在很多人眼里，帕默斯顿才是 19 世纪英国对外政策的缩影，他最终得到了包括激进派在内的广泛阶层的欢呼，远比'局外人'科布登更能有效地体现英国的利益"。确实，英国政府在贸易自由化问题上绝不会坠入科布登式的浪漫空想。因此，当英国政府 1847 年讨论《航海法》的废止时，虽然辉格党内阁对于大方向已有共识，但在废除的程度和方式之类细节上还是出现了深刻分歧，此时内阁也十分慎重。此后该问题再次交由议会专门调查，在 1849 年一度还出现"重大的保护主义复活，几乎导致辉格党的下台"。[59]

当然，假如原本符合自身最佳利益且已水到渠成的政策调整，恰好同时可以充当某种诱饵，那就是求之不得的上上之策。英国重大的贸易自由化举措正可作如是观。例如，《谷物法》本来也很难再逆势而为地贯彻下去，"到 1820 年代，对英国政治家而言事情已一清二楚，人口正在快速增长，需要接着扩大工业就业，增加制成品出口，借以交换农产品进口"。1845 年发生的爱尔兰大饥荒则进一步凸显了政策调整的必要性和迫切性。同样，机器出口禁令的废除，也缘于"这一战略到 1840 年代显然已经失效，于是，自由贸易帝国主义似乎成了唯一的替代方案"。[60]

无论如何，一件多少已不可不为的事情，通过利他主义的包装，还可以赚取额外的利益。英国单方面的自由贸易举动随之便产生了这样的效果。比如，英国进口美国粮食的前景"一定程度上鼓励美国调低了高度保护主义的关税，美国 1846 年的《沃克税法》在同时代人看来，就是对英国贸易新开放的一个很早的回应"。再比如，在德国，"尽管自由贸易的支持者依然是个心思各异、极易分化的团体，但《谷物法》的废除以及英国自由贸易的榜样力量，还是有助于削弱了李斯特的影响力"。[61] 同样值得注意的是，"1850 年后，荷兰和比利时采纳了明显的自由化关税"。[62]

应当知道，英国国内对于单方面的贸易自由化始终不乏批评声，而自由化的效益也未必总能如原先承诺的那样大、那样快或者那样施惠于众，最终，"1852 年当政的少数派德比政府中的保护主义者，向 1846 年的单方面自由贸易模式发起了首次全面挑战"。[63] 在此情况下，借助托伦斯等经济学家强调双边对等的理论，英国又重拾它历来擅长的双边谈判签订商约的妙法，以此继续推进其别有用心的自由贸易运动。说英国历来长于此道，是因为此前很久，英国就曾通过若干商约成功扩大了自己的工业品销售，并把对方拖入原料或农产品供应国的轨道。例如，英国与葡萄牙在 1642 年、1654 年、1661 年就已订立过商务条约，依据比较优势分工原理开展自由贸易之后，葡萄牙即陷入了对英国经济的依附境地。[64]

在 18 世纪，英国对外订立的最典型的此类商约就是 1703 年再与葡萄牙签订的《梅休因条约》和 1786 年与法国签订的《艾登条约》。这两个条约非常相似，都规定英国允许对方酒类按优惠税率进口，作为交换，对方则允许英国毛纺织品也按优惠税率输入。现在看得很清楚，这本质上是一种促进初级产品与制成品贸易的制度安排，故而其执行结果不难设想。据知，《梅休因条约》"扼杀了尚从摇篮中蹒跚起步的 [葡萄牙] 纺织工业"，葡萄牙实已成为"英国人的殖民地"。[65]《艾登条约》则导致英国棉布及其他制成品"洪水般"涌入法国，"正是这次制造业部门的'可怕'危机与谷物及面包价格暴涨并发，'引起了 [法国大] 革命'"。而与此对照，对英国制造商来说，由于《艾登条约》开放了法国市场，"规模经济成为可能"，英国能够降低在美国及其他地方的产品售价，[66] 并因此"明显遏制了费城棉纺织厂的进步"。[67]

既然效果极好，英国人对于签订商约自然乐此不疲。"英国人所订的一切商业条约总不脱离一个倾向，要在有条约关系的一切国家扩展他们工业品的销路，给予对方的表面利益限制在农产品与原材料方面。他们在这些国家随时随地所努力的是用廉价物品与长期贷款手段，摧毁这些国家的工业"。[68] 此时，新一轮条约的突破口是 1860 年签署的《英法条约》（亦以双方主谈判者之名被称作《科布登 – 薛瓦利埃条约》）。英国之所以从法国入手，是因为它与该主要贸易伙伴"发生着最高的贸易赤字"，另外，虽然法国经济界大多数人反对自由贸易，但 1848 年后的当国者是曾长期居留英国并从此信仰自由贸易的拿破仑三世。[69] 当然，英国深知政变后摇身成为皇帝的拿破仑三世对外订约不必递交国民议会批准，而且其时他为了侵略意大利正需要英国援手。[70]

这份在法国被称为"经济政变"的《英法条约》规定，英国废除所有制成品关税，大幅削减丝绸、葡萄酒及其他酒类的进口关税，并且撤销煤炭出口限制。这些优惠提供给所有国家，但实际上最有利于法国。法国则仅向英国一国提供优惠，包括同意在五年内以最高不超过 25% 的税率进口英国货物，并废除禁止性关税，另外立即降低煤、铁、机器等进口货的关税。[71] 该条约如同 1786 年英法商约，"照例列有最惠国条款。在 1860 年代，单单英国就缔结了八个此类条约。在欧洲各国之间则有更多，已经形成了一个完整的条约网"。[72] 借此条约体系，英国尤可自然延伸其谋利机制，进一步打开工业制成品与初级产品交易的闸门。想当年，当英国议会审议《艾登条约》时，首相皮特就辩护道："制成品国家与土特产国家之间订立条约的本质，就在于利益最终会属于前者。"[73] 英国人现在更加坚信，同样的结果也一定会在新一轮贸易自由化中如法炮制出来。

二、自由贸易的后果及政策逆转

随着自由贸易条约体系在 1860 年代的确立，欧洲经由贸易自由化阶段而进入一个自由贸易时代。作为历史上难得的自由贸易实验期，这两个时段的贸易和经济实况值得细察。数据显示，英国的出口绩效相当可观，在 1846 年前贸易自由化的 10—15 年中，曾以每年大约 5% 这一"极快"的速度增长着，1843/1847—1857/1861 年，英国的出口年增幅度又超过 6%。须知，"自从 1697 年该领域有数据可考以来，如此时间跨度中的这种增长最令人叹为观止"。出口之外，英国的总体经济表现也让人刮目相看，1843—1861 年，国内生产总值年均增长 2.4%，人均国内生产总值增幅也达 2.2%，"就这么长时段而言，肯定是 1800—1945 年，也很可能是工业革命至 1945 年期间记录到的最高增幅了"。[74]

　　尤其值得关注的是铁和棉这两个英国拳头工业产品，英国铁产量占欧洲的比重从 1838/1842 年的 54.2% 又提高到 1851/1862 年的 58.5%，棉织品占海外销售额的比重则一改 1846 年前开始缩小的势头而重新扩大。[75] 另据研究，英国"在 1850—1870 年，棉品出口的价值和数量均增长了大约 150%，贸易条件终于开始持续地陡然改善"，而此前的"1820—1850 年，棉品出口增长了五倍，但价值只增长了 50%"。[76] 毫无疑问，1870 年前自由贸易的账面记录对于遥遥领先的工业强国英国是十分有利的，这一点正好符合英国决策者的初衷。

自由贸易反致欧洲陷入严重经济萧条

　　从欧洲范围来看，情况又怎样呢？在 1842/1844—1868/1870 年，整个欧洲的出口由于英国的拉动，年均增幅达到 5%，明显超过了 1829/1831—1842/1844 年 3.5% 的增幅。然而，另一方面，工业的年增幅同期却从 2.5% 下降到 2.3%，此其一。其二，就在欧洲贸易政策达到前所未有的自由化之时（据说自由化程度只有 1962 年后方可一比），1870 年代初期，欧洲居然开始滑入一场十分严重，甚至比 1930 年代更为持久的大萧条。值得深思的是，在自由贸易盛行不久的时代，国际贸易量竟然不升反降。"1870—1890 年，欧洲出口总量的增长相当有限，年均不足 3%，而 1830—1860 年还曾维持在 4.5% 的水平。"其三，就总体经济表现而言，1867/1869—1889/1891 年，人均国内生产总值据估算每年仅增长 0.2%，而此前 25 年中增幅为 1.1%，此后 25 年中增幅为 1.5%。须知，1929—1939 年"二战"前大萧条岁月的人均国内生产总值尚且年增 1.2%。[77]

　　总之，欧洲范围内较为普遍的自由贸易在实施之后，远未带来人所期待或者承诺的效果，接踵而来的倒是经济萧条直至保护主义的回归。"科布登式的国际自由贸易与和平前景在 1870—1880 年这十年快速消退，坎宁安称之为'巨大的分水岭'。在此期间，因受萧条的冲击，一个又一个国家退回到高度保护的政策"。[78] 面对欧洲这场经济转折，人们不禁要问，普遍自由贸易的实施与大萧条的发生，之间有没有因果关系呢？

　　据研究，在自由贸易与欧洲 1870 年代初以后长期的经济萧条之间，存在着重要的关联，可资思考的线索是：之一，1870—1890 年，英国的经济萧条程度远轻于欧洲大陆。与此前 20 年相比，英国人均国内生产总值增幅仅下挫三成，即年均增幅从 1.6% 下挫至 1.1%，而欧洲大陆却下挫八成，即年均增幅从 1.1% 下挫至 0.2%。而在随后的保护主义阶段，欧洲大陆增幅上升至 1.5%，英国的增幅却降到仅 0.7%。两个阶段的对比显示，自由贸易明显置欧洲大陆于不利地位。之二，欧洲大陆经济萧条中一个重要因素是，在自由贸易状态下，美国农产品大举涌入，导致欧洲农业萎缩及相应的工业品消费需求乏力。1870 年代和 1880 年代，美国成了欧洲的主要粮食供应者，但同时，欧洲的工业品未能对等地向美国销售，以致大陆欧洲与美国之间的贸易逆差日益扩大。就这样，在贸易自由过程中，欧洲大陆受到工业发达的英国和农业发达的美国这两面夹攻而陷入困境。之三，美国并未参与欧洲的自由贸易运动，相反，它在同期还加高了原已可观的保护主义壁垒，结果倒是，美国收获了最为快速的长期经济增长。之四，欧洲大陆重新开始有力的经济增长，恰恰是在重拾保护主义政策后始得发生的，在"一战"前十多年里，回归保护主义才使欧洲大陆走出困境并在工业化道路上迎头赶上，也才终于比英国呈现良好得多的经济发展绩效。[79]

　　诚然，贸易以及经济的具体发展状况受到多重因素的影响，在 19 世纪这样的大变革时代，诸如交通革命之类的因素也明显决定着贸易及经济的表现。然而，贸易政策依然是个更直接的因素，特别是当长期一贯地实施时，则更是如此。结合至今对自由贸易论的各种质疑，不难看到，在英国产业竞争力遥遥领先于任何竞争对手之际，通过自由贸易过程而产生上述英国优势扩大、欧洲大陆遭殃的结局，肯定远非偶然。

这里要再次强调，英国的决策精英早就深通自由贸易扶强抑弱的秘密，比如，马尔萨斯在 1817 年就明确提出，自由贸易的实行"虽然会大幅增进欧洲的财富和福祉，但无疑会使其中某些地区比目前更穷、人口更少"，"没有多少理由可以让人期待，单个的国家居然会为了世界的财富而牺牲本国境内的财富"。[80] 显然，马尔萨斯之辈实际上已经准确预见了日后的结局，只不过自由贸易的宣传烟幕早把他们淹没了，况且，欧洲大陆各国也自有各自搭乘自由贸易便车的内部政治缘由，从普鲁士容克地主出口谷物的利益期待到法国皇帝的外交目标，等等。这个自由贸易历史片断再次确认一个基本历史事实，即自由贸易的内在逻辑决定了它不可能是一种利他主义的设计，甚至也不是某种霸权稳定状态中的公共产品，它终究只是强者意图垄断优势、主导弱者的一个工具；奉行自由贸易是要有资格的，不然是会付出代价的。

弱势国家靠什么挣脱强者的产业束缚

英国意欲借助自由贸易工具，谋求通过自由行销工业制品和自由输入初级产品，维持或扩大本国与他国之间的产业落差，进而凝固或强化一种"主导对依附"的不平等关系。可是，它在欧洲终究未能实现这些目标。欧洲大陆在这场自由贸易的博弈中有效摆脱了依附的宿命，有些国家最后还赶超了先进，这一点不无启迪现实的解剖意义。

欧洲大陆之所以避开了自由贸易隐含的陷阱，首要原因还是它与英国本来就同属一个列国竞逐体系，因而易于得到先进生产力的辐射。以大陆工业化最早的比利时为例，在 1720 年，即英国使用首台蒸汽机之后仅八年，它便在自己的煤矿安装了同样的机器。[81] "在 1830 年，比利时有 428 台蒸汽机，其中 74 台（21%）为外国制造，到 1844 年，已有 1606 台，其中只有 110 台（7%）为外国制造。与此同时，在 1830 年代，比利时出口的机器价值已是其进口机器值的七倍"。机器从引进到自制和出口，折射了工业化的进步，这固然得益于比利时的煤铁资源、财富基础、工业传统，但地理上接近英国这一先进生产力的源头，这在当时还是关键的一个因素。事实上，比利时的首批重大工程项目，包括首要纺织企业及铁路网在内，均由英国企业家建造或参建，此外，从炼铁工艺到企业合股形式，也无不借鉴了英国。当时在比利时的英国企业家"夸口说过，任何发明在英国一出现，十天后他们便可获知"。[82] 当然，生产要素（而非单纯消费品）的流入与本地化，也得益于欧洲共同的文化与社会背景，这有利于克服自由贸易之弊端。比利时因地理之便而首先得到先进生产力辐射的情况，原则上也适用于其他欧洲大陆国家。

在工业强国率先崛起之后，与强者错开竞争的差异化战略，也是欧陆国家避免掉入自由贸易陷阱并在产业分工链上提升位置的重要手段，法国即为一例。在纺织领域，英国兰开夏和约克郡批量生产的低端货品已拥有难以撼动的优势，法国人于是转而开发高端织品作为自己的强项。甚至在英国领先优势最大的棉纺织领域，虽然 1836 年英国的原棉消费量至少是法国的三倍，但法国的织品总值却达英国的五分之三，这里除了法国生产成本更高这一原因外，主要是法国产品工艺质量更高，售价也更高。同样，英国人固然在生铁产量上领先，但是法国人转而向欧洲较落后的地区出口大量制成金属品。法国一方面保护本国市场，另一方面向海外市场的薄弱环节出击。"在国外，至少到该世纪中叶，未工业化的世界依然很大，英国人尚无法完全填满，这就为早期大陆工业化国家留下了机会。"[83]

当然，法国能够做到这一点，也是因为其综合的产业能力、经济基础、国家实力历来较为雄厚，例如东欧绝大多数国家，虽同样与英国进行自由贸易，却被导往一个欠发达的结局，有关原因正可从这方面来挖掘。然而，法国的经历也表明，错位竞争实际上与工业化启动时机大有关系。启动越早的话，英国未及占领的产业空白点就越多，同时，世界上剩余的未工业化地带也越广阔，英国这一主导国便越可能选择进攻那些占领成本更低的其他未工业化地区，它对次强的欧洲邻国的控制便会放松些。"1839/1841—1859/1861 年，英国向欧洲的出口值每年增加 4.5%，同期向世界其他地区的出口值则每年增加 5.1%。帝国贸易的扩张降低了欧洲的重要性，英国 1830 年向欧洲的出口占其总销售额的约 48%，到 1860 年已不足 34%。"[84]这一事实充分说明，欧洲之外大量更易突破的未工业化地区的存在，客观上缓解了英国对欧自由贸易本会造成的更严重的打压后果。

在与英国自由贸易的过程中，欧洲大陆得以避开依附陷阱的另一成功战略就是借力打力，以自身成本等方面的优势，逐步建立一种与强者较为平等的共生关系，德国的发展尤其展示了这种"与狼共舞"的功夫。在当时的英德贸易中，德国的劳动力成本总体上低于英国，当使用同等机器设备时会拥有相对于英国的成本优势。"因此，英国的纱线和德国的织机、英国的铁和德国的金属制品一起被纳入英国的舰船和海军仓库，形成一种共生关系，类似于美国的棉花和兰开夏锭子的关系。"德国的做法是，一方面如李斯特所见，清醒地认识到发达的英国工业对刚起步的德国工业所构成的威胁并力加防范；另一方面又敏锐地注意到，德国尚可利用内部特别是外部广泛而开放的市场，尤其是看到，能够利用英国廉价的铁、纱线、机器等生产资料，来服务于自己开拓市场的目的。除了自身实力以外，这里的关键点当然还是较早工业化国家所能享有的国际市场空间。"即便英国的出口让德国喘不过气来，但海外有弹性的市场为德国的增长提供了动力。从原则上说，这种双重关系成为欧洲工业化的模式，这正是当今工业化者无法利用的东西。"[85]

对德国而言，从 1870 年代后期起，一方面自己开始实行贸易保护，另一方面又利用英国尚未关闭的自由贸易大门，凭借化工等新技术的突破而形成强劲的工业竞争力，反过来去大举占领英国市场。冲击之下，"英国议会于 1887 年通过了《商标法》，要求外国产品贴上原产地标签，原以为'德国制造'商标会劝导英国消费者不再购买德国商品，岂料实际效果正恰相反"。[86] 待英国人于 1896 年出版一本抱怨德国货无处不在的书《德国制造》时，情况早已有目共睹，英德之间的产业竞争力和贸易结构关系已发生根本逆转。[87] 至于欧洲其他国家特别是北欧国家的历史经验，即在英国的"排挤性竞争"和"边缘化压力"下，它们是如何努力实现自主后发展的，另有系统分析，此处不再赘述。[88]

贸易保护是欧陆追赶英国的有效战略

当然，欧洲大陆绝大多数国家最终实现工业化并赶超英国，十分关键的一点还是，在经历自由贸易带来的产业冲击后，它们吸取教训并改弦更张，采取了贸易与产业的保护战略。自由贸易实施后欧洲的萧条在1873—1879年形成了首波"世界所曾经历的为时最长、影响最深的贸易停滞"。长期贸易萧条带来的经济困境，尤其是落后国工业化进程受到先已崛起的工业国的挤压，再加上农业遭受美国及俄国廉价粮食输入的打击，以及民族主义情绪趋强的政府遇到的财政压力，共同发挥作用，让欧洲大陆（荷兰和丹麦除外）走回保护主义道路。一言以蔽之，"民族主义和工业化的落伍使得保护不可避免。"[89]

1879年，俾斯麦执政的德国首先对农业和工业提供了"适度的关税保护"，1885年、1888年、1902年又显著调高保护程度。意大利在1870年代初、1878年、1887年，瑞士在1884年、1891年、1906年，俄国在1887年、1891年、1893年，法国在1892年、1910年，都纷纷提高进口关税，重点是保护已遭冲击的工业和农业，对于原材料进口则一般给予免税。耐人寻味的是，虽然实施了贸易保护政策，"世界贸易在1870—1914年间稳步增长，该周期中增幅达到年均3.4%，比同期世界总产值年均2.1%的增幅还要快"。[90]

有鉴于此，史家得出结论："保护主义在这一阶段的强化不仅与更快的贸易扩张同时发生，而且似乎更矛盾的是，保护程度最高的欧洲国家经历了最快的贸易扩张。即使这不能用来证明保护主义生成了贸易，它至少表明，保护主义未必总是妨碍贸易。"更值得思索的是，整个欧洲在回归保护主义政策后的20年里，国内生产总值的年增长率上升了一倍还多，除意大利外，所有国家都呈现了经济增长显著加速的势头，特别是国内生产总值增速还明显超过了贸易的增速。[91]这样的结局多少颠覆了通行的自由经济学结论。

在欧洲此轮竞争加剧特别是保护主义再起的过程中，当然不可能如浪漫想象的那样总会"双赢"或"多赢"，按照自由贸易的逻辑反推便不难想见，此轮中的输家正是英国。最说明问题的一个指标是，英国对欧洲大陆贸易的商品结构反而不断退化。"外国的保护政策给英国出口商造成了比其在 1860 年代、1870 年代一直享受过的要差得多的处境，很多情况下，出口贸易不得不转向不那么赢利、未来不那么能够拓展的产品，某些行业从出口成品变为出口半成品，此外还日益向意大利之类在关税背后快速工业化的国家出口煤炭。"[92] 的确，初级产品和半成品在英国出口中占据越来越大的比重，它们包括煤炭、纱线、铁板及转口的殖民地物产。统计显示，1864—1873 年，将近三分之二的英国贸易是以制成品换取原料和食品，而到 1874—1903 年，制成品比重萎缩到不足三分之一。同时，英国的出口随同工业生产一起，约从 1870 年起便不再像过去那样快速扩张。还有，制成品和半制成品进口却从 1870—1875 年占进口总额的 18.4% 升至 1890—1895 年的 24%。[93]

一个风光无限、雄心万丈的工业先锋转瞬之间就在国际竞争中盛极而衰、力不从心，包括沦落到越来越多地出口初级产品和半成品，足见所谓要素禀赋和比较优势是如何的靠不住，国际竞争终究是一条在其中逆水行舟不进则退的长流江河。与进出口结构退化相关，英国与欧洲大陆的贸易赤字持续走高。以年均额看，英国对欧洲在 1870—1874 年赤字 2250 万镑，10 年后（1880—1884 年）翻番至 5500 万镑，20 年后（1890—1894 年）再升至 8150 万镑，30 年后（1900—1904 年）续升至 10260 万镑。1880 年代初，英国尚且主要与法国发生严重贸易逆差，此后 20 年则又增加了德国和北欧国家。实际上，1914 年前的半个世纪，在欧洲国家中，英国与之持续保持可观顺差的贸易伙伴只剩下一个意大利。[94]

经此工业竞争力的相对衰退，一个完全可以预期的结果是，英国被迫逐渐撤出欧洲这样的核心市场。据载，"多边贸易新结构最为重要的特点之一是，英国发生了与德国和美国之类国家的贸易赤字，德美两国正在高关税的庇护下发展着自己的制造产业。与此同时，只有在与帝国领地和南半球其他国家的贸易中，英国才出现更多的贸易顺差，因为这些地方的关税问题远没有那么棘手。"[95] 这意味着，由于后发国的保护主义政策，英国被不断挤出欧美中心地区。有人对 1865—1914 年的总况概括道："随着工业主义向外扩散，原先的中心国家发现，毗邻地区越发不再依附，越发具有竞争力，于是不得不越来越转往遥远的地方，去争取补充性食物、原料、市场，而把欧洲留给后来者。"[96] 以后有人讲得更加直白："英国海外势力的远距离扩张，实可被视为一种表征，表明英国未能驾驭其主要竞争对手，尤其是未能阻止它们的工业化进程。"[97]

毋庸赘言，面临工业化后发国的纷纷崛起，退向竞争相对薄弱的非核心区域，是合理又精明的选择，这实际上符合英国人已趋现实、理性顺守的性格。但长远过后回头再看，恰恰是这种在帝国领地及其他边缘地区暂时的有路可退（特别如印度，弥补了英国全部贸易赤字的五分之二还多 [98]），加之"自满保守和方法过时"，导致英国与竞争对手相比，未能进行足够的工业技术创新，也未能进行深度的市场开拓。"人们经常将英国出口增长较慢归咎于，它不断依靠向低收入市场输出仅包含第一次工业革命技术的那些大宗产品。"[99] 随着无可阻挡的相对下滑，大结局是，到 19 世纪末，英国已失去世界产业领先者的地位，英国占世界制成品生产的份额在陡然缩小，从 1870 年的 31.8% 跌至 1896—1900 年的 19.5%，而同期美国的份额从 23.3% 增至 30.1%，德国的份额从 13.2% 增至 16.6%。[100] 同样，世界制成品贸易中，英国的份额从 1883 年的 37.1% 降为 1913 年的 25.4%，同时期德国的份额从 17.2% 升至 23%，美国的份额则从 3.4% 升至 11%。[101]

竞争力衰退时还唱自由贸易的高调吗

英国终于难挡后发国的工业化脚步，它不但未能借助自由贸易而垄断已有工业优势，反而在自由贸易经大萧条而诱发的保护主义浪潮中丧失既得优势，竞争力在相对衰退。这种局面自然给了英国人极大的冲击，也给予我们一个再次考察英国对自由贸易真正用心的机会。本来，李嘉图说得很漂亮："如果外国尚未开化到采纳这一自由体制，继续对于我方输出的货物与制成品设置禁令和高关税，那么让英国以自己的获利给他们树立一个好榜样吧。英国不要以类似的排斥方法来应对他人的禁令，还是尽快将如此荒谬有害的政策清除个精光吧。"[102]与此相关，休谟的"价格—铸币流动机制"理论也宣称，进口增长终究会自动引起出口的增长，故而，真正信奉者不必在乎互惠性关税安排，据说英国也"对别国互惠性地降低关税以换取英国的减让不太感兴趣"，也即英国愿意无条件地开放自己的市场。[103]

好极了！既然按照看来无懈可击的推导得出了自认为正确无误的公理，那么，遵循此理定然义利双收，我文明开化而遵守此理便可率先获益，他人因愚昧无知而不循此道最终只会自招损失，文明者不能因愚昧者的愚昧而放弃自己的文明。真信奉自由贸易的人应当有这样的逻辑一贯性和单方面实行自由贸易的气魄，就此而言，李嘉图等人的言论不无可敬可爱之处。然而，再深一层思考，像李嘉图毕竟生活在英国工业优势如日中天的时代，终其一生也未曾经历英国综合竞争力衰退的局面，因此，李嘉图的这一信念真是一种理论彻底性的表现呢，抑或不过是占尽优势时下意识的、以自我利益为中心的理论编织，此所谓"思想上的机会主义"或者俗称"屁股指挥脑袋"？如果说在英国全盛时代还看不清这个问题的实质，那么，英国国势的退潮终于让人又一次看清，尤其在贸易这种现实利益问题上，纯粹理论的彻底性终究是有限的，信誓旦旦的自由贸易立场本质上是基于自我利益的一种信仰或者干脆就是宣传的姿态。英国衰退过程中的思想与政策变迁再次提供了有力的佐证。

1873年开始的欧洲经济大萧条是一个划时代的转折点。"一旦1870年代的萧条打碎了经济进步势所必然这一幻想后，要求关税改革的呼声便成为此后40年英国政治生活中最强大的力量之一。"[104]当英法商约未能续签时，"全国公平贸易联盟"即于1881年在英国宣告成立，该联盟发起了"公平贸易"运动，明确要求英国取消单方面自由贸易，或者至少应设置报复性关税。[105]尽管此前英国实际上也并非不讲市场开放的互惠性和对等性，但现在"公平贸易联盟"的出现，真正标志着英国贸易政策开启了偏离自由贸易的重大调整。

正如自由贸易实施前很久早有自由贸易理论、自由贸易实践绝非自由贸易理论的直接产儿，明确的"公平贸易"原则在自由贸易大规模实施之前也早已为人阐述。显然，此时贸易政策的转向动力关键还在于现实经济格局的变化，对于一个缺乏竞争力的经济体而言，自由贸易尤其是单方面的自由贸易，终究是种难以承受的奢侈之举。英国经济史家说得明明白白，"国内市场被人侵略引发了日益加深的惊恐，并在很大程度上造成国内保护主义情绪节节上升，表现为呼唤'对等互惠'和'公平贸易'"；所以，"真正动摇了自由贸易信仰的是外国制成品日益放大的涌入，英国的工业不得不面对不仅在海外而且在本土市场上的外国竞争"。[106]

可见，曾经似乎铁打的原则在利益需要面前迅速地变形甚至融化，当自身弱点暴露无遗时，英国便转而退向以往哺育自己迈向富强的重商主义。这种180度的立场转变昭示了一个明白无误的道理，即自由贸易与重商主义都不过是手段而已，国家的富强才是其共同服务的目标，二者可以交替甚至在局部结合着使用，强势时选择自由贸易，弱势时则依赖保护主义。须知，英国人早就精于此道，远在科布登为维护英国主导地位而兜售自由贸易之前，"自由贸易的许多倡导者，如乔赛亚·塔克、罗伯特·托伦斯、E.G.韦克菲尔德，本质上都是出于重商主义的动机而倡导自由贸易的"。[107]所以，现在再从自由贸易回归保护主义又何难之有？

在此轮重商主义的复活潮中，除了英国制造业界习惯性地游说请求保护外，尤可注意的是英国的舆论界。经济史家"威廉·坎宁安、威廉·阿什利、威廉·休温斯在1880年代发起了一个完全成熟的英国版历史学派"。[108]他们借鉴德国乃至爱尔兰的保护主义思想资源，于1885年这一"公平贸易"运动高潮时刻出版了德国李斯特著作的英文译本，同时又挖掘并平反了英国的重商主义历史，这方面以坎宁安那部深受德国历史学派影响的著作《近代英国工商业成长史》为最，甚至有人说："重商体制主要通过坎宁安的著作而重回英国经济史。"[109]

英国经济学历史学派的主要立场体现于：相信自由贸易时代不过是英国重商主义悠久历史中的一段小插曲；指出国家政权在英国大国地位的形成过程中发挥过重要作用；从历史角度批评正统（政治）经济学，敦促用归纳、比较、历史的方法重建经济学；呼吁英国应吸取自身历史经验，回到以重商主义方式促进国家利益的正道上；建议英国组成一个对内自由贸易、对外构筑壁垒的英帝国范围内的关税同盟；强调英国只有重拾曾长期采用的贸易保护及帝国特惠这样的重商主义政策，才能维持自己已遭威胁的世界支配地位。[110] 不难看出，英国历史学派主要从历史经验中提炼的这些观点还是合理可靠的，也是切合时用的。

平心而论，当其他国家纷纷转向保护主义后，硬要英国继续大开自由贸易的方便之门，任凭竞争力日强的对手来冲击市场，这显然也有失公平。况且，自由贸易论本来就多有漏洞，尤其不利于弱势者，谁能期望英国的决策者在时过境迁、强弱易势后，仍然一以贯之地信守一套已开始损害自身利益的理论，去长久地坚持一个基础已在不断流失的立场呢？我们无意要求英国人或其他什么人舍己为人，相信在这点上，精明老到的英国人足可为天下师，岂用他人再去指教？事实上，"英国经济学的主流已在偏离维多利亚时代中期教条化、简单化的学说，开始对经济学原理及其应用持一种更谨慎和有节制的态度。"[111] 即使是阿尔弗雷德·马歇尔，他虽然相信"自由贸易的大厦不必拆毁"、英国的"未来在于海外扩张而非国内限制"，但也认为，"早期自由贸易论者的政策不应不加质疑地原样实施，而应当参照新的情况进行审视"。[112]

所有这一切都无可厚非甚至理所当然。然而，记忆力良好的人不禁要问，仿佛就在眼前，当自己拥有绝对优势时，英国的主流意识形态不是把自由贸易包装成一个不讲适用条件的公理吗？不是还在利用这一意识形态武器攻陷他人的利益城池吗？自由贸易不是曾经自由无边，丝毫不讲真正的公平，让鸦片贸易都自由化了吗？莫非大家都为利益而且是当下的利益活着，谁也顾不上逻辑的一致性和前后的一贯性？就是为了自我利益也属天经地义，但为何还硬是要摆出一副利益均沾的世界主义甚至利他主义的嘴脸呢？

另一方面，不无讽刺意味的是，经过长期的自由贸易宣传包括自我灌输，加之一度的自由主义经济成就，更不用说还有与自由贸易共命运的利益集团，其中尤其包括伦敦金融部门，英国自己也中了自由贸易教义的毒，以致一时难以从僵化教条中自拔出来。于是，较为稳健的看法难以产生应有影响，"依然有这样一种见解广泛流传着，认为国家无为而治的永恒法则是科学规定了的"。[113] 所以说，当自由贸易日益不符合英国的利益特别是短期利益时，还坚持自由贸易不变，此乃"集体记忆或制度滞后在起主要作用的一个典型例子"。[114] 在此背景下，完全可期，"公平贸易"论者并未获得强大的公众支持，他们到 1890 年代初便呈败退之相。不过，"公平贸易"这场运动还是为以后的演出搭好了舞台，"当约瑟夫·张伯伦于 1903年发起惹人注目的关税改革运动时，其建议与之前 20 年公平贸易者所推动的建议没有本质差别，唯一就是增加了帝国特惠制"。[115]

概而言之，"公平贸易"运动后英国保护主义的进展是："从 1890 年代末起，英国开始接受，后来则是积极推动帝国内部的特惠贸易措施。最早采取的优惠形式是，殖民地单方面降低对英国商品的关税，到'一战'时，迫于殖民地的压力，英国则开始给予互惠安排。1915 年通过的马克科纳关税和战后颁布的产业保护关税都歧视帝国外的贸易。1932 年，英国回归保护主义，采纳了一套完整的帝国特惠制度。"[116]

英国此时除对大多数原材料进口不设限制外，对几乎所有其他进口均计征关税，最终结果是，"全部进口中，约 25% 可免税进入（不过其中若干受到其他形式的限制），50% 支付 10%—20% 的税率，有 8% 支付超过20% 的税率，剩下 17% 的进口则或者缴纳旧有的马克科纳关税，或者缴纳产业保护关税"。当然，许多类商品的实际保护关税率比起名义保护关税率往往高出一倍左右。[117] 此后，整个 1930 年代，英国的商业政策继续朝着保护主义方向转变，即"不断提高帝国内部的统一性，并且保护那些被认为具有战略重要性或者符合国家利益的产业"，甚至还有高官和议员提出，"通过全面的进口控制来支持系统的经济计划"。[118]

至此，随着 19 世纪晚期自身经济竞争力的日益衰退，英国这个所谓"自由主义楷模"终于完成了对自由贸易的彻底背弃。毫不奇怪的是，这一背弃过程也典型地体现在英国的主流精英身上。例如，推动英国重回保护主义最有力的张伯伦，"起初是穆勒和科布登的支持者，还是科布登俱乐部的成员，有时还在其餐会上讲演"，即使"在 1880 年代中期有关公平贸易的争论中，也曾经是自由贸易毫无保留的支持者"。[119] 奈之如何呢，终究是形势比理论强，在决策圈内，发生如此立场大转变的岂止张伯伦一人，凯恩斯不也是另一个突出例子吗？

也许，基于这个世界的基本秩序，与其对这些英国精英机会主义的立场转变感叹或困惑，还不如欣赏其所折射的盎格鲁－撒克逊民族利益至上、务实机变的处世方式。回归保护主义的政策转弯即使来得有点迟，但还是足以缓解英国的困境，很快就使英国经济出现了转机。保罗·贝罗赫强调："最近有关 1930 年代的研究表明，在解释英国 1930 年代的繁荣时，英国 1932 年回归保护主义的历史性决定是个重要的因素。"[120] 英国的这一反复过程再次启迪人们，应当跳出意识形态教条的框框，重新审视自由贸易与保护主义问题。

从揭示自由贸易别有用心的角度看，随英联邦 1932 年《渥太华协定》而正式确立的帝国特惠制值得稍作剖析。这一体制实际上是英国丧失全球主导权后退而求其次的产物，然而，英国意图垄断工业优势的战略目标，在虽已缩小但自己足以掌控的范围内，却未有丝毫改变，具体做法上则变本加厉。英国的殖民事务部有一条"不成文的规定"，即"联合王国的利益必须排在第一位，自治领的贸易利益排第二位，殖民地的贸易利益则排在最后"。根据这一自利分层原则，"当所有其他国家，包括英国在内，都已放弃自由贸易原则之时，殖民事务部却仍在向殖民地倡导严格的自由贸易"。[121]

可以说，英国人现在不是要自由贸易，而是要不对称的自由贸易，就是任我搞保护主义，而你必须自由贸易。他们向殖民地宣称："躲在关税保护之后建立的产业长远看不符合经济规律，幼稚产业绝不会成长起来，殖民地应当始终是初级产品的生产者。"更有甚者，当 1937 年乌干达政府为发展一点纺织业而申请关税保护时，英国殖民事务部一位助理部长竟然提出，"东非人的食指和大拇指太大、太笨拙，无法操作棉纺织机器"。在英国政府眼里，殖民地的任何工业化都是"不公平竞争"，从鞋类到啤酒的英国生产商也向政府"写去愤怒的信函，要求获得针对殖民地'不公平'竞争的保护"。[122]

因此，虽然英国工商业者在海外经营中惯于让政府提供道路基础设施、贸易保护措施、优惠融资便利，乃至政治军事干预等经济的和超经济的扶持，但在一体化的帝国范围内，英国政府绝不允许殖民地援用任何关税保护措施，而且"也不准备支持任何形式的产业帮扶，包括培训设施和工业用地方面的照顾、信贷与银行体系的便利、针对性补贴等。他们只接受没有政府干预下成长起来的新产业，一味禁止对于工业化的'人为扶持'，况且显然是按照宽泛的定义来解释'人为扶持'"。一句话，在尚能维持自由贸易的帝国体系内，英国对待他国工业发展的态度仍可概括为：己所不欲，偏施于人；己之所为，勿容于人，这不是典型的虚伪自私和双重标准吗？这种强加于人的自由贸易政策"不能说有助于解决问题，很可能产生了正好相反的效果"，[123] 出现这种情况当然毫不令人惊讶。

三、自由贸易下弱者的非工业化

如果说对待欧美那些次等强国，英国尚需打出自由贸易的幌子，使用宣传加利诱这些软性方式，那么，对待等而下之的弱国，英国一贯的做法就是赤裸裸地欺凌和打压。从爱尔兰、北美殖民地，到埃及、印度、中国、拉美和非洲，到处可见英国这个所谓自由贸易帝国大肆践踏自由贸易原理的行径。在这些地区，即使存在某种符合所谓比较优势的现成条件，假如任其自然就会对英国工业垄断地位构成威胁的话，英国便断无自由放任的雅量，屡见不鲜的倒是蛮横无理的强力干预乃至大打出手。

我们早已看到，对于人称"英帝国试验场"的爱尔兰，英国在 1660 年后"王权复辟时期，就已采取措施，禁止爱尔兰同美洲殖民地的直接贸易关系，从而削弱了爱尔兰的工业。1666 年的《大家畜法》又将爱尔兰产品排除出英格兰市场，并迫使爱尔兰主要向英格兰出口羊毛。在光荣革命以后的时期，英国走得更远。他们通过 1699 年的《爱尔兰毛纺织品法》破坏了爱尔兰的毛纺织业"。[124] 一句话，"在爱尔兰，一旦显露任何对帝国构成严重竞争的迹象，英国政府就会采取措施阻止其商业的发展。"[125] 对于北美殖民地的各种工业，英国人也是横加阻挠，本书第五章将会论及，在此且不赘述。

也许有人会辩称，19 世纪上半叶以前，即在李嘉图和穆勒等人深入阐述自由贸易理论以前，英国自己毕竟尚未充分了解自由贸易的真义，故而不免若干未开化之举。既然这样，我们可专门观察一下转向自由贸易的时代，看看英国在与埃及和印度这样的弱国打交道时，又是如何贯彻自由贸易原则的。

以经济和非经济手段瓦解埃及的工业化

在埃及，穆罕默德·阿里利用拿破仑远征埃及失败后当地的混乱局面，于 1805 年成为埃及的实际统治者，随后阿里如同俄国的彼得大帝一样，开始了埃及强制的工业化进程。难能可贵的是，他全面地理解并推动工业化，既建立了中东第一支现代化陆军和海军，又为了维持现代化军队而建立起包括造船厂和兵工厂在内的各类制造厂，同时为支付这些花费，还对贸易、工业、财政都实行政府垄断控制。此外，他也致力于提高作为现代化基础的农业生产水平，引进外国技术人员和促进新科技应用，改革教育体制并选派学生留学欧洲，等等。[126]

特别是由于长绒棉品种的发现与推广，埃及通过垄断棉花出口，积累了现代化所需的启动资本及工业发展的原料。据知，棉花出口"在 1835 年约占埃及总出口值的一半"，随同甘蔗、谷物等其他农作物的官方垄断销售收入，支持了苏伊士运河的修建工程、工业专科学校和军事学校，以及以进口替代为目标的各类工厂，这些工厂涉及纺织品、金属、金属制品、化学品、绳索、武器、舰船之类的本土化生产。

阿里的工业化以建立独立的多样化经济为目标，未久便成绩斐然。"到 1830 年，各种工厂已能生产棉、毛、丝和亚麻织品，以及糖、纸、玻璃、皮革、硫酸、枪支及火药。1838 年，工业企业的投资达到 3200 万英镑，工厂雇用的工人达六七万人，占全体就业人员的 6%—7%，同今天埃及从事'现代'制造业的人数在总劳动力中的比例相等。"特别令人瞩目的是当时方兴未艾的棉纺织业，埃及"1834 年机器纺锭达 40 万个，占世界第九位，位居比利时之前，人均纱锭数在世界占第五位或第六位。到 1830 年代末，埃及年产印花棉布达 120 万匹"。

总言之，在这场非西方世界最早的工业化运动中，"埃及的统治者……采纳重商主义的信条，反对不符合自身利益的自由贸易信条"。[127] 面对这个踩着英国足迹前行的有为者，英国这个先行者是如何作为的呢？

其一，英国居然在机器出口禁令依然有效的情况下，超前贯彻自由贸易原则，于 1826 年准许曼彻斯特的公司向埃及出口了 500 台动力织布机。从英国的惯常作风看，这似乎有点匪夷所思，但实际上当时的英国贸易委员会主席一语道破天机："这对我们不会有任何伤害，不出半年，埃及人自己就会把这些设备踢得粉碎"。显而易见，这里的所谓"自由贸易"拆穿了就是，只要不对我构成竞争威胁，哪怕违反自己的禁令，有得钱赚何乐而不为呢？

其二，英国商人和领事向自己政府抱怨埃及以国家垄断推动工业化的经济政策，于是，外交大臣帕默斯顿于 1837 年指派那位"为英国商业利益四处奔走"的鲍令前去调查。鲍令当然秉持其时西方人尤其是英国人中"一般思维健全者"的看法，认为其他国家特别是非欧洲国家只能是原料的供应者和制成品的消费者，这样才符合比较优势原理。故而，他正告，如果埃及"能和平地发展自己的农业，还是会对大家都有利的"，否则，埃及永远也别想成为工业国，因为"一个由于其统治者的无事生非使欧洲列强总感到担心的国家，是不可能被允许存在下去的"。

其三，"当埃及的穆罕默德·阿里试图发展本国工业时，帕默斯顿勋爵就展开削价竞争。"对于削价竞争、出口补贴、信贷支持等手段，拥有工业优势的英国即使不是其发明者，也一定是最有动力并最有能力的实践者。一位"有名的博爱主义者、世界主义者与自由主义者"议员"于 1815 年公开宣称，'为了将外国工业扼杀在摇篮里，英国工业品出口就是遭受些损失也是值得的'"。[128] 埃及何尝能逃过倾销汹涌的冲击呢？

其四，英国认为阿里领导下的埃及对英国构成了战略威胁，在欧洲通往印度的道路上，英国希望看到的是"一个软弱而依附的奥斯曼苏丹"，而不是"励精图治的阿拉伯国王"。当阿里凭借现代化军队打败了名义上作为自己宗主的奥斯曼苏丹并征服埃及周边地区后，英国再也坐不住了，决意要把政治账和经济账放到一起来个总算。

英国人首先支持奥斯曼苏丹重振武力打击阿里，岂料苏丹部队在1839年落败而降。此时，英国人不得不自己走到台前，以地面部队击溃阿里的军队，同时用军舰炮轰埃及的沿海城镇和军事设施。随后，英国军舰停泊亚历山大港，逼迫阿里接受城下之盟。军事上的胜利和强大的武力威慑为英国打开了商业剥削之门。最后，除了交出此前占领的大部分省份外，阿里被迫答应彻底摧毁其工业化计划的两个基础。"第一是将部队从13万人裁减到1.8万人，这就使他新办工厂原计划生产的产品自然而然地失去了大部分市场；第二是在埃及境内实施1838年签订的《英土商务条约》。"而该条约的核心内容是："禁止政府对出口进行垄断或颁布禁令，准许英国商人在奥斯曼帝国的任何地方采购货物。除了缴纳5%的进口税、12%的出口税以及3%的通行税外，英国商人可以免缴奥斯曼本地商人必须缴纳的其他多种税费。其他所有的外国商人根据最惠国条款也同样享有这一优待，他们得以在比本地居民更为有利的条件下，在帝国境内从事贸易。"

有鉴于此，经济史家相信，"他[阿里]的工业化政策失败的部分原因是，埃及在奥斯曼帝国内缺乏足够的政治自主性，这就使必要的关税保护无法进行。这种情况还使阿里的其他（棉花）发展努力毫无结果"。[129] 在赤裸裸的武力打击和威逼下，"英国终于打开了埃及的自由贸易市场"，埃及从此稳步地转变为对外依附的单一农作物出口国，即主要依赖棉花的出口来交换进口的制成品。一句话，埃及被非工业化了。

在埃及被非工业化的过程中，铁路、电报线路、港口、运河等基础设施也不是没有建设，无奈它们不过服务于一个对外依附型经济的需要，国民经济的总体效果诚可谓有"增长"而无"发展"。埃及"外贸总值从1798年的200万埃镑，增至1860年的510万埃镑、1880年的2180埃镑、1913年的6000万埃镑"。可同时，埃及国库却负债累累，"1877年，仅还债一项就用去了当年国家总收入954.3万英镑中的747.3万英镑"。

在被强行拖入自由贸易轨道后，比较优势之类的自由贸易原理似乎有了用武之地，然而，埃及经济的局面终究危机四伏，后来连英国总领事也不得不承认："威胁埃及的最大危险可能在于这一事实，即过分专门依赖一种作物。"然而，曾几何时，这位总领事还在 1891 年的报告中断言："任何鼓励和保护埃及棉纺织工业增长的做法，对英国和埃及的利益都将是有害的。"1890 年代，当有人建议在埃及创办棉纺织厂，以便利用当地的廉价劳动力和原棉，另对进口棉织品适当征收 8% 的进口税时，英国总领事即表示强烈反对，而且威胁要否决 8% 的进口税，否则就对埃及产纺织品征收等额的营业税。听起来好像这是为了贯彻自由贸易原则，但实际上还是逃不脱"私利"二字。当时的英国外交大臣曾向总领事发出急件，除表示坚决支持总领事的立场外，特别在内附的贸易部一份绝密备忘录中强调，英国棉纺织中心"兰开夏反对在开罗树立一个'受保护'的竞争者"。

由此可见，在所谓自由贸易时代，英国嘴上可能会不停地念叨自由贸易的动听言辞，但对有志于工业化的弱小国家来说，那些念叨纯粹就是"非工业化"的咒语。在埃及问题上看得异常清楚，英国倡导的自由贸易，不过是以垄断工业与技术及其超额利润为基础的、以自我利益包括损人利己为中心的自由贸易，这种自由贸易不仅不能导致科布登们所宣称的和平与善意，反而徒增战争与伪善。史家说得好："他们 [英国人] 咒骂穆罕默德·阿里为'野蛮人'，并对他的'不幸'臣民表示关怀。应该指出，一旦处理掉'野蛮人'，这种关怀也就消失了，尽管仍有像从前那么多的机会来表示这种关怀。"

对于埃及工业化的失败原因，人们固然可以挖掘阿里身上或者埃及国民或文化中的种种失误乃至所谓劣根性，然而，正如 L.S. 斯塔夫里亚诺斯指出："从根本上说，主要在于外部原因。英国的政策制定者们自始至终反对穆罕默德的计划，他们正确地察觉到，穆罕默德·阿里的现代化努力是对他们在整个中东的统治和剥削的直接挑战"。埃及史专家也得出结论："原因更来自外部而非内部。……要说埃及工业化注定失败，不在于埃及的缺陷，而在于外部的欧洲压力，它们利用奥斯曼帝国对埃及法律上的控制，扼杀了对自身工业企业构成竞争的任何潜在对手。"[130]

值得指出的是，有关内因和外因的教条说法（所谓"外因是条件，内因是根本"云云）不必到处套用，建设和毁灭遵循不同的逻辑，要摧毁一样东西，外因往往可以具有决定性作用。对于启动阶段的工业化而言，英国强加给埃及的从大打出手到自由贸易这一外因还不够致命吗？试想，假如同等摧毁性外因曾被强加在英国自己的重商主义发展阶段，英国自己的工业化又会怎样呢？

以自由和非自由贸易手段扫荡印度工业

印度的非工业化过程早已是一个经典的殖民统治案例，从自由贸易的角度考察，也还值得细究。如前已述，远在自由贸易时代之前，比如17世纪，印度就生产着当时世界上最优质而又价廉的棉纱和布匹，[131]它"比其他任何一个欧洲殖民地的工业规模都要大，并且是前殖民时期唯一的工业品出口国"，[132]甚至有人认为，"直到18世纪后期英国发明机器纺织为止，印度可能是世界上最大的棉纺织品生产国"。[133]与此同时，综合地看，英国在毛纺织领域也居世界之冠。按照自由贸易的原理说，在工业革命前，假如稳定在以印度的棉纺织品交换英国的毛纺织品这一局面，则在比较优势甚至是绝对优势基础上的专业化当能带来效用的最大化。

然而，众所周知，偏偏是英国执意背离自由贸易原理，硬是通过极端保护主义政策，人为培植了自己棉纺织业的绝对优势，并进而粉碎性地摧毁了印度的传统优势。早在1840年，专门研究英国殖民问题的历史学家蒙哥马利·马丁在英国上院特别委员会作证时便说过，"英国制成品取代了印度本地产品的事实，常被引为说明英国技艺成就的辉煌例证，其实，这是英国的暴政以及英国为了一己私利将可恨的关税制度强加于印度，把印度弄得贫困不堪的有力例证"。[134]

在转向自由贸易的时代，踩着印度肩膀获得了优势的英国并未止步。凭借殖民控制，英国彻底违背自由贸易原理，一方面在印度境内设置"很重的过路税，此税在1836年被取消前打击了印度制造业的发展"。[135]另一方面，英国继续以十分不对称的关税安排来瓦解印度的棉纺织业。安德烈·弗兰克就指出："统治着印度的英国工业'自由贸易者'，开始以自由贸易为名，对输入英国的印度货物，征收比输入印度的英国商品高出5—20倍的赋税，结果，他们只要认为必要，就实实在在地把印度工业一扫而光。"[136]

具体据载："英国无意鼓励印度的制造业，倒是在关键时刻积极地压制它。甚至在 19 世纪初叶，英国的棉织品和丝织品在进入印度时仅缴付 3.5%的关税，毛织品则缴付 2%的关税，而印度的棉织品在进入英国时需缴纳10%的关税，丝织品为 20%，毛织品则为 30%。于是，在 1814—1844 年的 30 年里，印度输往英国的棉织品从 125 万件降到 6.3 万件，而英国输往印度的棉织品由不足 100 万码增至 5100 万码。不仅印度的纺工和织工，而且制革工、熔炼工、金属匠、船木工等许多工人都从此听任英国工厂波涛汹涌的冲击。数以百万计失业者还能去往哪里呢？他们只能跌回农业。"[137]

即使严格说来印度此前也仅拥有手工业，而且也许可以相信某些人的看法，即印度本来也难以自发走上纺织生产机械化的道路，但毫无疑问，英国在所谓贸易自由化时代针对印度的反贸易自由做法，显然给了印度棉纺织业以最后的致命一击，让印度走上了一条与工业化渐行渐远的不归路。再套用马丁的证词："印度纺织工业遭到摧毁，是由于英国在大声疾呼实行自由贸易，却又不许印度搞自由贸易。"[138] 这就是问题的症结所在。

印度与英国的贸易结构充分证明，一种不对等关系正在强化。以 1828 年为例，印度的出口商品按占出口总值的相对份额排序，依次为：靛蓝（27%）、鸦片（17%）、原棉（15%）、棉布（11%）、生丝（10%）、原糖（4%），余下则为咖啡、谷物、树胶、麻袋、大麻、硝石、茶叶、木材等。同年，英国商品占到印度全部进口的 65%，包括棉纱、棉布、服装、金属、杂类制成品、酒类。有鉴于此，史家普遍相信，"印度的海外贸易在英国的指导下正日益呈现以初级产品交换工业制成品的特点，尽管在其出口中，原来也只有棉织品真正属于制成品的范畴。"[139]

以原材料出口换取制成品进口已凝固为印度经济的长期趋势，其"棉纺织品的进口货值从 1814 年的 5 万卢比跃进到 1829 年的 520 万卢比，1890 年达到 3000 万卢比。而原棉出口货值也从 1849 年的 1000 万卢比上升到 1860 年的 6000 万卢比，1913 年达到 4100 万卢比"。所以，如果要说19 世纪在印度与英国之间似乎存在自由贸易的某种合理性的话，这也完全是英国肆意违背自由贸易原理之后的人为结果，而与要素禀赋之类并不搭界。事实上，印英商业关系的变迁正恰昭示了一个自由贸易者不愿面对的事实，即比较优势在很大程度上是人为培植的，同理，一国的比较优势是会动态演变的，故而，屈服于自由贸易论恰恰是十分危险的。当然，必须指出，对于沦落为殖民地的印度而言，如此的自由贸易纯粹是英国强加过来的，当曼彻斯特商会会长宣称，"印度的巨大利益将来自农业，而不在制造业和机械方面"时，印度早已被剥夺了照顾自己利益的权利。[140]

贸易自由化举措实际上明显加剧了印度棉纺织业的非工业化趋势。1813 年，英国东印度公司贸易垄断权遭到官方的取消。通常印象中，东印度公司作恶多端，这当然没错。既然如此，或言，限制其贸易特权并且促进贸易自由化，照常理来说对印度总是件好事吧。非也！东印度公司一向受到英国毛纺织业势力的支持，同时又从掌控印度棉纺织业中获得了巨大利益，因此，该公司一向致力于以英国的毛织品交换印度的棉织品。利益驱动客观上使公司为印度保留了一点专业化分工的大致角色，甚至还"为印度的纺织业者提供了某种保护"。[141]事实上，只要东印度公司拥有贸易垄断权，英国毛织品就较少输往印度，棉织品则没有输入，毕竟公司更感兴趣于从印度向欧洲出口，其"政策甚至是，只要欧洲吸收得了，就尽可能多地出口印度的纺织品"。[142]

然而，在商界压力下，英国政府开始相信，应当排除东印度公司，开放印度的自由贸易，此"将保证英国大量、稳定、优质、低价地得到原棉供应"。[143]果然，垄断特权取消后，大量私有贸易商介入经营，这些"私有贸易商得到棉纺织城市和其他较新的出口行业的大力支持，成功打开了贸易闸门。立竿见影的结果是，英国棉织品涌进印度，印度停止向英国出口棉织品，并且逐渐增加原料特别是原棉的出口"。故此，事实的确是，"东印度公司贸易垄断权的废除在某些意义上说，对印度的棉纺织者无疑是不幸的。"[144]

史学界具有这样的共识，即东印度公司贸易垄断权的取消正是印度非工业化加深的一个关键节点。"毫无疑问，从 1813 年起英国制成品的涌入，造成了印度非常大规模的非工业化"，因为欧洲（以及美国）一般或者禁止纱线和棉织品的进口，或者征收从 30%到 80%不等的关税，但在印度市场上，英国纺织品却可完全免税地进入。[145] 也有人认为，"1813 年的立法负面地影响了印度的经济发展，而且不仅仅限于摧毁了印度的棉布工业。"[146] 另有历史学家甚至提到，垄断特权取消后，印度进口的上升比出口快得多，居然"引发 [英国] 政府和商人的忧虑"。1830 年代初，在英国议会等场合，可以听到商界自己都在担心，按照当时的出口状况，印度的进口水平将无法提高，因为只有"增加从印度的出口，才能增强印度从英国进口货物的能力"。[147]

显然，贸易自由化之后，在传统棉纺织业被摧毁、原棉生产尚未扩大的一段时间里，印度面临着财富被榨干，而导致与英国贸易难以为继的危机，难怪要出现"猫（真）哭老鼠"的现象。就是那个鲍令都不得不坦承："现在英国的棉布和棉纱充斥达卡地区。以耐久美观见称于世的达卡细棉布，也由于英国机器的竞争而完全绝迹了。像东印度所有贫苦阶级所受的那种苦难，恐怕在全部贸易史上都很难找到第二个例子。"[148]

自由贸易俨然成为压榨印度的堂皇理由

在自由贸易时代，英国的印度政策最可玩味之处在于，当印度内部出现伤害英国工商利益的一丝可能时，英国便会借自由贸易的教条，毫不犹豫地挥舞打压的大棒。1850 年代末，由于印度的财政状况已经十分糟糕，殖民地政府有意纯粹为了财政的目的而征收一点关税。1859 年的方案包括将棉布进口税从原来的 5% 提高到 10%，但对棉纺经纱只征 5%。起初英国政府也认为，"在印度征收的关税税率总体而言非常有限"，甚至准备批准更高一些的关税率。[149] 显而易见，哪怕是新的进口关税，在当时英印产业竞争力悬殊的情况下，也不大可能复活印度的棉纺织业，对英国产品的消费也不会有太大影响。

然而，曼彻斯特和兰开夏等地英国棉纺织利益群体随即掀起反对声浪，即使是英国商品在提高关税后照样充斥印度市场，即使在殖民地政府进行让步性修改之后，利益群体仍然不依不饶。他们要求棉布等进口关税回落到 5%，进口棉纱只能征 3.5% 的关税，而且还要对于印度制成品的出口征收对应的反补贴税。在他们看来，殖民地的财政困难应当通过征收所得税和财产税以及节省开支来缓解，决计不能提高进口关税。[150] 值得注意的是，英国官方也深知，曼彻斯特等方面的要求相当过分，甚至有点无理取闹，但它终究是站在本国工商业集团的立场上，进而言之是"站在兰开夏利益的立场上，来操控印度的关税"。[151]

在有关印度关税的此轮讨价还价中，表面看好像是英国的纺织业界因为新近流行的自由贸易论而提高了觉悟，在为一个合理的国际经济秩序据理力争，也在为印度大众的切身利益尽忠竭力。在请愿书和备忘录中，他们学着古典经济学家们的样堂而皇之地辩称，提高关税之后，"在错误的保护制度下，会使劳动和技能从农业转移到产出水平低得多的行当"，受保护的印度人"不再依靠其自身的努力以及所拥有的天然优势"，这样反而会"伤害印度的大众"；"为印度的纺纱和制造业设立保护，等于是对大众的消费施加一种压榨性税收"，当"资本被导引至非自然的渠道"后，成本的上升必然"增加千百万穷困印度人的苦难"；如此这般，不一而足。乍一看，好像是进口关税的那点小幅提升把印度人从原来的天堂拉到了地狱，现在只有恢复自由贸易才能把他们救赎出来。当然，这些自由贸易分子也不惜自我批评和现身说法，他们声称，殖民当局代表英国，于是，英国作为"一个立志维护自由贸易原则的国家，那样去做是恶劣有害并自相矛盾的"，而且，他们还"提请人们注意英国实行自由贸易以来所获得的财富和影响，以此证明，在印度推行一条浑然不同的政策该是多么愚蠢"。[152] 不用说，借助自由贸易的一套说辞，英国的工商人士俨然成了博爱的慈善家。

然而，至少在当时的印度问题上，那套自由贸易说辞不过是一套华丽的外衣而已，它所包裹的正是英国工商人士念兹在兹的私利。英国的棉纺织业主们实际顾虑的是互相关联的这几点：一是，正如代表曼彻斯特的议员托马斯·贝斯利 1860 年在英国议会所称，印度产品享受保护后，在印度会迅速建起制造业工厂，甚至会把英国的投资吸引过去；二是，正如曼彻斯特商会在 1860 年递交首相的备忘录中所言，高进口税将减少英国与印度的贸易量，特别是向印度输入的英国棉纺织品将会减少；三是，正如曼彻斯特商会理事们在 1862 年所称，关税会打击印度原棉的出口，这在美国内战之际尤不可取，而且如兰开夏递交的一份备忘录所言，会增加购买印度原棉之英国商人的成本；四是，正如英国国务大臣伍德所忧虑，提高关税会鼓励印度生发保护主义的兴趣（或利益）。[153] 看吧，这些才是英国人真正的关注所在，这种自由贸易不过是强者利益至上的自由贸易。

应当提示，上面列出的利益关注在梳理出来之前，本来是与前述自由贸易的美好言词纠缠在一起的。就是那套自由贸易的说辞，让英国的私利追逐获得了某种正义感和道德感，也平添了隐蔽性和迷惑性。历史真相恰如英国两位经济史家所言："在这个据称放任自流的时期，对印度远非撒手不管，倒是按照最佳的重商主义路线，把它当作一个经济殖民地来高密度地开发的。"[154] 难怪当时的法国报纸"注意到，对自由贸易存在一种英国式的双重标准"，即"面对并不让人害怕的竞争时，她愿意信守自由贸易，然而，碰到影响其国内生产的自由贸易时，那就另当别论了"。[155]

正因为自由贸易不过是英国包藏私利、用以算计他人的工具，所以理所当然，即使在自由贸易的高潮年代，英国也只会向利益低头，而决不会让自由贸易这个幌子束缚了自己的手脚，所谓的原则只有与自身利益一致时才值得坚持。1860 年代初，由于美国内战的爆发，保障棉花供应成了英国纺织业的紧迫问题。决策层的意见非常明确，"争取摆脱对美国棉花的依赖"，"增加进口印度棉花将是一个宏大的国家目标"。[156] 于是，各种手段都用了出来。也许，正宗的自由贸易者难以相信，在印度，英国人主导的殖民政府所出台的"1861 年法案，居然动用了刑事手段，为的是保障棉花生产合同的履行"。[157]1863 年，新组建的曼彻斯特棉花供应协会主席也要求英国政府采取必要措施，刺激印度的棉花生产。虽然政府内还有人主张听其自然，但在 1866 年，"一项由国家补助、在印度建立若干模范棉花农场、改进棉花质量、促进棉花销往英国的计划立即得到采纳"。[158]

1860/1861—1869/1870 年，印度主要产棉区的棉花种植面积几乎连年持续扩大，从将近 446 万英亩增长到超过 762 万英亩，总共增加了 71% 的种植面积。[159] 而其中一个关键推动力就是，政府为该目的而投资修筑了以铁路为主干的基础设施。当然，这些设施照例由殖民政府"承担工程费用并支付利息"，换句话说，是"让公众为私人企业承担风险"。这不过是"英国政府直接违背自由贸易原则，干预印度经济的又一个例子"。[160] 但违背原则又有何妨呢？重要的是，"英国的工业毫无疑问从自由贸易向印度的强加中，从制造商热情支持的新铁路系统所提供的更广大的市场中，获益巨大"。[161]

事实上，英国殖民当局在印度统治的重点，就是要干预经济运行，好为宗主国谋取最大利益，为此，自由主义的教条都可弃置一边。"政府直接鼓励生产英国工业所需的产品，政府操纵关税以帮助英国的出口，为开放大陆纵深而以担保的高利息回报来建筑铁路，所有这些直接政治控制手段，看起来与这个所谓放任自流的时代格格不入。"[162] 那么是否说，自由贸易时代英国在印度的统治没有一点自由的味道呢？倒也不是，英国人还是懂得不干预的妙处的，包括选择性不干预。"这种有选择的不干预的例子包括拒不实行保护关税，拒不采用累进税制，拒绝在灾荒年头禁止谷物出口，等等。印度的基本问题不是英国不干预或者干预不力，而是歧视性干预。"[163] 更有人一针见血地指出："英国人实施了'精明的干预'，即不加干预，除非涉及英国利益。"[164]

然而，不管干预还是不干预，印度人的一切反正只能听凭英国人的摆布，这里的一个基本前提是：印度处于英国的殖民统治之下，在讨论英国与印度自由贸易关系时，最不应当忽视这个前提。且就棉纺织业而言，英国之所以能够维持其与印度的所谓自由贸易关系，显然依靠了强力殖民控制这一政治杠杆。"英国对印度当地市场的渗透，首先是棉纱，1928 年之后是制成品，都追随了政治权力的发展轨迹。"[165] 另有史家在谈到英国棉纺织品向印度出口增长的加速及大大高于同期出口总值的增幅时，也认定："假如没有英国的控制，这一切完全不可能发生"。[166]

把经济自由主义系统地强加给落后国家

埃及和印度之外，其他弱势国家在所谓自由贸易中，实际上也遭受了类似的非工业化过程，这里只需提示一个最基本的事实，即自由贸易原本就是一项帝国战略。当自己在工业上将其他国家远远甩在后头时，英国发现自由贸易是一种比直接殖民成本更低、获利更大的经营新方式。英国政客迪斯累利在 1853 年将殖民地描述为"徒增外表富丽堂皇、实却沉重无比的附属物，无助于改变我们的贸易差额"。与此同时，一辉格党人在下院称颂自由贸易是"有利的原则，通过这一原则，外国将成为我们有价值的殖民地，而我们却无须承担治理他们的责任"。[167] 这一战略的实质可以概括为："是贸易而不是统治。"

当然，在 19 世纪英帝国历史中，实际情形是，固然有不事统治、仅靠自由贸易而谋求商业利益的新殖民方式，如在拉丁美洲，但同时也仍然大量可见为了商业利益而武力吞并，复又直接统治的老殖民行径，如在印度。故此，英国一派历史学家后来把该战略修正得更为透彻，那就是"如果可能，在非正式控制下进行贸易，如果必要，则在直接统治下进行贸易"，此所谓"自由贸易帝国主义"的真正内涵。[168] 这种"自由贸易帝国主义"战略，加上坚船利炮构成的强大军事实力，以及英国历来精于此道的谈判订约传统，终于促成英国与广大弱势国家订立了一系列以自由贸易始、以非工业化终的商约。1838 年《英国土耳其商务条约》、1841 年《英国波斯商务条约》、1842 年中英《南京条约》、1855 年《英国暹罗条约》，以及英国与日本、摩洛哥再到拉美新独立国家等签订的一系列条约，均属此列。

这些兵临城下的产物带来了"强加于人的经济自由主义"。继殖民地之后，从拉美那些新独立的国家，到清朝、暹罗及奥斯曼土耳其这些半殖民地国家，当年以英国为首的"西方在压力之下给它们强加了条约，基本上全部废除了其进口关税。一般而言，所适用的是'5%惯例'，在此税率规定下，进口关税不得超过货值的 5%。称大多数这些条约为'不平等条约'是恰当的"。[169] 由于最惠国条款的约定，英国签订的此种条约中的特权又自然扩及其他欧洲国家。在这样的制度安排下，英国等强势国家把弱势国家改造成"互补性卫星经济体"，向其大量输入工业制成品，特别是棉纺织品和金属产品，而弱势国家在农业被强制性地商业化之后，只得出口谷物、原棉、生丝之类初级产品，并因国际市场行情的起伏而经历无法驾驭的波动。更有甚者，由于贸易条件等原因，弱国对英国等西方国家往往赤字连连，其结果大多逃不脱财富外流、债台高筑、工场倒闭、民不聊生这样的结局。

　　这段身不由己的准自由贸易史投下了至今难消的阴影，恰如保罗·贝罗赫所总结，"毫无疑问，19 世纪强加给第三世界的经济自由主义，是解释第三世界工业化被延误的一个主要因素"；"毫不夸张地说，这些经济体的开放是它们在 19 世纪不发展的主要原因之一，事实上，说不发展还太过轻描淡写，因为造成的结果是非工业化过程和使得日后发展更为困难的结构性扭曲"。例如，英国政界人士和西方史学家都坦言，"土耳其搞了自由贸易，带来了什么呢？不过摧毁了一些世界上最好的制造业。近至 1812 年，这些制造业尚且存在，但它们如今已被消灭"；[170] "同西方资本主义国家进行自由贸易，意味着欠发达的奥斯曼帝国的经济'走进了死胡同'"。[171] 可叹者，奥斯曼土耳其的这种悲剧何尝不是其他弱势国家曾经的共同命运呢？

注释：

[1] [美]L.S. 斯塔夫里亚诺斯：《全球分裂：第三世界的历史进程》，上册，迟越等译，商务印书馆，1993 年，第 168 页。有关机器出口自由化的另一说法是："1828 年，（英国贸易工业部管辖下的）贸易委员会主席、自由贸易主义者威廉·赫斯基森放宽了对机器出口的限制。1843 年，这些限制被完全取消。"参见 [美] 查尔斯·金德尔伯格：《世界经济霸权，1500—1990 年》，高祖贵译，商务印书馆，2003 年，第 214 页。

[2] [英] 安格斯·麦迪森：《世界经济千年史》，伍晓鹰等译，北京大学出版社，2003 年，第 90 页。

[3] Sima Lieberman, *The Economic and Political Roots of the New Protectionism*, Rowman & Littlefield Publishers, 1988, p. 11.

[4] A. G. Kenwood, and A. L. Lougheed, *The Growth of the International Economy, 1820-1960*, George Allen & Unwin Ltd., 1971, p. 75. 参见 Ibid. Lieberman, *The Economic and Political Roots of the New Protectionism*, p. 11.

[5] Charles P. Kindleberger, "The Rise of Free Trade in Western Europe", in Jeffry A. Frieden, and David A. Lake (eds.), *International Political Economy: Perspectives on Global Power and Wealth*, Peking University Press, 2003, p. 76.

[6] Ibid. Lieberman, *The Economic and Political Roots of the New Protectionism*, p. 12.

[7] Ibid. Kenwood, and Lougheed, *The Growth of the International Economy, 1820-1960*, p. 76.

[8] Anthony Howe, *Free Trade and Liberal England 1846-1946*, Clarendon Press, 1997, p. 1.

[9] G. Kitson Clark, "The Repeal of the Corn Laws and the Politics of the Forties", *The Economic History Review*, Vol. 4, Iss. 1 (1951), p. 3.

[10] Ibid. Kindleberger, "The Rise of Free Trade in Western Europe", p. 78, p. 81, p. 73.

[11] 转见 Ibid. Kindleberger, "The Rise of Free Trade in Western Europe", p. 81.

[12] Ibid. Kenwood, and Lougheed, *The Growth of the International Economy, 1820-1960*, p. 80.

[13] T. S. Ashton, "The Manchester School of Economics", *The Economic History Review*, Vol. 13, Iss. 3 (1961), p. 485.

[14] [奥] 约瑟夫·熊彼特：《经济分析史》，第 1 卷，朱泱等译，商务印书馆，1994 年，第 546 页。

[15] 参见 Paul Bairoch, *Economics and World History: Myths and Paradoxes*, The University of Chicago Press, 1993, p. 20.

[16] 参见前引麦迪森：《世界经济千年史》，第 87 页。

[17] P. T. Ellsworth, and J. Clark Leith, *The International Economy*, Macmillan Publishing Company, 1984, p. 46, p. 271.

[18] A. L. Morton, *A People's History of England*, Lawrence & Wishart Ltd., 1979, p. 367.

[19] 转见 John Vincent Nye, "The Myth of Free-Trade Britain and Fortress France: Tariffs and Trade in the Nineteenth Century", *The Journal of Economic History*, Vol. 51, No. 1 (Mar., 1991), p. 24.

[20] Ibid. Kindleberger, "The Rise of Free Trade in Western Europe", p. 77.

[21] P. J. Caine, and A. G. Hopkins, "The Political Economy of British Expansion Overseas, 1750-1914", *The Economic History Review*, Vol. 33, No. 4 (Nov., 1980), p. 476.

[22] Ibid. Morton, *A People's History of England*, p. 384. 参见 S. B. Saul, *Studies in British Overseas Trade 1870-1914*, Liverpool University Press, 1960, p. 10.

[23] 转见前引斯塔夫里亚诺斯：《全球分裂：第三世界的历史进程》，上册，第 169 页。

[24] 参见 Ibid. Morton, *A People's History of England*, pp. 362-363.

[25] Ibid. Kindleberger, "The Rise of Free Trade in Western Europe", p. 76.

[26] Ibid. Caine, and Hopkins, "The Political Economy of British Expansion Overseas, 1750-1914", p. 477.

[27] Sidney Pollard, "Industrialization and the European Economy", *The Economic History Review*, Vol. 26, No. 4 (1973), p. 640.

[28] Thomas D. Lairson, and David Skidmore, *International Political Economy: The Struggle for Power and Wealth*, Peking University Press, 2004, p. 46.

[29] Ibid. Kindleberger, "The Rise of Free Trade in Western Europe", pp. 79-80.

[30] Ibid. Kindleberger, "The Rise of Free Trade in Western Europe", p. 79.

[31] [美] 戴维·兰德斯：《国富国穷》，门洪华等译，新华出版社，2001 年，第 738、443、642 页。参见 [德] 弗里德里希·李斯特：《政治经济学的国民体系》，陈万煦译，商务印书馆，1997 年，第 319、325—341 页；[德] 卡尔·马克思：《关于自由贸易的演说》，《马克思恩格斯选集》，第 1 卷，中央编译局译，人民出版社，1972 年，第 195—209 页。

[32] A. W. Bob Coats, *British and American Economic Essays*, Vol. I, Routledge, 1992, p. 270.

[33] Gerard M. Koot, "Historical Economics and the Revival of Mercantilism Thought in Britain, 1870-1920", in Lars Magnusson (ed.), *Mercantilist Economics*, Kluwer Academic Publishers, 1993, p. 203.

[34] Ibid. Caine, and Hopkins, "The Political Economy of British Expansion Overseas, 1750-1914", p. 477. 参见 [英] 埃里克·霍布斯鲍姆：《工业与帝国：英国的现代化历程》，梅俊杰译，中央编译出版社，2017 年，第 145、48 页。

[35] Ibid. Kindleberger, "The Rise of Free Trade in Western Europe", p. 79.

[36] [德] 卡尔·马克思：《鸦片贸易史》，前引《马克思恩格斯选集》，第 2 卷，第 29 页。

[37] 前引李斯特：《政治经济学的国民体系》，第 308 页。

[38] 张幼文等：《外贸政策与经济发展》，立信会计出版社，1997 年，第 2 页。

[39] Francois Crouzet, "Wars, Blockade, and Economic Change in Europe, 1792-1815", *The Journal of Economic History*, Vol. 24, No. 4 (Dec., 1964), p. 579.

[40] 前引麦迪森：《世界经济千年史》，第 87 页。

[41] 前引李斯特：《政治经济学的国民体系》，第 307 页。

[42] [德] 弗里德里希·李斯特：《美国政治经济学大纲》，附于 [德] 弗里德里希·李斯特：《政治经济学的自然体系》，杨春学译，商务印书馆，1997 年，第 213 页。

[43] Ibid. Ellsworth, and Leith, *The International Economy*, p. 278.

[44] Ibid. Clark, "The Repeal of the Corn Laws and the Politics of the Forties", pp. 3-6. 参见 George L. Mosse, "The Anti-League: 1844-1846", *The Economic History Review*, Vol. 17, Iss. 2 (1947), pp. 134-142; 前引马克思：《关于自由贸易的演说》，第 199 页。

[45] Ibid. Howe, *Free Trade and Liberal England 1846-1946*, p. 33, p. 36, p. 71.

[46] Ibid. Howe, *Free Trade and Liberal England 1846-1946*, p. 73, p. 75.

[47] Ibid. Bairoch, *Economics and World History: Myths and Paradoxes*, p. 21.

[48] Ibid. Howe, *Free Trade and Liberal England 1846-1946*, p. 86.

[49] 参见 Ibid. Howe, *Free Trade and Liberal England 1846-1946*, p. 80, p. 85.

[50] 前引李斯特：《政治经济学的国民体系》，第 6 页。

[51] Ibid. Caine, and Hopkins, "The Political Economy of British Expansion Overseas, 1750-1914", p. 477.

[52] 前引马克思：《关于自由贸易的演说》，第 196 页。

[53] Ibid. Howe, *Free Trade and Liberal England 1846-1946*, p. 73.

[54] Stephen D. Krasner, "State Power and the Structure of International Trade", in ibid. Frieden, and Lake (eds.), *International Political Economy: Perspectives on Global Power and Wealth*, p. 31.

[55] Ibid. Lairson, and Skidmore, *International Political Economy: The Struggle for Power and Wealth*, p. 47.

[56] [英] 亚当·斯密：《国民财富的性质和原因的研究》，下卷，郭大力等译，商务印书馆，1997 年，第 36 页。

[57] 参见 Ibid. Howe, *Free Trade and Liberal England 1846-1946*, p. 58, p. 22.

[58] Ibid. Howe, *Free Trade and Liberal England 1846-1946*, p. 59.

[59] Ibid. Howe, *Free Trade and Liberal England 1846-1946*, p. 87, p. 72.

[60] Ibid. Caine, and Hopkins, "The Political Economy of British Expansion Overseas, 1750-1914", pp. 476-477.

[61] Ibid. Howe, *Free Trade and Liberal England 1846-1946*, p. 22, p. 82.

[62] Ibid. Ellsworth, and Leith, *The International Economy*, p. 279.

[63] Ibid. Howe, *Free Trade and Liberal England 1846-1946*, p. 87.

[64] 参见 [德] 安德烈·冈德·弗兰克：《依附性积累与不发达》，高铦等译，译林出版社，1999 年，第 101—102 页。

[65] [法] 伊曼纽尔·沃勒斯坦：《现代世界体系》，第 2 卷，吕丹等译，高等教育出版社，1998 年，第 247 页。参见前引李斯特：《政治经济学的国民体系》，第 59 页。

[66] [法] 伊曼纽尔·沃勒斯坦：《现代世界体系》，第 3 卷，孙立田等译，高等教育出版社，2000 年，第 106—108 页。参见前引李斯特：《政治经济学的国民体系》，第 68 页。

[67] Ibid. Caine, and Hopkins, "The Political Economy of British Expansion Overseas, 1750-1914", p. 472.

[68] 前引李斯特：《政治经济学的国民体系》，第 64 页。

[69] 参见 Ibid. Bairoch, *Economics and World History: Myths and Paradoxes*, pp. 22-23; Gordon Wright, "The Origins of Napoleon III's Free Trade", *The Economic History Review*, Vol. 9, Iss. 1 (Nov., 1938), p. 65.

[70] Ibid. Kindleberger, "The Rise of Free Trade in Western Europe"; David A. Lake, "British and American Hegemony Compared: Lessons for the Current Era of Decline", in ibid. Frieden, and Lake (eds.), *International Political Economy: Perspectives on Global Power and Wealth*, p. 83; p. 129.

[71] 参见 Ibid. Kenwood, and Lougheed, *The Growth of the International Economy, 1820-1960*, pp. 77-78; ibid. Howe, *Free Trade and Liberal England 1846-1946*, pp. 93-94.

[72] [英]J.H. 克拉潘：《现代英国经济史》，中卷，姚曾廙译，商务印书馆，1997 年，第 317 页。

[73] 前引沃勒斯坦：《现代世界体系》，第 3 卷，第 105 页。

[74] Ibid. Bairoch, *Economics and World History: Myths and Paradoxes*, p. 45.

[75] Ibid. Bairoch, *Economics and World History: Myths and Paradoxes*, p. 45.

[76] Ibid. Saul, *Studies in British Overseas Trade 1870-1914*, pp. 14-15.

[77] 参见 Ibid. Bairoch, *Economics and World History: Myths and Paradoxes*, p. 47, p. 170.

[78] A. E. Musson, "The Great Depression in Britain, 1873-1896: A Reappraisal", *The*

Journal of Economic History, Vol. 19, No. 2 (June, 1959), p. 222.

[79] 参见 Ibid. Bairoch, *Economics and World History: Myths and Paradoxes*, pp. 46-51, pp. 170-171.

[80] 转见 Bernard Semmel, "Malthus: 'Physiocracy' and the Commercial System", *The Economic History Review*, Vol. 17, No. 3 (1965), p. 533.

[81] 参见 Rondo Cameron, "A New View of European Industrialization", *The Economic History Review*, Vol. 38, No. 1 (Feb., 1985), p. 10.

[82] Ibid. Pollard, "Industrialization and the European Economy", pp. 640-641.

[83] Ibid. Pollard, "Industrialization and the European Economy", p. 641.

[84] Ibid. Bairoch, *Economics and World History: Myths and Paradoxes*, p. 45.

[85] Ibid. Pollard, "Industrialization and the European Economy", p. 643.

[86] Rondo Cameron, *A Concise Economic History of the World: From Paleolithic Times to the Present*, Oxford University Press, 1997, p. 304.

[87] 参见 H. L. Beales, "Revisions in Economic History: I. The 'Great Depression' in Industry and Trade", *The Economic History Review*, Vol. 5, Iss. 1 (Oct., 1934), pp. 74-75.

[88] 参见 [德] 迪特·森哈斯：《欧洲发展的历史经验》，梅俊杰译，商务印书馆，2015 年，第 19—109 页。

[89] Ibid. Kenwood, and Lougheed, *The Growth of the International Economy, 1820-1960*, p. 83.

[90] Ibid. Kenwood, and Lougheed, *The Growth of the International Economy, 1820-1960*, pp. 84-86.

[91] 参见 Ibid. Bairoch, *Economics and World History: Myths and Paradoxes*, p. 50.

[92] Ibid. Saul, *Studies in British Overseas Trade 1870-1914*, pp. 164-165.

[93] 参见 Ibid. Musson, "The Great Depression in Britain, 1873-1896: A Reappraisal", p. 223, p. 214, p. 227.

[94] 参见 S. B. Saul, "Britain and World Trade, 1870-1914", *The Economic History Review*, Vol. 7, Iss. 1 (1954), pp. 56-58.

[95] Ibid. Saul, *Studies in British Overseas Trade 1870-1914*, p. 164.

[96] Ibid. Pollard, "Industrialization and the European Economy", p. 643.

[97] Ibid. Caine, and Hopkins, "The Political Economy of British Expansion Overseas, 1750-1914", p. 466.

[98] Ibid. Saul, "Britain and World Trade, 1870-1914", p. 64.

[99] John C. Brown, "Imperfect Competition and Anglo-German Trade Rivalry: Markets for Cotton Textiles before 1914", *The Journal of Economic History*, Vol. 55, No. 3 (Sept., 1995), p. 494.

[100] 参见 Ibid. Musson, "The Great Depression in Britain, 1873-1896: A Reappraisal", p. 208.

[101] 参见 D. H. Aldcroft, "The Entrepreneur and the British Economy, 1870-1914", *The Economic History Review*, Vol. 17, Iss. 1 (1964), p. 124.

[102] 转见 [美] 道格拉斯·欧文：《国富策：自由贸易还是保护主义》，梅俊杰译，华东师范大学出版社，2013 年，第 137 页。

[103] 前引金德尔伯格：《世界经济霸权，1500—1990 年》，第 216 页。参见 Ibid. Kindleberger, "The Rise of Free Trade in Western Europe", p. 80.

[104] Ibid. Saul, *Studies in British Overseas Trade 1870-1914*, p. 134.

[105] 参见 Ibid. Koot, "Historical Economics and the Revival of Mercantilism Thought in Britain, 1870-1920", p. 188.

[106] Ibid. Musson, "The Great Depression in Britain, 1873-1896: A Reappraisal", p. 227. 参见 Ibid. Beales, "Revisions in Economic History: I. The 'Great Depression' in Industry and Trade", p. 75.

[107] Ibid. Koot, "Historical Economics and the Revival of Mercantilism Thought in Britain, 1870-1920", p. 191.

[108] Lars Magnusson, *Mercantilism: The Shaping of an Economic Language*, Routledge, 1994, p. 30.

[109] Charles Wilson, "'Mercantilism': Some Vicissitudes of an Idea", *The Economic History Review*, Vol. 10, Iss. 2 (1957), p. 185.

[110] 参见 Ibid. Koot, "Historical Economics and the Revival of Mercantilism Thought in Britain, 1870-1920", pp. 197-198, p. 192, pp. 204-205.

[111] Ibid. Coats, *British and American Economic Essays*, Vol. I, p. 311.

[112] Ibid. Saul, *Studies in British Overseas Trade 1870-1914*, p. 41.

[113] 前引克拉潘：《现代英国经济史》，中卷，第 501 页。

[114] 前引金德尔伯格：《世界经济霸权，1500—1990 年》，第 218 页。

[115] Ibid. Coats, *British and American Economic Essays*, Vol. I, p. 270, p. 273.

[116] Ibid. Lake, "British and American Hegemony Compared: Lessons for the

---

Current Era of Decline", p. 131.

[117] Forrest Capie, "The British Tariff and Industrial Protection in the 1930's", *The Economic History Review*, Vol. 31, No. 3 (Aug., 1978), p. 402, p. 404.

[118] Barry Eichengreen, "Keynes and Protection", *The Journal of Economic History*, Vol. 44, No. 2 (June, 1984), p. 367, p. 370.

[119] Ibid. Coats, *British and American Economic Essays*, Vol. I, p. 275, p. 286.

[120] Ibid. Bairoch, *Economics and World History: Myths and Paradoxes*, p. 167.

[121] David Meredith, "The British Government and Colonial Economic Policy, 1919-39", *The Economic History Review*, Vol. 28, No. 3 (Aug., 1975), pp. 497-499.

[122] Ibid. Meredith, "The British Government and Colonial Economic Policy, 1919-39", pp. 497-498.

[123] Ibid. Meredith, "The British Government and Colonial Economic Policy, 1919-39", pp. 498-499.

[124] 前引沃勒斯坦：《现代世界体系》，第 2 卷，第 350 页。

[125] [加] 埃伦·伍德：《资本的帝国》，王恒杰等译，上海译文出版社，2006 年，第 61 页。

[126] 本节有关埃及的内容，除另标注外，参见前引斯塔夫里亚诺斯：《全球分裂：第三世界的历史进程》，上册，第 205—233 页；前引兰德斯：《国富国穷》，第 553—593 页；Charles Issawi, "Egypt since 1800: A Study in Lop-sided Development", *The Journal of Economic History*, Vol. 21, No. 1 (Mar., 1961), pp. 1-25.

[127] Afaf Lutfi al-Sayyid Marsot, *Egypt in the Reign of Muhammad Ali*, Cambridge University Press, 1984, p. 177.

[128] 前引李斯特：《政治经济学的国民体系》，第 81 页。

[129] 前引弗兰克：《依附性积累与不发达》，第 161 页。

[130] Ibid. Marsot, *Egypt in the Reign of Muhammad Ali*, p. 259.

[131] 参见前引兰德斯：《国富国穷》，第 204 页。

[132] 前引麦迪森：《世界经济千年史》，第 108 页。

[133] 前引斯塔夫里亚诺斯：《全球分裂：第三世界的历史进程》，上册，第 247 页。

[134] 前引斯塔夫里亚诺斯：《全球分裂：第三世界的历史进程》，上册，第 254 页。

[135] Richard Pares, "The Economic Factors in the History of the Empire", *The Economic History Review*, Vol. 7, Iss. 2 (May, 1937), p. 134.

[136] 前引弗兰克：《依附性积累与不发达》，第 95 页。

[137] L. S. Stavrianos, *A Global History: The World since 1500*, Prentice Hall, Inc., 1971, p. 333. 此处有关印度棉纺织品进入英国的关税率与同作者《全球分裂：第三世界的历史进程》上册第 254 页提及的 70%—80% 关税率出入较大，不过并不影响总体观点的有效性。

[138] 前引斯塔夫里亚诺斯：《全球分裂：第三世界的历史进程》，上册，第 254 页。

[139] K. N. Chaudhuri, "India's Foreign Trade and the Cessation of the East India Company's Trading Activities, 1828-40", *The Economic History Review*, Vol. 19, Iss. 2 (1966), pp. 348-349.

[140] 前引斯塔夫里亚诺斯：《全球分裂：第三世界的历史进程》，上册，第 257、253 页。

[141] Ibid. Pares, "The Economic Factors in the History of the Empire", p. 133.

[142] Ibid. Bairoch, *Economics and World History: Myths and Paradoxes*, p. 89.

[143] Anthony Webster, "The Political Economy of Trade Liberalization: The East India Company Charter Act of 1813", *The Economic History Review*, Vol. 43, No. 3 (Aug., 1990), p. 410.

[144] Ibid. Pares, "The Economic Factors in the History of the Empire", p. 133.

[145] Ibid. Bairoch, *Economics and World History: Myths and Paradoxes*, pp. 88-89.

[146] Ibid. Webster, "The Political Economy of Trade Liberalization: The East India Company Charter Act of 1813", p. 411.

[147] Ibid. Chaudhuri, "India's Foreign Trade and the Cessation of the East India Company's Trading Activities, 1828-40", p. 357.

[148] 转见前引马克思：《关于自由贸易的演说》，第 204 页。

[149] Peter Harnetty, "The Imperialism of Free Trade: Lancashire and the Indian Cotton Duties, 1859-1862", *The Economic History Review*, Vol. 18, No. 2 (1965), pp. 334-335.

[150] 参见 Ibid. Harnetty, "The Imperialism of Free Trade: Lancashire and the Indian Cotton Duties, 1859-1862", pp. 339-340, p. 336.

[151] Peter Robb, "British Rule and Indian 'Improvement'", *The Economic History Review*, Vol. 34, No. 4 (Nov., 1981), p. 515.

[152] Ibid. Harnetty, "The Imperialism of Free Trade: Lancashire and the Indian Cotton Duties, 1859-1862", p. 339, p. 341.

[153] Ibid. Harnetty, "The Imperialism of Free Trade: Lancashire and the Indian Cotton Duties, 1859-1862", pp. 340-341, p. 344, p. 348.

[154] John Gallagher, and Ronald Robinson, "The Imperialism of Free Trade", *The Economic History Review*, Vol. 6, Iss. 1 (1953), p. 4.

[155] 转见 Ibid. Nye, "The Myth of Free-Trade Britain and Fortress France: Tariffs and Trade in the Nineteenth Century", p. 24.

[156] R. J. Moore, "Imperialism and'Free Trade'Policy in India, 1853-54", *The Economic History Review*, Vol. 17, Iss. 1 (1964), p. 139.

[157] Ibid. Robb, "British Rule and Indian 'Improvement'", p. 515.

[158] 前引斯塔夫里亚诺斯：《全球分裂：第三世界的历史进程》，上册，第 255 页。

[159] 参见 Peter Harnetty, "Cotton Exports and Indian Agriculture, 1861-1870", *The Economic History Review*, Vol. 24, No. 3 (Aug., 1971), p. 416.

[160] 前引斯塔夫里亚诺斯：《全球分裂：第三世界的历史进程》，上册，第 254—255 页。

[161] P. J. Cain, and A. G. Hopkins, "Gentlemanly Capitalism and British Expansion Overseas, II. New Imperialism, 1850-1945", *The Economic History Review*, Vol. 40, No. 1 (Feb., 1987), p. 14.

[162] Ibid. Gallagher, and Robinson, "The Imperialism of Free Trade", p. 4.

[163] 前引斯塔夫里亚诺斯：《全球分裂：第三世界的历史进程》，上册，第 259 页。

[164] Ibid. Robb, "British Rule and Indian 'Improvement'", p. 515.

[165] C. A. Bayly, "State and Economy in India over Seven Hundred Years", *The Economic History Review*, Vol. 38, No. 4 (Nov., 1985), p. 590.

[166] Ibid. Caine, and Hopkins, "The Political Economy of British Expansion Overseas, 1750-1914", p. 479.

[167] 前引斯塔夫里亚诺斯：《全球分裂：第三世界的历史进程》，上册，第 169 页。

[168] 参见 Ibid. Gallagher, and Robinson, "The Imperialism of Free Trade", pp. 1-15.

[169] Ibid. Bairoch, *Economics and World History: Myths and Paradoxes*, p. 41.

[170] Ibid. Bairoch, *Economics and World History: Myths and Paradoxes*, p. 53, p. 171, p. 32.

[171] 转见前引斯塔夫里亚诺斯：《全球分裂：第三世界的历史进程》，上册，第 205 页。

第五章

世所罕见的保护主义：美国成功实施的赶超战略

美国成为世界第一大工业生产国，靠的是我们坚持了几十年的关税保护政策。

——威廉·麦金利（美国第 25 任总统）

　　长期苦心经营的英国固然修得正果而盛极一时，最终却也无可奈何于产业竞争力的持续流失，原因很简单，遭到百般阻挠的后发国已经势不可挡地崛起了。在追赶英国的后来者中，于今视之，美国尤其引人瞩目，理由至少有三。一是与英国相比，美国的发展过程十分迅速，从1776年宣布独立到20世纪上半叶实际赢得霸权地位，前后不过一个半世纪，这比英国的发达过程要短得多。二是作为英国的殖民地，北美的贸易关系和产业发展曾遭受宗主国的强力钳制，就是在立国之后，美国也面临着先已工业化的欧洲列强的诱导、打压乃至战祸，因此，就国际政治经济处境而言，美国的起步条件比不上曾经的英国。三是自从接过英国的世界霸主交椅以来，美国主导下确立的国际贸易秩序以至更广泛的国际体系，至今仍在有效地运行，故而研究美国的发展过程自有一层很强的现实意义。

　　在讨论美国的贸易及经济问题前，首先应当挑明一个基本事实，即美国人本质上就是盎格鲁－撒克逊民族的子孙，美国经济脱胎于16—18世纪重商主义经济学革命时代的英国母体。有识者指出，北美殖民者曾经"渴望将英国的制度移植至美洲的土壤，他们所建立的政府形式、土地制度、习惯法、济贫办法、教会组织，等等，显然属于所继承的遗产"。[1]当然，美国人以后出于立国的需要，有意割裂自己与英国传统的直接承袭关系，"对于英国的过去普遍地健忘，对于自己的白手起家崇敬有加"。[2]这一切完全可以理解，但是，我们不能受其影响而无视历史真相：美国在贸易及经济政策方面实际上承接了英国的重商主义源流。

　　不容忽略的真相是，"殖民地社会和文化在本源与性质上不只是欧洲的，它们几乎完全是英国的，故此，英国的重商主义理念自然为美国的经济撰述者提供了背景"。[3]经济史家提示了两个方面：其一，"看来不容置疑，北美殖民地的经济史具有路径依赖特征"，"美国新的拼图游戏所使用的模块都是英国经济生活中的因素，可以明显看出，这个新图是旧图的翻版"。其二，美国人"青出于蓝而胜于蓝，在逃脱诸如 19 世纪拉丁美洲等其他殖民地的那种'第三世界'处境时，显示了出类拔萃的能力"。[4] 仔细分析历史将不难看出，这两个方面事实上互为因果，美国之所以能够逃脱"第三世界"的厄运，恰恰是因为美国继承了英国的重商主义并且光大了这一传统。

众所周知，北美 13 个殖民地本乃隶属英王的海外领地，其经济活动一直被束缚在英国用重商主义编织起来的帝国体系内。早在 1630 年代，英国议会便制定了一系列最终演变为《航海法》的贸易限制条例，在力图把荷兰等国排挤出对美贸易的同时，也牢牢地捆住了殖民地的手脚。此后，为防备自身利益受挑战，英国人进一步出台各种贸易限令。例如，"按照 1663 年《贸易中心法》，殖民者必须从英国购买所需的大多数制品，其奴隶必须购自英国奴隶贸易商，殖民地的资本和信贷必须依赖于英国的供应，而且殖民者不得采取法律手段减记债务。"[5]

再如，"1699 年，他们通过了《羊毛法令》，禁止将货物运到殖民地以外的地区。1732 年通过了《帽子法令》，也作出过类似限制。"[6] 总之，当时影响北美对外贸易的关键限令规定：运输殖民地任何贸易货物的船舶只能由英国人或其殖民者建造、拥有、管控，船员中至少四分之三须来自英国或其殖民地；殖民地与大英帝国之外任何地方的一切对外贸易必须经由英国进行；某些殖民地产品只能向英国出口，这些特定产品包括烟草、蔗糖、棉花、染木、靛蓝，以及稻米、糖浆、海军补给品等。[7]

单就贸易而言，静态地看，锁定在大英帝国体系内也不是完全无益于殖民地。例如，针对非英国竞争者的保护主义政策，刺激了新英格兰造船业和航运业的发展；英国对于某些殖民地资源性产品的补贴措施，也让部分殖民者获得了利益，靛蓝、焦油、沥青、松脂、木材等生产得到了激励；即使未得补贴的殖民地产品，在进入英国市场时也享受了优先准入和优惠关税待遇。然而，有关限制政策仅在贸易层面也明显给殖民地造成了有形的损失，至少体现为：一、大多数从帝国之外进入殖民地的货物，因必须绕道英国而抬升了成本及售价；二、当面临高价的英国制品与低价的他国制品时，殖民地只能选择受保护的高价英国货；三、也由于绕道英国港口和只能由英国船舶承运等规定，殖民地的出口成本会有额外增加，那些消费需求有弹性、供应有竞争的商品尤其受到压力，而增加的成本压力只能由殖民地出口者自行消化。[8]

那么，比较北美在帝国体系中的所得与所失，结果如何呢？有人通过计算得出结论，如再加上宗主国提供的军事保护，以 1770 年为例，北美殖民地承担的净成本仅为人均 0.42 美元，只占人均收入的 1% 左右。[9] 即使是按照高估者的结论，净成本最多也不过人均收入的 3%。[10] 言下之意，英国统治，尤其是贸易限制，并未给北美造成多大经济负担。

关于贸易限制对北美的负担及其对独立革命的诱发问题，至今聚讼不休。[11] 但不妨先接受上述结论，也理当承认，"到发生革命时，美国经济至少比 1690 年时扩大了 10 倍，比 1630 年代则扩大了 100 倍"，[12] 并可因此相信亚当·斯密所言，"进步最速的殖民地，要算英国的北美洲殖民地了"。[13] 也许还可以进而理解，为什么在 1763 年英国打赢七年战争，即把法国和西班牙这些等而下之的殖民者赶走之前，北美殖民地并没有要求独立。

然而，此后的形势发生了质的变化，英国加紧了殖民管制，如禁止白人居民向西部开拓，禁止殖民地进一步发行纸币，另外还开征糖税、印花税、茶税等多种新税。"就总体效果而言，1763 年以后英国涉及殖民地的政策是束缚性的、危害性的、起反作用的。"于是，执意摆脱英国统治的人数在急速增长，其争取独立的决然态度呈无可挽回之势。乔治·华盛顿 1774 年时宣称："我们真切地希望看到，永远并完全地终结如此邪恶残暴、有悖常理的贸易。"不过，必须看到，当时的所谓贸易问题实际上还牵涉一个更为核心的方面，那就是工业或称制造业的发展问题，在矛盾上升时期，这个分量更重的问题也被带到了前台。"一个问题已经凸现，英国的重商主义从未找到过解决方案，该问题的焦点就是 [殖民地] 北部地区发展当地制造业的态势。"[14] 所以说，一切工业都垄断在宗主国手中，这就是美国革命的主要原因之一，至于波士顿茶税事件无非是根导火线罢了。[15]

在英国的重商主义帝国体系中，包括北美在内的殖民地被赋予的角色不过是：向宗主国供应本来需要从体系外进口的物资，以提高帝国的自足程度；为体系外对象生产并出售行销产品，以增加宗主国的出口收益；为宗主国的制品提供现成市场，以增殖其工业产能和利润。出于这样的基本定位，殖民地经济永远按照宗主国的需要来调控，作为一个依附体，殖民地只能被动地接受被分派的生产和消费角色。帝国体系中的贸易管制本质上等同于强加于人的自由贸易，目的都是要钳制弱者的产业发展、巩固强者的垄断地位。因此，对北美真正的要害措施在于与贸易管制关联的产业钳制。

早在 1670 年前后，英国重商主义者蔡尔德和达维南特就宣称："北美殖民地是所有海外殖民地中危害最大的殖民地，因为它们正在建立自己的工业。"以后到 1770 年，英国首相皮特声明："在殖民地区，就是一个马蹄钉也不准制造。"凡此种种，无不鲜明地映照出"英国处心积虑反对别国建立工业"这样的一贯态度。[16] 史家根据北美殖民地的实际情况总结道："英国政策中没有更重要的成分，不过就是，坚定不移地延缓或防止在美洲发展某些产业，假如它们也生产那些英国出口利润最大的产品，主要如布料、铁器、帽子、皮制品。……英国的政策产生了强大的延误性影响，其所设置的障碍是广泛和可畏的。英国法规限制了美洲的羊毛、制铁、帽子产业，殖民地不能向来自英国的进口品征收保护性关税，不能经营铸币厂，也不能组建制造公司或设立商业银行，这些机构对于制造业的进步却是必不可少的。"[17]

尽管如此，到独立革命时，北美还是形成了几个颇具规模的大型产业，如造船业、木材业、冶铁业。以主导产业为例，"多数造船业集中在新英格兰，那里的制造成本比欧洲要低 30%—40%。1760 年时，殖民地每年能制造 300—400 只小船，挂着英国国旗航行的船舶有三分之一是在美洲建造的"。[18] 但毋庸赘言，除了违抗禁令私下发展的部分外，殖民地工业照例多在宗主国的掌控范围内，只能被锁定于帝国体系内的分工安排，从事着主要依赖于宗主国市场的所谓"商用制造业"。"大多数商用制造业都密切对应外贸需求，包括了海军补给品加工厂、绳索制作厂、帆布与制帆厂、炼糖与制盐厂、锚链锻造厂、制桶工场、木材厂、酿酒厂、铁匠工场、制鞋厂、木工场、货物仓库、造船厂。"[19] 这些产业可以利用本地丰富低廉的资源来经营，但终究只能服从英国利益，按照英国的特定需要向英国出口，而绝不能对之构成竞争和危害。"美洲的产物是要补充宗主国的产物而不是去和宗主国的产物进行竞争"，[20] 这是一条至高无上的原则。

有鉴于帮宗主国创造财富、为宗主国拾遗补阙这一从属性定位，越是英国在工业化方面取得进展之时，北美被安排的产业角色便越限于初级与特需物资的生产，对于其任何自发和自主的工业化动向便只会防范得越加严厉。"在很多时机，殖民地试图设置保护性关税，但大多数这些尝试均遭到否决。"[21] 围绕产业发展的矛盾于是日益尖锐化。站在殖民地的立场上看，"如果英帝国不允许成长和扩张，不能解决北美经济的核心问题，殖民地人就不得不自行拿起主宰自己经济发展的权利和权力，他们就发现有必要创立一个新政权，借以促进美洲的航运与商业，保证殖民事业持续发展，尤其是激励本地制造业的成长。因此，英国重商主义所酿成的另一结果就是美国革命，以及随后在大西洋彼岸一个新的重商主义国家的创立"。[22] 请注意，这里把美国革命视为英国重商主义逼出来的结果，把独立的美国定性为"一个新的重商主义国家"，无疑都是十分准确的。

一、选择去自由化的美利坚体制

从政治独立走向产业壮大、经济强盛乃至独霸天下，美国可谓是这个世界超级成功的特例，然而，它最初的发展道路也非顺畅易行。但美国拥有一个颇为特殊的有利起点，即"如此长久地生活在重商主义的统治下，所以已经耳濡目染了重商主义理念"。[23] 北美殖民地与英国人抗争时采用的拒绝进口的办法，曾经刺激了殖民地的进口替代制造业，最晚在 1750 年代，工商阶层就已相当了解进口替代制造的潜力，视之为获得更大经济主权的重要战略，故而他们希望能够延续拒绝进口的做法。[24] 与英国人同文同种，加之英国统治下的历练，可以说让美国人获得了独特的优势，特别是其"关于重商主义政府之职能与作用的思想，也直接具有宗主国的渊源"。[25]

相比之下，受西班牙和葡萄牙殖民的南美各国便显得先天不足。"正如任何高明的英国古典经济学家会建议的那样，[南美] 这些粗制滥造的政治实体仍然靠自己的比较优势吃饭。……亚历山大·汉密尔顿鼓励年轻的美国发展制造业，与欧洲一较高下，而巴西的凯鲁子爵却迷信'看不见的手'，反复念叨'自由放任，自由通行，自由买卖'这几句话。这样，南美国家在独立后，仍像以前那样在经济上依附于先进的工业国家。"[26] 与此对照，汉密尔顿在 1787 年就曾清醒地写道："欧洲借助于自己的军队和谈判，借助于武力和欺骗，已在不同程度上对其他三大洲施展统治。……欧洲长期保持的优势，诱使它想自诩为全世界的主人，而且认为其余的人类都是为它的利益而创造的。……为了人类的荣誉，教育那个傲慢的兄弟谦虚一点，就是我们的事情了。"[27] 在追溯美国为何以及如何探寻一条自主有为而非软弱依附的发展道路时，不应忽略了这一精神背景。

立国之初遭遇英国廉价工业品的入侵

美国在探寻自主有为的发展道路时经历了诸多挑战，首先是来自英国的贸易冲击。此前，在北美独立战争期间，经济困苦尽管有所增加，但"由于出口与进口的下跌，进口替代兴盛了起来，殖民地经济在相当程度上变得更加自给自足。例如，在费城，将近 4000 名妇女受雇在家，为新建的纺织厂纺纱。在啤酒、威士忌及其他家酿酒类的生产中，类似的刺激也导致工场数量陡然增加。美国的资源转向与进口相竞争的产业，这在沿海和主要港口城市表现得尤为强烈"。[28] 当时，对英贸易阻滞和战争刺激下得到发展的行业，除纺织和酒类外，还包括玻璃制造、面粉加工、印刷造纸等。

不过，国内生产力的提高一时还比较有限，尚无法满足居民对工业品特别是高档工业品的需求，因此，"1783 年《巴黎和约》签署后，随着英美两国恢复正常贸易，英国的制成品便潮水般运销美国。在波士顿、纽约、费城等港口，每天都有满载英国货的商船驶入"。据统计，1784—1786 年，美国从英国进口货值超过 759 万英镑，而同期向英国出口货值不足 249 万英镑，贸易逆差显然十分巨大。更严重的是，北美独立前尚可依靠出口和航运所得，以及从英国殖民当局的开支所得，以此支付进口的英国制品。但独立之后，原先帝国体系内的优惠安排不复存在，各行业相反还受到英国的严厉限制，包括向美国输英产品征收高关税，禁止美国的商船和产品进入本属出口主渠道的西印度群岛等地区。这些问题加剧了贸易逆差下的货币流失及紧随而至的百业萧条，用汉密尔顿的话说："商业已衰败到了极点"，实际上，1786 年爆发的"谢司起义"等国内骚动都与此有着直接的因果关系。[29]

　　当时英国商品的涌入还不是一般的自由输入，实则包含了通过倾销摧毁美国弱小工业的企图。据载，"那些与英国厂商联系密切的商人，愿意将大量的英国五金、陶瓷、纺织品等以低价在美国市场'倾销'。"[30] 美国一位国会议员说："我们曾经按照现代理论家的劝告，从价格最低的地方买进我们需要的东西，结果国外商品泛滥于我国市场；英国商品在我国口岸城市的售价比在利物浦或伦敦还要便宜。我们的工业濒于毁灭，我们的商人，哪怕是曾指望靠进口贸易致富的那些人，也陷于破产的境地；所有这些现象对农业又造成了极大损害，因此土地价格极度低落，致使地主也普遍破产。"[31]

　　须知，英国产品倾销而入、自由畅行之日，正是美国工业羽翼未丰、无力抵抗之时，结果可想而知。像造船这样的主导产业也在英国的围堵下难免萎缩，独立前，马萨诸塞年均造船 125 艘，可到 1784 年已降至 45 艘，1785—1787 年每年仅造 15—20 艘。对于这个北美"逆子"，英国自然是乐见其败，乐促其垮。英国人断定，美国商人注定要购买英国货，而初生的邦联又无力报复，故此可以"有恃无恐地对美国采取严厉的商业限制措施，将其贸易和海运置于英国控制之下"。1784 年为摆脱困境而前往欧洲商谈订约的托马斯·杰斐逊致信友人："我们提出的 [平等] 通商建议受到英国人的嘲笑……他们对我们的敌视目前要比战争期间更加强烈。"立国之艰辛可见一斑，史家公认，1781—1789 年的邦联时期是美国在经济、政治、外交上均极度困难的岁月，而危机的直接原因就是战后英国货的大举涌入与冲击。[32]

　　英国商品能够畅行无阻，与美国独立初年国家体制的缺陷紧密相关，1789 年之前，草创的美国不过是一个由主权州结成的松散邦联。该政治制度的经济后果是，邦联政府缺乏管制内外商业的必要权力。除了各州互设壁垒甚至互打商战外，更要命的是，在关税保护或自由贸易问题上，州与州立场的不一致为外国列强留下了可乘之机。纽约、宾夕法尼亚及新英格兰地区数州先后颁布了关税法案，以图保护本州制造业及航运业。[33] 可是，南方其他州却顾及消费者利益和农产品出口，坚持自由贸易，反对征收关税。各州立场有别本属正常，但在邦联体制下更易造成对外无法统一行动，甚至反而相互拆台的局面。例如，"马萨诸塞、新罕布什尔等州为保护其航运业，禁止外国商船进入其港口，但另一些州的港口却为之敞开大门。这使得英国货能乘隙而入，通过这些州转运至其他地方。"[34]

再如，邦联政府"原本打算向进口商品征收 5% 的关税，以确保国家政府的收入，但当纽约提出国会无法接受的诸多条件时，这一计划只得作罢。没有各州的一致通过，有关举措便无从执行"。如此散乱松垮的邦联政府根本无法履行职责，"外国列强相信美国手无缚鸡之力，所以并没有把它放在眼里"。[35] 英国人拒绝撤离美国境内的堡垒，还支持分离主义活动，西班牙人也霸占山河、为所欲为，如此这般面前，美国尚且忍气吞声，再向你贱卖点商品又有何妨呢？称"凡能伤害一个独立国家尊严或降低其品格的事情，我们差不多都经历过了"，"还有什么没有成为我们普遍不幸的悲惨事实呢"？[36] 揆诸史实，立国之父如此痛切陈言，丝毫没有过甚其词。

汉密尔顿力主借贸易保护走工业化道路

面对邦联丛生之积弊，"联邦党人"开始推动建立相对集权的强势联邦政府，并于 1789 年成立首届联邦政府。"乔治·华盛顿在就职仪式上穿了一套国产康涅狄克宽呢服装，颇有象征意义地支持美国制造业，只是当时没有什么制造业可以支持。"实际上，华盛顿固然功高望重、坚毅淡然，治国韬略却嫌不足，真正奠定美国强盛根基的"立国之父"当数亚历山大·汉密尔顿，美国之所以能够走上一条自主有为的工业化道路，端赖这位有洞察力、有创造性、务实能干、坦荡清廉的奇才。作为联邦党人领袖，他最早指出邦联的无能，为宪法和联邦的诞生贡献至巨，而在财政部长任上，更是确立了美国财政、税收、国债、银行、证券、贸易、工业等诸多方面的制度及实体。"他比其他任何立国之父都要远为清晰地预见了这个国家的有形状态。"[37]

汉密尔顿的经济政策思想包括：鼓励商业并兴办工业已成为近代欧洲

各国的国策，美国也应迅速改变农业国地位，发展为一个工商强大的国家，如此方可谋得国家的独立和富强；现有国际体系中并不存在真正互惠的自由贸易，若以初级产品交换国外制成品，而不是依靠国内生产来满足对制成品的需求，将导致农业国财富的流失；打造权力集中的统一联邦是美国发展工商业的基本前提，国家通过"积极的贸易政策"和其他限制或鼓励政策，可有力地促进制造业发展；使用机器等技术手段是提高总体生产率、增加总产量的重要手段，应当鼓励技术装备的引进；美国资源丰富，在发展制造业的同时也应综合发展其他产业，商贸和航运尤可推动制造业和整个国民经济的进步，并让美国成为一个海洋大国；美国应当在平等的基础上与英国恢复并发展经济联系和友好关系，特别应当仿效建立英国式的财税和金融体制。[38]

应当说明，是曾有人用文本比较的方法证明，汉密尔顿阐述本人经济思想时较多引述过亚当·斯密的词句。[39]但且莫以为汉密尔顿"与重商主义已有很大差别，受到了亚当·斯密古典经济学的很大影响"，[40]毕竟引用某些具体言辞与采纳总体政策结论还是两码事。还是熊彼特的判断更符合实情，他认为汉密尔顿"很熟悉斯密派经济学（不仅仅是斯密本人的经济学），事实上熟悉得可以根据自己对实际可能性和必要性的看法来改造这种经济学，熟悉得觉察到了这种经济学的局限性"。[41]有自由贸易论者倒是说得直截了当，汉密尔顿的经济政策思想不过是"英国那套重商主义旧体系，按照美国的情况加以改变和调整而已"。[42]不错，汉密尔顿的确是逆斯密经济学而进，行重商主义之道。

从一国发展道路抉择的角度观察，汉密尔顿留下的政策印记首推有关幼稚产业保护与奖励的思想，这集中体现于他在保护主义者坦奇·考克斯协助下于1791年主持撰写的《关于制造业的报告》。该报告本质上"提出了以政府经济发展政策为基础的动态比较优势理论"，[43]强调为摆脱非互惠的自由贸易，应当发展制造业。由于制造业领先国在技术、资金、市场等方面的先期优势，由于农业国居民创业的惰性和困难，等等，"要维持一国新兴产业与另一国成熟产业之间的竞争，在大多数情况下是不切实际的"。故此，为发展美国的制造业，应至少采取11种保护和奖励措施，包括：征收保护性关税、禁止竞争性产品输入、禁止制造业原料的出口、向制造业发放补贴和奖金、免除或返还制造业原料进口税、鼓励发明并引进新技术和机器、加强对制成品的质量检验、提供便利的汇兑和信贷、改善国内交通设施。[44]

汉密尔顿权倾一时，深得华盛顿信任，加之一切都在建制定规阶段，后以强大工商业立国的美国蒙其恩惠何其深厚！史家论道：汉密尔顿"证明了自己有未卜先知之明，如今看来他似具有透视未来的洞察力，但这并非因为他能看到未来，而是因为他能创造未来。"[45]贸易学说史家也承认，汉密尔顿对于幼稚产业的讨论，"比此前任何著述者都要更加翔实"，他对政策工具的研究"相当有见地"。[46]然而，另一方面，随着美国由弱变强的完成以及贸易战略的转换，"经济思想史已经慢慢地被新古典的镜片过滤"，[47]于是乎，汉密尔顿的重大贡献居然得不到应有承认。[48]国际贸易专家近期论及道格拉斯·欧文出色的贸易学说史著作时还指出，连欧文这样有见识的美国作者尚且"没有给予亚历山大·汉密尔顿的创新和深刻见解以足够的评价"。[49]此点不能不察。

汉密尔顿代表的保护主义政策无疑受到了美国国内正在成长的工商力量的呼应。比如，1789年美国北部一些州的商人和工场主联名向国会请愿，要求联邦政府支持和保护国内制造业；1792年，在波士顿和巴尔的摩等十几个城镇先后成立了以兴办制造业为宗旨的制造业协会。[50]在此背景下，联邦首届国会通过了涉及关税、吨税和消费税的法案。其中有关吨税的立法，要求外国建造、外国拥有的船舶在入境时支付每吨50美分的税费，而对于美国建造、美国拥有的船舶仅征收每吨六美分。部分由于这一歧视性立法，美国人拥有的商船吨位在1789—1793年即增加2.5倍以上，美国商船总吨位超过了英国以外的任何国家。到1800年，美国人拥有的商船总吨位已比1789年增长5.4倍，美国外贸航运收入已比1790年增长5.2倍，"如果按人口比例计算，美国已成为世界第一航运大国"。[51]

与此同时，美国的出口在1792—1795年增加了一倍，到1801年再翻一倍。当然，美国的出口主要包括粮食、棉花以及转口货品。"随着贸易兴盛带来的收入向整个经济扩散，美国经历了出口导向型增长。"[52]由商贸与海运带动的经济繁荣也得利于1793年英法开打拿破仑战争后，美国采取了中立政策，包括通过克制和签约，先后避免了与交战双方严重的战端，从而就如日后两次世界大战时那样，抓住了天赐良机。在回顾美国初期的商业繁荣时，不应忘记，美国的商业立法几乎照搬了英国的重商主义做法，19世纪初纽约州的首席法官就曾明言："国会1792年、1793年管制航运和渔业的法令与[独立革命前]乔治三世时的英国法规一脉相承"。[53]

　　然而，保护主义及务实外交未能给制造业带来可与航运业媲美的立竿见影效果，除了商业繁荣对于制造业的挤出效应外，部分原因是制造业的发展要复杂许多，起效也缓慢许多，超过了当时的乐观预期。汉密尔顿本人在1790年代初就曾积极组织过一个大型纺织项目，但还是归于失败。"联邦政府成立前后，新建的一些较大规模的制造业工场几乎全部倒闭，余下的也陷于严重困境。"所以，在1801年的326家股份公司中，只有八家属制造业，仅占2.4%。[54]此外，当时对于关税手段的作用仍嫌估计不足。根据1789年通过的首个联邦关税法令，在81种应税物品中，对30多种征收特种关税，其余则征收7.5%—15%的从价税，而对于许多未列举的进口物品仅征收5%的从价税，总体的税率很低，平均不超过8.5%。当然，此后在1790年、1792年、1794年都提高过关税，其中，1792年对多数种类的货物关税还提高了50%。[55]可是，这些关税依然不足以抵挡欧洲商品的冲击并扶持本土工业的成长。

　　或许汉密尔顿也要承担一点责任，毕竟他曾担心过把"关税增加到有害的过分程度"，他认为，"过高的进口关税会造成普遍的走私倾向，往往不利于正当商人，最终也不利于税收本身。这种关税会使社会上其他成分不适当地从属于工业阶级，给予后者过早垄断市场的机会。这种关税有时迫使工业离开其比较自然的渠道，进入其他比较不利的渠道，最后还压迫商人，商人往往必须自己付税而不能从消费者身上取得报酬。"[56]这些话本身句句在理、字字珠玑，但由政策实效反观之，也许在欧美工业力量过于悬殊的情况下，两害相权，尚应对所谓"过高"的进口关税更宽容些。汉密尔顿更青睐于以补贴和奖金手段鼓励制造业，也反映了他对保护关税的作用在认识上尚有小小的不足——当然这是事后的苛责。

杰斐逊却崇尚以农业立国和自由贸易

美国初期制造业发展起色不大，关键原因还应到汉密尔顿之外去寻找。其时衮衮诸公毕竟难以跟上汉密尔顿的步伐，在他们看来，汉氏的"新意显得令人不安，简直就是空想，因为这位胆识过人的财政部长远远超前了"。[57]当时美国政治圈中，自由贸易论大有市场，许多领导人"发现自由贸易论与那些激发美国反抗英国的有关理念正相契合"，[58]也即政治自由理应延伸为经济自由和贸易自由。与此同时，还有实际利益在发挥作用。国会中大多数南方议员认为，政府鼓励发展集中于北方的制造业只会增加南方负担，故而群起攻击汉密尔顿的主张。同时，北方议员中虽不乏腰缠万贯的大商人，却没有一个是制造业工场主。于是，"汉密尔顿精心制定的报告在国会却受到冷遇，被长期束之高阁。"[59]

但最要害的问题是，同为"立国之父"的托马斯·杰斐逊在国家发展道路上的抉择立场与汉密尔顿简直南辕北辙。他主张美国应当"以农立国"，建立一个以自由小农为主体的民主共和国，避免走西欧那样发展工商业和建立大城市的道路。他的名言是："让我们的工场仍设在欧洲吧！最好把粮食和材料运送给那里的工人，不要让他们前来寻找，免得把他们的生活方式和原则也一同带过来"；"城市中的乌合之众对纯洁的政府能做的贡献，与人脸上的痤疮对强健的身体所起的作用没有两样"。基于如此这般的想法，杰斐逊崇尚小政府，"不主张由政府出资鼓励制造业，认为这有悖于自由经济原则"，同时他崇尚自由贸易，认为"斯密的《国富论》乃经济学中最好的著作"，并相信各国都应努力生产大自然赐予的产品，以之互通有无、自由交换。[60]与此相关，杰斐逊重视与法国的关系，厌恶金融银行业，倾向于让各州保留更多权力，强调拓展西部而非面向海洋，等等，这些与汉密尔顿思想反差很大的政策观念在此不必细说，但它们无疑增加了美国初期发展中的复杂性和曲折性。

杰斐逊率共和党人赢得1800年大选，次年开始当政，结束了此前十年实由联邦党人治理的时代。历史地看，联邦党的内外政策成效卓著，但长远利好未必当下讨好，特别由于税收等方面的政策，联邦党既在丧失民心，复又内部分裂。史家承认，"汉密尔顿在经济、金融、政治方面都是一流的思想家，在实务和行动上，他是游刃有余且精力充沛的军人、律师、金融家、行政家、政治家"，可是，"杰斐逊是个比汉密尔顿更聪明的政客，虽然在治国才能和经济见识方面要逊色不少"。[61] 还应看到，1800 年的美国，农业人口尚占绝对多数，杰斐逊的共和党凭借其重农亲民路线和旗鼓大张的宣传，争取到了民众普遍的支持。相比之下，"汉密尔顿通常指控其敌手阿谀奉承人民，这种乡愿把戏他是玩不了的。"[62] 此外，其时制造业主和城市技工也因官方鼓励制造业的政策成效不彰，而在发生政治转向。

随着联邦党的败退，主政的杰斐逊把"鼓励发展农业""商业乃农业婢女""让制造业放任自流"之类的理念，统统带到了政策前台。1801 年初，正当国会讨论关税政策时，几乎每天都有请愿书送达。纽约的制造业主呼请政府协助兴办本国制造业，盼望政府设置保护性关税，借以抵制外国货特别是英国货的冲击。"然而，无论是国会还是杰斐逊本人，对这些请愿都未予应有重视。"本来，鉴于外国制造业的激烈竞争及不足以提供有效保护的关税率，美国的新兴制造业已举步维艰，较大的制造工场纷纷倒闭，仅剩下手工作坊苦苦挣扎。如今，碰上杰斐逊只热心于农业，对制造业袖手旁观，其后果必然是雪上加霜。面对时局，1795 年已去职的汉密尔顿感叹无比："在美国，恐怕没有谁比本人对宪法和联邦作过更大贡献，时间却一天天证明，这个美国社会已非为我所建"。[63]

然而，美国并未走上"以农立国"的落伍歧途，直接的原因有正反两个。从正面看，共和党政府中的财政部长艾伯特·加勒廷通晓经济并且实事求是。杰斐逊曾出于政治动机命加勒廷彻查汉密尔顿和财政部所有账目，想不到加勒廷没有发现任何疑点，反而对汉密尔顿肃然起敬，声言自己"发现了从未见过的最完善的财政制度，任何改变都会有损于它"。作为共和党中"最早认识到制造业重要性并主张政府予以支持和保护的人"，加勒廷在1804 年的财政年度报告中建议过提高某些产品的关税。[64] 后经多次调整，"到1804 年，通常的关税已提高到 17.5%"。[65] 当时的阻力还是不小的，尽管国内工业家事前用尽一切方法来说明提高税率的必要，但利害相左的各派势力坚称自由贸易有利、提高关税有害，"最后只是由于关税收入不足，才不得不实行了这个措施"。[66]

随后，在加勒廷提议下，"1806 年国会通过了禁止玻璃、皮革、铁钉进口的法案，以便对这些制造业实行保护"。1808 年，加勒廷还向国会提交报告，以图通过交通设施等"内部改善"，不仅服务于农业和商业，而且"有力地促进国内制造业的成长"。可惜的是，由于杰斐逊并未给予支持，有关计划未能获得国会采纳。[67] 总体而言，缺乏支持特别是缺乏足够保护性关税支持的美国制造业仍然岌岌可危。到 1810 年论及制造业问题时，加勒廷还在强调："人们相信，即使现在，美国制造业所要克服的唯一重大障碍，还是来自欧洲最大工业国的巨额资本，它使欧洲商人能够得到期限极长的贷款，得以从事低利销售，有时还能亏本销售"。[68] 然而，美国终究没有"以农立国"，从反面看，也是由于杰斐逊——尽管这有点歪打正着，令人在历史的玩笑面前啼笑皆非。

禁运、战争和高关税让美国走上正轨

作为法兰西的崇拜者，杰斐逊深受重农学派影响，进而认为在贸易交往中，"工商业国必定依赖农业国才能生存"，因为前者输出的是仅供少数人使用的奢侈品，而后者输出的是供多数人消费的必需品。按照这个逻辑，农业国不怕割断外贸关系，禁运乃农业国对付工商业国的有力武器。以此为思想基础，当英法交战中美国的中立地位难以维持，特别是大量美国舰船遭英国海军劫走后，杰斐逊即推出了自 1807 年底生效的《禁运法案》，全面断绝对外贸易联系，借以继续避战并教训对美敌视的英国人。禁运固然造成英国国内粮棉货紧价涨，并使英国原供出口的制成品滞销价落，但美国的眼前损失也很大。美国财政部统计显示，出口在 1808 年大跌 79.3%，进口也下跌 58.86%。[69]

结果便是，美国国内小麦、烟草等农产品价格大幅下滑，联邦财政收入从 1808 年的 1706 万美元锐减到 1809 年的 777 万美元。沿海地区的商贸、航运以及民生受到严重打击，南部和西部的农业经济也蒙受较大损失，连杰斐逊自己的种植园也负债累累。在一片民怨中，看来被教训的首先不是英国人，倒是以杰斐逊为首的共和党人，于是，他们只得改变不切实际的经济想法，尤其是开始向汉密尔顿重视制造业的路线回归。杰斐逊在其最后一篇国情咨文中即承认："我们面临的这一形势，迫使我们把一部分力量和资金用于国内制造业和交通的改善。"詹姆斯·麦迪逊 1809 年继任总统后，一方面立刻调整自我封锁的禁运政策，另一方面则明确指出，应当"促进国内制造业的加速发展，借以在一些基本制造业产品上摆脱对别国的依赖"。[70]

　　需要指出，杰斐逊确曾表述过"禁运可以直接鼓励国内制造业生产"这样的想法，[71] 然而，鉴于当时的外交形势、他对制造业长期的抵触态度、禁运实际发生的高昂代价，而且，鉴于本可以通过诸如高关税等手段更好地徐图实现有关目标，故此，很难说杰斐逊真的是为了发展美国的制造业而实施禁运的。杰斐逊在总统任职末期，尤其是在退职后，的确改变了自己对制造业曾经的轻视，这至少有他 1815 年、1816 年的两封信为证。[72] 可是，不能因此颠倒时序而说："作为一个官居顶峰的反汉密尔顿主义者，在总统任内，他却基本上变成了汉密尔顿主义者"，[73] 这毕竟有违真相。然而，不管是"正着"还是"歪打"，杰斐逊的禁运对美国制造业而言肯定是个否极泰来的转折点。

　　从禁运的自我封锁，再到商务和边境矛盾激化所导致的 1812—1814 年第二次英美战争，包括其间英国对美国港口的封锁，所有这一系列隔断贸易的事件，除了激发美国民族主义情绪的上升、触动共和党与联邦党政见的合流外，最主要的是，确确实实让美国的制造业获得了自由贸易状态下难以具备的成长条件，这是值得一思再思的问题。史家这样解释："即使杰斐逊的禁运并未成功地迫使英国的限制性贸易政策发生逆转，但它可能歪打正着。沿海地区特别是港口城市的失业和经济困难固然无可否认，而且很多人无疑遭受了严重的收入损失（这也是杰斐逊在大选中被麦迪逊击败的重要原因），可是，国内的制造业开始成长了。……禁运和封锁意味着不仅美国不能与外国人贸易，而且外国人也不能与美国贸易。如此一来，如果美国人想要继续消费某些产品，他们就只能自行生产。于是，美国开始发展进口替代产业，尤其是纺织业，这些行业吸引到了商业资本，毕竟商

业资本已无法像通常那样投入对外贸易中。"[74] 表 5-1 所列 1800—1819 年间
美国制造业的设厂情况可为此提供具体佐证。

表 5-1　杰斐逊禁运和第二次英美战争时期美国新开工厂数

单位：家

年份	金属和机械行业	化工行业	纺织行业	全部行业汇总
1800	1			1
1801				
1802				
1803	1			2
1804				
1805	2		1	3
1806				
1807	4			4
1808	1		5	7
1809	1	5	18	26
1810	3	7	17	30
1811	5	5	30	41
1812	11	3	35	48
1813	5	1	57	66
1814	12	5	105	128
1815	5	1	64	78
1816	6		18	26
1817	3		5	8
1818	2	1	10	12
1819	2	1	6	8

资料来源：转见 Jeremy Atack, and Peter Passell, *A New Economic View of American
History: from Colonial Times to 1940*, W. W. Norton & Company, 1994, p. 122.

历史的吊诡之处在于，杰斐逊实施的禁运恰恰迎来了他所担心的，同
时却是其政敌汉密尔顿所盼望的东西，这就是工业化的真正启动。"历史证

据表明，当美国人被迫与通常的供应源割断关系后，他们在1808年相当成功地转向制成品生产。"事实上，美国的工业化看来已然很有起色，连杰斐逊都要把这一效果标榜为本人政绩，一些支持者甚至敦促他，"不管欧洲政治最后如何收场，都应准备延续这些限制进口措施"。[75]有意思的是，按照所沿用的1804年修订的关税率，美国工业本来与英国工业对抗时，仅能勉强维持现状，"如果不是因1812年宣战而实行禁运，则毫无疑问，美国的工业面对英国的竞争，原将完全崩溃"。[76]表面看，这一切有点像是天佑美国，但依照自由贸易和保护主义各自的逻辑，看似歪打正着的事情其实包含了一条日后将以各种形式反复展示的规律，即产业层次明显落后的新兴国，只有在一段时间里采取诸如保护关税这样的隔断措施，才能为自己创造基本的工业化成长条件，而若与工业优势国尤其是垄断国进行自由贸易，则绝不能做到这一点。

因此，史家普遍相信："《禁运法案》和英国的封锁都扮演了保护性关税的角色，使得新英格兰工业在1812年战争爆发之前和战争期间飞速发展。"[77]对于贸易与产业间的这种关联性，英国人当然早已精通，所以美国独立之后，只有到新大陆工业化启动后的此刻，美国才真正"引起了英国政府和工商资产阶级的不安"。基于同样的理由，随着英美《根特和约》在1814年底的签订，英国人再次"不惜以低于成本的价格向北美倾销商品，想以此来摧毁美国新兴的制造业"。[78]可与此同时，1815年初，美国自己竟然通过了一个法令，规定"只要任何一个外国取消了对我国采取的差别关税和抵偿关税"，美国也将给予同等互惠。[79]然而，当时的美国何来对等互惠地与英国开展自由贸易的实力？显然，美国还需要继续领受点教训，才能真正成熟地迈上正轨。

当时的国际格局是，随着1815年欧洲战场上拿破仑战争的结束，各国特别是英国立马下手抢占此前丢失的市场，这使得美国一方面对欧洲出口遇冷，另一方面国内市场又充斥廉价欧洲产品。例如，"在1815年，有7100万码英国棉纺织品涌向美国市场，这相当于当时美国国内产量的四分之三还多，造成纺织品价格急剧下跌。而进口货价的跌幅特别严重，1814—1815年跌去15%，1815—1816年再跌20%，1816—1817年又跌

15%。相比之下，国内价格这些年总的跌幅不足 9%，就这样，国内产品面临着进口货的严峻竞争。"这里除有欧洲经济规模大、劳动成本低等原因外，显然又有英国恶意倾销的因素。英国一权威人士 1816 年在议会作证时指出："汹涌的英国货……低于基本价进行销售。"同年英国财政大臣也明言："战后首批出口经受了损失，为的是通过充斥市场，把美国那些危险的制造业扼杀在摇篮里，正是战争才让这些产业违背事物的自然法则，强行冒了出来。"[80] 史家也提到，当时"英国出口的棉布在 [美国] 东部沿岸港口寄售，经常用低价拍卖的方式争取快速售出"。[81] 此期的情况概而言之就是：美国的纺织业及"其他制造业原本利用减少对英贸易的有利时机获得了发展，恢复和平后，这些行业却面临巨大困难，许多企业只得倒闭"。[82]

面对外国商品再次涌入、制造企业陷入困境乃至纷纷破产的局面，美国工业界要求政府设置更高的保护性关税，"国会中也有普遍共识，认为需要出台某种类型的关税，以便促进调整"。[83]1816 年《关税法》就是在这种背景下出台的。当然，1794—1816 年，国会总共通过了修正关税的 24 部法案，[84] 但"1816 年前的各种关税，仍着眼于增加国库收入，仅仅起了附带的保护作用"。[85] 所以，只有 1816 年《关税法》才被认为是"美国历史上第一个保护性关税"。[86] 此后，美国在保护关税问题上固然仍不免摇摆起伏，可这个年轻的国家及其年轻的工业已在大政方向上踏准了一条去贸易自由化的发展道路。尤应关注该发展过程中出口与工业化的背离关系，即出口量不增反降，工业化却扎实起步。"重要的转型正在启动，虽然人均出口值在 1815年后下跌了，但这很可能标示着人力和物力在向国内渠道重新配置，这些变化最终将促成工业化。"[87] 类似现象在英国伊丽莎白一世时期也曾出现过。

美国在艰难曲折中摸索到的这条通向富强的道路，实际上就是美国精英所谓的"美利坚体制"。早在联邦建立前，汉密尔顿就希望："但愿美国人不屑于做大欧洲的工具！但愿 13 州结成一个牢不可破的联邦，同心协力建立起伟大的美利坚体制，不受大西洋彼岸一切势力或影响的支配，相反还能提出新旧世界交往的条件！"[88]

在此后的探索中，与联邦党人合流的新共和党人继续光大美利坚体制。先任众议院议长、后任国务卿的亨利·克莱一改原先支持自由贸易的立场，重申"美利坚体制基于两个原则：工业化和贸易保护"。他坚持认为，"穿本国生产的服装符合每个美国人的利益"，强调抛弃自由贸易和自由放任原则，通过关税保护政策，鼓励制造业"奋发有为，使我们彻底摆脱对外国的依赖"。国会共和党领袖、后任国防部长的约翰·卡尔霍恩也指出："政府之所以必须对经济实施保护，首先是因为国家的主要对手英国的天然经济竞争，还有英国民族主义者对美国迅猛发展的嫉妒。"曾经为自由贸易而战的斗士丹尼尔·韦伯斯特后来也开始大肆赞扬关税对东北部各州制造业的刺激作用，发誓"不再信赖斯密这样的哲学家，不再信奉后来作为'政治经济科学'而提出的自由放任学说"。如此等等，足见美国的主流界就发展道路的选择已经形成共识。简言之，保护性关税，作为鼓励制造业发展的有效手段，已从有争议的权宜之计提升为美国的核心国策，不管是工商人士还是主流经济学家和有影响力的政治家，都已站到这一立场上。"及至1828年，美利坚体制的观念已成为国内占主宰地位的信条"，"在独立半个世纪后终于将国家牢牢地纳入工业化轨道"。[89]

二、内战前的纺织业与关税保护

在美国内战前的产业发展中，如同英国一样，首先值得考察的是纺织业，不仅因为这是当年世界上技术先进、需求庞大的战略性产业，而且因为正是"棉纺织业在1812年战争到内战之间把工业革命带给了美国"。[90]其实，在当年紧随英国的所有"新兴工业化国家"中，从纺织业入手推进本国工业革命基本上是一条普遍的路径。[91]

北美本来并无像样的纺织业，独立前夕"从英国输入的纺织品每年多达1300多万英尺，价值约80万英镑"。[92]殖民地的衣着需求对宗主国的依赖程度极其严重，以至独立革命时还有人担心，北美人将只得赤身过冬了。也因如此，汉密尔顿立国未久亲自推动制造业时，选定的首先是纺织项目。应当着重强调，美国在世界现代化进程中并非完全"后发"，但性质无疑也属"外源"，其纺织业发展的技术推动力均来自英国。其一，为获得纺织技术，美国人曾在英国私下散发告示，承诺重奖赴美制造纺织机械者，吸引到的技术人员中就有日后被誉为"美国制造业之父"的塞缪尔·斯莱特。此人自制机器设备，在 1790 年代初促成美国首家棉纺厂投产，由此"工业革命也在美国拉开序幕"。其二，弗朗西斯·洛维尔在刺探英国兰开夏的棉纺厂后，于 1814 年在家乡马萨诸塞州建厂，首次将纺纱、织布、印染安排在同一厂房内，实现了纺织加工的一体化。[93]

然而，产业的确立光靠技术推动还远远不够，从面上来看，美英议和后英国纺织品的倾销即让幼稚的美国纺织业遭受巨大冲击。"纺织业当然是感受外来竞争切肤之痛的主要产业之一，它经历了大量的失业和关厂，故而在 1816 年大张旗鼓地要求关税保护。"[94]事实上，1816 年《关税法》首先就是洛维尔等纺织制造商游说的结果。

高关税让美国纺织业迅速取得长足进步

美国纺织品的关税水平从 1816 年起大体上步步提升，虽然 1833 年后曾有下调，但实际税率在 19 世纪中期前还是维持在相当的高位。1816 年《关税法》"订定了从 7.5% 到 30% 的计价税，对棉花、羊毛、生铁和其他一些受到最近战争鼓励的制成品给予了特别保护"。[95]具体而言，对所有棉纺织品征收 25% 的关税，不过同时也规定，凡价格低于每码 25 美分的纺织品均按视同 25 美分的价格征税，这样，实际最低税额达到每码 6.25 美分。关税率名义上此后仍保持在 25%，但征税视同价在 1824 年升至 30 美分，1828年又升至 35 美分。须知，这一阶段中棉纺织品价格几乎一直在下降，而征税视同价不降反升，自然使"关税率实际上变得越来越具有限制性"。[96]

美国关税的进一步上升是在 1828 年，当年出台的所谓《可恶关税》使得棉纺织品关税率"站到内战前的最高点"。[97]再之后，1830—1832 年，棉纺织品的实际关税率为 71%。1833 年，棉布每码绝对税额倒是降低了，即从 8.75 美分降至 8.4 美分，可是因为棉布价格降幅更大，所以反致关税率达到 82%。可这还不是棉纺织品关税的最高点。1842 年每码棉布的税额调减为 7.53 美分，不过，由于棉布价格滑落到 7 美分以下，关税率实际上超过了100％！只有在1846年之后，棉纺织品关税才有下降，特别是随着征税视同价规定的废止，实际的和名义的从价税率拉平在25％，到1857年，税率又降至与一般制成品关税相应的24％。[98]

在整个过程中，值得注意的是长期存在的征税视同价，它使实际征收的关税大大高于名义税率，而且，越是低价的纺织品越是得到更严格的保护，如此造成来自亚洲的进口遭到特别阻遏。可反过来，对于高档的进口品则未能竖起足够高的壁垒。当然，这样的网开一面据信"并非偶失注意，而是有意为之"，因为种棉利益集团担心，过分限制高档棉纺织品会诱发其主要出口者英国的报复，那样会让自己的原棉出口受到影响。视同价征税政策的后果是，美国中低档纺织品生产迅速发展，但高档品市场以后长期被英国占据，连美国国内原本专产高档品的企业都未能获得应有机会。[99]

然而，即使是带有漏洞的关税保护对美国纺织业的成长也还是起到了显著的促进作用。在纺织业集中的东北部，1816—1840年，新英格兰规模制造业雇工数从占总劳力的1％稍多跃升到近15％，显示了迅猛的发展，而这种发展"是由棉纺织业的扩张主导的"，因为同期内，"新英格兰纺织业的增加值提高了20多倍，至1840年，棉纺织业已占新英格兰工业附加值的三分之二"。[100]全国范围内，棉布产量1815—1833年间年均增长15.4％，1834—1860年间年均增长有所放缓，但依然维持在可观的5.1％。[101]顺便应当指出，前一阶段的名义关税率的确明显高于后一阶段，这是值得注意的事实。与此同时，纺织业的技术装备也大步前进。1788年，为宣示经济独立，费城的独立日游行队伍展示了一台手动的梳棉机和一台80锭的走锭纺纱机。"20年后，年轻的美国用动力开动着几乎10万台棉花纺纱机；1810—1820年，这个数目增加了两倍，在下个十年里，又增加了两倍多。"[102]

另据统计，全美棉纺厂1831年已有795家，1859年再增至1091家，数量仅次于英国。"不出19世纪首个25年，富有创业精神的美国人在关税保护帮助下，已经建起世上规模第二的工厂化纺织业。美国的生产商顺应本地条件，开发了新产品和新工艺。到1820年代末，部分美国新产品已跟英国产品竞争起来，同在一些第三方市场展开销售。"[103]据道格拉斯·诺斯估计，棉纺织品出口日益主导美国外贸，1816—1820年占美国出口总值的

39%，1836—1840年又增至63%，其后虽有下降，但到内战前仍保持在全美出口值的一半以上。[104] 当然，与此同时，从英国的高档棉纺织品进口仍维持在相当的数量。有关情况参见表5-2。

表5-2　1820—1859年美国棉纺织总产和进出口情况

单位：万美元

年份	美国工厂产量	英国棉布进口	美国棉布出口
1820	639	759	—
1831	2600	1609	104.7
1839	4646.5	1490.8	293.9
1849	6550.2	1475.2	442.5
1859	11568.2	2598.1	383.9

资料来源：C. Knick Harley, "International Competitiveness of the Antebellum American Textile Industry", *The Journal of Economic History*, Vol. 52, No. 3 (Sept., 1992), p. 577.

纺织业体现保护激励产业成长的一般机制

贸易保护对美国纺织品成长的具体促进首先体现为，关税抬高了进口货在美国国内市场的销售价格，从而为尚无竞争优势的国产货保留了市场空间。19世纪初年英国的纺织业在规模经济、技术水平、经验积累等方面均远优于美国，能以明显更低的成本进行生产。据分析，"在如此条件下，只要两国之间进行自由贸易，而且只要从英国到美国的运输成本低于两国公司间的成本价差，美国公司就会在本国市场遭遇英国人更低价的竞争。这将有效地夺走美国人的机会，使之无法学习这一行业并扩大自身市场，最终也无法与英国人在同等条件下展开竞争。"[105] 这个道理已经讲得非常清楚，也是经济学的常识。

具体来看1833年的情况。普通质量等级下，英国向美国出口的非染印布，加征关税前在美售价可为每码12.77美分，美国实际加征的关税为8.75美分（关税率高达69%），税后售价是每码（12.77 + 8.75 =）21.52美分；

另一方面，作为美国当时普通产品的黄褐未染印布，售价为每码 10.17 美分。英美产品的实际售价差异意味着在关税保护条件下，美国自产纺织品可以拥有约（21.52—10.17 ＝）11.35 美分的价差空间，来抵消其与进口英国货在竞争力方面的劣势。假如没有关税保护，两国产品的价差只有每码（12.77—10.17 ＝）2.6 美分，那样，凭借英国产品质量之类优势，美国自产货的销售空间就将大为压缩。事实上，据计算，假如没有保护，美国货哪怕售价低到每码 7.05 美分，其市场优势仍不存在，进口仍会发生。须知，美国棉布实际每码 10.17 美分的平均售价远远超过了进口门槛价 7.05 美分，故若无关税阻挡，英国进口品早就会四处泛滥。结论十分明确，美国的纺织业"几乎完全依赖于保护"，"突然和激进的贸易自由化会对发展中经济的工业部门产生巨大冲击。棉纺织品在 1830 年代几乎占到新英格兰大型制造业附加值的三分之二，撤销关税至少会减少纺织品附加值的四分之三，这意味着新英格兰大约一半以上的工业部门将破产"。[106] 对于纺织品关税的这一功用分析，当然也适用于纺织业之外的其他行业。

保护性关税通过抬高进口货价格而为国产货保留市场空间，这种效应可谓一目了然，与之相比，还有一些日益得到承认但不很直观的正面效应，如企业内部资本积累与扩张、外部规模经济性及专业化、技术与管理进步、培训与技能扩散等。长期的关税保护对美国早期的纺织业产生了"干中学"的效应，让企业及整个行业有机会积累实际技术经验，把长远的平均成本日益降到一个更低水平，从而促进生产率的不断提高。"既然关税为国内生产提供了一种补贴，则它也会直接补贴跟效益提高直接相关的经验积累。"据研究，美国纺织业在 1830 年代的劳动生产率平均年增 6.67%，这一增幅中有 39% 可归功于效率的提高，而效率提高中足有 78% 可归因于"干中学"。换句话说，主要由关税保护引发的"干中学"效应，贡献了劳动生产率年均增长中的 30%，其贡献几乎是当时资本投入贡献的三倍。[107]

基于这个事实，经济史家论道："一个年轻的、潜在有效率的产业需要时间来成长，但外国竞争会剥夺这样的机会。……通过保护而免除竞争，制造商可以有机会'学习'如何有效地生产。一旦接受了训练，技工和管理者能够（而且也确实）离开其原雇主并开设新厂，随之会扩散老厂中积累的经验。假如美国的幼稚工厂在 1820 年后未能得到保护，其 [纺织] 行业成长速度不会那么快，也许根本不会成长，整个经济就将失去由个体生产者及其供应商获得的经验。"例如，当时由于高关税保护，在马萨诸塞州形成了纺织企业集聚，以及由这种集聚所推动的美国机械制造业的发展，这些都得到了经济史家的确认。[108]

弗兰克·陶西格 1880 年代著文时，虽然强调禁运等外部事件促成了美国纺织业的生长，从而看到了保护幼稚产业的必要性，但他依据美国棉纺织品开始对外出口等事实，认为保护也许走过了头："可能早在 1824 年，到 1832 年则几乎可以断定，[纺织] 行业已经赢得稳固的地位，已能应对同等条件下的外国竞争"。陶西格所言作为正统说法，长期"居于无可争辩的支配地位"。[109] 然而，以后大量实证研究推翻了这一结论，证明美国内战前对纺织业的长期高关税保护都是必须的、有效果且有效率的。

1970 年代有研究明确指出，"早期棉纺织业，作为工厂制度的先导和内战前美国制造业的重大部门"，对早期工业化的拓展具有特殊作用，故而，发展纺织业"是一个值得抓住的机会"。而要抓住机会，就必须通过保护手段克服不利的后发效应。据观察，"英国的成就，一方面使得建造棉纺厂简直成了一个举世公认的经济进步的象征，另一方面又阻碍着他国对英国榜样的效仿。英国工业优势十分显赫，尽管它需要从遥远地区进口原棉，但仍然有能力在海外市场低价销售工厂生产的棉纱和棉布。在此历史背景下，有意模仿者都能看到，发展本国棉纺织业会遭遇严重受阻的风险，阻力并非源于'自然的'原因，恰恰来自英国工业领先一步这个既成事实。"[110] 显然，在养成充分的竞争力之前，美国的纺织业又如何能草草放弃保护呢？

1980 年代有研究也得出结论："通常以为，保护到 1833 年便不再必要，现所展示的结果与这一通行观点截然相反"，"进而言之，通过贸易保护而实现的工业化谅必是一个长期的过程。到 1833 年时，棉纺织业已被高关税保护了 17 年（况且还有此前的禁运，以及 1808—1815 年额外七年的交战岁月），然而，该产业依然无法独立地站住"。[111] 同期其他研究也确认，"美国棉纺织业的低端领域靠了关税才获得兴旺发展"。[112]

1990 年代的研究同样证明："历史学家夸大了美国纺织业的成就，棉纺织业在内战前并没有取得与英国同等的技术水平。撤除关税将使几乎所有美国棉纺织生产商（包括著名的沃尔森和洛维尔厂）处于严峻压力之下，引入自由贸易的话，很少有生产商能够存活下来。"这个结论的依据是，美国当时的生产优势仅存在于部分低端棉纺织品，而在高端产品上英国占有显著优势，事实上英国货能跨越大西洋再跨越美国关税而大量地输入美国也说明了这一点。"1840 年代、1850 年代可靠的市场售价数据显示，甚至在其低档布这一专长领域，[放开关税的话，] 美国产业本来都难以展开竞争。"1845—1860 年经常出现的局面是，美国棉布的国内售价比起英国棉布价格加上其输美运价还要高出一成，尽管另一方面，美国人获取原棉和动力等要素的成本都比英国人低。即使就美国纺织品出口而言，内战前"它们在行业总产量中从未占到一个大的比重，哪怕是 1850 年代初高峰时候也不足 10％，而且总体上美国还在继续进口棉纺织品"。[113]

相比之下，同在美国内战前这一时期，英国的纺织品出口约占到其总产量的三分之二，出口值即使与美国出口高峰时相比，"也还要高出 30 倍以上"。在出口市场上，美国人唯一能与英国竞争一二的只有低档纺织品。因此，"美国内战前的棉纺织业，即使已有了半个世纪的技术成就，但如果得不到保护的话，最多只能成长到它实际规模的一小部分。……而真按那么小的规模算，这个产业也许会失去重要的集成规模效益并且恐已消失。"[114] 同时另有研究得出结论："撤除关税的话，将会摧毁国内棉纺织业，产量将会下跌 55％，不过，其他制造业也会遭受重大打击，产量会萎缩22％。所以，毫不奇怪，大量集中于东部城市地区的产业工人对于维持关税抱有强烈的兴趣和利益。"[115]

显然，正是高关税保护成就了纺织业这一美国内战前的首要工业部门，而且作为典型的主导部门，它通过"前向"和"后向"关联，拉动了美国总体的工业化。关于主导部门这一事实，史家说得很明白："新英格兰的棉纺织业在经受 1815 年前某些严重的起伏后，终在 1820 年代兴起，此后直到 1860 年，它都是美国首要的工厂化产业，而且位居世界生产率水平最高的行列。"[116] 根据美国 1860 年制造业普查，就附加值而论，棉纺织在十大领先行业中占据首位，超过了木材、鞋靴、面粉与食品、男装、机械、毛纺织、皮革、铸铁、印刷与出版。假如把棉纺织、男装、毛纺织三者综合计作纺织业，则它可以在所列领先行业中三分天下有其一。[117]

就对于工业化的拉动而言，如已明确指出："纺织业起着主导作用，发挥了后向关联和前向关联的战略性作用。"前向关联特指以消费品为形式的带动作用，例如男装制作行业得到带动，特别是在发明了缝纫机之后更为明显。更有意义的是后向关联，据称："早期的许多棉纺织厂自己造机器，但随着市场的扩大，机器工场从厂里分离出来并开始集中形成机械制造业。"而纺织机械本身又继续产生进一步的关联效应，带动铸铁、机械工具、金属制造等行业。史家的结论是："1813—1853年的大部分时间里，纺织机械制造看上去已成了美国最大的重工业……从纺织厂和纺织机械工场产生了一批人，他们为美国工业革命提供了大多数的工具。"[118]

显而易见，一种因果关系清晰地凸现，由关税保护导向棉纺织业的成长，由棉纺织业的成长导向纺织机械制造的发展，再进一步，则如道格拉斯·诺斯所示，"带动了机器制造、铁路、钢铁，以及一般的重工业"。[119]尽管产业成长与经济发展必然由多重因素综合推动，但对之等量齐观地面面俱到，往往反而模糊了真相，无助于抓住变迁的要害。只要不是人云亦云、浮光掠影地查检历史，纺织业发展的过程与结果足让人看清，美国前期产业优势的积累，主要还是有赖于对自由贸易的背弃和对贸易保护的采纳。

内战前呈现前低中高后又低的关税总趋势

在对纺织业这一主导部门进行案例分析之后，现可对美国内战前的关税问题再予综合考察。总体而言，美国在内战前长期维持着较高的关税水平，这也是联邦财政增收的需要，关税"在内战前的大部分时间里创造了至少80%的联邦收入"。当然，这期间的关税走势也难免起伏和反复，除去立国初期外，大致上1816—1846年为关税水平较高的阶段，而1846—1860年则是关税水平较低的阶段，有关情况参见表5-3。1816年《关税法》开启了税率稳步高企的过程，其中1824年、1828年出台的关税法令是两个陡然上升的台阶。比较1824年与1816年有关商品的名义从价进口税可知，除仍维持扑克牌 309% 和蜡烛 90% 的关税率外，硫酸（1824 年关税率为 71%）升幅达 373%；玻璃瓶（61%）升 205%；棒铁（53%）升 165%；簿纸（70%）升 133%；地毯（52%）升 108%；醋（31%）升 106%；铁砧（35%）升 75%；棉花袋（26%）升 73%；脂烛（75%）升 67%；巧克力（20%）升 33%；艾尔啤酒（23%）升 28%；明矾（80%）升 25%；小麦（20%）升 33%；煤（42%）升 20%。而 1828 年的关税法令更使"平均关税率远远超过 50%，代表了美国关税的高潮"，故而时人称之为《可恶关税》。[120]

表 5-3　1823/1824—1988/1990 年美国主要贸易政策阶段的进口关税率

单位：%

年份	进口税额与总进口额之比	进口税额与应税进口额之比
1823/1824	43.4	45.8
1829/1831	50.8	54.4
1842/1846	25.3	31.9
1857/1861	16.3	20.6
1867/1871	44.3	46.7
1891/1894	22.9	48.9
1908/1913	20.1	41.3
1914	14.9	37.6
1923/1927	14.1	37.7
1931/1933	19.0	55.3
1935/1938	16.4	39.8
1944/1946	9.5	28.3
1968/1972	6.5	10.1
1978/1982	3.5	5.8
1988/1990	3.6	5.4

资料来源：Paul Bairoch, *Economics and World History: Myths and Paradoxes*, The University of Chicago Press, 1993, p. 35.

当然，应该明白，"可恶关税"这一名称出自初级产品出口利益集团之口，它们一向担心高关税会让美国遭到他国的报复，最终使自己失去在海外的出口市场，而国内制成品价格的上升又会加重自己的经济负担。但是"可恶关税"说也从一个角度证明，集中于北方的制造业确实享有强大的关税保护，以至在早期高涨的民族主义消退之后，围绕关税问题的利益之争引发了南北双方的严重对立情绪。值得引述的一个例子是，"曾一度热心支持1816年税率的[南方政治家]卡尔霍恩，现在却带头反对保护制度"。[121]

由于《可恶关税》达到了南方无可接受的程度，南北矛盾出现激化，南卡罗来纳州甚至威胁退出联邦，最后的解决方案是1833年《妥协关税》。依照该法令，十年内逐步下调原来过高的关税，从此开始的贸易自由化进程使得1842年时，制成品进口税降低为平均25%，同时免税入境的产品数量跟着增加。"不过，就如美国关税史上往往发生的那样，这一相当自由化的关税存续时间非常短，仅有两个月。高度保护主义的辉格派的崛起，加之1841—1842年的政治危机，又致从1842年起关税基本上回归到1832年的高关税水平。"[122]

当然，自1846年至1861年内战爆发，美国的关税确实进入了明显低于此前水平的新阶段。迎合西部谷物种植者和南方种植园主利益的民主党上台后，财政部长罗伯特·沃克指责关税为了保护制造商的利益而牺牲了农业的利益，随后1846年《沃克税法》得以通过，及至1956年，民主党政治纲领甚至明确提出"要在全世界推行自由贸易"。[123]这一系列活动的结果是，1846年税法按大约10%—20%的幅度降低进口关税，并且统一了从价税体系，51个最重要进口商品类别的平均从价税为27%。从此直到1861年，关税几乎未再有重大调整。[124]概言之，"在内战前的30年里，关税率不断走低，随着1857年关税法的通过，进口税达到了该世纪的最低点……到1861年时已持续降低至14.21%。"[125]有一种观点认为，内战前夕，"美国在几年里达到了1816年以来最接近自由贸易的程度"。[126]实际上，这样理解不很确切，这一阶段还是"应当更准确地被描述为一个很节制的保护主义阶段"，"介于温和的保护主义与适度的自由主义之间"。[127]

美国内战前关税的起伏主要与美国国内经济和政治力量的对比有密切

关系，其中最为核心的事实是，内战前的美国经济终究以农业为主体，"全国人口的 84% 是在农村"，同时，"全国制造业的 90% 在北部"。[128] 据统计，虽然 1810—1860 年间，制造业总值大致增长了 10 倍，可农业作为谋生手段依然居于首位。制造业在 1860 年的增加值明显小于美国三大作物玉米、小麦、牧草的总值，工业投资总量还不到农地和建筑总值的六分之一。此外，制造业与农业的雇工数之比尚只有 1∶3.8。[129] 所以，尽管美国拥有鼓励发展制造业的政策遗产，现实中的利益格局依然决定着关税保护政策经常在坚持和加强时又受到挑战和折中。

在美国的民主制度下，商业政策的制定始终受到利益集团的直接压力，该时期"游说活动非常活跃；各种集团向国会提出了大量请求"。例如，在 1824 年、1828 年、1842 年的三个关税法出台过程中，全美对众议院制造业委员会进行游说的行业集团分别为 58 个、61 个、46 个，其中持保护主义立场的分别有 32 个、29 个、43 个，包括东北部地区的纺织、钢铁等制造行业，还有北部等地区生产羊毛、大麻的农场主；持自由贸易立场的分别有 24 个、32 个、3 个，包括南部地区的农场主，特别是严重依赖出口市场的棉花和烟草种植者、棉花袋生产者，以及大西洋沿岸的商业、海运和陆运部门。[130]

还应看到，其时欧洲的贸易自由化动向也强化了美国国内有关势力的自由贸易立场。如前所示，英国因废除《谷物法》而进口美国粮食的可能性，一定程度上促使美国调低了其高关税，1846 年《沃克税法》便是"对英国贸易新开放的一个很早的回应"。[131] 所以，美国内战前十多年的贸易自由化也应当放到国际背景中加以理解。

一度的贸易自由化进程对美国经济有何影响呢？对于一个尚无强大制造业竞争力的国家而言，一个可预料的结果就是，初级产品在出口中的比重将会增大，同时制成品在出口中的比重将会缩小，而这正是美国一度发生的事情。据统计，在 1830 年，美国的制成品（包括半制成品和制成食品）在出口中尚占到 32.2%，同时原材料则占 67.8%，可是到了 1840 年，即《妥协关税》启动关税降低过程后，出口中制成品的比重反降到 28.6%，同时原材料比重则升至 72.4%。在贸易自由化的 1850—1858 年，出口中制成品的比重仍只微升至 32.8%，同时原材料的比重只微降至 67.3%。这意味着在 1850 年代近十年里，美国的出口结构只提升了四个百分点，而且提升后也不过跟实行高关税的 1830 年大致持平。可资对照的是，在随后开始执行高关税的 1859—1868 年，制成品的比重骤然升至 44.8%，同期原材料的比重大幅降至 55.3%，即发生了 12 个百分点的变化！除此之外，在贸易自由化过程中，棉花占美国出口总值的比重在高位上继续放大，约从 1820 年代的 47.6% 扩大到 1830 年代的 58.0%，在 1840 年代和 1850 年代，也都分别保持在 49.8% 和 53.2%，美国成了英国棉纺织业的主要原料供应国。[132]

另外，国内学者注意到，美国"在趋向自由贸易时期，国际收支逆差不断扩大"。[133] 不过，对于此期美国贸易自由化与国际收支负债增加之间是否存在因果关系，本人尚难以完全认同，因为所见的一个更直接的指标，即货物进出口的数字，并未依照关税周期来统计，很难据之得出上述结论。[134] 但无论如何，按照当时贸易自由化后美国的状况，的确会让人推断，美国的外贸结构显示着殖民地的遗迹。马克思的论断："美国的经济发展本身就是欧洲特别是英国大工业的产物。目前（1866 年）的美国，仍然应当看作欧洲的殖民地"，[135] 就是在这个意义上提出的。

单纯在这一时间点上进行静态和表面的观察，美国似乎又走到了自由贸易抑或保护主义的岔路口，但实际上，美国工业大厦的根基此时已经奠定。历史地看，1840 年代以降的相对贸易自由化时期只是美国发展进程中的一个插曲，其中真正严重自由化的时段并不太长，内战前的很长时间里，终究还是保护主义占据上风。故此，这个插曲总体上并不改变"美国是维持系统保护主义政策的唯一经济大国"[136] 这一基本事实。此外，从全国范围看，由于工业力量的积蓄需要相当长的一个过程，它尚难以在总体经济指标中显示出足够的分量，然而，依靠前期的关税保护等鼓励措施，工业革命的新生产力早已扎根并在扩张，尤其是在新英格兰等老工业区。1850—1860 年，新英格兰和中大西洋地区的制造业企业数固然分别减少了 8% 和 1%，但分析其单位企业资本投入和产出、雇工人数和人均产出等指标，均可发现内涵式的规模化增长还是幅度很大的。与此同时，西南部乃至南部地区也在出现不少服务于当地市场的较小规模的制造企业。[137]

作为工业时代标志的铁路尤能反映历史动向。"1838 年，实际运行中的火车头有 350 个，其中 271 个由国内制造，加到一起，它们占美国全部蒸汽马力的 7%。1849 年，火车头占蒸汽马力的比重扩大至 35%，到 1859 年则升至 60%。"[138] 就如美国纺织业所示，已经发动的工业化具有内在的扩张和升级动力，只要不遭到大举倾销之类的灭顶之灾，对美国这样一个大国而言它便势不可当。不错，实行相对贸易自由化的政策确实增大了成长的阻力，但美国贸易政策制定过程中制造业压力与代言集团的存在已能确保，立国之初打压国内制造业的恶劣工商环境不复再现。当然，美国真正让制造业保护主义势力彻底压倒初级产品自由贸易势力，尚待内战之后。史家这样总结此段历史："美国的政治独立，并不意味着经济的独立。贸易的逆差，制成品的输入，原料的输出，对外国投资的严重依赖，所有这一切都表明殖民地经济在延续。"然而，"由于制造业的成长，已逐渐减少了对英国商品的依赖，到 19 世纪中期，美国正在顺利地迈向一个现代工业国家。"[139] 这是言之成理、持之有据的公允论断。

无法否认贸易保护促进产业成长的作用

有个关键问题不能不从正面提出，在纺织业及其连带效应之外，内战前的关税保护对美国总体经济发展和其他产业的成长，产生了何种促进作用呢？必须承认，这方面的实证研究还很有限，一个客观原因是，"该问题的理论复杂性，以及获得恰当经验测量的困难性"，[140] 但更有意识形态的原因在作祟。保罗·贝罗赫 1993 年时尚且感叹："直到最近，自由贸易的教条依然十分强大，我没有看到 1980 年代前出版的任何研究认为，保护主义对美国 19 世纪产业的影响是正面的。"[141]

据贝罗赫估算，美国 1820—1840 年的人均国民生产总值年增幅为 2.1%，而 1840—1860 年却为 1.7%。因此，就美国自身两个阶段互相对比，较高关税的前一阶段比起较低关税的后一阶段呈现更快的经济增长。此外，由于 1840—1860 年贸易自由化程度更高的欧洲年均增幅为 0.9%，因此，该时期保护程度相对更高的美国还是显示了更高的经济增幅。当然，对于这个结论，仍宜抱审慎接受的态度，毕竟正如贝罗赫也注意到，其时美国还拥有其他若干有利条件，如农业中很高的土地人口比、工业中十分丰裕的原料供应、外部劳动力和资本的大量涌入等。[142] 而且，制造业及相关的非农业部门内战前尚未在美国经济中占到足够大的比重，因此，保护之下的工业化在当时能够对总体经济增长在统计上产生多大的影响力，尚待继续研究。

然而，已有研究都注意到，在美国开始实施关税保护的年代，其经济也开始出现较为持续的增长，尽管大家对于保护与增长二者之间是否存在因果关系尚无共识。"这些说法可能差别甚大，但它们都包含一个共有的线索，即1820年代或1830年代出现了转机，经济增长速度加快了。这种加速显示着沃尔特·罗斯托所称'起飞进入持续增长'的特征。"[143] 不过，问题还是依旧，增长的启动在多大程度上与关税保护相关联呢？

幸运的是，现在保留着美国早期公司成立的有关数据，借此可以观察到，在关税保护与美国纺织业之外的制造业发展之间，存在紧密的因果联系。据统计，1818—1830年，在新英格兰尤其是制造业最活跃的马萨诸塞州，"制造业公司制从原先用于毛纺织、棉纺织、铁器制造等早期经营对象扩散到其他产业。比如，据马萨诸塞州发放的执照所列明的经营业务，纺织品制造从1800—1817年占全部执照所列业务的77%下降到本阶段的58%，不仅铁器，而且有色金属、化工、机械、纸张、石材、陶瓷及其他品类也更加频繁地出现在公司经营范围中。同样的变化也出现于其他一些州发放的经营执照"。对照历史可知，制造业公司组建量的上升以及从纺织业向其他产业的多元化扩展，与高关税政策的执行在时间上恰好重合。此外，1831—1843年制造公司执照发放达到战前最高比例，高于随后关税偏低的1844—1862年，而到关税重新高企的1863—1875年，其比例又大幅度回升。[144] 这些也都证实了关税保护与制造业扩展之间的直接关联性。

还有一个能说明问题的就是反面例子铸铁业。美国原本拥有颇为可观的铸铁业基础，独立革命时生产着世界铁产量的大约15%，其中大部分出口英国。但是，其发展在内战前与纺织业判然有别，"铁行业1820—1860年的全要素生产率年均增长幅度仅为1.1%—1.4%，还不及棉纺织业的一半"。[145] 一个重要原因是，1830 年对铁的进口关税曾允许征收后再退税，这实际上大幅降低了进口铁的价格，两年之后，还实施了十年有效的自由进口政策。只有当 1840 年代前期对铁进口实施了关税保护，加之英国因国内铁路建设而减少了出口，美国才开始以国产铁来满足铁路需求。然而，对生铁的关税在 1846 年又有降低，造成进口铁的竞争再次加剧，英国在 1850 年代又大举向外出口低价铁。这便造成美国铁业一直难以获得包括技术在内的综合发展，"直到 1850 年代末，逐步增加的国产铁轨才超过了进口"。[146] 美国铸铁业基础良好但长期徘徊的反面例子，也反衬出产业发展中关税保护的重要性。

自由贸易论者反复念叨，贸易保护是有代价的，此话不假。可是，在已有工业强国存在于世的情况下，除非你选择专业化于初级产品的生产，甘愿固守今天不知明天的眼前比较优势，否则，就必须培植自己的制造产业。如何能够设想在没有代价的情况下确立产业呢？为了避免长期更大的代价难道可以不付出短期代价吗？诚如一美国经济学家所言："经济发展并不是单纯地减少扭曲与浪费，美国生活水平高，并非因为我们现在或以前更接近于帕累托最优配置，事实上，美国经济中存在着大量的扭曲与浪费。经济发展所关涉的是一套完全不同的命题，比排除扭曲与浪费要重要得多，帕累托最优对长期经济发展问题并不重要，日本、韩国等都远远偏离帕累托最优。"[147] 这一席针对当今现实的评论，对于理解历史同样具有深刻的启发性。实际上，自由贸易论者惯于夸大关税的代价，包括渲染关税对美国南方经济的危害。事实却是，"在造成沿海南部经济衰退的许多原因中，关税只不过是其中的一个。可是，南部的人们把他们对经济的许多不满都归罪于关税政策。"[148] 这一点颇值得注意。

事实上，即使是曾被指带有"自由贸易党派色彩"的陶西格，虽然坚持认为美国对于铸铁业的保护在初期造成了福利的损失，但毕竟承认："一、保护并未像极端自由贸易者惯于断言的那样，完全按照关税的幅度抬高价格；二、最近的产业进步，尽管主要由于其他因素，但确实因保护而得到激励和加速；三、国民的才能确实能够受到'刻意的立法'的影响；四、保护未必妨碍生产工艺的提高，从历史上看，美国的保护并未产生这样的后果。"[149] 显然，越是在立业阶段，关税作为因素之一所能发挥的正面作用越是无可替代。所以，美国史家的结论是："毫无疑问，我国历史上头 70 年中的关税立法扶持了制造业等产业的发展。"[150] 现在需要的是跳出意识形态框框，挖掘更多产业成长的史实，如果能在产业层面做出更多的实证研究，类似于纺织业发展方面已有的实证研究，将可让人们更加接近历史的真相，进一步认清贸易保护对于后进国产业发展的重大促进作用。

就美国前期而言，经关税保护的制造业部门呈现了不俗的绩效。"从 1815 年到 1860 年，美国制造的产品总数增长了大约 12 倍。……在这 45 年期间，每个美国人平均得到的工业产品数目肯定已经大大地增长了，也许增长了三倍左右。和以前历史上的任何一轮经济发展相比，在这样长的时期和这样大的地域范围里能取得这样快的增长，速度应该算是很高的了。"[151] 制造业部门的工人数也从 1810 年的 7.5 万增至 1860 年的 130 万。[152]

尤其说明问题的是美国的进口结构。据载："1821 年是有统计资料的第一年，美国进口商品中大约有三分之二是制造业产品，其余是食品和原料。……而在 1860 年进口中，制造业产品的比例下降到 60% 以下。"进口结构的提升幅度固然不是很大，但对于一个尚拥有大规模农业经济的大国而言，特别是放在当时世界工业化的总体格局中观察，制造业的此种进步还是巨大的。与此同时，在工业生产的技术和组织方面，采用动力机器、实行工厂制度、出现企业公司等重大变革都发生在这一阶段，也标志着美国实现了进入持续工业化状态所必需的起飞，并已步入世界工业领先国的行列。总之，"1860 年美国的工业虽然还不能同英国并驾齐驱，但它已奠定了南北战争以后经济迅猛前进的基础。"[153]

在英国先已确立工业垄断优势并全力阻挠后发国起而效仿的世界里，特别是当自己内部还存在执意依附欧洲列强、希望与之形成自由贸易关系的初级产品出口利益集团时，作为前殖民地的美国假如没有关税保护的过程，其至此的一切工业化成就都将不可想象。在这个问题上，同在西半球、资源禀赋更优的拉丁美洲即提供了最有说服力的镜鉴。

三、从保护中赢得自由贸易资格

1860 年，欧洲和美国的贸易政策都出现了转折，但是方向恰好相反。法国皇帝拿破仑三世在这一年以政变般的方式跟英国签订了贸易自由化商约，由此揭开了欧洲历史上一个低关税乃至自由贸易的时代。但同年却在美国发生了两件标志着美国进入保护主义时代的事件，一是共和党人亚伯拉罕·林肯当选美国总统，二是由共和党人掌控的参议院通过了《莫里尔关税法》。据称，林肯曾经说过此话："我对关税知之甚少，不过我确知，当从英国买一件上衣时，我得到上衣，英国赚钱；而当我从美国买一件上衣时，我得到上衣，但美国赚钱。"[154] 不管此话真假，但美国是通过林肯率北方打赢内战而决定性地改变了国内保护主义与自由贸易双方的力量对比，这是个不争的历史事实。

至于刚好在林肯就任总统前通过的《莫里尔关税法》，原本"目的在于补充 1857 年税率的不足，使它恢复到 1846 年《沃克税法》的一般水平"，即约 27% 的平均关税率。但随后主要出于战争中经费筹措的需要，政府又逐年提高税率，"直到 1864 年时，税率达到了 47%"。正是这个《莫里尔关税法》，彻底扭转了自 1830 年代以来美国关税率持续下调的趋势，从此再次"实行高关税制度"。[155] 历史明示，林肯和《莫里尔关税法》都通过一个重大事变才催生了美国高保护主义的新阶段，该事变就是 1861—1865 年的美国内战，即南北战争。

内战开辟了美国持久高关税的新阶段

堪称美国历史分水岭的南北战争实际上是自由贸易派与关税保护派之间的一场大决战。所谓主要甚至完全因奴隶制而引发内战，如同贬汉密尔顿扬杰斐逊一样，不过是自由派粉刷历史的宣传，林肯那句"假如可以不解放黑奴而保住联邦，我将照办"，当已传达了足够的信息。内战前的关税之争充分表明，南北双方存在着迥然相左的利益和立场，简言之，南方承袭并强化了作为殖民制度核心的种植园经济体制，北方则致力于在政治独立后建设以新兴制造业为基础的经济体制，前者的利益（亦可谓眼前利益）在于自由贸易，即依赖国际贸易体系，专业化于初级产品的生产，尤其是自由地向英国出口棉花，并低廉地进口制成品；后者的利益（亦可谓长远利益）在于贸易保护，即需要高筑关税壁垒，遏制外国竞争性商品的流入，扶持本国的制造业，实现制成品的进口替代并再图其出口。"南方和北方经济利益的矛盾，1860年时已经发展到十分尖锐的程度，即使不牵涉到奴隶制度的问题，南方或许也会脱离了联邦。"[156]

事实上，代表北方利益的共和党所出台的高关税法令本身至少加速了战争的到来，"莫里尔关税刚一成为法律，山姆特炮台就遭到了进攻。高额关税在美洲的叛变中第三次起了作用"。[157] 这里所说的山姆特炮台遭进攻发生于1861年4月12日，它已被公认为美国内战的爆发点。[158] 史家指陈，"关于南部叛变时对高关税的恐惧与憎恨的相对重要性，历史学家们的意见极不一致，但是大家都越来越重视这一点。"[159] 就战事而言，虽然南方同仇敌忾，并且自恃"棉花为王"，还幻想欧洲会因此而出面干预，但已拥有工业优势的北方终究赢得胜利，从而结束了作为自由贸易基础的南方种植园经济体制，附带也结束了奴隶制。

南北打仗是否刺激了美国经济的发展，这方面众说纷纭。[160] 但是，内战进一步抬高了关税，并且这种高关税随北方的胜利而长期化和稳态化，这总归确凿无疑。内战开始后，"不仅保留了《莫里尔关税法》，而且没有一次国会的会议不把关税提高的。为支持战争，还需要筹措经费，战时的工业也需要保护，而制造商们也在吵嚷着需要高额的税率"。特别是1864年的法令，在史家看来，已经到了"对保护主义者的请求来者不拒"的地步。内战结束后，这个对保护主义者有求必应的关税法居然在以后"几十年里一直是美国关税制度的基础"。[161] 专家指出，以内战为起点，美国的关税运行摆脱了战前曾有的高低起伏，呈现出"稳态趋势"，但这是居高不下的稳态。故此，"就改变平均关税率基本走势而言，内战产生了一种持久的影响"。[162]

其之所以出现这一局面，完全是因为内战深刻地改变了美国的政治版图。现在，党派对垒似乎依旧，但力量对比已经完全变样。一方面，"共和党主要迎合城市阶级，特别是东北和中西部的城市阶级，他们一直实行保护主义。共和党在 1860 年以后的每一份政治纲领中都强调了高关税的价值。而民主党的支持者则主要来自农业地区和南部地区。自 1876 年后，民主党的政治纲领一直倡导只应该征收以国家收入为唯一目的的关税"；但另一方面，"由于战后北部的共和党处于控制地位，所以，削减保护性关税几乎是不可能的"。[163] 查检历史可知，从林肯之后到富兰克林·罗斯福之前，美国的 15 位总统中，出自民主党的仅有两位，其余均为共和党人，共和党总统在此期的 72 年中执掌白宫长达 56 年，况且多数时候共和党还主导着参众两院。这一事实决定性地影响了美国的关税政策，也因此给美国的产业成长及总体发展打下了保护主义的深刻烙印。

就美国内战后关税保护的演化脉络，可概括如下：[164]

● 1870 年代：鉴于 1864 年高达 47% 的战争关税和国内税给政府带来了巨额财政盈余，"1872 年中曾对所有关税'全盘'减让"了 10%，[165] 这种减让完全限于降低国家岁入。主政的共和党无意降低保护性关税，倒是让"非常高的保护性关税保留了下来"。而当 1873 年开始的欧美经济大萧条使得财政收入大幅减少时，"共和党人抓住这一机会，于 1875 年再度提高了关税"，1872 年的关税减让当然也被撤回。即使民主党随后在众议院形成多数，"但因为共和党控制了白宫，所以任何削减关税的努力终成泡影"。

● 1880 年代：由于高关税政策的执行，"从 1880 年到 1888 年，联邦财政收入超过支出年均高达 40%"。[166] 尽管两党都担心国家财税收入过多会危及经济健康，但当民主党从众议院发起关税改革运动，主张把税率平均降低 25% 时，还是遭到参议院中占多数的共和党的阻挠，"1883 年通过的一个法令只一般地降低了 5%"，而且，在扩大免关税商品范围和降低某些商品进口税的同时，"照样提高了纺织品、钢铁制品的关税"。"1888 年，众议院的民主党议员起草了一份大力削减关税的议案，该议案又在参议院遭到共和党人阻挠，共和党人居然把议案修改成对贸易进行保护"。

● 1890 年代，之一：随着共和党在 1888 年同时控制参众两院，他们于 1890 年出台了《麦金利关税法》。这是"一份大幅提高整体保护水平的

237

法案"，以致"被民主党人谴责为'集团立法的顶级暴行'"。《麦金利关税法》将平均进口税率提至接近50%，达到内战后的最高水平。"对高档毛织品、棉织品、麻织品和布料，以及对钢、铁、玻璃和马口铁均课以高税"，其中棉织品、棉线、亚麻等进口商品的税率升至50%—60%。"《麦金利关税法》还授权总统遇到外国对美产品征收高进口税时，可向对方的糖、咖啡、皮革等若干商品征收进口税。"此外，"为取得农民的谅解，对进口农产品征收了关税"。

● 1890年代，之二："1894年，民主党人格罗弗·克利夫兰上台，虽然他反对高关税，但迫于国内贸易保护势力的压力，最终进行了折中性调整，即通过了《威尔逊 – 戈尔曼关税法》。法案对羊毛、青铜、木材实行免进口税，而对过去自由进口的煤、铁、糖实行保护关税，进口品的平均关税率降到37%"，另有一说是"把平均关税率降至39.9%"。

● 1890年代，之三："1897年，共和党人威廉·麦金利执政，即再度提高关税。麦金利废除《威尔逊 – 戈尔曼法》，代之以《丁利关税法》，这一法令不仅恢复了1890年《麦金利关税法》的税率，且将一般商品税率提高了25%，使平均关税率达到46.5%[另有一说，'超过了50%'[167]]。此后十多年里，关税率基本保持在这一水平上，直到1913年民主党人担任总统为止。""在美国所有的一般关税法令中，《丁利关税法》实行得最久。"

● 1910年代：共和党人威廉·塔夫特竞选时"暗示要削减关税"，出任总统后"却在1909年促使众议院共和党人提出的保护主义性《佩恩·奥尔德里奇议案》在参议院获得通过"。此后，民主党总统伍德罗·威尔逊"强调'竞争性关税'，因此，1913年的《安德伍德 – 塞门斯法令》把钢铁、羊毛、食糖及某些农产品列入免税之列，并且大大降低了棉毛织品的税率，但是提高了化学药品和其他产品的税率"。总体而言，威尔逊任职期间，"关税平均稍低于25%，几乎是1860年前夕通行的水平"。[168]

● 1920年代：共和党人1921年重新掌权后，"为防止战后的倾销并满足农民的要求"，通过了一项紧急关税法案，"给包括小麦、玉米、肉、羊毛、糖在内的一系列农产品加征关税"。1922年替代该紧急关税的《福德尼 – 麦坎伯关税法》"使得这些对农产品施加的新关税成为永久性关税"，

"尽管这种保护并不太需要"。同时，该法令"提高了一系列制造业商品的关税"，其"所起的保护作用，甚至超过"以往关税。"1912 年一度免税的钢和铁，又恢复课税，纺织品特别是生丝的税率则有所增加。……这个法令专对所谓'战时幼稚产业'，尤其是化学和染料工业，给予特别照顾和充分保护。"此外，为防备国外竞争对美国生产者的损害，当时规定"总统有权在 50% 的幅度内提高或降低关税"，关税保护于是走到了"极端的"地步。

● 1930 年代：共和党人赫伯特·胡佛于 1929 年成为总统，最初，共和党"遵守胡佛的竞选诺言，要通过新贸易法规来解决农业问题。但这一新关税议案很快扩展，反而提高了一系列制造行业的关税"。1930 年，顶着强烈的抗议和一千多名经济学家的反对，国会通过、总统签署了 1930 年关税法案，即《斯穆特–霍利关税法》。根据此关税法，"增加税率的商品有 890 种，其中 50 种由免税改为征税；而降税商品有 235 种，其中 75 种由征税改为免税。……根据白宫声明，农作物原料的平均税率从 38.1% 提到 48.92%，其他商品则由 31.02% 提到 34.30%"。

美国内战后的高关税可谓世所罕见，连同内战前一起看，"在长达一个多世纪中，即从 1820 年代到 1930 年代，美国国会那些旨在保护美国新兴产业、成长期工业以及弱小工业的政治势力常常获得胜利"；即使"这些政策的效应究竟如何还有待进一步研究，但这些政策的系统性实施却是铁证如山的历史事实"。[169] 单就内战后而言，美国 1866—1883 年实施的关税对制成品平均征收了 45% 的进口税率（最低约为 25%，最高约为 60%）。[170] 如果选取 1875 年和 1913 年，对比美国与欧洲主要国家，可以见到极其鲜明的反差。（见表 5-4）

表 5-4　1875 年、1913 年欧洲主要国家与美国平均关税率对比

单位：%

	1875 年	1913 年
英国	0.0	0.0
荷兰	4.0	4.0
德国	5.0	13.0
意大利	9.0	18.0
比利时	9.5	9.0
法国	13.5	20.0
奥地利	17.5	18.0
美国	42.3	28.3

资料来源：John M. Rothgeb, Jr., *US Trade Policy: Balancing Economic Dreams and Political Realities*, Congressional Quarterly Press, 2001, p. 23.

此外，新近有研究表明，美国的实际关税率比起一般了解的还要高，这是因为，内战后美国努力回归金本位，其通货便一路紧缩，致使外汇与进口商品的美元标价均告下跌。"随着进口价格下跌，对那些名义上从量税固定的商品而言，其进口税的实际价值则上升了。"由于从量税以及混合税（同时包括从量和从价税）在 1860 年代、1870 年代都占到美国关税体系中很大的份额，比如 1867 年关税目录列出的 815 种应税品类中，近 59% 需按从量或混合方式征税，故而，"即使国会不对正式关税作任何变动，总体关税的实际值也会上升"。据计算，因通货紧缩，"1867—1870 年的平均关税率实际增长 10.85%，足以抵消 1872 年立法规定全盘降税 10% 的影响。又因为 1875 年撤销了 1872 年有关降税的规定，而同时 1876—1879 年的平均关税 [因通货紧缩] 实际提高了 13.75%，这意味着 1870 年代的实际关税保护程度还要更高"。须知，19 世纪最后三分之一时间里，美国的通货紧缩一直比较严重，这个长期因素加上同期美国本来的高关税政策，使得美国的实际关税保护水平比通常所见还要高出许多。[171]

长期高关税保护带来工业的赶超发展

就在内战之后世所罕见的长期高关税保护中，美国以同样世所罕见的速度，完成了从农业国向首要工业国的巨大跨越。如果说内战前的关税制度主要发挥了抵制先进国对后发国工业化的恶意阻挠这一功能，那么内战后的关税制度则更多地显露出通过利益倾斜来进一步激发工业化这一特点。

据观察，因内战而征收的高关税"抬高了民众生活成本，妨碍了粮食对外销售"，但另一方面，关税终究"增加了制造业的利益"，"关税使企业获得垄断利润"，"使财富突然积累到少数工业家手里，同时也加剧了贫富悬殊"。如此结果毫不反常，甚至可言乃必由之路，以后某些后发国家立业初期，不也靠价格的"剪刀差"来剥夺农业部门以支持工业化吗？美国无非是用了关税的手段，但两者通过利益倾斜加速产业发展的机制多有共通之处。美国的刺激手段也很快奏效，据载，其1860年代的"工厂数目增加了79.6%，工资收入者人数增加了56.6%。这是我国历史上任何十年未曾有过的最大的相对进展"。[172]诚然，工业扩张不马上等于经济发展，更不马上等于效益提高，但它毕竟启动了一个方向正确的进程。

关税手段当然不是免费的午餐。"肯定的是，南方的人均收入从1860年为全国平均数的72%下降到1880年和1900年的51%，南方人所得占全国个人总收入的比重从内战前夕的26%下滑到20年后的15%。同期，北方和中西部所得占比从70%提升至78%。"[173]然而，即使这种利益倾斜的做法及其短期后果并不符合公平或共赢或帕累托最优之类原则，它却符合经济发展史上屡见不鲜的铁的规律，不长时间内就让美国的经济结构脱胎换骨。虽然内战后农业也在大步前进，但制造业与农业的位置彻底颠倒了过来，就占国民经济的比重而言，"1869年时，农业占53%，制造业占33%，矿业和建筑业合占14%；30年后，则分别为33%，53%，14%"。按照偏于保守的统计，1890年普查表明，工业产值已超过农业，成为美国国民经济中最大的部门，"到1900年，制造业的年产值为农业产值的两倍还多"。[174]

在制造业内部，按增加值排名，1860年，机器制造尚属美国第六大产业，位居棉纺织、木材、鞋靴、面粉、男装之后，而到1880年，它已跃升至首位，排名第二的是钢铁业，机械制造和钢铁的主导地位到1900年、1920年都未再变化过。"1860—1880年，按不变美元价算，大多数较大产业的增加值翻了一番，1880—1900年则增加了四倍。"[175]像历来至今的现代化成功者一样，美国也曾以局部的代价换取全局的效果，以短期的付出打下长远的基础，而且做得更加成功。征诸世界史，这个过程可以说是无可避免的，国家间唯一的区别就是具体选择了何种倾斜方式、对过程管理得如何、相关成本是否过大，以及成效是否如愿。

这里不妨简要剖析一下作为现代支柱产业的石油业所得到的贸易保护与鼓励。本来"美国石油产品的优势十分巨大，石油产业在国内不需要任何保护"。但在1861年，美国还是对煤油这一最大宗的进口品征收了每加仑10美分的关税，1865年时该关税提高到每加仑40美分，直到1883年均未再有改变。须知，当年桶装煤油在纽约的批发价平均不过每加仑8.125美分。1883年国会调整税率后，对于煤油等蒸馏油品改征25%的从价税，对于润滑油等制成油品则征收20%的从价税。1894年，美国的石油业经过长期保护已成为强大产业，散装煤油售价降至每加仑不足2.5美分，至此关税方告取消。但纵然如此，"当外国向美国石油及其衍生产品征收进口关税时，国会仍授权对来自这些国家的输美油品征收40%的反补贴关税"。仅从1897年起，反补贴关税率才设定为等同于外国对美国煤油征收的关税率。借助反补贴税，美国"给予本国油商的保护在煤油列入自由清单后其实比之前还要大"。由于这一阶段中油轮的应用使得运输油品的成本大为降低，"即使美国的生产商在国内市场拥有优势，这种保护还是意义非同小可"。[176]

贸易保护之外，联邦政府大力支持石油业的海外经营。不仅外国对美出口油品的限制问题需要国务院出面处理，甚至是企业具体的市场策略和业务决策都得到官方的大力协助。就在标准美孚石油托拉斯成立后，美国"国务院命令在东方的领事收集有关美国油品销售事宜的情报，并且就市场开拓手段提出建议"。这些都直接帮助美国公司1880年代在亚洲扩大了煤油的销售，而对于在欧洲等其他地区的业务拓展，政府的支持同样直接和有力。"1861—1911 年，美国的石油特别是煤油进入了世界每个国家的消费范围，在这 50 年中的大多数时候，美国制造的照明油中有五到六成要输往海外。国外需求的存在是该产业批量生产技术得到开发的突出因素。"[177]显然，这里再次展现了一个规律，即由保护带来产业的培植和市场的拓展，拓展的市场反过来又增强产业，如此而互相推动，进入了促进富强的一个良性循环。

正是经此所谓"刻意"或称"人为"的发展过程，美国实现了对先进工业国的赶超，包括改变了与原先宗主国的力量对比。这里只提炼若干与贸易相关的事实和数字：其一，美国的外贸收支节节向好。"1850—1873年，美国的贸易收支尚有小小逆差，1874—1895 年，贸易收支转变为顺差，1896—1914 年继续变为显著顺差，1915—1919 年间则出现巨额顺差。"[178]

其二，美国的总体贸易结构发生重大逆转。内战前的 1850 年代，制成品（包括半制成品和制成食品）不足出口的 33%，而到 1889—1898 年，制成品已占出口的 50%，至 1904—1913 年，又升为 60%；同样在这三个时段，进口中的制成品（包括半制成品和制成食品）比重最早超过 80%，后降至 58%，再后降为 54%。[179]

其三，对欧洲贸易发生结构性变化，尽管欧洲本身也在大举工业化。比较 1871/1873 年（即欧洲人开始惊呼美国货"入侵欧洲"时）与1912/1914 年（即"一战"爆发前夕）可见，在这 41 年里，美国对欧出口中，棉花等原料从 58.1% 降至 45.1%；原料食品从 14.4% 降至 6.5%；制成食品从 19.4% 降至 15.1%；半制成品从 3.4% 升至 17.1%；制成品从 4.8%升至 16.1%。综合起来，则美国对欧出口原料从占 72.5% 降至 51.6%。考虑到美国农业资源的丰富以及欧洲工业的竞争力，美国对欧出口中的结构变化反映出美国工业扎实的赶超态势。[180]

其四，美国赢得加速度并终于超过欧洲列强成为世界第一。1870—1913 年，美国的工业产值年均增长 4.7%，德国为 4.1%，而英国只有2.1%。[181] 反映在制成品出口上，1892—1912 年，美国制成品出口共增长457.3%；而英国是 126.5%，德国是 208.3%，法国是 108.5%。[182] 美国的赶超让英美两国经济完全易位，1774 年，英国的国内生产总值按现价几为美国的三倍，1840 年时降为美国的约一倍半，而到 1913 年，大约只及美国的 41%。[183]

诚然，贸易政策的贡献确实难以从一国经济中单独分离出来，也肯定不是关税这一个因素支撑美国实现工业化赶超。对于美国这样庞大的经济体，殖民地区的扩大、原材料供应的增加、外来劳动力的涌入、对人力资本的投资、运输条件的改善、新型能源的使用、科学技术的进步、生产方式的重组、市场化的运作、企业管理的革新、金融部门的强大、企业家作用的发挥、城市化的加速、政府的持续支持，等等，显然都是其发展的促进因素。故此，"没有理由怀疑，如果没有保护关税的话，美国的制造业也将得到惊人的发展；但是，高关税壁垒曾经大大加速了某些工业的发展，这也是同样明显的"。[184] 起码有一个关键的事实毋庸置疑，那就是美国在保护国内市场的过程中，通过限制外国产品的进口、提高自己的工业产量，实现了大规模的进口替代。除了前已列举的事实和数据可资参考外，明确可知，1860—1914 年间，美国出口额增加了七倍以上，然而为了有效保护其国内市场，进口量只增加了四倍。及至世纪之交时，欧洲领导人已深感"有必要联合对付'不公平'的美国贸易巨人"。[185]

美国这样鼓励出口、限制进口的结果是，在"1869 年的每一个制造行业中，只要进口在该行业中当时占到 10% 或更大比重，到 1909 年时，该比重都下降了一半甚至更多。钢铁业更是个极端例子，其进口比重从原占 12% 下降到大约 1.5%"。[186] 这说明，美国曾大力追求以国内生产来替代从外国进口，它没有屈服于自己原来在国际贸易分工中的低端角色，而人所共知，关税壁垒从来都是实现进口替代最有效的手段。史家就此断言，"毫无疑问，这一政策大大保护了美国国内市场的发展，与德国在经济快速发展期（1879—1914 年）的政策以及日本在创造经济奇迹时期（1951—1973 年）的政策很相似"；"毫无疑问，关税壁垒对消费者的直接影响是破坏了他们的利益，但从长远利益来说，正是这一壁垒保护着美国工业从幼年期步入青年期再步入能健康成长的成年期"。[187]

教条自由派热衷于指责关税保护会扼杀竞争并损害被保护产业，或者即使承认保护对产业的促进作用，但又推断它损害了整个经济的福利。例如，有学者一方面足够实事求是地证明，美国镀锡业的兴起确实是麦金利高关税保护的产物，但另一方面又假设性地推测，要是没有保护的话，再过十年该产业也会成长起来，而保护对整个经济终究得不偿失云云。[188] 这种推论的套路颇为典型，问题是，争取镀锡业提前十年兴起是否就一定没有意义？有关资源如果不投于该产业的保护，是否就必然能发挥其他更大的正面效应？这样说的依据是什么？更主要的是，效果全优或最优的政策在复杂的现实中是否可得并可行？还有，通常所谓保护的代价在一个大经济体这里是否更容易加以消化，更值得用来换取长远利益，以及更可能因为内部更大的经济规模及更高的竞争性而得以部分规避？也即，这种代价说是否对不同的经济体可以有不同的适用性？

且就所谓保护扼杀竞争而言，正如美国一托拉斯总裁所言，"关税乃托拉斯之母"，[189] 关税的确催化了美国 1880—1920 年的产业集中化浪潮。可是，集中化尽管有其追求垄断利润的一面，但也有扩大市场覆盖、加深产业整合、提高规模效益、强化国际竞争力的另一面，特别是在 1879—1893 年这个前期阶段。对于化工、石油、电力、钢铁等标志第二次工业革命的产业而言，没有产业集中化简直无法想象其崛起，是美国和德国而非英国在此轮工业深化中脱颖而出，部分可以从这个关税保护与产业集中的角度得到解释。实际上，即便积极推动 1890 年《谢尔曼反托拉斯法》的约翰·谢尔曼本人，他同时也是力挺《麦金利关税法》的"高关税倡导者"，这说明高关税与国内竞争并非水火不容。史家告诫："我们不应当夸大关税对美国人民的代价。在许多受保护产业中，有力的国内竞争几乎弥补了外来竞争的缺位。"[190] 显然，美国充分发挥了大经济体的优势，利用内部竞争控制住了通常以为关税壁垒会带来的弊端。事实上，"大部分经济学家相信，美国市场巨大且互相关联，不仅刺激了国内市场竞争，而且大大削弱了保护主义政策带来的副作用。"[191]

对于一个大经济体而言，岂能削足适履地套用本来就很可疑的教条，目光如豆般地仅计较眼前的蝇头小利呢？应当指出，美国为了扶植产业在海外的竞争力，较早便"持续且有计划"地采用了倾销手段。美国国务卿在 1880 年就曾明确建议，美国纺织品制造商应在海外倾销，以通过暂时的利润牺牲去赢得海外市场地位。美国的贸易专家就曾指出："大量官方和非官方的证据是决定性的，它们无可争辩地表明，1914 年以前美国制成品出口贸易很大一部分，就是在以倾销价销售的基础上得到发展和维持的。"[192]这些事实除了说明补贴手段曾经大量存在外，也说明大国往往不会受制于自由贸易论有关贸易获利的静态模型，大国更可能承受局部和近期的收益代价，致力于追求总体经济的长远竞争力。

有关大经济体的道理，弗里德里希·恩格斯在 1873 年说得十分明白："像美国这样一个大民族不能只靠农业为生，因为这等于让自己注定永远处于野蛮状态和从属地位；在我们的时代，任何一个大民族没有自己的工业都不能生存。所以，如果美国要成为一个工业国，如果它有一切希望不仅赶上而且超过自己的竞争者，那么，在它面前就敞开着两条道路：或者是实行自由贸易，进行比如说 50 年的费用极大的竞争斗争来反对领先于美国工业约 100 年的英国工业；或者是用保护关税在比如说 25 年中堵住英国工业品的来路，几乎有绝对把握地坚信，25 年以后自己就能够在自由的世界市场上占有一个地位。这两条道路中哪一条最经济、最便捷呢？"[193]

对于恩格斯的以上问题，1897—1901 年任美国总统的威廉·麦金利答得也十分明白："我们成了世界第一大农业国；我们成了世界第一大矿产国；我们也成了世界第一大工业生产国。这一切都源于我们坚持了几十年的关税保护政策"。[194]这番话实际上就是对美国历史经验或者说崛起之路的一个权威概括。

具备强大产业优势之后寻求自由贸易

美国在历经长期关税保护后终于成为世界头号工业大国，完全可以料到，刚获得的强大产业优势定然会让美国转而寻求自由贸易，美国人岂能不了解先前不列颠富强的法门呢？ 1869—1877 年当政的美国总统尤利塞斯·格兰特早就说过："英国依靠保护贸易达数世纪之久，把它推行到了极点并获得良好的结果。毫无疑问，英国今天之所以如此强大，应当归功于这一制度。两个世纪后，英国便开始发觉适合采取自由贸易政策。那么，先生们，基于我对本国的了解，我深信，不出 200 年，美国从保护贸易中得到了她所能得到的一切时，自然也会采取自由贸易政策。"[195]

当然，美国根本不需要那么长久的等待。甚至在全盘自由贸易之前，美国先已挑出一些弱者，开始对它们实施自由或准自由贸易，这方面也的确完全可以师法英国。1898 年，美国有参议员毫不掩饰地说道："美国各工厂正在制造美国人民用不完的产品，美国的土地正在产出美国人民消费不完的农产品。命运已经为我们拟定了政策，世界的商业将会而且必须属于我们，我们将按照宗主国告诉的方法去得到它。我们将要在全世界建立贸易站作为美国产品的分销点。……在我们贸易站的周围，将会成长起实行自治、飘扬着我国旗帜、同我国有贸易联系的巨大殖民地。"[196]

就是以议员讲话当年发生的美西战争为标志，美国在吞并夏威夷后，又陆续将菲律宾、关岛、古巴、波多黎各、巴拿马、圣多明各、海地、尼加拉瓜、维尔京群岛等等罗织进自己的帝国体系，在兼并领土、控制政权，或者接管海关、操控财政之外，特别向其输出制成品，并收获其原料和热带产品。[197] 在这场走向自由贸易的热身运动中，本来就一向为商业利益而孜孜以求的美国政府不但没有放手，反而更加积极地介入。美政府 1912 年又在商务部之下成立了国内外贸易局，为的是专门"收集和公布有用的资料，或应用其他方法，以发展美国的各项制造业，并在国内和国外为本国的货物寻找市场"。当然，从成本收益的角度看，美国的帝国主义行为是否如愿以偿尚可讨论，但"在 1900—1930 年的 30 年中，由于美国走上了向外扩张商务与投资的侵略政策道路，国内市场不断地得到了日益发展的外贸的补充"，这一点并无可疑之处。[198]

第一次世界大战后，美国拥有了在世界范围展开自由贸易的牢靠资格。"到世纪初，在第二波工业革命的许多产业中，美国都赢得了竞争优势，最突出的例子就是汽车业。1929 年，汽车及零部件占到美国全部商品出口的 10%。……考虑到出口销售的分量和关税会对生产造成的影响，以亨利·福特为首的汽车生产商明确反对关税法案。农用机械、钢铁（坯材、板材、轨材）、金属制成品的生产商也莫不如此。"而且，一向支持保护制度的银行业现在也改变了立场，因为"'一战'已让美国由债务国变为债权国，美国的银行业务的方向已转向海外"。不过，由于美国强大的保护主义传统、行业协会这种游说新团体的出现，加之进口竞争下轻工业与北方农业利益的联合等因素，仍然在 1930 年出现了不合时宜的《斯穆特－霍利关税法》。[199]

偏巧该法的出台正逢经济大萧条的扩散，美国的众多贸易伙伴迅速采取了强有力的报复措施。"一个月之内，加拿大、法国、意大利、西班牙、澳大利亚、新西兰、墨西哥、古巴纷纷提高了针对美国产品的进口关税；一年之内，总计有 26 个国家为进口美国货设定了新的数量限制。"[200] 特别是英国凭借 1932 年夏签订的《渥太华协定》，与其自治领及属地结成帝国特惠体系，一致对外构筑关税壁垒，此举严重危及美国的商业利益。

在大萧条与高关税及其多重后果的共同作用下，美国占世界贸易总量的比重从 1929 年的 13.8% 下降到 9.9%，[201] 具体言，"进口额从 1929 年的 44 亿美元降到 1933 年的 14.5 亿美元，出口则跌得更惨，从 51.6 亿美元降到 16.5 亿美元"。于是，为了削减外国的贸易壁垒、刺激美国的出口增长、促进经济从萧条中恢复过来，原本也需调整的美国贸易政策现在加速转折，随着民主党总统富兰克林·罗斯福 1933 年的上台，1934 年《互惠贸易协定法》即在国会得到通过。该法授权总统与外国谈判并履行有关减让关税的条约，借此授权，总统可以不经国会批准就把任何一项美国关税最多降低 50%。这一授权分别在 1937 年、1940 年、1943 年得到延续。如此一来的结果是，"到 1945 年，美国与 27 个国家共达成 32 个此类双边贸易条约，减让了 64% 应税进口商品的关税，使税率平均降低了 44%"。[202] 美国由此才开始踏上一条贸易自由化的道路。

美国拥有去自由化的理论与政策传统

在考察美国长期保护主义的历史时，自不应当忽视去自由化的经济理论对美国经济政策的影响。必须说明，19 世纪初期英国开始在国际上推销自由贸易学说，不可能对美国全无思想上的波及。1824 年《关税法》通过前的国会辩论中即援引过不少斯密等自由派的学说；[203] 此外，单从李斯特的笔战中可知，学界有托马斯·库柏，他于 1826 年出书"盲目追捧亚当·斯密"；商界有亨利·李所代表的波士顿市民组织，他们于 1827 年"反对进一步提高进口关税"。[204]

然而，美国终究没有在亟须保护的发展初期陷入自由贸易与依附的怪圈，关键原因是，殖民地的经历包括其间对重商主义的吸收、联邦党人富有远见的政策遗产，加之现实的教训以及现实问题的迫切性，随同利益相关方的游说推动，在美国汇成了一股强大的保护主义思潮。人称美国为"现代保护主义的祖国和堡垒"，[205] 除了其保护主义的实践外，当然也指其在保护主义理论上的建树。继汉密尔顿之后，丹尼尔·雷蒙德、马修·凯里、亨利·查尔斯·凯里、约翰·雷等一批在 19 世纪美国最有影响力的经济学家都强调，要"砸碎外国经济学权威的枷锁"，摆脱不适合本国国情的外国政治经理理论体系的束缚。他们尤其拒斥其时流行的自由贸易论，重视国家在经济活动中的关键作用，呼吁通过保护性关税增强制造业能力。实际上，1825 年到达美国的李斯特一定程度上也是美国政治经济学传统的产儿，他同样为光大美利坚体制作出了重大贡献，所以保罗·萨缪尔森说："我会把弗里德里希·李斯特的名字加到美国最重要国民经济学家的名录中"。[206]

特别应该看到，美国的这一保护主义经济学派直接指导并推进了美国的关税保护运动，值得指陈的事实是，"著名的政治偶像亨利·克莱带头赞助了这个理论"，[207] 而这位被誉为"19 世纪最伟大的政治家之一"的克莱曾是林肯年轻时崇拜的偶像。[208] 同时，从克莱到林肯这些共和党人的"政治理念及经济和金融政策是彻头彻尾的汉密尔顿式的"。[209] 这样的传承关系对美国的发展不可谓无足轻重。据观察，在经济学传统的形成和贸易政策的制定方面，与其他许多国家相比，美国呈现两个独特性。一是，"看来很奇怪，英国古典经济学派的放任自流论点对美国的思想和政策似乎没有产生什么影响"。[210] 二是，关税一直处于独立之后美国政治经济中的焦点位置，1980 年代有人说，关税"一个多世纪来消耗（国会）的精力比任何一个话题都要多"；[211] 19 世纪末有人说："除货币问题外，没有哪个纯粹的经济学话题如联邦政府的关税政策那样，在美国激发起如此大的兴趣，并在政治讨论中占有了如此大的位置。自从 1789 年首项措施出台直到现在，没有哪一代美国人可以躲得开关税辩论"。[212] 这个现象与众多落后国被剥夺关税自主权适成对照，其引发的差异以及引发差异的机制都值得仔细琢磨。

关税保护是国家干预经济的典型举措，故而这里不能不就美国经济发展中的国家干预问题加以说明。长期以来，经常有人依据美国史上某些局部特征，把美国经济发展推断为源于放任自流，这一观点与认为英国工业革命是放任自流的产物一样，其实大谬不然。"小政府"可以机构简单、人手不多，比如汉密尔顿执掌的财政部作为最大的政府部门也只有 40 人（杰斐逊领导的国务院更是只有区区五名工作人员）[213]，但这样的小规模并不妨碍其对经济活动进行大干预。据观察，"从 1789 年到 1860 年，塑造美国经济的政府机构一直较小，但它们对经济的影响力是强大的。"[214] 另外，即使历史上美国政府也许在某些方面介入程度不深，它对制造业的干预也十分突出。史家确认，美国"包括联邦、州、地方在内的不同政府层面，经常在鼓励和限制产业活动方面施加重大的影响力"。[215]

人们原本以为，"内战前共和国的政治家和立法者尤其在经济领域，忠实地信奉杰斐逊式教条，即管得最少的政府是最好的政府，可是，最近的学术研究迫使人们修正这一传统看法。现已清楚，美国历届政府在广泛的经济问题上积极实施干预，以多元复杂的方式介入了个人和公司的各种活动"；[216] "就国家政权介入工业活动而言，通常假定为个人主义的美国，在 19 世纪早期和中期堪称世上突出的典范"。[217] 值得警惕的是，在这方面，美国的精英往往心口不一、言行不一。例如有论，"尽管大多数政治领袖和立法者在抽象意义上承认自由放任、个人主义、天然权利等价值观，但他们坚持认为，[相对于消费者阶级，]生产者阶级对美国的繁荣最为重要。"[218] 而保护主义就是这种注重生产者利益的典型政策，前述美国历史已经充分印证了这一结论，也让人看清了口头标榜与实际做法之间的显著差距。

历史真相不容掩盖，"从一开始，美国资本主义就向世人昭示了后来被称作'混合经济'的许多成分"。经济史家曾就政府对经济的干预设想为不同程度的四种类型，即，第一类：对企业发展放任自流，极少干预；第二类：对自由市场进行经常性、随意性干预；第三类：对私有经济发展进行系统引导；第四类：对全国经济实行国家管理和决策。按照这一框架来对照美国经济发展的历程，所得出的结论是："美国建国220年里一直遵循着第二类原则，其方针政策一般只在第二类范围内变化，从来没有脱离第二类太久。作为一个国家，美国从未经历过第一类（放任自由）和第四类（完全国营）；只是在重大战争年代（1861—1865年，1917—1918年，1941—1945年）偶尔涉足过第三类。第二类，即对自由市场进行经常性、随意性干预，体现了真正的美利坚体制。在19世纪后50年内，当大企业开始大发展时更是如此。"[219]

因此，就美国政府干预经济的问题，下述结论才是如实和公允的："在经济领域里，完全的'放任'是不可能的，而且也从来不曾存在过。……放任主义生长在19世纪，但是，即使在这些年份里，高额的关税以及各州和联邦政府对于运输事业的协助，已大大打击了这一哲学；各州或联邦政府控制银行制度而给这一哲学的打击也是如此。到了20世纪，放任主义基本上已经结束。这时，经济问题已经变得十分复杂，不能靠这样一个政策自动地去解决问题。"[220]因此，所谓自由放任既非美国的历史，也非美国的现实，事实上，美国之所以成功地赶超先进，恰恰得益于其对自由放任的频繁背弃，在贸易政策上尤其如此。

当然，时过境迁，历史的真相未必符合后人的意愿，不管在国家干预还是在关税保护问题上，始终能看到某种对事实的掩盖或曲解。在美国得到关税壁垒的长期保护从而赢得富强以后，当它需要推行贸易自由化政策之时，其主流舆论界也已悄然改造了既往的历史。有言："随着这种发展，美国理论中的真正财富——从丹尼尔·雷蒙德到约翰·雷、帕申·史密斯和西蒙·帕滕的一个世纪的经济思想，它们甚至在今天仍非常有意义——已完全从国民的集体记忆中被删除了。……美国头100年的经济政策已被编造成一个弱势国家政权自由放任的神话。"[221]在这种自由主义意识形态的支配下，在精英文化层面，"大多数现代历史学家不重视关税在经济上的重要性"，[222]也很少提到，"在1880年代，宾夕法尼亚大学规定他们的经济学教授必须持反对自由贸易的态度"。在大众文化层面，"'二战'后出生的美国人，已经很自然地将美国视为自由开放市场的大本营，他们觉得自由贸易带来的好处应该是不言而喻的；此时他们不会知道，历史上的美国政策曾与自由贸易大相径庭，完全属于贸易保护主义"。[223]

不过，先附带指出，随着美国制造业竞争力的疲软，关于美国史上关税的作用问题，"最近的研究在朝向更频繁地从正面来作出解答"，[224] 这个现象本身也颇可玩味。在了解英国曾经的理论探讨与政策实践的演化过程后，美国的此种转变已不足为奇。当自己产业力量薄弱时，曾长期执行不折不扣的保护主义政策，借此而赢得富强乃至权霸天下；当自己拥有强大的竞争优势时，则大张旗鼓地标榜自由贸易政策，轻描淡写乃至刻意掩盖自己的保护主义历史，实在掩盖不住时，就称之为一个得不偿失、他人不该再犯的错误；而当自己竞争优势衰退时，又会重拾保护主义，包括重新解读历史、再续保护主义的理论传统。同属盎格鲁–撒克逊传统、深通经济学精髓的英美两国如此如出一辙，难道纯属偶然吗？

注释：

[1] Daniel Vickers, "The Northern Colonies: Economy and Society, 1600-1775", in Stanley L. Engerman, and Robert E. Callman (eds.), *The Cambridge Economic History of the United States*, Vol. I, Cambridge University Press, 1996, p. 238.

[2] E. L. Jones, "The European Background", in ibid. Engerman, and Callman (eds.), *The Cambridge Economic History of the United States*, Vol. I, p. 101.

[3] A. W. Bob Coats, *British and American Economic Essays*, Vol. I, Routledge, 1992, p. 345.

[4] Ibid. Jones, "The European Background", p. 102, p. 110, p. 133.

[5] Curtis P. Nettels, "British Mercantilism and the Economic Development of the Thirteen Colonies", *The Journal of Economic History*, Vol. 12, No. 2 (Spring, 1952), p. 109.

[6] [法] 伊曼纽尔·沃勒斯坦：《现代世界体系》，第 2 卷，吕丹等译，高等教育出版社，1998 年，第 284 页。

[7] 参见 Jeremy Atack, and Peter Passell, *A New Economic View of American History: from Colonial Times to 1940*, W. W. Norton & Company, 1994, p. 55.

[8] 参见 Ibid. Atack, and Passell, *A New Economic View of American History: from*

Colonial Times to 1940, pp. 58-59.

[9] 参见 Robert P. Thomas, "A Quantitative Approach to the Study of the Effects of British Imperial Policy on Colonial Welfare: Some Preliminary Findings", *Journal of Economic History*, Vol. 25, No. 4 (Dec., 1965), pp. 637-638.

[10] 参见 Peter D. McClelland, "The Cost to America of British Imperial Policy", *The American Economic Review*, Vol. 59, No. 2 (May, 1969), p. 376.

[11] 参见 Larry Sawers, "The Navigation Acts Revisited", *The Economic History Review*, Vol. 45, No. 2 (May, 1992), pp. 262-284.

[12] Ibid. Atack, and Passell, *A New Economic View of American History: from Colonial Times to 1940*, p. 50.

[13] [英] 亚当·斯密：《国民财富的性质和原因的研究》，下卷，郭大力等译，商务印书馆，1997 年，第 143 页。

[14] Ibid. Nettels, "British Mercantilism and the Economic Development of the Thirteen Colonies", p. 114, p. 110, p. 112.

[15] 参见 [德] 弗里德里希·李斯特：《政治经济学的国民体系》，陈万煦译，商务印书馆，1997 年，第 88 页。

[16] [德] 弗里德里希·李斯特：《政治经济学的自然体系》，杨春学译，商务印书馆，1997 年，第 172 页；前引李斯特：《政治经济学的国民体系》，第 88、166 页。

[17] Ibid. Nettels, "British Mercantilism and the Economic Development of the Thirteen Colonies", pp. 112-113.

[18] [美] 哈罗德·福克纳：《美国经济史》，上卷，王锟译，商务印书馆，1964 年，第 112 页。

[19] [德] 安德烈·冈德·弗兰克：《依附性积累与不发达》，高铦等译，译林出版社，1999 年，第 66 页。

[20] 前引福克纳：《美国经济史》，上卷，第 91 页。

[21] Ibid. Sawers, "The Navigation Acts Revisited", p. 276.

[22] Ibid. Nettels, "British Mercantilism and the Economic Development of the Thirteen Colonies", p. 114.

[23] Ibid. Nettels, "British Mercantilism and the Economic Development of the Thirteen Colonies", p. 114.

[24] 参见 Ibid. Sawers, "The Navigation Acts Revisited", pp. 276-277.

[25] 参见 [美] 吉尔伯特·菲特、[美] 吉姆·里斯：《美国经济史》，司德淳等译，

辽宁人民出版社，1981年，第36页。

[26] [美] 戴维·兰德斯：《国富国穷》，门洪华等译，新华出版社，2001年，第441页。

[27] [美] 亚历山大·汉密尔顿、[美] 约翰·杰伊、[美] 詹姆斯·麦迪逊：《联邦党人文集》，程逢如等译，商务印书馆，1980年，第57页。

[28] Gary M. Walton, and Hugh Rockoff, *History of the American Economy*, Harcourt Brace College Publishers, 1998, p. 140.

[29] 参见张少华：《美国早期现代化的两条道路之争》，北京大学出版社，1996年，第27、34—37页。

[30] [美] 托马斯·麦格劳：《现代资本主义：三次工业革命中的成功者》，赵文书等译，江苏人民出版社，2000年，第344页。

[31] 前引李斯特：《政治经济学的国民体系》，第88页。

[32] 前引张少华：《美国早期现代化的两条道路之争》，第36、40、70、34页。

[33] 参见 Tony Freyer, "Business Law and American Economic History", in Stanley L. Engerman, and Robert E. Gallman (eds.), *The Cambridge Economic History of the United States*, Vol. II, Cambridge University Press, 2000, p. 438.

[34] 前引张少华：《美国早期现代化的两条道路之争》，第39页。

[35] [美] 约翰·戈登：《财富的帝国：一部记录美国经济发展的史诗》，董宜坤译，中信出版社，2007年，第46页。

[36] 前引汉密尔顿、杰伊、麦迪逊：《联邦党人文集》，第71—72页。

[37] Richard Brookhiser, *Alexander Hamilton, American*, Touchstone, 2000, p. 93, p. 9.

[38] 参见 Joanne B. Freeman (ed.), *Alexander Hamilton: Writings*, The Library of America, 2001.

[39] Edward G. Bourne, "Alexander Hamilton and Adam Smith", *The Quarterly Journal of Economics*, Vol. 8, No. 3 (Apr., 1894), pp. 328-344.

[40] 前引张少华：《美国早期现代化的两条道路之争》，第51页。

[41] [奥] 约瑟夫·熊彼特：《经济分析史》，第1卷，朱泱等译，商务印书馆，1994年，第301页。

[42] 转见 Edward Mead Earle, "Adam Smith, Alexander Hamilton, Friedrich List: The Economic Foundation of Military Power", in Peter Paret (ed.), *Makers of Modern Strategy from Machiavelli to the Nuclear Age*, Clarendon Press, 1986, p. 231.

[43] Robert Gilpin, *The Political Economy of International Relations*, Princeton

University Press, 1987, p. 181.

[44] 参见 Alexander Hamilton, "Report on the Subject of Manufactures", in ibid. Freeman (ed.), *Alexander Hamilton: Writings*, pp. 697-708.

[45] [美] 里亚·格林菲尔德：《资本主义精神：民族主义与经济增长》，张京生等译，上海人民出版社，2004 年，第 516 页。

[46] [美] 道格拉斯·欧文：《国富策：自由贸易还是保护主义》，梅俊杰译，华东师范大学出版社，2013 年，第 164 页。

[47] [挪] 埃里克·赖纳特：《国家在经济增长中的作用》，[英] 杰弗里·霍奇逊主编：《制度与演化经济学现代文选：关键性概念》，贾根良等译，高等教育出版社，2005 年，第 262 页。

[48] 参见罗荣渠《序》，前引张少华：《美国早期现代化的两条道路之争》，第 2 页。

[49] [美] 拉尔夫·戈莫里、[美] 威廉·鲍莫尔：《全球贸易和国家利益冲突》，文爽等译，中信出版社，2003 年，第 165 页。

[50] 参见前引张少华：《美国早期现代化的两条道路之争》，第 52、124 页。

[51] 参见 Donald R. Adams, Jr., "American Neutrality and Prosperity, 1793-1808: A Reconsideration", *The Journal of Economic History*, Vol. 40, No. 4 (Dec., 1980), p. 723; 前引张少华：《美国早期现代化的两条道路之争》，第 117、122 页。

[52] Ibid. Atack, and Passell, *A New Economic View of American History: from Colonial Times to 1940*, p. 116.

[53] Ibid. Jones, "The European Background", p. 101.

[54] 参见前引张少华：《美国早期现代化的两条道路之争》，第 123—131 页。

[55] 参见前引福克纳：《美国经济史》，上卷，第 199 页；Paul Bairoch, *Economics and World History: Myths and Paradoxes*, The University of Chicago Press, 1993, p. 33.

[56] 前引汉密尔顿、杰伊、麦迪逊：《联邦党人文集》，第 167 页。

[57] 前引格林菲尔德：《资本主义精神：民族主义与经济增长》，第 516 页。

[58] 转见 John M. Rothgeb, Jr., *US Trade Policy: Balancing Economic Dreams and Political Realities*, Congressional Quarterly Press, 2001, p. 14.

[59] 前引张少华：《美国早期现代化的两条道路之争》，第 101 页。

[60] 前引张少华：《美国早期现代化的两条道路之争》，第 53、56、91 页。参见前引麦格劳：《现代资本主义：三次工业革命中的成功者》，第 341 页。

[61] Richard Sylla, "Experimental Federalism: The Economics of American

Government, 1789-1914", in ibid. Engerman, and Gallman (eds.), *The Cambridge Economic History of the United States*, Vol. II, pp. 516-517.

[62] Ibid. Brookhiser, *Alexander Hamilton, American*, p. 9.

[63] 转见前引张少华：《美国早期现代化的两条道路之争》，第 151—152、159 页。

[64] 前引张少华：《美国早期现代化的两条道路之争》，第 138、162 页。

[65] Ibid. Atack, and Passell, *A New Economic View of American History: from Colonial Times to 1940*, p. 127.

[66] 前引李斯特：《政治经济学的国民体系》，第 89 页。

[67] 参见前引张少华：《美国早期现代化的两条道路之争》，第 162 页。

[68] [美] 雅各布·瓦伊纳：《倾销：国际贸易中的一个问题》，沈瑶译，商务印书馆，2003 年，第 33 页。

[69] 参见 Jeffrey A. Frankel, "The 1807-1809 Embargo against Great Britain", *The Journal of Economic History*, Vol. 42, No. 2 (June, 1982), p. 294.

[70] 参见前引张少华：《美国早期现代化的两条道路之争》，第 93、162—166 页。

[71] 前引张少华：《美国早期现代化的两条道路之争》，第 93 页。

[72] 参见 Ibid. Earle, "Adam Smith, Alexander Hamilton, Friedrich List: The Economic Foundation of Military Power", p. 241; Henry William Spiegel, *The Rise of American Economic Thought*, Chilton Company - Book Division, 1960, pp. 43-45.

[73] 前引格林菲尔德：《资本主义精神：民族主义与经济增长》，第 526 页。

[74] Ibid. Atack, and Passell, *A New Economic View of American History: from Colonial Times to 1940*, p. 121.

[75] Ibid. Frankel, "The 1807-1809 Embargo against Great Britain", pp. 301-302.

[76] 前引李斯特：《政治经济学的国民体系》，第 89 页。

[77] 前引戈登：《财富的帝国：一部记录美国经济发展的史诗》，第 68 页。

[78] 前引张少华：《美国早期现代化的两条道路之争》，第 169 页。

[79] 前引福克纳：《美国经济史》，上卷，第 297 页。

[80] Ibid. Atack, and Passell, *A New Economic View of American History: from Colonial Times to 1940*, p. 130.

[81] Paul A. David, "Learning by Doing and Tariff Protection: A Reconsideration of the Case of the Ante-Bellum United States Cotton Textile Industry", *The Journal of Economic History*, Vol. 30, No. 3 (Sept., 1970), p. 524.

[82] [美]W.W. 罗斯托：《这一切是怎么开始的——现代经济的起源》，黄其祥等译，

商务印书馆，1997 年，第 164 页。

[83] Richard C. Edwards, "Economic Sophistication in Nineteenth Century Congressional Tariff Debates", *The Journal of Economic History*, Vol. 30, No. 4 (Dec., 1970), p. 804.

[84] 参见 Ibid. Atack, and Passell, *A New Economic View of American History: from Colonial Times to 1940*, p. 127.

[85] 前引福克纳：《美国经济史》，上卷，第 213 页。

[86] 前引戈登：《财富的帝国：一部记录美国经济发展的史诗》，第 69 页。

[87] Cathy Matson, "The Revolution, the Constitution, and the New Nation", in ibid. Engerman, and Callman (eds.), *The Cambridge Economic History of the United States*, Vol. I, p. 401.

[88] 前引汉密尔顿、杰伊、麦迪逊：《联邦党人文集》，第 57 页。

[89] 前引格林菲尔德：《资本主义精神：民族主义与经济增长》，第 533、544、541、549—550 页。

[90] C. Knick Harley, "International Competitiveness of the Antebellum American Textile Industry", *The Journal of Economic History*, Vol. 52, No. 3 (Sept., 1992), p. 559.

[91] 参见 Peter Dicken, *Global Shift: Transforming the World Economy*, Paul Chapman Publishing Ltd., p. 283.

[92] 前引张少华：《美国早期现代化的两条道路之争》，第 34 页。

[93] 参见前引戈登：《财富的帝国：一部记录美国经济发展的史诗》，第 64—70 页。

[94] Ibid. Atack, and Passell, *A New Economic View of American History: from Colonial Times to 1940*, p. 133.

[95] 前引福克纳：《美国经济史》，上卷，第 214 页。

[96] 参见 Mark Bils, "Tariff Protection and Production in the Early US Cotton Textile Industry", *The Journal of Economic History*, Vol. 44, No. 4 (Dec., 1984), p. 1037.

[97] Ibid. David, "Learning by Doing and Tariff Protection: A Reconsideration of the Case of the Ante-Bellum United States Cotton Textile Industry", p. 563.

[98] 参见 Ibid. Atack, and Passell, *A New Economic View of American History: from Colonial Times to 1940*, p. 133.

[99] 参见 Peter Temin, "Product Quality and Vertical Integration in the Early Cotton Textile Industry", *The Journal of Economic History*, Vol. 48, No. 4 (Dec., 1988),

pp. 89-898.

[100] Ibid. Bils, "Tariff Protection and Production in the Early US Cotton Textile Industry", p. 1033.

[101] Ibid. Atack, and Passell, *A New Economic View of American History: from Colonial Times to 1940*, p. 181.

[102] 前引兰德斯：《国富国穷》，第 418 页。

[103] Ibid. Harley, "International Competitiveness of the Antebellum American Textile Industry", p. 565, p. 579.

[104] 转见前引弗兰克：《依附性积累与不发达》，第 85 页。

[105] Ibid. Atack, and Passell, *A New Economic View of American History: from Colonial Times to 1940*, p. 132.

[106] 参见 Ibid. Bils, "Tariff Protection and Production in the Early US Cotton Textile Industry", p. 1035, p. 1045.

[107] 参见 Ibid. David, "Learning by Doing and Tariff Protection: A Reconsideration of the Case of the Ante-Bellum United States Cotton Textile Industry", pp. 526-527, p. 532, pp. 594-595.

[108] 参见 Ibid. Atack, and Passell, *A New Economic View of American History: from Colonial Times to 1940*, pp. 134-135.

[109] Ibid. David, "Learning by Doing and Tariff Protection: A Reconsideration of the Case of the Ante-Bellum United States Cotton Textile Industry", pp. 524-525.

[110] Ibid. David, "Learning by Doing and Tariff Protection: A Reconsideration of the Case of the Ante-Bellum United States Cotton Textile Industry", p. 522, p. 600, p. 591.

[111] Ibid. Bils, "Tariff Protection and Production in the Early US Cotton Textile Industry", p. 1043, p. 1045.

[112] Ibid. Temin, "Product Quality and Vertical Integration in the Early Cotton Textile Industry", p. 898.

[113] Ibid. Harley, "International Competitiveness of the Antebellum American Textile Industry", p. 560, p. 565, p. 563, p. 576.

[114] Ibid. Harley, "International Competitiveness of the Antebellum American Textile Industry", p. 577, p. 580.

[115] Ibid. Atack, and Passell, *A New Economic View of American History: from*

Colonial Times to 1940, p. 139.

[116] Rondo Cameron, *A Concise Economic History of the World: From Paleolithic Times to the Present*, Oxford University Press, 1997, p. 230.

[117] 参见 Ibid. Atack, and Passell, *A New Economic View of American History: from Colonial Times to 1940*, p. 461.

[118] [美]D.C. 诺斯：《美国的工业化（1815—1860 年）》，[美]W.W. 罗斯托编：《从起飞进入持续增长的经济学》，贺力平等译，四川人民出版社，1988 年，第 58、60 页。

[119] 转见前引弗兰克：《依附性积累与不发达》，第 86 页。

[120] 参见 Ibid. Atack, and Passell, *A New Economic View of American History: from Colonial Times to 1940*, pp. 127-128, p. 137.

[121] 前引福克纳：《美国经济史》，上卷，第 215 页。

[122] Ibid. Bairoch, *Economics and World History: Myths and Paradoxes*, p. 34.

[123] [美] 迈克尔·希斯考克斯：《国际贸易与政治冲突——贸易、联盟与要素流动程度》，于扬杰译，中国人民大学出版社，2005 年，第 84—85 页。

[124] 参见 Ibid. Bairoch, *Economics and World History: Myths and Paradoxes*, p. 34.

[125] Perry Sadorsky, "The Behavior of US Tariff Rates: Comment", *The American Economic Review*, Vol. 84, No. 4 (Sept., 1994), p. 1099.

[126] A. G. Kenwood, and A. L. Lougheed, *The Growth of the International Economy, 1820-1960*, George Allen & Unwin Ltd., 1971, p. 82.

[127] Ibid. Bairoch, *Economics and World History: Myths and Paradoxes*, p. 34, p. 52. 参见 Ibid. Walton, and Rockoff, *History of the American Economy*, p. 229, p. 462.

[128] 前引菲特、里斯：《美国经济史》，第 220、337 页。

[129] 参见 Ibid. Walton, and Rockoff, *History of the American Economy*, pp. 220-221.

[130] 参见前引希斯考克斯：《国际贸易与政治冲突——贸易、联盟与要素流动程度》，第 76、79—80 页。

[131] Anthony Howe, *Free Trade and Liberal England 1846-1946*, Clarendon Press, 1997, p. 22.

[132] 有关百分比系计算所得，原数据参见 Robert E. Lipsey, "US Foreign Trade and the Balance of Payments, 1800-1913", in ibid. Engerman, and Gallman (eds.), *The Cambridge Economic History of the United States*, Vol. II, p. 702; Stanley L. Engerman, "Slavery and Its Consequences for the South in the Nineteenth Century",

in ibid. Engerman, and Gallman (eds.), *The Cambridge Economic History of the United States*, Vol. II, p. 338, p. 342.

[133] 林珏：《战后美国对外贸易政策研究》，云南大学出版社，1995 年，第 5—6 页。

[134] 参见 Ibid. Lipsey, "US Foreign Trade and the Balance of Payments, 1800-1913", pp. 693-695.

[135] [德] 卡尔·马克思：《资本论》，第 1 卷，中央编译局译，人民出版社，1975 年，第 495 页。

[136] [英] 埃里克·霍布斯鲍姆：《工业与帝国：英国的现代化历程》，梅俊杰译，中央编译出版社，2017 年，第 148 页。

[137] 参见 Ibid. Atack, and Passell, *A New Economic View of American History: from Colonial Times to 1940*, pp. 191-192.

[138] Paul H. Cootner, "The Role of the Railroads in the United States Economic Growth", *The Journal of Economic History*, Vol. 23, No. 4 (Dec., 1963), p. 519.

[139] 前引菲特、里斯：《美国经济史》，第 297、163 页。

[140] Kenneth L. Sokoloff, and Stanley L. Engerman, "Technology and Industrialization, 1790-1914", in ibid. Engerman, and Gallman (eds.), *The Cambridge Economic History of the United States*, Vol. II, p. 399.

[141] Ibid. Bairoch, *Economics and World History: Myths and Paradoxes*, p. 52.

[142] 参见 Ibid. Bairoch, *Economics and World History: Myths and Paradoxes*, pp. 52-53.

[143] Ibid. Atack, and Passell, *A New Economic View of American History: from Colonial Times to 1940*, p. 8.

[144] William C. Kessler, "Incorporation in New England: A Statistical Survey, 1800-1875", *The Journal of Economic History*, Vol. 8, No.1 (May, 1948), p. 53, p. 47.

[145] Ibid. Atack, and Passell, *A New Economic View of American History: from Colonial Times to 1940*, p. 55, p. 189.

[146] Albert Fishlow, "Internal Transportation in the Nineteenth and Early Twentieth Centuries", in ibid. Engerman, and Gallman (eds.), *The Cambridge Economic History of the United States*, Vol. II, p. 611. 参见 Ibid. Atack, and Passell, *A New Economic View of American History: from Colonial Times to 1940*, p. 190.

[147] 梅俊杰：《以开放的头脑认识中国国有企业改革问题：访托马斯·罗斯基教授》，《战略与管理》，1995 年第 6 期，第 61 页。

[148] 前引福克纳：《美国经济史》，上卷，第 219 页。

[149] 转见 William James Ashley, "Political Economy and the Tariff Problem", *Economic Review*, Vol. 14 (1904), in Roger E. Backhouse, and Peter J. Cain (eds.), *The English Historical School of Economics*, Vol. 1, Overstone of Thoemmes Press, 2001, p. 272.

[150] 前引福克纳：《美国经济史》，上卷，第 219 页。

[151] [美] 杰拉尔德·冈德森：《美国经济史新编》，杨宇光等译，商务印书馆，1994 年，第 213 页。

[152] 参见 Ibid. Atack, and Passell, *A New Economic View of American History: from Colonial Times to 1940*, p. 457.

[153] 前引菲特、里斯：《美国经济史》，第 296、271 页。

[154] [美] 保罗·萨缪尔森、[美] 威廉·诺德豪斯：《经济学》（英文版），人民邮电出版社，2007 年，第 308 页；前引麦格劳：《现代资本主义：三次工业革命中的成功者》，第 345 页。

[155] 前引福克纳：《美国经济史》，下卷，第 195、246 页。参见 Ibid. Sadorsky, "The Behavior of US Tariff Rates: Comment", p. 1099.

[156] 前引福克纳：《美国经济史》，上卷，第 399 页。

[157] 前引福克纳：《美国经济史》，下卷，第 247 页。

[158] 参见前引菲特、里斯：《美国经济史》，第 334 页；前引冈德森：《美国经济史新编》，第 368 页。

[159] 前引福克纳：《美国经济史》，下卷，第 246 页。

[160] 参见 Ibid. Walton, and Rockoff, *History of the American Economy*, pp. 307-310.

[161] 前引福克纳：《美国经济史》，下卷，第 247—248 页。

[162] Ibid. Sadorsky, "The Behavior of US Tariff Rates: Comment", p. 1102.

[163] 前引希斯考克斯：《国际贸易与政治冲突——贸易、联盟与要素流动程度》，第 86 页。

[164] 本节有关美国内战后关税的演变情况，除另标注外，综合参见前引林珏：《战后美国对外贸易政策研究》，第 6—8 页；前引福克纳：《美国经济史》，下卷，第 246—252、368 页；前引希斯考克斯：《国际贸易与政治冲突——贸易、联盟与要素流动程度》，第 86—93 页。

[165] G. R. Hawke, "The United States Tariff and Industrial Protection in the Late Nineteenth Century", *The Economic History Review*, Vol. 28, No. 1 (Feb., 1975), p. 84.

[166] Douglas A. Irwin, "Higher Tariffs, Lower Revenues? Analyzing the Fiscal Aspects of 'the Great Tariff Debate of 1888' ", *The Journal of Economic History*,

Vol. 58, No. 1 (Mar. 1998), p. 60.

[167] Ibid. Walton, and Rockoff, *History of the American Economy*, p. 463.

[168] Ibid. Walton, and Rockoff, *History of the American Economy*, p. 464.

[169] 前引麦格劳：《现代资本主义：三次工业革命中的成功者》，第348页。

[170] 参见 Ibid. Bairoch, *Economics and World History: Myths and Paradoxes*, p. 36.

[171] 参见Robert A. McGuire, "Deflation-Induced Increases in Post-Civil War US Tariffs", *The Economic History Review*, Vol. 43, No. 4 (Nov., 1990), pp. 634-635, p. 644.

[172] 前引福克纳：《美国经济史》，下卷，第6、77、116、38页。参见前引菲特、里斯：《美国经济史》，第339、583页。

[173] Ibid. Atack, and Passell, *A New Economic View of American History: from Colonial Times to 1940*, p. 364.

[174] Ibid. Walton, and Rockoff, *History of the American Economy*, pp. 373-374.

[175] 参见 Ibid. Atack, and Passell, *A New Economic View of American History: from Colonial Times to 1940*, p. 461, pp. 467-468.

[176] 参见 Ralph W. Hidy, "Rise of Modern Industry: Government and the Petroleum Industry of the United States to 1911", *The Journal of Economic History*, Vol. 10, Supplement (1950), pp. 82-91.

[177] 参见 Ibid. Hidy, "Rise of Modern Industry: Government and the Petroleum Industry of the United States to 1911", pp. 82-91.

[178] Ibid. Walton, and Rockoff, *History of the American Economy*, p. 460.

[179] 有关百分比系计算所得，原数据参见 Ibid. Lipsey, "US Foreign Trade and the Balance of Payments, 1800-1913", p. 702.

[180] 参见 Matthew Simon, and David E. Novack, "Some Dimensions of the American Commercial Invasion of Europe, 1871-1914: An Introductory Essay", *The Journal of Economic History*, Vol. 24, No. 4 (Dec., 1964), p. 593.

[181] 参见前引麦格劳：《现代资本主义：三次工业革命中的成功者》，第79页。

[182] 参见 Ibid. Simon, and Novack, "Some Dimensions of the American Commercial Invasion of Europe, 1871-1914: An Introductory Essay", p. 602.

[183] 参见Robert E. Gallman, "Economic Growth and Structural Change in the Long Nineteenth Century", in ibid. Engerman, and Gallman (eds.), *The Cambridge Economic History of the United States*, Vol. II, p. 5.

[184] 前引福克纳：《美国经济史》，下卷，第45页。

[185] [美] 保罗·肯尼迪：《大国的兴衰：1500—2000 年的经济变迁与军事冲突》，陈景彪等译，国际文化出版公司，2006 年，第 237 页。

[186] Ibid. Lipsey, "US Foreign Trade and the Balance of Payments, 1800-1913", p. 725.

[187] 前引麦格劳：《现代资本主义：三次工业革命中的成功者》，第 348 页。

[188] 参见 Douglas A. Irwin, "Did Late-Nineteenth-Century US Tariffs Promote Infant Industries? Evidence from the Tinplate Industry", *The Journal of Economic History*, Vol. 60, No. 2 (June, 2000), pp. 335-360.

[189] 转见前引福克纳：《美国经济史》，下卷，第 77 页。

[190] Ibid. Walton, and Rockoff, *History of the American Economy*, pp. 390-392, p. 464.

[191] 前引麦格劳：《现代资本主义：三次工业革命中的成功者》，第 348 页。

[192] 前引瓦伊纳：《倾销：国际贸易中的一个问题》，第 42、71 页。

[193] [德] 弗里德里希·恩格斯：《保护关税制度和自由贸易》，《马克思恩格斯全集》，第 21 卷，中央编译局译，人民出版社，1965 年，第 418 页。

[194] 前引麦格劳：《现代资本主义：三次工业革命中的成功者》，第 345 页。

[195] 转见 [美]L.S. 斯塔夫里亚诺斯：《全球分裂：第三世界的历史进程》，上册，迟越等译，商务印书馆，1993 年，第 180 页。

[196] 转见斯塔夫里亚诺斯：《全球分裂：第三世界的历史进程》，上册，第 394 页。

[197] 参见前引林珏：《战后美国对外贸易政策研究》，第 25—27 页；前引福克纳：《美国经济史》，下卷，第 253—280 页；前引菲特、里斯：《美国经济史》，第 446 页。

[198] 前引福克纳：《美国经济史》，下卷，第 234、45 页。参见前引菲特、里斯：《美国经济史》，第 446 页；Ibid. Walton, and Rockoff, *History of the American Economy*, pp. 464-467; Stanley Stanley Lebergott, "The Returns to US Imperialism, 1890-1929", *The Journal of Economic History*, Vol. 40, No. 2 (June, 1980), pp. 229-252.

[199] 参见 Barry Eichengreen, "The Political Economy of the Smoot-Hawley Tariff", in Jeffry A. Frieden, and David A. Lake (eds.), *International Political Economy: Perspectives on Global Power and Wealth*, Peking University Press, 2003, pp. 37-46.

[200] 前引希斯考克斯：《国际贸易与政治冲突——贸易、联盟与要素流动程度》，第 98 页。

[201] 参见张振江：《从英镑到美元：国际经济霸权的转移》，人民出版社，2006年，第34页。

[202] [美]I.M.戴斯勒：《美国贸易政治》，王恩冕等译，中国市场出版社，2006年，第11—12页。

[203] 参见 Ibid. Edwards, "Economic Sophistication in Nineteenth Century Congressional Tariff Debates", pp. 805-807.

[204] Eugen Wendler, *Friedrich List: An Historical Figure and Pioneer in German-American Relations*, Verlag Moors & Partner, 1989, p. 80, p. 85. 参见[德]弗里德里希·李斯特：《美国政治经济学大纲》，附于前引李斯特：《政治经济学的自然体系》，第203、235—236等页。

[205] Ibid. Bairoch, *Economics and World History: Myths and Paradoxes*, p. 32.

[206] 转见 Ibid. Wendler, *Friedrich List: An Historical Figure and Pioneer in German-American Relations*, p. 79, p. 83. 参见 Ibid. Spiegel, *The Rise of American Economic Thought*, pp. 55-57, pp. 83-84.

[207] 前引福克纳：《美国经济史》，上卷，第214页。

[208] 前引麦格劳：《现代资本主义：三次工业革命中的成功者》，第345—346页。

[209] Ibid. Sylla, "Experimental Federalism: The Economics of American Government, 1789-1914", p. 527.

[210] 前引菲特、里斯：《美国经济史》，第351页。

[211] 前引戴斯勒：《美国贸易政治》，第12页。

[212] 转见 Ibid. Bairoch, *Economics and World History: Myths and Paradoxes*, p. 33.

[213] 参见前引戈登：《财富的帝国：一部记录美国经济发展的史诗》，第49页。

[214] Ibid. Freyer, "Business Law and American Economic History", p. 447.

[215] Ibid. Sokoloff, and Engerman, "Technology and Industrialization, 1790-1914", p. 391.

[216] Carter Goodrich, "Recent Contributions to Economic History: The United States, 1789-1860", *The Journal of Economic History*, Vol. 19, No. 1 (Mar., 1959), p. 25.

[217] Ibid. Goodrich, "American Development Policy: The Case of Internal Improvements", p. 451.

[218] Ibid. Freyer, "Business Law and American Economic History", p. 451.

[219] 前引麦格劳：《现代资本主义：三次工业革命中的成功者》，第350—351页。

[220] 前引福克纳：《美国经济史》，下卷，第470页。

[221] 前引赖纳特：《国家在经济增长中的作用》，第 263 页。

[222] 前引菲特、里斯：《美国经济史》，第 300 页。

[223] 前引麦格劳：《现代资本主义：三次工业革命中的成功者》，第 348、344 页。

参见 Ibid. Coats, *British and American Economic Essays*, Vol. I, p. 343.

[224] Ibid. Lipsey, "US Foreign Trade and the Balance of Payments, 1800-1913",
p. 727.

第六章

只有利益是永恒的：贸易自由化进程中的美国角色

国际贸易绝对是这样一个领域，在其中经济史实比经济学分析能给人更多的启迪。

——哥特弗里德·哈伯勒（奥地利经济学家）

进入 20 世纪，美国开始具备问鼎世界霸位的实力，特别是经第一次世界大战后，强国间的实力对比更向这一后起之秀加速倾斜。美国"到 1918年，已成为无可争辩的世界头等强国"，[1] 多重指标可以为证。据统计，1920年代初，美国钢铁年产超过 3600 万吨，是其他所有强国总产量的 57%；石油年产 7600 万吨，比其他所有强国多出 14 倍；汽车年产 360 万辆，比其他所有国家多出 10 倍；同时，美国在"一战"中向欧洲盟国放贷近 70 亿美元，为战后重建又放贷 33 亿美元。[2]

但是，绝对的实力优势并不意味着美国就能立刻取代英国，自动地主导世界经济体系。首先，"瘦死的骆驼比马大"，原有霸权国家即使力不从心，但余威犹在。"英国仍然拥有一流的海军、最庞大的殖民地、最大的对外贸易量和以英镑为基础的国际货币交换体系。"此外，"世界的金融中心依然在伦敦而非纽约，英国依然可以依靠几个世纪中积累的财富、经验、制度来维持自己的领导地位，即便是第一次世界大战严重削弱了这一地位。"如同历史上形形色色的霸主一样，英国也无意主动放弃霸业，1925 年重新确立英镑金本位，足可表明英国"试图再次承担起世界经济的领导权"。[3]所以，如果说第二次世界大战结束标志着美国霸权时代正式开启的话，那么，此前有过数十年英美霸权相互过渡、角力、争夺、冲突的不短岁月。

在这场霸权兴替的逐鹿战中，建立什么样的世界贸易体制一直是两强较量的一个焦点问题。本来，英美在贸易大政上此期均呈浓重的保护主义色彩。英国虽然一度是所谓自由贸易帝国，但在竞争力日见衰落时，经过1915 年的马克科纳关税和 1921 年的产业保护关税，特别是 1932 年起的帝国特惠制，它早已抛弃自由贸易。至于美国，在依仗高关税保护赢得强大产业竞争优势后，它依然无意告别保护主义，甚至还出台过税率再创新高的 1930 年《斯穆特 – 霍利关税法》。

然而，既然一个是日薄西山的老旧帝国，一个是志在霸位的新锐强权，两者的贸易政策诉求经此交汇点之后必然会渐行渐远。果不其然，英国坚守其以英联邦国家为班底的帝国特惠制，并进而大力与英联邦外的国家签订双边贸易协定，以图拼凑一个缩小版的但仍以英国为核心的国际贸易体系。而与此同时，雄心勃勃的美国一方面利用 1934 年《互惠贸易协定法》的授权，与外国达成包含降低关税等内容的双边贸易协定，另一方面又着眼于建立所谓多边主义的国际经济新体系。凭借美国无可匹敌的实力，时任国务卿的考戴尔·赫尔大唱自由贸易高调，于 1941 年公布了美国关于战后世界经济体系的基本原则，包括"不能再以极端民族主义的形式设置额外的贸易限制"，"非歧视必须成为国际贸易关系的准则"，"所有国家都应不受歧视地获取原料"，等等。[4] 占尽优势的垄断者拿出的这些世界主义原则，不禁让人想起拿破仑战争胜利后同样优势显赫的英国曾经的动听说辞，历史何其相似乃尔！

为了实现符合自身利益需要的开放的多边主义贸易体系，美国必须打破英国此时奉为圭臬的帝国特惠制，可是要让英国就范谈何容易。"许多英国领导人将帝国特惠制视为对美国《斯穆特 – 霍利关税法》的一种回应，认为美国的要求是在插手英帝国事务，况且，考虑到美国的高关税历史，美方提出这种要求实在虚伪。"[5] 可是，随着"二战"的深入，美国不久就抓住了英国有求于我的可乘之机。这里仅指出前后两个关键性时机。

前有 1940 年 12 月，英国首相丘吉尔向美国总统罗斯福提出以租借方式获得急需的战争物资援助。在随后就此问题展开的两国首脑会晤及相关部门官员的长期谈判中，双方就帝国特惠制的废除问题展开了激烈的讨价还价，1942 年初签署的英美《互助协议》终于确认，共同"致力于废除国际贸易中任何形式的歧视待遇，并削减关税及其他形式的贸易壁垒"。后有 1945 年 8 月，刚刚上台的英国工党政府面临一触即溃的财政危机，只得开口向美国寻求巨额无偿援助。延续数月的谈判中，英国的期望步步落空，而美国则步步进逼。英国为得到数额几已减半的有偿贷款，受尽羞辱，不仅违心答应让英镑自由兑换（这导致在 1947 年无端消耗了借来的美援，几致财政与经济破产），而且特别另外让步，"接受美国贸易政策，承诺将废除帝国特惠制"，并在签署协议的"当天与美国政府一起，公开发表关于国际贸易政策与成立国际贸易组织的原则声明"，等等。[6]

　　至此，美国依仗本国的实力和英国的困境，在与英国成功斗法后，终于揭开了属于自己的霸权时代，并着手在贸易等一系列全球问题上打上美国的烙印。不过须知，这个烙印与自由贸易相距甚远。

一、贸易自由化背后的利己主义

　　首先应当强调一个基本事实，不管任何人如何标榜，战后美国实际推行得最多是"较自由贸易"，而非"自由贸易"。换句话说，战后美国率世界走的路实为一条贸易自由化道路，而非自由贸易道路。如果说 19 世纪上半叶的英国还曾为自由贸易开展过大量的理论准备和宣传鼓动，在自己产业优势天下无敌的情况下一度还实施过自由贸易，甚至对于实施单方面自由贸易尚有兴趣的话，那么，对美国而言，它从来就没有全心全意地接受过自由贸易，也从来没有真正实施过自由贸易，哪怕在其竞争实力如日中天之时。长期的保护主义实践在铸造美国经济赶超成就的同时，也培养了其国内强大的保护主义势力，美国又何能轻易地摆脱保护主义传统而转向自由贸易呢？这也是美国有别于英国的一个特点。

利己主义一开始便渗透美国贸易政策

　　当然，英美对于自由贸易都一样别有用心，美国基于他人望尘莫及的经济实力，现在也期望借自由贸易而自由地占领他人市场并扩大自己的优势和利益，在这一点上，前后两任霸主并无二致。但是，此前一个世纪英国实行自由贸易后的负面后果，美国实行保护主义后的正面效果，欧洲大陆国家实行自由贸易和保护主义后一反一正的经验，都早已给了各国以足够的教训。当众人对自由贸易多有警惕时，它作为一个国际政策工具能走多远呢？两次世界大战之间列强相互以邻为壑的经济政策固然走到了极端，并据说加剧了世界的灾难，可是谁也不想承担挑头再行自由贸易的成本，对于国力已遭战争严重削弱的英国及其他欧洲国家来说更是如此。

环顾世界，"二战"后唯一有实力重开贸易自由化并能从中获利最多者非美国莫属，美国的决策精英还是努力抓住了这一时机。用总统艾森豪威尔的话说，作为自由世界的领袖，"美国有责任迈出第一步"。与赢得战争但丢失帝国的英国正恰相反，美国赢得了战争也赢得了天下。"巨大的军事和政治优势能够在全球范围内保护美国的利益，其经济基石显然指向一个新的开放贸易政策，借此美国在钢铁、汽车、石油及其他几十个产业中的支配地位可以得到充分的利用。换言之，美国终于准备好告别孤立主义的过去，拆除保护主义的体制，迎来较自由贸易的时代。"[7]

一种颇有市场的观点认为，"从战后初期直到 1960 年代，美国由于有其强大的经济实力作后盾，大力推行全球主义的自由贸易政策"，只是以后竞争力衰退时，美国才开始祭出各种保护主义限制措施。[8] 这种说法大致不错但不够准确，可以说从一开始，美国就一直按照严格对等的原则在推动贸易自由化，这种贸易自由化自最初起就立足于各种利己主义的算计，终究此乃美国的立国传统。艾森豪威尔说："许多美国企业依靠出口获取利润并创造就业。要维持出口势头，唯一方法就是开放美国市场。"[9] 此话充分表明，促进世界市场的开放，首先是为了更有力地扩大美国的出口利益，开放美国市场不过是出于对等的需要。

由此统观战后至今美国主导的国际贸易体系的演化，不难看清，美国在贸易自由化过程中始终采取了一种高度实用主义的态度。当自己需要时，尤其是当自己得势时或在自己得势的领域，美国便大力推动贸易自由化；而当自己不需要时，尤其是当自己失势时或在自己失势的领域，美国则百般炮制形形色色的保护主义措施。一言以蔽之，一切原则都是可变的，只有自身利益是永恒的。在这个世界，采取这种利己主义的态度没有什么不正常，本身也谈不上道德与否。问题是，如果一方面自己唯利是图包括背离自由贸易原则，另一方面又大唱自由贸易的高调，要他人为美国的繁荣承担代价，则又岂止是伪善呢？当然，伪善者可以继续伪善下去，但伪善的面目应当剥去。可以说，远在美国经济竞争力衰退之前，美国所主导的贸易自由化进程早就渗透了利己私心。

美国的利己主义态度首先体现在"国际贸易组织"问题上。最初美国有意建立这一组织，借以会同国际货币基金组织和世界银行，管理战后世界经济秩序。1946 年 2 月，在美国推动下，联合国任命 19 个国家组成贸易与就业大会预备委员会，美国提出了关于国际贸易组织宪章的建议，随后展开相关谈判，并于 1948 年产生了名为《哈瓦那宪章》的国际贸易组织宪章草案。然而，国际贸易组织并未诞生，因为美国认为最后的结果不再符合自己的要求。美国这种以自身利益为尺度、对国际机构与规则采取实用主义态度，将始终影响着战后国际贸易体制的演进。

当时的美国占尽优势，本希望以一个多边主义的开放体系在世界范围推行充分的自由贸易，但各国（包括美国在内）又各有自己的小算盘。比如，美国不愿改变本国对海运的补贴，故而未将海运业纳入国际贸易组织管辖范围，其他国家也从自身利益出发，在宪章中加入了各类限制性条款，以图优先保障就业和经济发展，或获准设置农产品进口配额，或获准在收支严重失衡或国内生产商利益受损时撤回关税减让。[10]美国总认为国际贸易组织对自己多有限制，对他国则网开一面，故而"发现他国目标与自己目标无法协调"。[11]尤令美国难以接受的是，自己在该机构中不能像在国际货币基金组织和世界银行中那样获得法定的多数投票权，况且，"宪章并未提及废除英帝国特惠制的问题，该制度被允许在过渡期中继续运作"。[12]为此，美国总统拒绝将条约交由参议院批准，一个虽则自己发起筹备、但已不再符合本国需要的国际机构只能胎死腹中。

后来实际运行的国际贸易体制是 1947 年初草拟的《关税与贸易总协定》，这个"草案几乎原封不动地取自国际贸易组织宪章的第四章，这也是美国原方案的全部精华所在"。[13]关贸总协定作为运作了近半个世纪的临时方案，在提供贸易谈判的框架并推动贸易自由化的过程中，无疑相当成功。然而，与被抛弃的国际贸易组织相比，它不是一个真正的国际组织，缺乏规则制订权，而且"它缺乏像样的争端解决机制，其管辖范围基本上限于制成品。它无权处置农业、服务、知识产权、外国直接投资，也没有足够的权力处置关税联盟及其他特惠贸易安排"。[14] 国际贸易组织的流产显然意味深长，昭示了美国以利己主义打造国际贸易体制的基本特点。

国家安全是美国贸易政策中的优先点

在战后国际贸易体制的打造中，美国的最高原则首先不在于促进各国合理分工，以期发挥比较优势、增进总体效率和福利云云，相反，国家安全被置于突出的位置。

东西方开始冷战后，美国国内政治进一步意识形态化，贸易政策也随之高度地政治化。"在此情况下，国家安全因素成为贸易政策的关键。自由派人士把自己赞成的市场开放当作美国与苏联斗争的一部分，他们坚持认为，较自由贸易将在西方阵营之间创立一种密切的工作关系，形成一种有助于美国盟友用来抵制苏联阵营之经济安全。"实际上，从所谓支持自由人民抵抗奴役以主宰自身命运的"杜鲁门主义"到援助欧洲战后重建的"马歇尔计划"，都是首先基于政治考量而出台的战略部署。"艾森豪威尔也严肃看待斯大林的预言，后者在 1952 年 10 月曾放话说，西方国家间的贸易争端将给苏联以可乘之机，使之能够回击其打压，而艾森豪威尔决意要防止此类问题。"本来，战后的欧洲人包括英国人并不愿意开放贸易，他们担心一旦放宽进口限制，美国商品将进一步大举入侵，从而加深自己对美国进口货的依赖。然而，美国决意"用援助计划来诱导欧洲人降低贸易壁垒"。[15]

当然，出于遏制苏联阵营的需要，美国在贸易等相关政策上也愿意给予让步。比如，在西方，"同盟国有些专家主张把德国田园化，不再让它拥有工业。……然而，在冷战的需要面前，这类报复性计划都告吹了。西方需要德国"。[16] 同样，在东方，"远东问题专家以为，一个经济强大并且民主的日本对于在亚洲遏制苏联阵营至关重要，故而提出，鉴于纺织品出口对日本非比寻常，美国必须降低关税"。1955 年 6 月，国务院即宣布对 30 种纺织品降低关税 20%—48%。尽管此后美国纺织业界反弹强烈，但美决策者基于政治大局的考虑，对盟国的输美产品还是手下留情。[17]

与此同时，对于与苏联阵营的贸易，美国则严加管制，不过，在一正一反之间，贸易政策跟着政治和安全指挥棒转，这一点还是一以贯之的。在对苏联贸易问题上，美国高层曾有两种看法，一是期望以贸易为手段，通过美国的商品输入来促进苏联社会的自由化；另一是敦促终止美苏贸易，特别是要防止苏联获得美国的技术和原料。最后，杜鲁门政府选定"战略性禁运"作为对苏贸易政策，即既允许非军用物资的出口，又禁止军用物资的出口，并在1948年拟定了一律禁止类和需出口许可证类两张清单，但实际公布的限制货单范围很宽，包括了美国全部出口商品2700大类中的2300大类。出于防止转口的考虑，出口管制对象除苏联和东欧外，也包括全部西欧等地区。为求禁运效果，美国对盟友恩威并施，既扬言要惩处违规对苏贸易者，又把贸易行为与马歇尔援助计划挂钩，终于争取到英国、法国、比利时、意大利、卢森堡、荷兰于1950年初在巴黎成立了旨在协调对苏联阵营禁运的"多国出口控制统筹委员会"（即"巴统"），后该集团共有15个西方阵营国家。[18]

在数十年冷战中，"巴统"一直是西方对苏联阵营进行技术封锁的关键工具，直到1994年才宣告解散。朝鲜战争爆发，尤其是中国参战后，美国进一步收紧贸易限制。1951年《共同防务协助控制法》把对总统终止贸易的授权扩大到和平时期；1951年《贸易协定延长法》则撤回了此前授予苏联及同阵营其他国家的所有关税减让，包括最惠国待遇，这等于关上了苏联阵营对美出口的大门。不过，既然贸易只是一个实用主义工具，美国定会根据需要而策略地应变。为了分化苏联阵营，美国对于与苏联保持距离的南斯拉夫网开一面。同样，在斯大林1953年去世后，"巴统"放松了对苏联及其卫星国的出口限制，当然，部分原因也是为了借此消耗苏联的硬通货，故而同时仍继续剥夺对苏最惠国待遇，以便阻止苏联向外出口。此外，美国多因朝鲜战争的积怨，一直拒绝放松对中国的出口限制。[19]

在国家安全的名义下，美国提出国内某些产业应当享有特别贸易保护，因而为贸易自由化划出了又一例外领域。艾森豪威尔就说过，迈向自由贸易需要一个前提，即世界享有永久和平。既然存在冷战，"就只能有限度地追求自由贸易，国家安全要求保护那些对美国国防至为必要的产业"。问题是，有关国家安全的理由很容易被滥用。例如，在石油行业，即使艾森豪威尔有意抵制向进口石油新加关税，保护主义者仍假借国家安全声称，"外国低价石油的涌入将威胁生产成本较高的美国油井，假如继续进口外国石油，国内油井将被迫关闭，那样，一旦出现国家安全紧急状态，美国会发现自己缺少正在开采的油井"。[20] 以此为理由，美国产油州的政客要求对石油进口设置配额。艾森豪威尔等人其实深知，真关心国家安全的话，关闭国内油井留待未来紧急状态下使用才是上策。

然而，1955 年，国会还是授权总统限制石油进口，政府随后在 1957 年制定了一套配额制度，并于 1959 年开始执行。正是美国的这一配额限制，引发世界石油供过于求、价格下跌，并致西方石油大公司大幅减少向所在产油国的付款，也就是在此背景下，伊朗、伊拉克、科威特、沙特阿拉伯、委内瑞拉于 1960 年 9 月组建了石油输出国组织。当然，以国家安全为名保护石油产业，在提高国内居民消费价格的同时，却增加了生产商的利润并且刺激了美国能源开采技术的研发，产生过正面"外部性"，这一点也不能忽视。[21]

以国家安全名义限制贸易，在 1958 年经由《国家安全修正案》得到了更广泛的法定确认，成为 1934 年《互惠贸易协定法》的补充条款。该条款要求总统在筹划国内生产时，应考虑国防需要，"人力资源、产品、原材料的供给及服务都应以保障国防能力为前提，应考虑外国商品对美国国内工业的竞争是否会削弱美国经济实力、危及国家安全"。[22] 显然，国家安全早已与维护美国经济实力这一目标捆绑在一起，所以反过来，贸易这样的经济手段经常会被美国用来服务于国家安全目标。

非关税壁垒泛滥的制度框架早已预设

撇开高度政治化的问题，单从较纯粹的经济角度观察，"二战"后美国的贸易政策也非人们想象的那样在大步自由化，反倒是充斥了步步为营的保护主义。1950 年代，美国国会借 1934 年《互惠贸易协定法》审核的机会，每隔数年就会加入保护主义内容，由此也早已设下了以后新保护主义泛滥的制度框架。美国固然推动着关贸总协定的贸易自由化谈判，但并不愿意受其束缚，当有关规定与本国政策冲突时，美国惯于背弃义务和承诺，为保护自己的贸易与产业利益而寻求例外性安排。"二战"后的美国继承了战前的外贸关系处理方法，从开初就针对外国竞争，准备好了具有保护主义性质的消解之策。

　　就应对"不公平贸易"而言，当时美国的贸易法律确认了三种行为，一是外国生产者在美国市场按低于正常值销售，即倾销；二是外国政府支持对美出口的本国行业，此主要指补贴；三是外国生产者侵犯美国公司的专利、版权、商标，即侵权。美国 1890 年、1894 年、1916 年的法律实已涉及倾销问题，1921 年，国会制定了专项《反倾销法》，但关于被指控倾销产品正常价值的衡定、惩罚性关税终止的程序等关键内容都付诸阙如，至今一直留有重大的不确定性。反补贴也是个老问题，美国 1890 年、1897 年、1909 年、1913 年、1922 年、1930 年的关税法律对于反补贴有过日益明确的规定。一经发现外国竞争者的补贴，美国将征收反补贴税，以抵消补贴造成的不公平后果。然而，补贴类似于倾销，同样存在难以准确判定的问题，至今也仍常常被滥用。有关侵犯专利等知识产权的问题，1930 年《关税法》已具体规定，美国公司在遭受此类损害时可向关税委员会申诉，委员会可据此展开调查并将受损结果向总统汇报，法律授权总统可把实施侵权的产品逐出美国市场。很显然，当美国开始贸易自由化进程的时候，这些具有争议性的法律都继续在有效地发挥守护的作用。[23]

　　更有甚者，美国针对并非"不公平"的贸易，在关贸总协定成立之初，便确认或出台了若干明显具有保护主义性质的法规。为向产业界保证 1934 年《互惠贸易协定法》不会危及美国产业，美国国会向该法补充了三个例外条款："危险点条款""免责条款""国家安全条款"。其中，1948 年成为法律的"危险点条款"规定，在对外贸易谈判前，总统应公布谈判关税减让将涉及的商品目录，关税委员会随之应当对所涉商品相关情况进行调查，并确定这些商品的关税减让最多只能达到的程度，即所谓"危险点"。据认为，超过这一危险点，美国的生产商将受到进口的损害。这种规定的"目的是迫使行政部门不得就低于这一水平的税率进行谈判"。[24] 行政部门如越过危险点，就可能被指责为"纵容损害"。危险点条款在 1949 年民主党控制国会时一度被废除，但 1951 年重新生效后一直延续到 1960 年代。

1951 年正式成为法律的"免责条款"规定，在国际贸易协议订立后，如果美国有生产商因协议带来的贸易变化而受到伤害，则美国可退出协议或修改协议。这样的免责条款实已见于美国 1942 年与墨西哥签订的贸易协议，此后为了平息国会对于国内产业可能受损的忧虑，它作为协议条款被频频采用。1945 年，杜鲁门承诺，所有未来的贸易协议都将包含一个免责条款，并于 1947 年就此发布过一项行政命令。此外，"美国在 1947 年还坚持在关贸总协定第 19 条中包括一个免责条款，这样，免责条款同时拥有了美国法和国际法基础"。[25] 此后在艾森豪威尔执政的 1955 年和 1958 年，免责条款进一步扩大，使总统更难否决关税委员会的保护主义建议。总体而言，这些高度保护主义的补充条款实际上已经构筑起美国瓦解进口竞争的非关税壁垒，美国政府也的确"按照'免责条款'提高过 15 项商品的进口关税"。[26]

除此之外，尽管美国政府已与日本达成了涉及纺织品的"自动出口限制"，但国会受到产业界的压力，仍在 1956 年授权总统就纺织品问题与外国进行限制其出口的双边谈判。"艾森豪威尔政府很快就开始行使起这个权力"，进一步限制日本及中国香港等地的纺织品输入，由此逐步搭就纺织品贸易"例外化"的制度框架。[27] 显而易见，美国以非关税壁垒为形式的所谓新保护主义实也由来已久。

肯尼迪回合首先着眼于打开他国市场

一般印象中，在杜鲁门和艾森豪威尔之后，1960 年代初执政的肯尼迪在贸易问题上迈出了更为自由化的步子，第六轮关贸总协定多边谈判（1963—1967 年）就是由他积极推动并且以"肯尼迪"命名的。不错，肯尼迪回合是关贸总协定前六个回合中关税削减幅度最大的一个，"平均关税降幅达 35%；共有 3.3 万个关税类别被锁定，另达成了海关估值和反倾销方面的协定"。[28] 然而应当指出，肯尼迪推动减让关税谈判的动机，绝非要开放美国市场，相反，他恰恰是为了打开欧洲等主要贸易伙伴的市场。如果说在此之前，由于自身产业国际竞争力的绝对优势，特别是出于遏制苏联阵营、协助盟友恢复经济这样的战略需要，美国在促进贸易自由化的过程中，尚能容忍欧洲和日本不对等的市场开放和较大的贸易得利，那么，进入 1960 年代后，美国的态度在发生变化。

当然，肯尼迪与杜鲁门、艾森豪威尔一样，继续"把贸易政策视为战略大环境和遏制苏联阵营中不可缺少的一环"，但不同的是，美国的企业和工人，已日益感受到来自欧洲和日本的竞争压力。特别是在欧洲，法国、意大利、西德、荷兰、比利时、卢森堡于 1957 年签署《罗马条约》，创立了称作"欧洲经济共同体"的共同市场，使得美国进一步担心本国商品在西欧市场的准入会出现问题。经济的实际运作似乎证实了这种担忧：由于贸易收支的不平衡，"1958—1960 年，从美国国库中流失的黄金达 47 亿美元，而同期欧共体成员的黄金储备增加了 65 亿美元"；1959 年，美国经济仅增长 2%，进口下降 0.9%，出口下降 0.4%，而欧共体经济却总体增长 5.4%，进口增长 6.7%，出口增长 6.4%。在此情况下，"肯尼迪相信，如果美国能有效使用关贸总协定，可保证日益扩大对欧共体和世界其他地区的市场准入"。[29] 显然，美国此时推动贸易进一步自由化的着眼点，首先是为了扩大自己在海外市场的准入权。

即使在着手肯尼迪回合谈判时，美国也没有忘记扎紧国内保护主义的篱笆。除考虑建立一套"贸易调整援助"体系，以便补偿那些因贸易壁垒降低而受到负面影响的行业和工人之外，肯尼迪政府还采取了其他保护主义行动。突出的一例是，为了获得对新一轮多边贸易谈判的授权，美国政府屈服于纺织和服装业的保护主义压力，在 1961 年与有关国家谈判达成了一项临时性纺织品《短期安排协定》（有效至 1962 年）。该协定的实质就是要限制低收入国家对美纺织品出口，防止所谓"市场扰乱"，当时主要针对的是日本。1962 年，继《短期安排协定》后，美国政府又谈判达成了同一性质的《长期安排协定》（有效至 1967 年）。该协定涉及 30 个国家、60 种棉纺织品，对纺织品出口予以配额限定，每年配额增长不低于 5%，拒绝谈判者会被进口国施加配额限制。1967 年、1970 年，《长期安排协定》都曾各再延三年。[30] 这种配额安排是一种"有序营销协定"性质的非关税贸易壁垒，它满足了美国棉纺织业界的保护要求，但不要说自由贸易，连贸易自由化都被大打了折扣，其所制造的国际贸易不公正性至今仍余波未绝。

为具体授权参与关贸总协定多边谈判，美国当时出台了 1962 年《贸易扩大法》，这样的授权包括创设"特别贸易代表"一职，都属美国历史上的首次。但这部法律同时设下了诸多限制，主要包括：削减关税必须遵循对等原则；总统可以在农业部门报复不公平贸易；可以出于国家安全理由限制进口；当贸易成为危害国内产业的主因时可以援用免责条款；可以不向苏联阵营国家提供最惠国待遇；等等。[31] 所以，哪怕在一脚跨入进一步贸易自由化的谈判时，美国的另一脚又深陷保护主义当中，并在增加和强化自己保护主义的立足点。

在肯尼迪回合谈判中，美国和欧洲这两个主要谈判对手各从自己的利益出发，分别在农产品和工业品方面互不相让地讨价还价。在农产品方面，西欧"二战"后便让农业免受关贸总协定的关键规则的约束，随着欧共体及其"共同农业政策"在 1957 年的确立，认为农业应该另当别论的立场得到了强化。[32] 至少从 1955 年起，美国便要求废除欧洲的农业保护，但未有任何效果，美国于是特别希望借助肯尼迪回合，全面削减农产品关税，使得美国的小麦等商品能在欧共体市场上维持一定的份额。然而，欧共体拒绝采纳一揽子削减农产品关税的方案。最后，美国只得同意采用逐项谈判的方式，这样，虽然某些选定产品的关税平均可减让 20%，但其他农产品，诸如谷物、面粉、稻米、禽类、鸡蛋，其关税率都未加触动。[33]

在工业品方面，美国占据上风，成功守住了自己不尽合理的立场。美国根据自己原本较高的工业品关税水平，提出拟与欧共体统一按照 50% 的相同幅度削减关税。欧共体的方案是高者多削、低者少削，以便逐步缩小美欧间的关税差异。但美国出于对进口增加的担忧，并未接受欧共体较为合理的意见。更有甚者，在美国还有一个名叫"美国售价"的进口限制措施。"美国售价"最早出现于 1922 年《福德尼－麦坎伯关税法》，它要求对化学品等进口商品核定其在国外的生产成本，当低于美国的生产成本时，则应以相应的额外关税来拉平差额，借以保护美国的生产商。显而易见，

"美国售价"在提供额外的保护时，简直要取消贸易交易的根本基础，但这个被欧洲人称为"令人发指"的法律规定一直延续了下来，在肯尼迪回合的谈判中也未予取消。[34]

肯尼迪回合谈判最后在 1967 年 6 月结束，平均 35% 的关税减让涉及近 400 亿美元的贸易额，不过，欧美之间关税减让后的结果并不平衡。"美国工业品中关税在 12% 以上者还占三分之一，而欧共体只占 7%。"[35] 对美国而言，该回合"原来就是为了保障美国在国际商业中的突出位置而加以推动的"，现在终于能够保证自己"继续准入欧洲市场"，这个大的战略目标算是达到了。但另一方面，欧共体在农业问题以及配额、许可证等非关税壁垒上未有让步，美国上下感觉，此项"交易让外国人获益多于美国人"。谈判结束次年，欧共体的经济增长率达 5.6%，出口增长 12.4%，日本经济增长 12.4%，出口增长 22.3%，均高于美国经济 5%、出口 8.5% 的增幅。实际上，美国的增幅相当不错，但美国人宁愿片面地依据对数字的直观比较，特别是当看到美国的贸易顺差在 1968 年骤然降到战后最低点、很快逼近零水平时，更是相信自己吃亏了，用当时美国政客的话说就是"一件衬衫换了一块手绢"。[36]

在普遍认为肯尼迪回合谈判结果不公平的舆论下，国会中许多议员提出了贸易限制法案，众议院也在 1967 年秋专门举行听证会，要"调查外国和美国的贸易行为"。随着 1968 年总统大选的临近，钢铁、石油、鞋类、纺织各产业的代言人纷纷要求为进口设定配额，人们普遍抱怨，美国的贸易让步已经走过头了。"某些利益集团和国会议员觉得，自从 1934 年《互惠贸易协定法》通过以来，主导贸易政策的市场开放模式到了需要反思的时候。"[37] 如此一来，"肯尼迪回合降低关税协议的墨迹未干，一大批行业就开始敦促实行新的贸易保护措施"。[38] 事后观察看得尤其清楚，从此时开始，随着美国国际竞争优势的相对衰退，美国贸易政策中的保护主义被进一步激活和强化，从而深入渗透并不断侵蚀贸易自由化的总趋势。

二、竞争乏力时新保护主义泛滥

历史地看，战后初期美国的巨大优势是以竞争者遭受战争的巨大削弱为背景的，因而注定无法持久，以此观之，美国的相对衰落实为一种必然的"纠偏"，打从其他国家战后恢复之初就在朝这个方向走。可是，当时的美国当局者不愿意这样看问题，始终想着要通过贸易限制措施来力挽狂澜，1969 年上台的尼克松政府标志着美国的贸易干预和限制跃上了一个更高的台阶。

具体观察，当时美国预计将很快出现 1936 年来的首次贸易赤字；日本开始不断增加对美贸易顺差；欧共体的共同农业政策也越来越困扰着美国；曾经凝聚盟国的冷战对峙已经有所缓和。这样的局面无疑助长了美国本来就很浓重的保护主义情绪。执政伊始，尼克松向国会要求授权，以便履行肯尼迪回合谈判协定，但除了有关自由化内容外，也特别提议，"当外国拒绝向美国的出口开放市场时，美国能对这些国家提高关税"。尼克松还要求放宽免责条款和贸易救济措施的适用条件，并且延缓征收出口税。国会一如既往地仅仅支持保护主义要求，而且总是变本加厉，例如，在 1971 年 9 月提出要对进口设置配额，提高关税率，为保护国内工作机会而限制美国公司对外投资，设立对外贸易与投资委员会以规范美国的国际商业行为，等等。[39] 在此情况下，尼克松政府就贸易等经济问题，采取了大力逆转贸易自由化趋势的两项强硬措施，一是最终以《多纤维安排协定》的方式，实行纺织品配额制；二是拆解布雷顿森林体系，包括采取贸易高压手段。

尼克松时代美国贸易干预跃上新台阶

在纺织品领域，美国原已感受到东亚经济体尤其是日本咄咄逼人的竞争态势，尼克松于是把与日本达成毛纺织和人造纤维产品出口限制协议当作外交优先任务。1969 年末，他向日本首相提出交还冲绳管辖权，以诱使日方在纺织品问题上给予回报。随后，日美在华盛顿举行纺织品谈判，但主要因日本不肯让步而宣告失败。[40] 为此，美国决定采取单方面高压手段，"甚至威胁要动用《对敌贸易法》让日本"就范。[41]1971 年，尼克松亲自宣布，"如果日本和其他亚洲生产商不限制出口，美国将实施强制性配额限制"，就此迫使日本及其他东亚经济体勉强接受了美方要求，日本即在 1972 年初同意"自动限制"毛纺织和人造纤维产品的对美出口额。"自动出口限制"这个非关税限制手段从此成为美国保护主义武器库中的常规武器。

这一新式武器的妙处是：既可绕开关贸总协定有关限额使用的规则，又可绕开要证明遭受进口损害之类的国内法规，还可免去对象国及其他贸易伙伴的报复。不用说，只有当两国综合实力和相互需求处于悬殊状态时，其中的强势方才能够使用这把"软刀子"。然而，尼克松政府在纺织品问题上并不满足于此，其目标是要达成一项一揽子协议，"涉及买卖这些产品的几乎所有国家的纺织品贸易"。果然，美国最后借助关贸总协定，于 1973 年促成了纺织品《多纤维协定》。该协定次年生效，对几乎所有国家的纺织品出口依照具体商品逐一设置了配额。值得注意的是，协定涉及的纺织品出口国多为发展中国家，所以实际上受到最大影响的正是利用劳动力优势寻求经济发展的落后国家。《多纤维协定》问世后，一共延长了五次，而且，纺织产品的新种类不断地被归到这把大伞之下"，它日益成为贸易自由化中的主要绊脚石。[42]

反映尼克松政府强硬立场的另一大事件，当属对布雷顿森林体系的拆解。1971 年 8 月 15 日，尼克松宣布了所谓"新经济政策"，内容除中止美元金本位、冻结工资和价格之外，也包括对所有进口征收 10% 的附加费，这等于单方面大幅提高关税。欧洲国家首先回应，"丹麦设置了进口税，法国政府称考虑采取类似行动。美国关贸代表在日内瓦不得不面对各方指控，大家指责美国的举措破坏了关贸总协定，也破坏了西方联盟"。[43]当此局面，美国到年底只得撤回加收进口附加费的成命，但又宣布美元贬值 10%，1973 年初再度贬值后，美元最终走向浮动汇率制。尼克松宣布新经济政策无疑是个重大关节点，表明美国为了贸易等本国经济利益，更准备冒天下之大不韪。观察家言，"1971 年后，美国试图操纵世界经济谋取私利，其政策显露出浓重得多的单边主义色彩"；"美国的行为从广泛支持世界经济的稳定转变为，按照更狭隘的自我国家利益的定义来发挥领导作用"。[44]

美国在此期间的强硬立场基于一个总判断，即美国面临的许多困难都源自欧洲和日本不愿意向美国产品开放市场，当时尼克松指定成立的"国际贸易与投资政策委员会"便得出了这个结论。就是该委员会向总统建议，为削减贸易伙伴的关税和非关税贸易壁垒，应当开启新一轮关贸总协定谈判。所以，与此前一样，进一步贸易自由化的动力首先来自美国要打开其他国家市场的初衷。1972年初，在贸易摩擦日益激化的形势下，美国经与欧共体和日本协商，同意1973年在东京开始第七轮关贸谈判。

为了开启新一轮多边谈判，尼克松需要国会授权，结果便是1974年《贸易改革法》。这部贸易法进一步强化了美国贸易政策既进攻又防御的两面性：既为保障海外市场准入而依然致力于贸易自由化，又继续加固用以防卫自身利益的贸易保护机制。一方面，《贸易改革法》扩大了总统在参与贸易自由化谈判上的权限，总统可最多按60%的幅度减让关税，也可向不歧视美国出口的发展中国家提供特别关税待遇，而且，总统拥有了对外贸易谈判及落实谈判结果的"快速通道"。但另一方面，此法又在原有免责条款等所谓"反不公平贸易竞争"的框架下，强化了对国内产业的保护措施。根据规定，当进口商品的竞争对美国的企业和工人造成损害时，美国政府可以实行救济措施，单独或者组合采用这些手段：提高或开征关税；实行关税配额；采取进口数量限制；与出口国进行"有序营销协定"谈判，寻求出口国的"自动出口限制"；实施调整援助。[45]

值得注意的是，作为动用上述手段的前提，对美国的所谓"损害"实际上包括了一些本属正常的商业现象，如美国产品销售额减少、存货增加、利润下降、就业减少，而这等于说美国在国际贸易中永远应当只赚不赔。况且，新立法降低了免责条款的适用门槛，原先产业界在申诉损害并要求保护时，需要证明有关损害纯由关税减让后的进口增加所造成，而现在任何外贸问题都可用来证明损害，"301条款"就是一个典型例子。1974年《贸易改革法》还正式授予总统报复权，即对于外国不合理的关税或其他进口限制、差别待遇、出口补贴、原料之类的供应限制，当损害美国商业利益时，总统可以停止贸易互惠，提高关税，限制进口，向对方开征费用等。

此外，对于倾销、补贴及其他所谓不公平贸易行为，新立法保留甚至增加了规定的模糊性，实际上扩大了贸易报复的方便度。[46]

1974年《贸易改革法》还有一些明显的差别待遇规定，特别涉及苏联阵营。尼克松出于扩大美国产品市场、缓和对苏关系等考虑，本希望把贸易最惠国待遇延伸给苏联阵营国家，但相当多议员执意把它跟其他条件甚至是非贸易条件挂钩起来。有关"反市场破坏"条款专门规定，应向苏联阵营国家报复其出口对美国产业造成的损害；《杰克逊－瓦尼克修正案》则把最惠国待遇跟允许犹太人移居国外联系了起来。还有一个问题涉及普遍优惠制。虽然关贸总协定签约国于1971年同意，为落实"建立国际经济新秩序"的倡议，发达国家应向发展中国家提供加工品特别准入优惠。可是在发达国家中，美国对于普惠制落实得最晚，而且设定了诸多限制措施，主要是"排除了某些发展中国家和某些所谓'敏感产品'"。[47]"敏感产品"包括"纺织品和成衣、钟表、电子工业品、铸钢工业品、鞋类和玻璃"等。在《贸易改革法》中，美国还规定，受惠国必须"保证美国可以进入该国市场并获得各种主要自然资源"，不得突破每年划定的受惠品输美限额，且随时可由美国撤回优惠待遇。[48]总之，美国通过种种附加限制，使得自己本该对发展中国家承担的贸易开放国际义务大打折扣。

借公平贸易掩饰从自由化立场的退却

以1974年《贸易改革法》为标本，可以看得很清楚，虽然美国政府在贸易自由化谈判方面获得了前所未有的授权，但一系列贸易限制措施实际上使得美国能够更加轻易地保护国内的产业利益。随着自身产业竞争优势在下降这一意识的日渐增强，贸易政策中的利己主义明显在美国膨胀起来。故此，美国可以继续推行贸易自由化政策，但这种政策的出发点首先还是本国利益，其重点是要求别国减少贸易壁垒，对美给予更大的市场准入，而同时，贸易自由化对美国的影响只能控制在民意允许的范围内，一旦扩大美国出口、控制进口影响的目的不能达到，美国便会毫不犹豫地以种种借口重设壁垒，收回承诺。概言之，就是一手贸易自由化，另一手保护主义，两手合一，护卫自身利益。

那么，这两个看来互相矛盾的立场如何调和呢？说来也很简单，只要祭出"公平贸易"的旗帜就把问题解决了，要记得，当年英国在从自由贸易立场上退缩时也曾打出过这个冠冕堂皇的旗号。如果说此前美国重在标榜"自由贸易"的话，那么从现在起则重在标榜"公平贸易"，即强调通过对等的市场开放来实现国际贸易的所谓公平性。当然，谁都知道，这种公平性只是美国自我定义、自以为是的公平性。[49] 当各种贸易限制措施还存在很多模糊的规定，当美国国内的保护主义势力更趋强大，当贸易伙伴在经济等综合实力上无法与美国平起平坐，当美国动辄以自己的国内法凌驾于国际多边协定之上时，这种所谓的对等性或公平性如何能够真正成立呢？寻常所见的是，"美国在控诉其他国家有倾销行为时，几乎同时扮演着原告、法官和陪审团的角色。虽然在评判过程中始终打着'法条'的旗号，也就是说评判过程中的法律程序是相当完备的，但其实从起诉到判决这一套程序都是很不公平的"。[50] 所以，"公平贸易"不过是为了行保护主义之实或者是为了掩护非关税壁垒而打出的一个伪善旗号而已。

在强调对等性或公平性之时，从尼克松到福特再到卡特，美国继续热衷于关贸总协定下的多边谈判，其目的非常明确，就是要"创立新的国际规则，借以限制那些美国觉得应当加以反对的贸易行为"。[51]1979 年结束的东京回合谈判一定程度上实现了美国的目的，"工业化国家制成品平均加权进口关税下降到 6% 左右。按关税收入计算，这代表了 34% 的减让，类似于肯尼迪回合关税减让的幅度"。[52] 就是在未有突破的农产品领域，虽然欧共体以及日本坚持其农业高保护政策，但还是在小麦、烟叶、大豆、柑橘等农产品上不得不有所让步，"使美国农产品出口总额增加了四亿美元"。[53] 此外，除了将原已赋予发展中国家的优惠正式写入法典以外，东京回合专门在非关税贸易壁垒方面达成了一系列协议，用以规范补贴和反补贴措施、技术性贸易壁垒、政府采购、海关估价、进口许可证程序、反倾销等问题。这些成果美国都在 1979 年《贸易协定法》中加以法律确认。

在东京回合谈判达成协议的领域，可以举政府采购为例来管窥美国的动机。本来美国有一部 1933 年制定的《购买美国货法》，要求政府首先应从本地供应商处采购。1954 年该法修订后规定，为优待美国企业，可以容许其高于外国企业 6% 的价差，对于国内穷困地区的小企业，可容许其 12% 的价差，而当采购品涉及国防时，则可容许高达 50% 的价差。当然，其他许多国家也有类似法规。到 1970 年代初，随着各国政府采购量的快速增长，美国企业看到，开放这一部门将有机会增加自己的销售，随后便形成了东京回合中有关政府采购规范化的协议。[54] 可见，看似有利于公共利益的国际贸易新规范，首先也还是来自美国自身的利益考量。

兜售自动出口限制等手段缓解竞争压力

然而，即使美国推动了关贸总协定框架下的多边贸易谈判，也签署了旨在促进贸易自由化的诸多协议，包括规范非关税贸易壁垒的协议，当它们不符合自己需要时，美国决不会受其约束。这里拟围绕美日汽车贸易摩擦加以剖析。作为批量生产汽车的第一个国家，美国从 1920 年代到 1950 年代都一直在世界汽车市场上拥有鹤立鸡群般的绝对优势，不难想象，当时的美国汽车生产商自然会向政府施加压力，要求开放国际贸易。自 1960 年起，外国对美汽车出口开始增加，但总体局面尚不足为虑，1960 年代进口车在美国市场上的份额增长缓慢，到 1970 年也不过占 15.3%。[55]

此后的情况却突起变化，特别是 1973/1974 年、1979/1980 年的石油危机，使得节能成为汽车消费中的关注点，这为日本车大举进入美国市场提供了机会。据统计，"1973—1980 年，日本车在美国市场上的销售量增加了近 500%，美国车的销量则大跌，其产量从 1978 年的 1470 万台下降到 1980 年的不过 900 万台。全美三大汽车制造商报告，1980 年上半年总共发生了近 30 亿美元的亏损。"美国汽车工人联合会等利益集团于是向政府施压，要求向进口车征收 20% 的关税、设定进口配额、迫使外国公司在美设厂生产。国会议员也于 1981 年提出议案，要求把日本年输美汽车量限制在 160 万台（日本 1980 年输美汽车为 190 万台，1981 年当时预计为 210 万台）。总统里根虽然似乎信仰自由贸易，但终究因为汽车业涉及大量的工作岗位并顾及汽车生产基地选民的支持，再加认为汽车业涉及国防大计，故而拟定诱导日本自动接受贸易限制。经磋商，日本最后"于1981年5月1日宣布，来年对美汽车出口将限于168万台"。[56] 这种自动出口限制后来也屡屡成为日美贸易摩擦的最终解决方案。

　　从日本角度说，它为何接受美国的贸易限制措施呢？关键原因是，日本深知美国作为自己首要出口市场的重要性，也看到围绕汽车出口的贸易摩擦会重创日美关系，如果汽车争端不能迅速解决，从电子到钢铁领域大量其他产品都可能受到影响。此外，美国作为西方盟主对日本的政治影响力和军事保护等因素也发挥了作用。显然，这种所谓自动出口限制协议，实际上是力量不对称的双方间博弈的结果，是市场和非市场力量按照强势一方的意愿对贸易关系作了操控和扭曲。美方感到满意的是，此种贸易限制可以灵活而有效地阻碍别国对美国的大举商品输入，直接并切实地保护美国产业。故而，在第一年限制措施到期前，美国的汽车利益集团又向国会寻求继续支持。作为回应，有议员在1982年初还提出议案，要求日本输美汽车必须大规模在美就地生产，尼桑和丰田等大厂商简直需要将输美汽车中的九成搬到美国生产。尽管这种规定连里根政府都觉得相当过分，但日本还是备受压力，不久即宣布出口限额顺延一年。

　　1983年初，旧戏又重演一番，日本再次延长一年自动出口限制，当年秋，日本方面建议增加配额，但美方未予接受。经此保护，到1984年，美国汽车企业经营开始趋好，美国政府也有意将对日施压从汽车转向其他部门。日本方面为避免美国国会方面的麻烦，也因为数年贸易限制提高了车价，故而颇为主动地提出按230万台的配额延续下去，如此日美汽车贸易摩擦算是告一段落。从1981年起，自动出口限制维持了十年以上。尽管日本汽车在美市场份额还是从1980年的19%弱增加到1994年的23%强，但显然，如果完全开放贸易的话，日本汽车的市场份额一定会大很多。按照美国人所熟知的自由贸易论，这样的限制措施让消费者付出了更高的代价，也等于补贴了美国和日本的汽车产业，然而，美国终究出于维持就业和产业的需要，保护了一个受到竞争威胁的重要行业。[57]

　　应当知道，汽车业绝非特例，来自日本以及其他东亚经济体的其他多类出口商品，也都遭受过美国各种非关税贸易限制。例如，1970年，美国指控日本出口的电视机、电容器、平板玻璃等涉嫌倾销，出手阻止其正常销售；1976 年，美国与日本就电视机及其零件订立协议，每年减少进口日本电视机 40%，不得超过 175 万台；美国另指责日本钢铁公司对美倾销，迫使日本从 1972 年起实行自动出口限制。再有，1985 年，美国半导体产业协会指控日企向美国市场倾销半导体，同时指控日本半导体市场对美封闭，此后日本政府被迫与美国谈判分享市场问题。据 1986 年协议，日本企业承诺停止在美低价销售半导体，并保证让美国公司在日本市场的份额五年中提高到 20%。日本以外，例如，美国 1977 年起，也与中国台湾、中国香港、韩国订立过限制输美鞋类、纺织品之类的"有序营销协定"。总之，仅在 1985 年，美国参众两院即"提出了 530 项法案，半数以上是要求征收反补贴税、实行进口限制、提高关税，或与涉案国达成'自动'出口限制协议的保护主义法案，其共同目标不外乎减少美国的贸易逆差"。[58]

美国日益诉诸保护主义手段，根本原因在于国际竞争优势的流失。从 1970 年代到 1980 年代，日本和西欧与美国经济实力的差距大为缩小，而且大批新兴工业化国家的经济也经历着高速发展，它们加在一起对美构成了巨大的出口压力。在对日本贸易方面，1965 年，美国从长期顺差变为逆差，日本对美顺差在 1970 年为 40 亿美元，1978 年升至 116 亿美元，1987 年时则已达 563 亿美元。[59] 在对欧洲贸易方面，1983 年，美国对西欧的贸易也出现逆差，曾经的竞争优势已经不复存在。1963 年时，就占世界制成品出口的比重而言，美国尚且以 17.4% 勉强保持首位，但西德已以 15.7% 紧追其后，在 1973 年、1983 年，美国所占比重则均反落后于西德。[60]

新兴工业国的快速发展同样引人瞩目。根据经济合作与发展组织较为狭隘的定义，新兴工业国包括东亚"四小龙"外加巴西和墨西哥，它们在经合组织国家制成品的进口比重从 1964 年的占 1.6% 上升到 1985 年的占 9.5%，美国市场则首当其冲。1970—1985 年，受冲击最为突出的工业部门包括纺织品、成衣、皮革和鞋类，计从占美国进口的 1.53% 升至 11.16%，无线电、电视、通信设备、电器机械等部门也明显扩大了比重。尤令美国不安的是东亚诸多经济体与美国贸易的失衡，"四小龙"加上中国（大陆）、马来西亚、泰国一起算，1964 年对美贸易顺差仅 0.28 亿美元；1974 年已涨

至 23.82 亿美元；1984 年再涨至 112.76 亿美元。1971 年美国结束了自 1893
年以来商品贸易顺差的历史，从此可谓一发不可收拾。与此相连，美国从
1980 年代初起经济衰退加剧，国内生产总值在 1980 年为负增长，1981 年
增长不足 2%，1983 年又呈负增长。失业率也居高不下，主要集中于外来
竞争激烈的传统工业部门，特别如汽车和钢铁业。[61]

频频出台愈演愈烈的新保护主义立法

以严重经济衰退为背景，完全可以想象，美国国内的保护主义势力异
常活跃，压制日本尤其成为头等大事，连"中央情报局都向美国贸易代表
每天通报日本谈判代表团成员之间的秘密通话"。[62] 在涌向国会的议案中，
除了寻求实施进口配额限制外，还要求放宽对于倾销、补贴等不公平贸易
行为的法律界定，如把外国为促进出口而实施的各种产业补贴、税收优惠、
低息贷款等都列入反补贴的范围；也要求对于不给美国"实质性对等"待遇
的外国进行报复，以促使其向美国的出口和投资更加开放；此外要求取消
或收缩美国按国际决议给予发展中国家的普惠制，将普惠制的享受更严格
地与对美竞争的所谓公平性挂钩起来；另要求强化美国出口的竞争力，主
要是鼓励美国出口商与银行的联合协作；等等。这些保护主义要求在 1984
年《贸易关税法》中基本上都得到了体现。此项法律的突出特点是"大大
扩展了可以施加报复的不公平贸易行为的范围"，并专就进口竞争压力较大
的 100 多种敏感产品列明了量化的限入条款。[63] 本来违背贸易自由化原则
的数量限制，如今更成为美国应对外国竞争的首选法定手段。

即便如此，国会尚不肯罢休，又于 1986 年通过了《贸易与国际经济政
策改良法》，把提高关税、设立进口配额、实施调整援助等权力下放给美国
贸易代表，且授权其在正式裁决前即可采取"紧急措施"。同时，1986 年
的新法还要求行政部门更严厉地应对外国不公平贸易行为，比如，一旦确
定一国与美国顺差过度且以不公平方式获得，美国应即与该国谈判，并在
四年内每年减少 10% 的贸易逆差，否则，总统有权单方面采取关税或进口
配额等限制措施。此外，新法就反倾销补充规定称，整件产品中的某一部

件如被认为低于"公平价格"，可构成"间接倾销"，反倾销的范围因此进一步扩大。[64] 在此背景下，里根"批准的'进口救助'数量超过了半个多世纪中他的任何一位前任"，这一指标足可揭示，这位更加"奉行自由贸易原则"的总统不过是更加"形成了一种原则上支持自由贸易、实际上施行保护主义的模式"而已。[65] 历史地看，这当然也何足为奇！

不过，这一阶段美国保护主义法律集大成者，当属从 1985 年起酝酿的 1988 年《综合贸易与竞争力法》。作为 1974 年以后最大规模的一项贸易立法，该法明显突破了传统贸易立法的框架，从关税、配额、反补贴等规定扩大到货币失衡、第三世界债务、专利、教育、限制美国出口的担保、反贿赂法规等新领域，尤其是出现了所谓"超级 301"和"特别 301"两个条款。当然，归根结底，该贸易立法关注的焦点仍是由来已久的美国式命题，即要一切以美国的判断为准绳，认定外国不公平贸易行为，并且救济遭进口损害的国内工业，这一核心利益是一以贯之的。美国人自己有论，这些条款纯粹"是以报复心理进行的'出口政治'，是巨额贸易逆差和对外国不公平做法（不论是实有还是单方面认定）不满的产物"，[66] 当然，在出台足够的保护美国国内市场的措施后，现在的重点已放到以高压手段逼迫其他国家向美国开放市场，而且施压的对象已不止于日本。

"超级 301 条款"规定，要对美国贸易伙伴限制市场准入的一切贸易壁垒进行调查并实施报复，它要求贸易代表定期向国会提交报告，列出对美贸易"最不公平"的国家名单及其对美经济的损害评估，并限期通过谈判，强迫有关国家取消贸易壁垒、对美开放市场。"特别 301 条款"专门规定，凡对美国知识产权保护不力的贸易伙伴，应限期与美谈判并随即调整，不然将面临美国的贸易报复。此外，有关"反补贴税与反倾销的规定，大大扩大了他国涉嫌补贴与倾销的可能性"，特别是对"非市场经济"国家提出了诸多严厉规定。在严格保护国内市场和产业的同时，1988 年《综合贸易与竞争力法》订立了大量推动美国出口的条款，涉及加强行政当局对出口的支持，如新设促进美国海外竞争力理事会等机构，增加相关拨款，提升 1970 年代以来在国外建立的一批贸易中心的地位等；向外国项目提供对等援助，旨在换取给予美国供应商和承包商的优惠待遇；提高海外私人投资公司贷款担保总额；在金融及其他服务方面选拔并扶持具有出口实力的小企业；在为农产品出口提供补贴的同时，奖励购买美国农产品的外国进口者；放宽原先出于安全考虑而实施的出口管制。[67] 如此等等，让限入奖出的重商主义原则在新立法中进一步往深度推行。

1988 年《综合贸易与竞争力法》是一个重要标志，反映出美国仰仗自己与他国不对称的综合实力，继续增加并抬高非关税贸易壁垒，依靠这些花样迭出的新保护主义手段，不断强化对外国所谓"不公平贸易行为"进行报复。依据有关贸易壁垒的"超级 301 条款"，美国在 1989 年便提起六宗贸易调查，针对的是日本、巴西、印度等国家，其中在对日本动用该条款时，限定日本在"一年内向美开放超级计算机、卫星及森林产品等方面的市场"，最后也是以日本的让步而收场。"超级 301 条款"被认为是美国为了削减贸易逆差而不断扩大的武器库中"最新和最有力的武器"，然而，正如当时法国总理所言，这种条款"是对国际自由贸易体制的否定"。[68] 在有关知识产权的"特别 301 条款"之下，美国日益系统地动用"重点观察名单""不定期审查"、不容商议的时间表以及严厉贸易制裁等威胁手段，对大批发展中国家和发达国家施压，争取改变其内部法律规定，借以扩大美国的贸易得利。[69]

此外，在反倾销问题上，美国也更加咄咄逼人。从 1980 年代中期到 1990 年代中期，除了提起的反倾销调查量倍增外，被查倾销成立的比例以及平均反倾销税率均大幅上升。问题的要害是，恰如美国国会预算办公室所言，主管倾销问题的美国商务部"同时扮演着原告、法官和陪审团的角色"，各种霸道乱象由此丛生迭出：反倾销调查中的一些关键概念，如"实质性危害""非市场经济体"依然缺乏明确定义，有意留下了利己裁量的空间；执行机关可以无视美国自己的法律规定，即使当外国企业在美销售产品采用与国内一样的价格，也可根据偶尔出现的低于平均价的某一低价特例，而认定存在倾销行为；在允许一案同时调查多国倾销后，却可根据具体利害关系，选择实际调查其中某一或某些国家而放过其他；即使反倾销案调查最后并未导致惩罚性关税，调查过程本身也会造成被调查者贸易受限，有关损失却无从得到补偿；等等。所以说，"反倾销过程充满了微妙的诡计和武断的偏袒，总是一成不变地照应本国请愿方，作为‘公平贸易’法律的一部分，这实在具有讽刺意味。"[70]

由上可见，"二战"后的关税确实不断调低了，但当新兴工业国加速追赶发达国家时，发达国家为了保住既得优势，日益凭借非关税贸易壁垒进行自我保护。随着这种扭曲、绕开或者干脆违反现有国际贸易规则的新保护主义在全球范围蔓延开来，美国主导下的世界贸易体制离所标榜追求的自由贸易只能是渐行渐远。

三、双重标准下世界进一步倾斜

1990 年代以来，即自老布什到克林顿再到小布什这一时期，美国的贸易政策继承此前确立的法律框架，延续着早已成为美国国家行为核心部分的保护主义。如果说有所不同的话，现在"美国的贸易政策已沦为对不公平贸易的冗长申诉"，"美国的众多政客都变成了不公平贸易这一说法的狂热信徒和肆意使用者"，在他们眼里，贸易伙伴凡与美国不对称甚至不一样的任何特点，无论是贸易开放度方面还是国内制度安排方面，都是对美国的"不公平"，从日本到墨西哥再到中国，一个个国家都被"妖魔化为不公平贸易伙伴"。[71]

有关美国如何频频威逼其他国家对美开放市场，继续出台国内贸易限制法规，同时以贸易自由化为名操控国际贸易体制，这些细节实不必再去跟踪和罗列。这一阶段正好是中国不断增加对美贸易的年份，中国公众因此也有机会更多地亲身感受美国的贸易行径，从有关最惠国待遇的年度审议、纺织品及知识产权之争，到中国加入世界贸易组织的谈判、人民币的估值问题，美国的做派已在国人心中留下了深刻印象。

应当承认，美国的行为并无特别需要加以法理挑剔或道德谴责的，美国人从来就把"国家利益"挂在嘴上，岂能要求他们做国际慈善家呢？然而，另一方面，也的确经常听到他们大唱自由主义或世界主义的高调，而且还把这种高调融入所开列的政策药方中。人所共知，就在 1990 年代，美国的财政部，加上国际货币基金组织、世界银行，屡屡对寻求经济救援或政策建议的国家，提出一套"程式化的政策"，即"华盛顿共识"，其中必然包括贸易自由化，外加相应的取消管制、私有化、财政紧缩等内容。考察这种选择性的、己所不欲偏施于人、己之所为偏不容人的自由主义，只能一言以蔽之：美国以自我为中心在玩弄双重标准。

假如按照最简单的方式，把全球分为发达和欠发达两个世界，则全球的贸易政策格局可以有四种组合方式：一是两个世界同时实行自由贸易；二是两个世界同时实行贸易保护；三是发达世界实行自由贸易，而欠发达世界实行贸易保护；四是发达国家实行贸易保护，而欠发达世界实行自由贸易。鉴于美国在国际政治经济秩序中处于主导地位，美国在贸易政策上的双重标准做法，等于是让全球陷于最为糟糕的第四种格局，势必严重伤害处于弱势地位的发展中国家，并使本已苦乐不均的世界进一步倾斜。

带头阻挠发展中国家发挥其比较优势

具体而言，美国贸易政策的双重标准首先体现在，它口口声声强调遵循自由主义经济学原理，却又带头阻挠发展中国家发挥其多半得诸自然的比较优势。本来按照经典的自由贸易理论，比较优势原理据称在逻辑上无懈可击，各国基于各自比较优势在国际间形成分工合作，有助于提高世界的总体福利。照此道理，在现有国际贸易体系中，纺织品和农产品及低端制成品，大多作为劳动密集型产品，正好是发展中国家比较优势相对集中的领域，合理的国际贸易体制应当让这一比较优势正常发挥出来。然而，实际情况正恰相反，关贸总协定多轮谈判规定了几乎所有产品的贸易自由化义务，唯独把纺织品和农产品排除在外。

在纺织和服装领域，"到 1990 年代初，美国针对 40 多个国家，尚维持着 3000 种各不相同的进口配额"。[72] 这些劳动密集型产品部门贸易自由化的一再拖延使得发展中国家遭受了重大利益损失。以 2001 年为例，服装和鞋类的进口仅占美国进口总值的 6.5%，但其关税却占到美国全年关税总收入的一半；鞋类进口虽不及汽车进口值的 10%，但其关税收入却超过了汽车进口的关税收入。尤其具有扭曲性的是，纺织品领域的这种贸易限制完全仅仅针对发展中国家，因为"发达国家从未限制过来自其他发达国家的纺织品进口"。更有甚者，美国的纺织品关税也明显高于其他发达国家，乌拉圭回合规定，美国可对50%的纺织品和服装进口征收15%—35%的关税，相比之下，日本仅对22%的纺织品进口征收10%—15%的关税。所以说，以美国为典型，"一些发达国家积极主张贸易自由化，但它们表现出来的却是言行不一。……这些行径直接导致了在国际贸易体系中，处于不利的一方总是发展中国家"。[73]

在农产品方面，美国也一贯违背经常高调标榜的自由贸易原则。借助粮食安全、农村投资、反周期支付等名义，美国政府向农民提供大量的保护与补贴。例如，美国对糖的进口设置很小的配额，一旦超过配额即需支付接近150%的关税，1990年代末的数字是，国内甜菜和甘蔗种植者因此而获得十亿美元。但与此同时，这样的保护政策"阻止了穷困潦倒的产糖国对美国的出口，哥伦比亚、危地马拉等国家被剥夺了本可用于食品、燃料、药品等项的宝贵外汇收益"。[74]再如，2002年政府提供的反周期支付使得美国小麦出口价低于生产成本达46%，玉米出口价则低20%。美国向世界市场倾销其过剩农产品，置众多农业产值和农村就业均占主体的发展中国家于困境。全球范围内，从奶制品到棉花的诸多农产品中，都呈此种情况，发展中国家的困境是它们无法与美国等发达国家的巨额补贴相抗衡。"如果不存在这些补贴的话，发展中国家就可能转变为出口者而非进口者。"[75]

墨西哥的困境就是众多发展中国家在不对称自由贸易下命运的缩影。1992年达成的《北美自由贸易协定》执行后，一方面，美国农产品生产依然获得大量补贴，致使直接生产成本远低于墨西哥，造成墨西哥农业不得不经受强大的美国农业的正面竞争。但另一方面，"美国自己却仍然使用非关税壁垒来阻止墨西哥农产品的进入。这些政策严重危害了墨西哥的农村经济"。对于一个五分之一的就业仍在农业部门、四分之三以上的穷人来自农村的国家而言，实施不对称自由贸易之后，显然并未增加倒是减少了总体的国民福利，特别是使得不平等和贫困现象反趋严重。更应同时知道，即使是在产出明显增长的制造业部门，自由贸易协定也反而"带来了就业机会的净损失"。所以，清醒的经济学家会认为，"墨西哥与《北美自由贸易协定》的经历为我们敲响了警钟。经济一体化的目标是为了提高生活质量，很明显仅靠贸易自由化的力量是无法完成此项重任的"。[76]

在产业调整和产业政策领域言行不一

美国的双重标准也体现在对待产业调整的态度上。自由贸易论者相信，自由贸易之所以能够提高总体福利水平，一个关键机制就是产业调整，各国借此而从生产效率偏低或者没有比较优势的产业转向效率较高的产业，当美国动辄要求其他国家进行"结构调整"时，它给出的也是这套动听的道理。然而，反观美国，在自己逐步丧失优势的领域，它又是如何顺应比较优势变化、主动进行产业调整的呢？

透视美国至今动用的诸多新保护主义手段，从自动出口限制、反倾销、反补贴、保障与特别保障，到方兴未艾的各种技术性贸易壁垒，真相并不是如冠冕堂皇的理由所称，要争取产业调整的时间，反倒是为了限制乃至消除进口竞争。所谓的"临时措施"往往被接连使用，实已凝固为长期的制度化壁垒，美国的钢铁业就至少历经了：1969—1974年的多个"自动限制协议"、1978—1982年的"最低价格机制"、1982—1992年的新一轮"自动限制协议"、1992—1993年和1998—1999年的大量反倾销和反补贴调查，前后连续保护长达数十年之久。[77]

纺织品贸易的例子更是有过之而无不及，尤其值得一提的是，为了最终解决该领域中临时措施凝固为制度化壁垒的问题，乌拉圭回合有关协议规定从1995年起，用十年时间消除由来已久的纺织品贸易数量限制，这本身倒的确给产业调整留出了过渡时间。可是，发达国家中，除挪威于1998年即已认真履行义务外，美国及欧盟等均未在过渡期内进行产业调整，特别是美国把限制性配额中的90%"保留到最后一刻"。本来按照协议，从2005年元旦起，世界应进入纺织品无配额限制的自由贸易时代，但美国在未利用好调整过渡期的情况下，反而以面临进口激增为由，随即启动向中国输美纺织品服装实施"特别保障"限制。[78]事实已有目共睹，对于早已丧失比较优势的产业，美国是迟迟不愿调整的，它惯于通过贸易限制措施让其他国家承担竞争成本。早在19世纪，在跨越了幼稚产业保护阶段后，美国就提出过"保护国内工资水平"的论调，以此作为保护成熟产业、抵制结构调整的借口，如今美国能找到更多理由，包括保护就业、保护人权、保护环境云云，而且这些非关税理由的使用比起关税手段更可随心所欲。

与其他国家相比，美国实际上更有条件为了贸易自由化和全球效率的提高而进行产业调整。有人研究过在钢铁、汽车、纺织等行业，美国降低一半关税或取消配额之后的调整成本，将仅占自由化后可得收益的1.5%—4%。但即便如此，美国当政者也不愿承担应有责任。与美国相比，众多发展中国家在贸易自由化过程中才会真正面临巨大的调整困难。特别是小规模发展中国家，一般产业结构相当单一，缺乏竞争优势，容易受到出口市场的波动，况且，它们往往还同时存在失业率高、保障体系差、融资渠道少、行政能力弱、教育程度低、财政对关税依赖大等各类问题，一句话，缺乏应对产业调整的必要资源。难怪美国自己的经济学家也出来打抱不平，质问道："世界上最富有的国家，也就是美国，具有高度完善的社会保障体系和相对较高的就业水平等，假如这样的国家在面临进口增加时都采用防卫措施，那处于多重问题下的发展中国家，又该以何种程度来使用这一措施呢？"[79]

当然，产业调整对谁都不容易。经济学家J.H.克拉彭在1940年代曾说得很轻巧，既然有些产业部门关闭，那就离开好了，可以转到"某些正在扩展的行业，例如制造巧克力或参加合唱团"。[80]现在更多人却认识到，不能用过于理想化的模型来分析贸易自由化的一般均衡作用，毕竟难以轻巧地从一种产业切换到另一种产业，而全然不顾转产的代价与可能。"在没有替代行当扎实保障的情况下，没有哪个国家能承受得起让现有国民财富或公民生计之所依被竞争夺走。"[81]

民主制度下的美国深感产业调整的社会压力，它不愿迈开调整步伐，也是大有道理的，毕竟谁能准确判定，在眼前的进口冲击面前，某个产业已经而且永远不会再有比较优势或竞争优势，从而理当不予援助、立即放弃？谁又能断定调整过程不会有难以消化的经济与社会代价，而且下一个产业一定能够服务好就业岗位、财税收入、国家安全、文化特色、民众选票等各种目标？毕竟巧克力的消费市场并非无穷大，合唱团也非个个都能成为披头士乐队，再说，等巧克力和合唱团被冲击后又该怎么办？面对风险和不确定性高得多的弱小国家，美国缘何动辄要求它们快速地贸易自由化，甚至为之进行"休克疗法"式产业调整，引发社会波动也在所不惜？这一切是为了什么呢？难道不应当认真质疑吗？

在与贸易行为密切相关的产业政策问题上，美国也大搞双重标准。众所周知，在东亚国家尤其是日本的崛起过程中，产业政策发挥过重要作用，一个著名的例子就是日本的汽车业。该产业完全是"二战"结束后日本通产省顶着美国占领当局及日本银行、运输省一些官员的不屑态度，通过违背比较优势原理、实施系统产业政策而走向辉煌的，当时的产业政策包括低息贷款、税收减免、出口销售额不计入收益、进口设备免征关税、防范外国竞争等一系列鼓励措施。[82] 相比之下，人们对于美国特别是其在当代应用产业政策的情况，往往多有不知。

但实际上如已指出，"美国拥有自身或多或少隐蔽的方法，对其产业投资的成本给予补贴，为的是人为促进产业竞争力。在这些方法中，一个专门的美国特点就是研发开支，其中大部分与国防和航空航天采购相挂钩。"[83] 完全可以说，至今东西方的发展没有不依靠产业政策这一工具的，所以约瑟夫·斯蒂格利茨等人会说，产业政策"无论是在壮大西方发达国家还是铸造现代东亚奇迹中，都起到了至关重要的作用"；"时至今日，还没有一个发展中国家是通过采取纯市场政策得到发展的"。尽管如此，美国却通过乌拉圭回合，"限制了发展中国家采用产业政策的权利"，"尤其是禁止发展中国家使用在发展过程的相应阶段发达国家曾经采用过的政策"。[84]

在美国主导下，乌拉圭回合有关补贴问题的协议硬是区分了两类补贴，凡给予出口或给予进口竞争产业的补贴原则上均被禁止，而给予研发、区域发展、环保达标的补贴则均获许可。当然，即使在补贴的禁区，美国也不会让国际规则来束缚自己，它惯用的国际贸易竞争手段，如进出口银行直接低成本地获得政府贷款和担保，向出口商提供优惠出口信贷支持，向美国货的海外进口商提供优惠买方信贷，允许美国公司延期缴纳出口收入所得税，等等，都照用不误。[85] 如此一来，这套量身定做又对人不对己的游戏规则，听任发达国家通过研发等高级补贴手段获得日益悬殊的技术优势，却又阻止发展中国家利用直接补贴等初级手段去辅助其产业发展。如果屈服于这一扶强抑弱的制度安排，弱势国家在自由化的国际贸易体制中，终将只能屈从发达国家的旨意，一边为其拾遗补阙地"打下手"，一边还不得不依从发达国家的需要，时时被动地进行产业调整。一国经济如此融入国际循环，定然只会受全球化之害而非收全球化之利，大有落入依附陷阱而难以自拔的风险。

人尽皆知，美国的资本市场特别发达，企业家和技术人员的流动性也很强，因此在一定程度上，美国对于通常产业政策的依赖性比起其他国家要小。然而，透过现象看本质却可发现，占尽优势的美国实际上还是大力采用自己独特的产业政策。据分析，"美国实际上一直拥有隐性的产业政策，迫使劳动力从夕阳产业大规模转向技术更先进的朝阳产业，如信息和电信产业。里根的税收改革，因为大举阻止对重工业的投资，便会强化这一趋势，同时，高科技产业将会因巨额国防开支而获得有力刺激。"[86] 美国1990年代的"新经济"繁荣再次证明了这一隐性产业政策的成效。

确实，美国的产业政策惯以军备制造为瞄准对象，国家补贴常以投资国防研发为形式，大量的军事技术最终却应用到民用部门，从而使整个经济享受溢出效应。例如，"美国航空航天工业利用军事计划资助下的研发，能够获得民航飞机和航空发动机制造方面的成本优势，这种能力大大造就了美国在这一国际市场上几乎垄断的地位。有个事实也许最突出地说明了这一现象，即波音707作为至今商业上最成功的喷气式飞机，本来是为美国空军开发的KC135战时加油机。"[87] 同样，美国的"计算机、数控机床、卫星，以及最近的复合材料和硅酸盐等行业的最初发展，很大程度上也得益于军费支出"。[88]

事实上，美国国防部专门设有"先进研究项目局"（ARPA），该局"在数个产业特别是计算机和软件产业的发展中扮演了关键角色。现在无数人每天使用的因特网创立于1960年代，最初就叫'ARPAnet'。尽管某些人试图避讳这一点，但难以否认的一个结论是，在促进和加速美国尖端技术产业核心内容的开发方面，先进研究项目局发挥了不可或缺的作用"。[89] 由国防研发促成民用技术突破的美国例子还有很多，如半导体产业。"从 1948 年晶体管的发明到 1962 年集成电路的商业应用，美国军方发挥了'促进创新的第一用户'那种作用"，"军事和航天部门的订货为集成电路提供了最初的市场；庞大的政府需求使大量的新厂商进入该领域，加速了集成电路向非军用产品市场的渗透"。[90]

美国式产业政策的好处，一方面如通常情况那样，在选定的高溢出、高潜力领域，为高成本、高风险的产业研发提供资金补贴，借此在高新产业中获得先发优势，并力图将之转变为一种长期的竞争优势乃至垄断优势。另一方面，美国式产业政策不会受到国际贸易规则的约束，因为国家安全的理由可使军事采购摆脱国际自由竞争规则。面对这样的制度安排，尽管"欧盟也经常抱怨美国将大量国防预算作为其航空产业的补贴"，但亦徒唤奈何。如此看来，强者的补贴方式因其老到而无法禁止，弱者的补贴方式因其幼稚却被叫停，真所谓"窃钩者诛，窃国者侯"，结果当然"就很容易造成不公平的竞争环境"。[91]

按照自己需要重新制订贸易游戏规则

美国的双重标准做法还包括在需要时，根据自己的特点来量身定制利己的新标准，此所谓重新制订游戏规则。与发展中国家普遍捉襟见肘的窘境相对照，美国手中握有很多王牌，而且美国有能力在恰当的时机打出这些王牌。随着新兴工业化国家日渐接过加工制造业，美国在遭遇制成品竞争的同时，却经历着服务业的强劲增长。1965 年时，美国第一加第二产业与第三产业的比例尚为 45∶55，1982 年演变为 35∶65，到 1992 年，则又演变为 27∶73，这一年美国服务贸易顺差超过 500 亿美元，总额已达 3150 亿美元，占美国贸易总额的 31%，占世界服务贸易总额的三分之一。[92]

有鉴于此，美国要以己之长博人之短，故而在 1986—1994 年的乌拉圭回合中，执意把服务业、知识产权、投资等自身优势领域列为贸易自由化谈判的主要议题。为瓦解发展中国家的强烈反对，美国等提出"作为回报，发展中国家的出口产品将可以获得更好的市场准入待遇"。然而，"发达国家在乌拉圭贸易谈判桌上取得巨大利益后，便扬长而去"，事后的美国当然也"违背了之前许下的诺言"。在这场十足的骗局中，"发展中国家通过采纳约束自己的条款换得没有约束的协助"，结果是，新增贸易条款所产生的福利绝大多数终为发达国家所占有，而流入出口导向型发展中国家的利益"只是微乎其微"。面对如此承诺与结果的不对称、义务与利益的不对称、劫贫济富的制度安排与制度变形，有良知者只能称乌拉圭回合为"迄今为止最失败的一次贸易谈判"。[93]

然而，在美国方面，它远未满足于已有收获，为进一步扬长避短，美国在 1995 年世界贸易组织成立后，又推动达成了信息技术、电信、金融服务等国际协议。其中的信息技术协议即要求协议方，"到 2000 年 1 月 1 日，取消电脑、半导体、软件、电信设备等类产品 6000 亿美元的关税"。要提醒的是，信息技术、电信、金融服务还只是美国打开世界服务贸易的起点，"美国的贸易分析家另外想在法律、金融、保健、电子商务、卫星娱乐放送、教育等诸方面减少贸易壁垒。许多美国公司期待着从这些领域的协议中收获巨额利润"。[94]

把日益增多的服务业等新领域纳入国际贸易自由化进程，无疑将使国际管辖权延伸到一国内部，可以想见，弱势国家的经济和社会政策定会更易受到长驱直入的外部经济力量的主导，不仅难能增加福利，反而会限制发展的自主性。比如，服务业要求发展中国家媒体开放，这意味着它会被控于财大气粗的境外企业手中，随之就存在着海外操控者利用自身优势来控制信息流通这样的风险。再如，《与贸易相关的投资措施协议》实际上也会限制主权国家的政策空间，为的是让境外投资者的权利和利益最大化。同样，多哈回合中引入的关于竞争政策的多边规则，也会妨碍发展中国家政府及国内企业采取任何有利于自身的行为。[95]

不过，美国为了打开他人市场，从来就善于应变创新，包括延伸国际贸易受管辖的范围。1990 年前后，鉴于无力改变与日本贸易的被动局面，美国就曾与日方进行过"结构障碍倡议"和"放松管制与竞争政策强化倡议"等谈判，把手伸到日本的国内制度那里，简直要按照美国模式去改造日本的社会与文化。[96] 以此观之，美国还是一仍旧贯的美国。改变贸易游戏规则，表面看似乎是着意适应国际经济的新局面，借助国际贸易的进一步自由化，更广泛地施惠于国际社会。但实际上，本质还是老一套，美国依然念念不忘扩大自己的赢利机会，并压缩其他国家的利益空间。

特别是将知识产权引入国际贸易体系，要求所有国家严格保护知识产权，向技术所有者支付高昂专利费，并禁止对创新产品进行仿制，这等于是损不足而补有余，无疑会阻碍技术扩散，加固强者的市场垄断地位，也进一步打压落后者采用产业政策迎头追赶的可能，结果只能是拉大发达国家与发展中国家业已存在的技术与财富鸿沟。据专家估算，"充分执行《与贸易相关的知识产权协议》，将会从发展中国家向美国转移 58 亿美元，向五个其他发达国家转移 25 亿美元。"[97] 更有甚者，有关知识产权的规定，已妨碍到发展中国家获取急需的救命药品，简直有违基本的人类良知。据知，"就在 2003 年 9 月坎昆会议前，美国是世界上唯一反对使用生命救济药的国家。坎昆回合之后，即使美国陷于舆论的重重压力，却仍然坚持认为此类药品的使用应当严加限制。"正因如此，有贸易专家干脆认为，"知识产权保护永远都不应该作为贸易谈判的一部分"，何况本来就存在一个专管此事的世界知识产权组织。[98]

美国在国际贸易体系中的双重标准做法还包括，当其他国家申请加入世界贸易组织时，美国会在世贸组织的统一规则之外提高准入门槛，由此造成十足的双重乃至多重标准。在中国申请加入时，美国曾漫天要价，以至时任世贸组织总干事麦克·穆尔说，中国购买了一张进入该国际俱乐部的高价入场券。美国的中国经济专家也承认，中国的市场准入承诺在广度和深度上，都达到甚至超过了其他成员国。在工业品平均关税降低、敏感的农产品关税减让、服务业部门开放等广泛领域，中国给出了同等情况下罕见的承诺。在保障、反倾销、补贴等领域，中国接受了超越世贸组织要求的额外规定，如同意他国在中国入世 12 年内可对华实行歧视性保障措施，对华特别延长纺织品保障措施；同意他国在中国入世 15 年内，实施反倾销调查时一直把中国视为"非市场经济国家"；同意放弃《补贴和反补贴措施协议》中本可由转型国家或发展中国家援用的有利条款；等等。中国接受了其他国家均未接受的入世条件，从外部看，美国是个关键因素，正是美国规则外的规则造成世贸组织非歧视性这一基本原则无法落实。[99]

如果说面对中国这一庞大的新兴经济体，美国等发达国家也许有所顾虑，故此似有必要给中国设下超出一般的入世门槛，那么，人们一定无法理解，为何当尼泊尔、柬埔寨等弱小国家申请入世时，美国等也还是漫天要价？尼泊尔和柬埔寨与中国一样，也经历了漫长的入世谈判过程，分别用了 9 年和 14 年。从长期讨价还价中可见，世贸组织"没有制订清晰透明的准入标准和谈判方针"，而这又为大国的阻挠和操纵提供了机会，尤其便于美国通过在双边贸易协议中与对方达成利己的"世贸组织外的附加条款"。2003 年入世时，尼泊尔和柬埔寨都只能接受比已有成员国更高的门槛。首先，在商品贸易方面，两国需承诺对本国关税细目全部实行关税约束。其次，在服务贸易方面，尼泊尔被要求开放多达 70 个潜在服务部门，柬埔寨被要求在他国鲜有承诺的视听及物流上特别让步。再次，柬埔寨被迫放弃农业及农产品出口补贴权。最后，两国需"答应削减其本应享受的特殊和差别待遇权利"。这些要求都明显超过了世贸组织的一般标准。[100]

凡此种种，又给了人们一个深入观察美国的机会。记得 2000 年初，美国表示，为了促使柬埔寨改善劳工条件，包括大幅提高劳工工资，准备扩大柬输美纺织品的配额，然而，频频声称热心于改善国内外劳工处境的美国工会势力最终成功阻挠了这一倡议。同样，它们也成功阻挠了给予非洲国家关税特惠的立法，使得非洲穷国无法像加勒比等地区的贫困国家一样，享受某些产品对美出口的免税待遇。如此举措不过在彰显一个事实：无论其言辞多么动听，美国的利益集团"更感兴趣于把最不发达国家的出口拒于美国门外，而非帮助最不发达国家的劳工"。[101] 窥一斑可知全豹，美国的行为与用心借此不难索解。

面对日益倾斜的世界弱势者应当警惕

揭示美国涉及国际贸易的诸多双重标准绝非苛求美国，严格说来，美国的这些做法也算不上太过离谱或多么可恶，不过就是私字当头而已，换上其他国家，也未必就能做得比美国好多少。然而，基于目前的现实，则必须指出，由于美国的实力，由于其作为当今世界秩序支柱的角色，美国的贸易行为，尤其是其扭曲既有游戏规则的行为，的确对整个国际贸易体系造成了不可忽视的负面后果。

在国际贸易规则体系中，可以看到大国博弈留下的制度性缺陷。最突出的例子是，关贸总协定第 1 条规定了"最惠国待遇"原则，但第 14 条却是"非歧视原则的例外"，第 24 条则允许成员国组成关税联盟和自由贸易区等歧视性集团。第 11 条一般禁止使用进口配额和数量限制，但第 13 条却自相矛盾地规定，当实施这些配额和数量限制时，应以非歧视方式加以管理。这样的矛盾性其实构成了规则的漏洞，往往先被强势国家或集团加以利用，继而日益腐蚀性地扩大开来。例如，依照《北美自由贸易协定》，若要在区内享有自由贸易待遇，汽车 62.5% 的零部件必须原产于本区，纺织品和成衣及含纺线在内的织物则都应原产于本区。如今，正是这种名为"自由"，实为对内特惠、对外歧视的贸易区在世界泛滥，分割并扰乱着国际多边贸易体系。[102]

而且，美国作为主导者的偏私行为往往会产生强烈的示范效应。如在农产品问题上，"二战"后的美国虽然农产品的总体贸易顺差节节上升，但仍然"对糖类、奶酪和牛肉等产品的进口实行配额限制"，而且，为了使这些限制符合关贸总协定反对配额的规则，"美国在 1955 年设法得到了让这些限制措施暂时免受关贸总协定管辖的许可"，这一先例此后一再成为欧洲为自己的农产品贸易壁垒作辩护的依据。尽管美国后来也为失去了欧洲和日本广大的农产品市场而后悔不已，但始作俑者正是美国自己。[103]

观察一些负面影响极大的非关税贸易手段，可以看到一个趋势，即发展中国家也紧随美国等发达国家纷纷拿起贸易防卫手段，从而使得局面不可收拾。1986 年前，尚无一宗发展中国家提起的反倾销案，但自 1995 年后，其每年反倾销案提起数多在百宗以上，屡超发达国家，其中一大部分是针对其他发展中国家的，这一趋势对全球贸易的规范化无疑构成了重大威胁。[104] 与传统上的关税手段相比，新贸易保护主义浪潮中泛滥的此类非关税贸易壁垒具有很大的随意性、伸缩性、隐蔽性，它们可以将世贸组织的诸多规则消灭于无形，因此，无疑放大了出口市场的不确定性，增加了相关投资蕴含的风险。如果说，一个"无壁垒的自由贸易世界"是自由主义者念兹在兹的目标的话，那么，最有力量促成此目标的美国却因其诸多双重标准行为，偏偏扮演着一个起反作用的角色。

当然，更为严重的后果是，美国的诸多贸易双重标准引发其他发达国家的跟风行为，必然让额外成本更多地落到发展中国家的头上。本来，由于贸易外的各种原因，世界的财富和力量从来都倾斜于发达国家。现在，由于美国等强国的贸易不规范行为，扶强抑弱、劫贫济富进一步发展着，世界舞台就变得更加倾斜。在当今国际贸易制度安排中，一方面，正面的补偿性差别待遇效应非常有限，"优惠制度对最不发达国家出口的作用微乎其微"。另一方面，倒可看到不少实打实的逆向差别待遇，可见于制成品和加工食品的关税，以及农产品的补贴。故此，美国前总统卡特 2002 年在约翰内斯堡世界可持续发展领导人峰会上要说："发展中国家在其贸易来源上所受到的限制是其获得的海外援助的三倍。"此外，当发展中国家与发达国家特别是与美国相并列时，其地位的不对称性一望可知。从对国际贸易规则制订的影响力，到贸易争端解决机制最后诉诸的惩罚机制，不论是寻求法律渠道解决问题，还是通过其他手段，美国等发达国家都占尽优势，这种优势随时都可转变为国际贸易利益分配中更大的份额。[105]

基于上述种种原因，人们便可观察到一种刺眼的矛盾现象："现代贸易理论用扭曲论分析证明贸易干预的不利，然而经验研究却显示，几乎所有成功发展的新兴工业化国家都对外贸进行过积极的干预。"[106] 所以，就是在所谓"共赢"的全球化时代，发展中国家岂能一味听凭他人主张，把命运交给这样一个倾斜的国际体制呢？水涨并不意味着所有的船都会同等抬高，发达国家的繁荣从来就不等于整个国际社会的繁荣，更不等于第三世界的繁荣。贸易自由化是否就带来第三世界国家经济的发展，或者说在开放与经济增长之间，是否就存在毋庸置疑的正相关性，在学界也远未形成共识，相反倒有相当多的反证。据对 74 个国家"二战"后的经济增长所作的分析，"虽然开放度在上升，但其中 46 个国家却经历了经济增长的显著减速。相对很少的国家能够获得并维持足够高的增长率，从而接近工业化国家的人均收入水平。事实上，1960 年收入差距最大的国家组并未显示任何'追赶性'趋同，大多数国家之间的收入差距似乎在拉大而不是缩小。"[107]

同样，在实证研究了 1975—1994 年包括拉美、东亚、撒哈拉以南非洲的广大地区后，经济学家得出结论："不管是按照关税和非关税限制措施还是按照贸易量来计算，在衡量贸易开放度的所有指标与增长之间，都不存在统计学上重要的相关性"；"那个偏向于小政府加自由贸易的正统发展模式并无充分的证据"。另据对 1960—1973 年 50 个国家和地区的研究，"这一时期经济发展良好的多数国家都采取了进口替代政策"，它们借此建立了因保护而变得有利可图的国内市场，推动了国内企业家的投资，由此促成了"前所未有的经济增长"。值得注意的是，"当前许多主流理论观点都建立在对当代经济史错误解释的基础上"，"人们显然大大夸大了这些进口替代经济为此付出的代价"。要说进口替代后来相对失效，并非源自政策内在的先天不足，有关国家"同时'落难'正恰表明，1973 年以后世界经济发生动荡，才是拖累发展中国家经济的罪魁祸首"。[108] 这样的分析结论若与前文揭露的英美自身发展历程比照时，不但毫不令人惊诧，反而显示了历史的一贯性和规律性。

在主流意识形态的误导性灌输下，当然也包括在美国及国际货币基金等组织的压力下，国际上形成了一种把自由开放简单等同于发展进步的普遍舆论，连发展中国家的人们也多不假思索地相信，一旦降低了关税和非关税贸易壁垒，并且向国际资本流动敞开国门，就意味着与国际接轨、与世界一体化，就肯定会带来出口增长、贫困消除、经济繁荣，等等。可惜，在这个倾斜的世界上，这种想法纯属危险不堪的一厢情愿。即使是自由贸易的理性拥护者都提醒道："自由贸易不是一个可以解决所有问题的'妙招'，当其他基本的经济问题亟待解决时，不应当夸口自由贸易能带来的切实可观收益。"[109] 在当今全球化进程中，发展中国家假如迷信开放，包括迷信出口，坚持只将拥有比较优势的领域作为经济发展的重点，恐将难以建立独具竞争优势的产业，结果只会陷入依附的境地。

经常听闻某些经济学家开口自由贸易，闭口比较优势，什么问题都简单化地用比较优势来解释，似乎舍此别无其他可观的影响因素。而更可怕者莫过于把国家发展战略建立在单纯的廉价劳动力这样的比较优势之上。问题是，即使比较优势原则在局部和某时应当得到遵守，难道一个国家在一个时期只能做一件事，不应在增加眼前收入的同时积蓄长远发展的竞争力吗？发达国家的经济学家就此倒早有理性之言：当今世界上，廉价劳动力的供应总是超出需求，故此，"以廉价劳动力为优势进行贸易，同时缺乏其他要素优势，不可避免地会把芸芸众生打入永久的相对被剥夺状态，因此也将取消大多数人认同的完整'发展'目标"。[110]这无疑提示了一个反思比较优势、自由贸易以及国家富强问题的必要视角。

基于这个倾斜世界的现实，大有必要参照发达国家和发展中国家在贸易和发展方面的历史与现实，抛弃似是而非的陈说陋见，回到贸易到底是为了什么这一本源问题。丹尼·罗德里克提出："经济政策应当集中于发展，而不是放在贸易上。"[111]此言确非有意割裂并人为对立发展与贸易的关系，不过是提醒人们不要在全球化的喧嚣中混淆目的与手段，更不要漠视倾斜世界的本质及其中隐含的风险。当今发展中国家当然应该理解到，"贸易的目的在于加速经济的结构转型、资本积累和技术进步。其中尤其重要的是实现贸易与技术进步的良性循环，让出口为技术进步创造更多的可能性即资金来源，而技术进步又为出口创造更大的生产能力和比较优势"。[112]但开放和出口不过是为了引进国内短缺的资本货物、中间产品、原材料、技术、服务、观念、制度等可用以增强自身力量的要素，它们本身绝不是目的，而只能是手段。

最应当避免的是舍本逐末，让经济政策立足于对外经济部门，只知扩大出口创汇、单纯依赖外部需求、收益大量回流海外、海外经营无视效益、阻遏国内市场成长、回避内部制度调整，全然忘记出口本质上是为了支付进口、促进国民福利改善才是经济活动的根本目标。[113]有鉴于此，罗德里克的另一席话值得回味："决策者应当避免成为不动脑筋的全球化的鼓吹者"，"必须以适当的角度看待开放带来的好处。国际经济一体化的鼓吹者们提出的观点经常是夸大其词甚至不着边际。'二战'以来发展得比较好的国家，是那些有能力制定国内投资战略推动增长的国家，是那些有能力建立适当的体制克服外界负面冲击的国家，并不是那些仅仅依靠解除贸易与资本限制的国家。因此，决策者必须在经济增长的基本面上下功夫，即应当紧紧把握促进投资、稳定宏观经济、开发人力资源、建立良好的治理体制等重点问题，而不应当让国际经济一体化左右自己的发展观。"[114]

历史地看，在英国工业独步天下之后，不管是主动还是被动，向领先的强国开放市场并增加对外出口，这基本上是被挑战国普遍的最初回应方式。然而，同样面对强国的边缘化压力，同样从初级产品出口起步，为什么后发国家中一部分走上了渐趋发达的自主发展道路，更大部分却步入依附加深的欠发达困境？针对这一要害问题，迪特·森哈斯采用历史案例比较研究方法力图求解。他的结论是，分道扬镳的缘由在于，一国是否能够实现"基础宽广的增长"和"国内市场的开发"。在森哈斯看来，强弱双方正面遭遇时的"实力差距"固然重要，但更关键的长远因素还是后发国内部的农业进步、资产分配、政治转型这些要素。农业部门的良好基础、社会财富的公平分配，再加上权力从食利寡头向生产大众的民主转型，都有助于一国积蓄深厚的内需，摆脱最初不得已的"飞地"式出口增长导向，打造一个面向民生、自我维系、浑然一体、不断升级的国民经济，从而让所谓"中等收入陷阱"不攻自破。[115]

森哈斯特别批判了那种盲目追求自由贸易、把比较优势立于廉价劳动力之上的发展思路。一国以往经济增长可以得益于廉价劳动力，但"一个发达的国民经济不可能建立在廉价劳动力继续廉价下去这样的基础上"。据他对发达国家的比较分析，在利用出口部门的激发效应，推动国内经济加速增长后，这些国家之所以能向发达阶段迈进，基本的机制在于："劳动力出现短缺；劳工在政治上组织起来；工资占国民收入的比重趋于增加；经由生产率节节攀升与工资份额步步扩大这一辩证互动关系，劳资冲突推动资本主义不断走向更深的成熟化"。因此，森哈斯反复提醒，为了竞争力的缘故而压低劳动工资，如同分配不公一样，反而会构成发展的陷阱。相反，"市场如能借助更多人口不断提高的需求而获得开发，则初期寻常可见的国内市场狭窄性，即使在小型出口经济中也可得到克服。"[116] 森哈斯从欧洲及世界经济史中总结出的这些经验教训，对于我们检讨贸易等领域政策失衡问题、冷静看待全球化带来的机遇、探寻自身发展的转型升级之路，显然具有很强的针对性。

注释：

[1] [美] 保罗·肯尼迪：《大国的兴衰：1500—2000 年的经济变迁与军事冲突》，陈景彪等译，国际文化出版公司，2006 年，前言第 39 页。

[2] 参见 John M. Rothgeb, Jr., *US Trade Policy: Balancing Economic Dreams and Political Realities*, Congressional Quarterly Press, 2001, p. 28.

[3] 张振江：《从英镑到美元：国际经济霸权的转移》，人民出版社，2006 年，第 4、3、2 页。

[4] 前引张振江：《从英镑到美元：国际经济霸权的转移》，第 164 页。

[5] Ibid. Rothgeb, Jr., *US Trade Policy: Balancing Economic Dreams and Political Realities*, p. 66.

[6] 前引张振江：《从英镑到美元：国际经济霸权的转移》，第 208、391、387 页。

[7] Ibid. Rothgeb, Jr., *US Trade Policy: Balancing Economic Dreams and Political Realities*, p. 102, p. 28.

[8] 参见熊良福主编：《当代美国对外贸易研究》，武汉大学出版社，1997 年，第 308 页。

[9] Ibid. Rothgeb, Jr., *US Trade Policy: Balancing Economic Dreams and Political Realities*, p. 102.

[10] 参见 Michael Hudson, *Super Imperialism: The Origin and Fundamentals of US World Dominance*, Pluto Press, 2003, pp. 254-255.

[11] Thomas D. Lairson, and David Skidmore, *International Political Economy: The Struggle for Power and Wealth*, Peking University Press, 2004, p. 75.

[12] Ibid. Rothgeb, Jr., *US Trade Policy: Balancing Economic Dreams and Political Realities*, p. 76.

[13] 林珏：《战后美国对外贸易政策研究》，云南大学出版社，1995 年，第 47 页。

[14] Robert Gilpin, *Global Political Economy: Understanding the International*

Economic Order, Princeton University Press, 2001, p. 218.

[15] Ibid. Rothgeb, Jr., *US Trade Policy: Balancing Economic Dreams and Political Realities*, p. 82, p. 101, p. 87.

[16] [美] 戴维·兰德斯：《国富国穷》，门洪华等译，新华出版社，2001 年，第 671 页。

[17] 参见 Ibid. Rothgeb, Jr., *US Trade Policy: Balancing Economic Dreams and Political Realities*, pp. 105-106.

[18] 参见郑伊雍：《冷战一页：建国初期西方对我封锁禁运揭秘》，中国青年出版社，2000 年，第 2、26—27、40—41 页。

[19] 参见 Ibid. Rothgeb, Jr., *US Trade Policy: Balancing Economic Dreams and Political Realities*, pp. 88-94.

[20] Ibid. Rothgeb, Jr., *US Trade Policy: Balancing Economic Dreams and Political Realities*, p. 102, p. 146.

[21] 参见 Ibid. Rothgeb, Jr., *US Trade Policy: Balancing Economic Dreams and Political Realities*, pp. 146-147.

[22] 前引林珏：《战后美国对外贸易政策研究》，第 56 页。

[23] 参见 Ibid. Rothgeb, Jr., *US Trade Policy: Balancing Economic Dreams and Political Realities*, pp. 96-98; [美] 雅各布·瓦伊纳：《倾销：国际贸易中的一个问题》，沈瑶译，商务印书馆，2003 年，第 207—210、233 页。

[24] [美] I.M. 戴斯勒：《美国贸易政治》，王恩冕等译，中国市场出版社，2006 年，第 22 页。

[25] Ibid. Rothgeb, Jr., *US Trade Policy: Balancing Economic Dreams and Political Realities*, p. 98.

[26] 前引林珏：《战后美国对外贸易政策研究》，第 56 页。

[27] 参见前引戴斯勒：《美国贸易政治》，第 25—26 页。

[28] Bernard M. Hoekman, and Michel M. Kostecki, *The Political Economy of the World Trading System: The WTO and Beyond*, Oxford University Press, 2001, p. 101.

[29] Ibid. Rothgeb, Jr., *US Trade Policy: Balancing Economic Dreams and Political Realities*, p. 115, p. 113.

[30] 参见 Ibid. Hoekman, and Kostecki, *The Political Economy of the World Trading System: The WTO and Beyond*, pp. 226-227; ibid. Rothgeb, Jr., *US Trade Policy:*

Balancing Economic Dreams and Political Realities, p. 118.

[31] 参见 Ibid. Rothgeb, Jr., *US Trade Policy: Balancing Economic Dreams and Political Realities*, pp. 119-121.

[32] 参见 Ibid. Hoekman, and Kostecki, *The Political Economy of the World Trading System: The WTO and Beyond*, p. 209.

[33] 参见 Ibid. Rothgeb, Jr., *US Trade Policy: Balancing Economic Dreams and Political Realities*, pp. 122-123.

[34] 参见 Ibid. Rothgeb, Jr., *US Trade Policy: Balancing Economic Dreams and Political Realities*, p. 123.

[35] 前引林珏：《战后美国对外贸易政策研究》，第 92 页。

[36] Ibid. Rothgeb, Jr., *US Trade Policy: Balancing Economic Dreams and Political Realities*, p. 124.

[37] Ibid. Rothgeb, Jr., *US Trade Policy: Balancing Economic Dreams and Political Realities*, p. 125.

[38] 前引戴斯勒：《美国贸易政治》，第 43 页。

[39] 参见 Ibid. Rothgeb, Jr., *US Trade Policy: Balancing Economic Dreams and Political Realities*, pp. 126-127.

[40] 参见前引林珏：《战后美国对外贸易政策研究》，第 75 页。

[41] 前引戴斯勒：《美国贸易政治》，第 26 页。

[42] 参见 Ibid. Rothgeb, Jr., *US Trade Policy: Balancing Economic Dreams and Political Realities*, pp. 127-128.

[43] Ibid. Rothgeb, Jr., *US Trade Policy: Balancing Economic Dreams and Political Realities*, p. 128.

[44] Ibid. Lairson, and Skidmore, *International Political Economy: The Struggle for Power and Wealth*, p. 82, p. 147.

[45] 参见 Ibid. Rothgeb, Jr., *US Trade Policy: Balancing Economic Dreams and Political Realities*, p. 130.

[46] 参见 Ibid. Rothgeb, Jr., *US Trade Policy: Balancing Economic Dreams and Political Realities*, pp. 130-133.

[47] Nigel Grimwade, *International Trade: New Patterns of Trade, Production and Investment*, Routledge, 2000, p. 256.

[48] 参见前引林珏：《战后美国对外贸易政策研究》，第 87—88 页。

[49] Peter Dicken, *Global Shift: Transforming the World Economy*, Paul Chapman Publishing Ltd., 1999, p. 120.

[50] [美] 约瑟夫·斯蒂格利茨、[美] 安德鲁·查尔顿：《国际间的权衡交易：贸易如何促进发展》，沈小寅译，中国人民大学出版社，2008 年，第 100 页。

[51] Ibid. Rothgeb, Jr., *US Trade Policy: Balancing Economic Dreams and Political Realities*, p. 138.

[52] Ibid. Hoekman, and Kostecki, *The Political Economy of the World Trading System: The WTO and Beyond*, p. 104.

[53] 前引林珏：《战后美国对外贸易政策研究》，第 92 页。

[54] Ibid. Rothgeb, Jr., *US Trade Policy: Balancing Economic Dreams and Political Realities*, p. 136.

[55] 参见 Ibid. Rothgeb, Jr., *US Trade Policy: Balancing Economic Dreams and Political Realities*, p. 163.

[56] Ibid. Rothgeb, Jr., *US Trade Policy: Balancing Economic Dreams and Political Realities*, pp. 164-169.

[57] 参见 Ibid. Lairson, and Skidmore, *International Political Economy: The Struggle for Power and Wealth*, pp. 226-227.

[58] 参见前引林珏：《战后美国对外贸易政策研究》，第 75—76、102、104 页；Ibid. Lairson, and Skidmore, *International Political Economy: The Struggle for Power and Wealth*, p. 227.

[59] 参见前引戴斯勒：《美国贸易政治》，第 49 页。

[60] 参见 Ibid. Grimwade, *International Trade: New Patterns of Trade, Production and Investment*, p. 22.

[61] 参见 Ibid. Grimwade, *International Trade: New Patterns of Trade, Production and Investment*, pp. 256-257, p. 260.

[62] Ibid. Lairson, and Skidmore, *International Political Economy: The Struggle for Power and Wealth*, p. 9.

[63] [美] 迈克尔·J. 希斯考克斯：《国际贸易与政治冲突——贸易、联盟与要素流动程度》，于扬杰译，中国人民大学出版社，2005 年，第 109—110 页。

[64] 参见前引林珏：《战后美国对外贸易政策研究》，第 117—119 页。

[65] 前引戴斯勒：《美国贸易政治》，第 104、129、120 页。

[66] 前引戴斯勒：《美国贸易政治》，第 125 页。

[67] 参见前引林珏：《战后美国对外贸易政策研究》，第 121—138 页。

[68] 前引林珏：《战后美国对外贸易政策研究》，第 123、185 页。

[69] 参见李明德：《"特别 301 条款"与中美知识产权争端》，社会科学文献出版社，2000 年，第 305—310 页。

[70] Douglas A. Irwin, *Free Trade under Fire*, Princeton University Press, 2002, pp. 122-123.

[71] [美] 贾格迪什·巴格沃蒂：《今日自由贸易》，海闻译，中国人民大学出版社，2004 年，第 57—58、54、56 页。

[72] Ibid. Irwin, *Free Trade under Fire*, p. 56.

[73] 前引斯蒂格利茨、查尔顿：《国际间的权衡交易：贸易如何促进发展》，第 32—33、71、96、37、9 页。

[74] Ibid. Irwin, *Free Trade under Fire*, p. 59, p. 62.

[75] 前引斯蒂格利茨、查尔顿：《国际间的权衡交易：贸易如何促进发展》，第 49、181 页。

[76] 前引斯蒂格利茨、查尔顿：《国际间的权衡交易：贸易如何促进发展》，第 17 页。

[77] 参见 Ibid. Irwin, *Free Trade under Fire*, p. 132.

[78] 参见《关注纺织品贸易争端》，《东方早报》，2005 年 5 月 31 日，第 4A 版。

[79] 前引斯蒂格利茨、查尔顿：《国际间的权衡交易：贸易如何促进发展》，第 135、99 页。

[80] 转见前引兰德斯：《国富国穷》，第 643 页。

[81] Harry Shutt, *The Myth of Free Trade: Pattern of Protectionism since 1945*, Basil Lackwell, 1985, p. 163.

[82] 参见前引兰德斯：《国富国穷》，第 685 页。

[83] Ibid. Shutt, *The Myth of Free Trade: Pattern of Protectionism since 1945*, p. 75.

[84] 前引斯蒂格利茨、查尔顿：《国际间的权衡交易：贸易如何促进发展》，第 37、12、35 页。

[85] 参见 [美] 乔纳森·伊顿：《信贷政策与国际竞争》，[美] 保罗·克鲁格曼主编：《战略性贸易政策与新国际经济学》，海闻等译，中国人民大学出版社、北京大学出版社，2000 年，第 160、162、164、166 页；Ibid. Irwin, *Free Trade under Fire*, p. 112.

[86] Dominick Salvatore, "The New Protectionist Threat to World Welfare: Introduction", in Dominick Salvatore (ed.): *The New Protectionist Threat to World*

Welfare, North-Holland, 1987, p. 12.

[87] Ibid. Shutt, *The Myth of Free Trade: Pattern of Protectionism since 1945*, p. 81.

[88] [美] 杰弗里·卡林纳：《新兴产业的产业政策》，前引克鲁格曼主编：《战略性贸易政策与新国际经济学》，第 223 页。

[89] Ibid. Lairson, and Skidmore, *International Political Economy: The Struggle for Power and Wealth*, p. 4.

[90] [美] 米歇尔·鲍瑞斯、[美] 劳拉·泰森、[美] 约翰·齐斯曼：《创造优势：政府政策如何影响半导体产业的国际贸易》，前引克鲁格曼主编：《战略性贸易政策与新国际经济学》，第 132 页。

[91] 前引斯蒂格利茨、查尔顿：《国际间的权衡交易：贸易如何促进发展》，第 80、100 页。

[92] 参见前引熊良福主编：《当代美国对外贸易研究》，第 145—146 页；沈伯明：《当代美国经济与贸易》，中山大学出版社，1996 年，第 160、69 页。

[93] 前引斯蒂格利茨、查尔顿：《国际间的权衡交易：贸易如何促进发展》，第 2、44、33—35、46 页。

[94] Ibid. Rothgeb, Jr., *US Trade Policy: Balancing Economic Dreams and Political Realities*, pp. 236-237.

[95] 参见前引斯蒂格利茨、查尔顿：《国际间的权衡交易：贸易如何促进发展》，第 48、196、79 页。

[96] 参见 Ibid. Rothgeb, Jr., *US Trade Policy: Balancing Economic Dreams and Political Realities*, p. 192, p. 217.

[97] 转见 Ibid. Irwin, *Free Trade under Fire*, p. 184.

[98] 前引斯蒂格利茨、查尔顿：《国际间的权衡交易：贸易如何促进发展》，第 2、64 页；[美] 丹尼·罗德里克：《新全球经济与发展中国家：让开放起作用》，王勇译，世界知识出版社，2004 年，第 128 页。

[99] 参见 Nicholas R. Lardy, *Integrating China into the Global Economy*, Brookings Institution Press, 2002, pp. 79-80, p. 82, p. 84, p. 88, pp. 90-91.

[100] 参见前引斯蒂格利茨、查尔顿：《国际间的权衡交易：贸易如何促进发展》，第 123—126 页。

[101] Ibid. Gilpin, *Global Political Economy: Understanding the International Economic Order*, p. 228. 参见 Ibid. Irwin, *Free Trade under Fire*, pp. 221-222.

[102] 参见 Ibid. Irwin, *Free Trade under Fire*, p. 168, pp. 176-177.

[103] 参见前引戴斯勒：《美国贸易政治》，第 33 页。

[104] 参见美国国会预算办公室报告中表格 B-8a, B-8b, B-8c, B-8d, B-8e, B-8f（查见于 www.cbo.gov/showdoc.cfm?index=2895&sequence=8）。

[105] 前引斯蒂格利茨、查尔顿：《国际间的权衡交易：贸易如何促进发展》，第138、96、215、46、40 页。

[106] 张幼文等：《外贸政策与经济发展》，立信会计出版社，1997 年，第 1 页。

[107] Ibid. Hoekman, and Kostecki, *The Political Economy of the World Trading System: The WTO and Beyond*, p. 17.

[108] 前引罗德里克：《新全球经济与发展中国家：让开放起作用》，第 118、122、56、83、53、51、61 页。

[109] Ibid. Irwin, *Free Trade under Fire*, p. 68.

[110] Ibid. Shutt, *The Myth of Free Trade: Pattern of Protectionism since 1945*, p. 89.

[111] 前引罗德里克：《新全球经济与发展中国家：让开放起作用》，第 114 页。

[112] 前引张幼文等：《外贸政策与经济发展》，序言第 3 页。

[113] 参见梅俊杰：《重商主义真相探解》，《社会科学》，2017 年第 7 期，第 141—144 页。

[114] 前引罗德里克：《新全球经济与发展中国家：让开放起作用》，第 31、7 页。

[115] 参见梅俊杰：《后发展学说与中国道路：以迪特·森哈斯的研究为视角》，《国外社会科学》，2015 年第 1 期，第 69—77 页。

[116] [德]迪特·森哈斯：《欧洲发展的历史经验》，梅俊杰译，商务印书馆，2015 年，第 197、172 页。

第七章

寻求理论分析与总结：应当跳出自由贸易论的框框

我再也不是自由贸易论者了。

——约翰·梅纳德·凯恩斯（英国经济学家）

在从贸易保护和产业培植角度完成了对英美崛起之路的历史考辨后，有关问题已不可回避。既然保护主义是英美历史的通则，而自由贸易倒是一种例外，既然逆自由贸易而行、强力扶持产业发展才是英美现代化的成功秘诀所在，既然至今发达国家在外来竞争面前，拒绝顺应比较优势的变化趋势，热衷于利用种种非关税手段刻意保护已经失去竞争力的产业，人们不禁要问，通常被奉若神明的自由贸易论为何会在英美的政策实践中屡屡走样，走样之后还反而为走样者带来重大利益，以致一旦处于竞争的守势，它们又会自然而然地转向保护主义？莫非自由贸易论含有某种应用的局限性，或者干脆天生具有某种致命的理论缺陷？显然，有必要辨析自由贸易论本身，借此不仅可以求解历史表面的反常性，而且有望系统地洞察贸易保护背后的多重理由。

按照通行说法，自由贸易论的确立和成熟经历了两个发展阶段，一是古典阶段，二是新古典阶段。在古典阶段，一般认为由亚当·斯密首先提出了"绝对优势"原理。斯密说："如果外国能以比我们自己制造还便宜的商品供应我们，我们最好就用我们有利地使用自己的产业生产出来的物品的一部分向他们购买。"[1] 该原理的基本观点是，当两个国家在生产两种产品时因劳动效率不同而存在成本差异时，彼此应当走专业化分工道路，各自只生产自己比他人拥有更大成本优势的产品，然后，通过互相交换各自更擅长生产的产品，两国比之专业化分工和贸易交换发生之前，均可享有更多的产品，其总体的福利水平将会提高。

绝对优势原理设定的前提条件是，在涉及两个国家、两种产品的情况下，经由国际比较而显示，参与分工和贸易的双方各具有一种产品的绝对成本优势。然而，这种条件并不具有普遍性，反让实际可能发生的贸易机会大为减少。不妨设想，当一国在两种产品的生产上均处于劣势，也即当另一国在两种产品的生产上均处于优势时，相互分工和贸易是否仍然可能并有利可图呢？显然，依照绝对优势原理，答案是否定的。一般认为由大卫·李嘉图首先提出的"比较优势"原理却给出了肯定答案，从而在理论上拓展了贸易的机会。

李嘉图说："如果两个人都能制造鞋和帽，其中一个人在两种职业上都比另一个人强些，不过制帽时只强五分之一或20%，制鞋时则强三分之一或33%，那么这个较强的人专门制鞋，而那个较差的人专门制帽，岂不是对双方都有利吗？"[2]依照这样的比较优势原理，虽然从国际比较看，一国可以在两种产品的生产上都不具备成本优势，但在该国之内，仍然存在生产效率相对较高从而按国内排列情况看尚具有比较优势的产品。广言之，一国通过专业化地生产其相对具有比较优势的产品，以此参与国际分工与贸易，仍可增加自己的福利，国际的总体福利水平也因此会有提高。从这一意义上说，绝对优势原理不过是比较优势原理的一种特殊情况，而比较优势原理倒是国际贸易的一般理论，所以它也成了自由贸易论的首要基石。

斯密和李嘉图的古典贸易理论均以单一要素，即劳动的生产率差异，说明了国与国之间为何发生贸易，以及为何通过国际分工和贸易交换可以增进总体福利。但是，在现实世界里，决定生产率的要素并非劳动一项，更主要的是，为何不同国家之间会有不同的生产效率及比较成本呢？换句话说，比较优势的源泉在哪里？艾利·赫克歇尔和伯蒂尔·俄林为此提出了"要素禀赋"理论。他们认为，一国经济的比较优势植根于其不同生产要素的相对存量，即要素禀赋，不同的要素供给会影响到相关产品的生产成本；各国趋于出口其充裕要素密集的产品，一国或在劳动或在资本或在土地方面的要素充裕，构成了其参与国际专业化分工和贸易合作的基础。该理论的提出标志着自由贸易论进入了新古典阶段。

自从要素禀赋差异成为新古典贸易理论的重要基石后，自由贸易论特别是比较优势论获得了进一步的支持，相关的理论构想与政策建议也以此为主线次第推出。总体而言，自由主义经济学派认为，贸易自由化乃至自由贸易能够带来一系列好处，包括：强化国内竞争、降低生产成本、降低商品价格、增加消费选择、提高经济效率；以比较优势原理促进各方各司其长，专业化分工将增进各国及世界的财富总量；在全球范围内传播科技与经验，使落后者有机会赶上先进者；增进国际合作，便于促进人类和平。[3]不断扩大的全球贸易自由化似也证明了自由贸易论的所向无敌，保罗·萨缪尔森非常自信地说："如果理论能参加选美比赛的话，比较优势理论定会脱颖而出，因为它具有无比优美的逻辑结构。……像这样富有成果的理论在政治经济学中是不多见的"。[4]萨缪尔森主笔的最新版《经济学》依然在说："这一简单的原理为国际贸易提供了不可动摇的基础"；"尽管比较优势理论有其局限性，但它是全部经济学中最深刻的真理之一。那些忽视比较优势的国家在生活水平和经济增长方面会付出沉重的代价"。[5]

　　然而，透过主流话语和表面现象必须看到，从古典阶段起，对自由贸易的质疑从未停止过，自由贸易论的胜利何曾真正一锤定音？例如，美国学者1970年便写道："近年来，对自由贸易论构成例外的理由在迅速增加，这些例外性理由得到了人们的认可和采纳。……古典立场认为，无关税贸易作为一项国策要优于自给自足，可是大量的思考现在对此提出了挑战。"[6]此后数十年里，又出现了从理论上挑战自由贸易论基本理念的若干新流派，且不说在实践中当代还出现了反全球化浪潮。细察从自由贸易论确立前的重商主义到当今的政策实践，不难发现，自由贸易论与其说是一个严谨的科学理论，毋宁说是一套多有漏洞的信念而已，它远未关上贸易保护这扇对立面的大门。既然这样，为摆脱经济浪漫主义的幼稚病，更加深切地把握现实国际政治经济格局的本质，让我们跳出习以为常的思维框框，多关注一点主流意识形态视野之外的世界。

一、自由贸易论不断遭到挑战

　　如果把科学史家托马斯·库恩的"范式"概念借用到贸易学说史，则显而易见，贸易理论在亚当·斯密之后确实经历过某种"范式"革命。随着英国工业竞争优势的确立，包括斯密在内的古典经济学家关于自由贸易能够创造更多财富的思想终于确立起在经济学界的主流地位。"从此往后，在经济辩论中，凡要论证贸易限制政策如何能够增益一国的经济财富，举证的任务便落在倡导贸易限制的人身上。"[7] 然而，"范式"之确立无法终止质疑，得到独尊的自由贸易论也从未能够让保护主义寿终正寝。无论出于利益需要还是学术好奇，两个世纪以来挑战自由贸易论的种种理论构想终究值得人们深长思考。

关于贸易条件问题

不管是绝对优势原理还是比较优势原理，或是其他自由贸易定理，它们都对自由贸易之后的总体福利改善予以了证明。然而，在两个国家参与的国际贸易中，理论所承诺的总体福利改善是否会让贸易双方都同样获益呢？对此问题的肯定答案一直依赖于一个前提假定，即双方贸易是在恰当的贸易条件下发生。所谓贸易条件，是指一个产品交换另一产品时的比价。两国的产品在贸易之前原本都有其国内市场所决定的比价，这是双方国际成交时必须超越的底线，也即只有当双方都能获得比国内更高的比价时，才会发生国际贸易并使双方获益。问题是，在双方各自的比价底线之间，最后成交时的比价或贸易条件究竟定于何处？这是一个直接影响到国际贸易中利益分配的重大问题，也是国际贸易论并未有效解决的问题。

"早期对比较成本例子的说明都假定，交换比价正好定于孤立状态下双方各自成本比价之中线，从而使两国平均分享交易所带来的获利。"可是，李嘉图在提出比较优势原理后不久便意识到，国际贸易中一国为了自身利益，可以设法交换到对方更大比例的商品。当然，对于具体的操纵方法，他坦言"我自己完全没有概念"。与此几乎同时，罗伯特·托伦斯则逐渐发现，拥有市场影响力的一国可以通过调节本国出口量或进口量而使贸易条件变得对自己有利，从而在贸易利益的分配中扩大自己的获利、减少贸易对方的获利。从 1833 年起，他便提出了修正自由贸易论的政策主张：一国的繁荣所依赖的贸易政策不应基于自由贸易，而应基于对等互惠，即英国给予外国商品的进口关税待遇应等同于外国给予英国输出商品的关税待遇；

只有英国工业生产过程中需要使用的进口原料或其他必需品，才应当享受免税或减税待遇。虽然托伦斯的主张遭到英国当时经济学界的普遍拒斥，但它还是影响到了英国议会的辩论，而且，约翰·斯图尔特·穆勒居然与之"英雄所见略同"。[8]

穆勒揭示了"相互需求规律"，他指出，每一国家对于对方国家所供应产品的需求强度决定了贸易条件。他认为，当外国对我国出口的需求缺乏弹性时，我完全可以用出口关税来谋取优势，正如按照逻辑推导，假如反过来外国向我国的供应缺乏弹性，我国完全可以用进口关税来谋取优势。穆勒的政策着眼点固然是要敦促英国政治家将自由贸易推向其他国家，从而最大限度地发挥自由贸易对英国利益的促进作用，但由于他对托伦斯观点的认同，贸易条件论客观上成了对自由贸易论的一个公认的重要修正。大致而言，托伦斯和穆勒这方面的理论"包括两个部分：第一，在某些情况下，关税减让会导致贸易条件的恶化（或者反过来说，关税的提高会改善贸易条件）；第二，实施此关税减让的国家最终可能会遭受净经济损失"。[9]

穆勒之后，阿尔弗雷德·马歇尔提出"提供曲线"这一概念，试图在穆勒强调需求的基础上，更为全面地从供应和需求两方面来说明国际贸易条件或交换比价。F.Y. 爱奇沃斯接过"提供曲线"概念，以严格的分析工具证明，如果外国的供应缺乏弹性，则本国能够用关税来改善自身贸易条件并增加国民福利，这种可以利用贸易条件来改善我方福利的关税是一种"最优关税"。当然，爱奇沃斯也确认了托伦斯和穆勒的观点，即这种"最优关税"另一方面会给贸易对方造成更大的福利损失。另外，在有关"谁来承担关税"的讨论中，查尔斯·别克戴科提出在一定条件下，是可以把关税负担转嫁到外国生产者或供应者头上的，这些条件包括：当不易被对方报复时；当外国的供应呈上升趋势时；当关税率相对于供求弹性（即供应无太大弹性，而需求有较大弹性）定得较低时。[10]

有关贸易条件的论述毋庸置疑地证明，某些国家，比如大的进口国，特别是享有买方垄断权的国家，完全可以通过设置"最优关税"来操纵贸易条件。将这种关税精确地确定在"最优"的水平固然相当不易，它的确也不能增加世界总体的福利，然而，它足以将福利从出口国转移到进口国。

从进口国的角度看，"这种情形对于进口关税会降低进口国经济福利这一规则无疑构成了一个例外"。[11]同样，拥有一定卖方垄断权的大出口国，也能够借助出口关税来改善自己的贸易条件。詹姆斯·布利斯多克·布利格登1925年建议，由于澳大利亚在初级产品领域拥有市场影响力，超额增加出口反而会拉低国际市场的价格，因此，国家应当通过提高出口税来保证更大的经济收益。[12]

显然，实际决定贸易条件的关键是相互需求的程度，其核心是需求弹性，即是否拥有放弃一家产品而改用另一家（包括自己）替代产品的能力。既然你无法生产大型"空客"飞机，而且难能以有利条件获得至少可比的替代产品，而另一方面，你所生产的衬衣对方也完全能够生产，只是人家在目前国际交换格局下不愿自己生产，那么，除了接受"八亿件衬衫才能换回一架空客飞机"这样的贸易条件外，你在目前是没有什么选择余地的。这里的实质就是讨价还价的地位或实力。正因如此，另一相关联的后果是，为了获得能够影响贸易条件的有力的讨价还价地位，一些国家会倾向于采用关税同盟之类的制度安排。从全球范围看，这又何尝不是对普遍自由贸易构成一种限制呢？

关于幼稚产业问题

在种种贸易保护的理论中，幼稚产业论也许是提出最早而又得到广泛认同的一个理论，据信一直可以上溯至英国16世纪的伊丽莎白时代。"当时英国正在经历首次工业繁荣。这个论点在重商主义文献中到处都可以看到。"[13]从17世纪下半叶到18世纪下半叶，即斯密前的百年中，英国有相当多经济学家论述过幼稚产业保护问题，包括哈奇森、塔克、斯图尔特等一流经济学家。其主要观点是，因为新建产业尚无法与外国成熟的同行对手展开竞争，所以需要政府的扶持，包括对外国同类产品征收进口关税，如此方可克服产业发展初期的某些障碍，促进产业走向成熟和强大。当时英国对幼稚产业保护的讨论已经相当深入，涉及保护关税率的高低、保护措施的期限、保护措施是否会被国内生产商滥用、保护措施如何分步撤除、没有成长前景的产业是否应当保护、相关进口产品的消费限制、补贴情况下国内产品的亏本出口等众多问题。"经济著作家们对幼稚产业政策的支持程度或有差异，但在亚当·斯密之前，很难找到哪个人实际上反对这一基本主张。"[14]

与其前辈相比，斯密在幼稚产业保护问题上确实独树一帜。虽然他承认，"有了这种管制，特定制造业有时能比没有此种管制时更迅速地确立起来，而且过了一些时候，能在国内以同样低廉或更低廉的费用制造这特定商品"，[15] 但他还是认为此类保护会扭曲资源配置、减少国民收入并因此减少资本积累的机会。其他人对幼稚产业保护论的批评还包括：政府不可能掌握完备的产业信息；资源的有限性意味着保护必有机会成本；保护会造成产业的乏力和低效；等等。总之，自由派的结论已由斯密表达清楚："至于一国比另一国优越的地位，是固有的或是后来获得的，在这方面无关紧要。只要甲国有此优势，乙国无此优势，乙国向甲国购买，总是比自己制造要有利。"[16] 然而，贸易学说史家指出："斯密对幼稚产业秉持颇为静态的观点，他很容易受到批评者的责难，他们指责斯密未能研判其中牵涉的本质上动态的问题。"[17]

在斯密之后的欧洲和北美大陆，与英国相比的工业化差距、谋求发展的雄心壮志，加之对经济规律的独特见识，却让某些目光深邃的政治家和经济学家更多地从长远角度"动态"地看待这个问题。如前已述，亚历山大·汉密尔顿提出过促进国内制造业发展的各种政策，其中包括不少贸易限制政策，如保护性关税、禁止进出、奖励补贴等。[18] 弗里德里希·李斯特则依据历史研究，批判了斯密等自由派的"世界主义经济学"，相信英国之所以能拥有强大工业优势，"不过是时间上比别的国家占先了一步而已，而保护制度是使落后国家在文明上取得与那个优势国家同等地位的唯一方法"；"保护关税如果使价值有所牺牲的话，它却使生产力有了增长，足以抵偿损失而有余"。[19] 顺便指出，马克思也揭示了某些"自然禀赋"的虚假性，从而洞察了产业发展的人为性和动态性。他说过："先生们，你们也许认为生产咖啡和砂糖是西印度的自然禀赋吧。200 年以前，跟贸易毫无关系的自然界在那里连一棵咖啡树、一株甘蔗也没有生长出来。也许不出 50 年，那里连一点咖啡、一点砂糖也找不到了，因为东印度正以其更廉价的生产，在得心应手地跟西印度虚假的自然禀赋竞争。"[20]

就如贸易条件论一样，幼稚产业保护论得到真正的承认还是依靠了约翰·斯图尔特·穆勒。穆勒既然相信一国在某一生产领域的优势往往不过是因为先于他人获得了技能和经验，便很自然地推论："我们不能指望生产者尚未受到充分训练，没有熟练掌握生产技术时，私人会甘冒风险或在明知会遭受损失的情况下，引入一种新的制造业并承受经营这种制造业的负担。在适当时间内课征保护性关税，有时是国家支持这种试验的最为便利的方法"。[21] 虽然穆勒的幼稚产业保护观点备受指责，但他在高压之下并未真正改变想法，逐步改变立场的倒是经济学界。

此后，保罗·古斯塔夫·福沃于1873年定量计算了幼稚产业保护足可获得净利的精确条件，表明在跨越一定门槛后，政府干预的成本收益可以是正数。在英国19世纪末对自由贸易教条的反思中，阿尔弗雷德·马歇尔也相信，"古典经济学家们过于教条主义地反对幼稚产业论，美国和澳大利亚这些新兴工业化国家中的保护并非十足的邪恶"。他甚至说过，"对未成熟产业的保护是利国利民的大好事"，"产业未成熟国家实行自由贸易是愚蠢的"。弗兰克·陶西格提出，假如妨碍一国建立某个产业的障碍本来就是人为的，而不是天然造成的或者永难改变的，那就理当采纳幼稚产业保护办法，尽管应当谨防保护措施最后保护了落后和低效的生产方式。[22] 以后，沃尔夫冈·斯托尔珀和保罗·萨缪尔森则证明，一国在国内要素可以自行流动的情况下，如果对使用相对稀缺要素进行生产的工业部门进行关税保护，则可使该国的实际收益趋于增加。[23]

由上可见，幼稚产业论一直是普遍认可的一种自由贸易的例外情形。有关论证也在不断深化，保护论者从市场失灵、规模生产、经验积累等角度继续认识幼稚产业论，并为之找到了进一步的证据和理由。他们认为，政府保护措施有助于克服资本市场的不足和低效，有助于促进技术和经验的形成与外溢；不少情况下国家间的分工是偶发的，但经验积累中形成的优势可使最初的偶然优势变成永久优势；等等。总之，现在人们相信，幼稚产业保护论在一定条件下是有效的，这些条件是：存在着规模经济性，这样产量扩大到一定程度便可享有规模经济带来的额外收益；私人投资者对于是否投资尤其是长线投资，缺乏最优决策所需的充分信息，或者因看重短期回报甚于长期回报，不愿进行长线投资；存在着极大的外部性，投资的社会收益超出私人获利。[24]对照这些条件，并不奇怪的是，幼稚产业保护为何特别适用于产业基础弱、市场发育差的落后国家。

关于收益递增问题

李嘉图比较优势原理的一个假定前提是，生产成本恒定不变，然而，包括李嘉图本人以及马尔萨斯等人随后都相信，在农业生产中存在着规模收益递减的规律，爱德华·维斯特则注意到了制造业中规模收益递增的可能。维斯特对农业和工业规模收益不同本质的判断得到了古典经济学家的接受，成为至今大家普遍承认的一条重要的经济学原则。既然工业存在着与农业相反的规模收益变化特点，那么，原来设想的自由贸易理论框架下的分工合作关系迟早会受到挑战。在19世纪的美国，不少保护主义者已认识到，对于那些收益递增的制造业，设置进口关税实际上是有利可图的，未必会导致更高的国内价格。[25]

约瑟夫·希尔德·尼科尔森于1897年明确提出，收益递增现象会对比较优势原理带来问题。他借助通常用来解释比较优势的产品指出，如果小麦生产服从于规模收益递减的规律，而布的生产服从于规模收益递增的规律，那么，"专业化并贸易会对相互贸易的两个国家意味着截然不同的结果"。弗兰克·格雷厄姆在1923年作了更系统的阐述，他提出当制造业受收益递增规律、农业受收益递减规律所支配时，如果一国专业化分工的领域是农业，同时进口的是工业产品，那么，该国在自由贸易过程中其实被剥夺了在高生产率部门的生产可能，由此会丧失提高生产率的机会。当然，他也相信，自由贸易会增加世界总体的产出，然而，仅在收益递减部门拥有比较优势的国家却会在自由贸易中遭受损失。格雷厄姆的政策结论是，比较优势并非评判最佳商业政策的"绝对正确标准"，"对制造业的保护可以有利可图地延续很长时间，大大超出幼稚阶段"。所以，如果说幼稚产业论倡导的保护还是临时性的话，格雷厄姆则设想，可以对制造业设置某种永久性关税保护，据证明这比自由贸易会更有利于一国的经济。[26]

布利格登在 1925 年也认为，澳大利亚的初级产品部门具有收益递减的特征，因此他相信，向该部门的生产投入更多资源反会降低人均产出。而且，他同时依据澳大利亚在初级产品供应方面的大国地位，把贸易条件理论结合进来，进一步加强了以关税改善贸易地位、增加国民总收入的保护主义理由。当然，正如其他的保护论一样，有关收益递增的贸易保护理论引发了激烈争辩，但格雷厄姆等人至少还是成功地说明，规模经济性确会极大地塑造专业化和贸易合作格局；国际贸易会强化某种或可取或不利的初始条件；而在此过程中，恰当的政府干预往往会产生长远的正面效果。据介绍，近至 1980 年代初，"分析表明，格雷厄姆阐述的道理，按照其本人对外部经济性的前提假定，还是基本正确的"。[27]

有关收益递增的贸易保护讨论在 1970 年代前后重趋活跃，保罗·克鲁格曼等人强调用收益递增来解释国际贸易的发生，认为基于收益递增的贸易理论，比之建立在比较优势上的贸易理论，从原则上讲"具有同样根本性"，从实证上讲"至少具有同等重要性"。克鲁格曼在其"国际贸易新理论"中提出，相当一部分国际贸易，特别是经济特征相似国家之间的贸易，其产生原因不是国与国资源禀赋上的差异，而主要是收益递增基础上形成的国际分工；由于收益递增规律的作用，国际分工模式，除受制于初始自然经济条件外，更可以由某种历史偶然性促成，外生以及内生规模经济性会不断强化分工格局并使之固定下来，工业化初期细微的差别会随时间推移放大为不平等的鸿沟；少数货币之所以担当起国际交易的媒介角色，也是收益递增规律作用的结果；边干边学和技术创新会加强收益递增效应，并导致不完全竞争条件的出现，由此也偏离自由贸易的条件。结论是：由于历史的作用非常关键，"出口补贴、临时关税等措施有可能在一定程度上改变国际分工模式，使其有利于实行保护主义的国家"。[28]

其他学者对半导体等高新技术产业的研究也实证地支持了这一结论，即"政府的战略性政策能永久地影响贸易格局，使国家福利水平优于自由贸易时的福利水平"，特别是当政府扶持的对象是外溢效应显著的产业时则更会如此。[29] 国内学者也有类似看法，认为技术进步可能创造一种新的动态贸易结构，"它不取决于一国的要素禀赋结构，也不取决于传统的比较优势"，以研发为基础的产业支持使得领先者在前期阶段获得超额贸易利益。[30]

最新的进展是，拉尔夫·戈莫里和威廉·鲍莫尔也揭示，当今世界贸易中的大量产品来自所谓"保留产业"，此类产业的特点是启动成本高昂、规模经济效应显著。"保留产业为现有生产者提供了很高程度的保护，使之免于竞争者进入的威胁，从而可以很容易地保留既有的地位"，"即使在工资水平很高的情况下也能维持"。现代产业的这种"保留性"完全有别于古典贸易理论规模收益不变或递减的基本假设，致使"现代的自由贸易社会已经大大不同于自由贸易模型原来的历史环境"。戈莫里和鲍莫尔通过修订古典经济学家的贸易理论后证明："在国际贸易中确实存在固有的利益冲突。这意味着一国生产能力的提高往往以牺牲他国的总体福利为代价"；"在具有规模经济的自由贸易环境中，贸易并非总是好的……当大多数产业多属保留性产业时，总会有一些均衡结果使某些国家的境况比不开展贸易时还要差"；"一个与世隔绝的国家也许能够达到一定的发展水平，而这个发展水平是它与一个非常发达的国家开展贸易往来时所不能达到的"；产业保留性，无论是有意为之还是单纯的历史偶发事件使然，一旦获得便难以打破，只有"有着强烈的强权政府传统、明晰的产业政策史，以及一个经验丰富和威望甚隆的政府当局"，才能"成功地组织、诱骗甚至强迫其国内企业进入现有的保留产业"。[31] 与此相关，爱德华·沃尔夫对14个发达工业国1970—1993年情况的实证分析也表明，产业的专业化分工呈现持续和强大的"保留性"。[32]

关于国内扭曲问题

自由贸易论的立论基础是"最优"前提假定，然而，现实世界往往只有"次优"，包括存在着使资源无法得到最优配置的各种扭曲。只要国内经济中存在扭曲，便存在通过政府干预贸易而改善福利结果这样的空间。常见的扭曲如生产过程中的外部性，既有像污染这样的负面外部性，也有像技术外溢这样的正面外部性，前述幼稚产业保护的一个理由便是因为边际社会收益大于边际私人收益。除外部性外，还有各种远离自由贸易论"最优"前提假定的其他扭曲，它们往往要求通过政府对贸易的限制来减少或避免效益损失。最新的进展是，一向倡导自由贸易的 T.N. 斯瑞尼瓦桑和贾格迪什·巴格沃蒂在 1999 年也承认，"在已建立的经济模型中，可以证明假如市场失灵存在，自由贸易是会降低工资甚至是减缓经济增长的速度"。约瑟夫·斯蒂格利茨等人同样证明，"在次优的世界里，保护措施往往是有效的"。[33]

比较优势原理原先是以实际劳动成本为依据的，即自由贸易各方专业化地生产各自拥有比较劳动成本优势的产品。然而，现实世界中的专业化更直接地是由产品价格决定的。虽然价格可能与工资相关联，但工资本身未必与实际劳动成本相关联。只要在价格、工资与实际劳动成本之间存在着扭曲关系，专业化便无法按照原设想的比较劳动成本优势原理进行，所承诺的得自贸易的收益便无法保证。历史上，蒙蒂福特·朗费尔德在 1835 年注意到，由于不同的制度惯例，工资结构在不同国家之间会存在差别。约翰·坎斯在 1874 年提出，产品价格未必与实际的劳动成本成比例。尼科尔森和陶西格在 19 世纪末和 20 世纪初也分别确认，当国内劳动市场分割、存在非竞争团体等情况时，国内工资水平的差异会影响到产品定价，从而使专业化不能遵循比较劳动成本优势原则。[34]

米哈伊尔·曼努列斯库依据对罗马尼亚的经验性观察，于 1929 年指出，一国内两个产品的实际劳动成本与其交换比价之间会存在差异，往往在工业部门与农业部门之间会存在工资差异，如果该国在此扭曲状态下，以农业这样的低工资部门作为本国专业化领域去参与国际贸易，则将导致国民收入的损失。他的结论是，在国内经济扭曲状态下，进口保护可以矫正市场经济的失灵，从而促使更多劳动进入高工资和高生产率部门。尽管以后的经济学家认为，对于真正的市场失灵，就业补贴和生产补贴会比进口保护更能引致劳动力跨部门的最佳配置，但是，曼努列斯库的学说让人更多地注意到，发展中国家内部的市场不规范可能使之无法有利可图地参与国际自由贸易。哥特弗里德·哈伯勒在 1950 年也表示，如果生产要素完全不流动，要素的价格也完全呈刚性，则自由贸易会造成失业，而贸易保护倒可能带来益处。[35] 埃弗里特·哈根基于扭曲的工资提高了制造商劳动成本这一事实，在 1958 年提出了有必要对制造业给予保护的理由。[36]

　　1920 年代末和 1930 年代初，约翰·凯恩斯在面对国内经济中的某些扭曲现象时，也认为困境中的英国应当抛弃自由贸易，转而采取保护主义政策。在凯恩斯看来，加征进口关税将能增加总产出、促进就业、改善贸易平衡。他之所以要背离曾经笃信不已的自由贸易论，是因为看到英国经济存在着扭曲，包括：政府坚定维持英镑高企的固定汇率，致使无法自动恢复国际收支平衡；工会及工人阶级选民力量强大，致使无法通过降低工资成本而实现经济的自我调整；劳动力资源并未得到充分利用，故而关税保护部门的就业增长并不会损害如出口等其他部门的就业。凯恩斯相信，自由贸易运作的条件应当是社会实现了充分就业、经济处于灵活流动状态，可是现代社会往往难以满足这样的条件。他说，自由贸易的问题是，"它假定，如果你让人们在某个行当丢掉饭碗，你马上就可在另一个行当雇用他们。可一旦链条中的这一环出问题，整个自由贸易论就会崩溃"。[37] 总之，由于固定汇率制的存在、名义工资的刚性，以及充分就业的缺失，凯恩斯表明，古典的国际收支机制不能顺畅地发挥作用，因此，在增加总产出和总就业的政策工具中，关税及其他进口限制依然是合理、有效的可选方案。

关于不完全竞争问题

　　正统的经济分析基本上都建立在市场不会偏离"完全竞争"太远这一假设之上，即认定在市场上有许多生产者，每个生产者的力量都非常小，不能也不会试图影响市场价格或者影响竞争对手的行为。在这样的假定前提下，从古典阶段开始的国际贸易理论只是把国际贸易视为国家间的产品交换，并未设想国际贸易中的企业会在不完全竞争的市场结构中展开相互竞争。然而，现实世界的贸易并非总是如此理想。重商主义者便曾观察到17 世纪较为普遍的国家特许垄断公司之间的竞争，所以偶尔也论及海外市场上两家或多家公司间的争夺，并且得出了国际贸易为零和博弈、需要政府扶持和调停等结论。此后，奥古斯丁·库尔诺在 1838 年详细论述过双元寡头公司互相竞争的问题，并感觉到关税手段也许能够促进实际的获利。除此以外，从古典到新古典阶段的国际贸易论者均未认真研究该问题。直到 1970 年代，随着产业组织和博弈论方面的理论进展，不完全竞争下的市场结构对于贸易政策的影响才再次得到深入分析。[38]

1980 年代初，詹姆斯·布兰德和巴巴拉·斯潘塞开始探讨在公司间存在战略互动关系的市场上，出口补贴以及进口关税会带来何种效应。据其研究，在竞争者极少的市场上，公司之间存在一种战略互动的关系，因为一家公司的定价、投资、产量等方面的决策会直接影响到其他公司；同时，也存在不完全竞争的格局，因为现有公司间的竞争或者新公司加入的可能性都不足以把利润降低到正常的水平。当出现此类市场时，一国政府通过出口补贴，有时甚至仅仅是关于将要提供出口补贴的某种可信的威胁，便可帮助本国公司从外国竞争公司的手中夺取市场份额，从而把利润从外国公司转移到本国公司。由于本国公司获利的增加超过了政府补贴的成本，因此，一项最优的补贴会增加本国财富。[39] 同理，据美国的项目研究，"在某些寡头垄断、规模效益递增的产业，政府的及时干预能使美国企业获得更多'超常利润'，由此带给国家的利益也大于补贴所发生的成本"。[40]

布兰德和斯潘塞的研究，随同克鲁格曼等人的"国际贸易新理论"研究，形成了针对不完全竞争市场结构的"战略性贸易理论"。该理论明显偏离正统的自由贸易论，它相信当代世界的贸易特征已经发生变化，现在相当一部分贸易不再由比较优势决定，而"似乎是由大规模生产的优势、积累的经验带来的优势和创新带来的短暂优势所引起的"。因此，人们将难以看到那种众多小厂商之间原子状的竞争格局，相当一部分产业的市场上只有屈指可数的几个竞争对手，大家都有某种影响市场价格的能力，都可采取战略性行动来影响竞争对手的行为。[41] 面对此种不完全竞争格局，一国能够以他国的利益损失为代价，通过保护或补贴政策来扩大对市场的垄断，最终获得超常利润并提高本国收益。该思想的政策含义是，一国政府应挑选"具有重要动态规模经济性以及重要外部性的高科技产业"，[42] 以积极的干预政策保护和扶持这些特殊部门，从而获得产业竞争优势。

显然，由不完全竞争市场结构而推演出的战略性贸易理论的核心论点是：政府政策是一个战略工具，具有在国际贸易市场上改变市场结果的潜力。从一定意义上说，它类似于贸易条件论中的"最优关税"工具，不过利用的是出口补贴，试图通过实力政策迫使贸易利益转向自己。另一方面，它又类似于幼稚产业保护，有的例子干脆直接被称为"新幼稚产业论"。[43]与此精神类似的是迈克尔·波特 1980 年代以来阐述的"国家竞争优势"理论。波特相信，"越来越多的例证显示，生产要素的比较优势不足以解释丰富多元的贸易形态"，他更务实地从经济环境、组织、制度、政策的角度来揭示产业竞争优势的形成，强调"国家也是企业在国际间创造或保持竞争优势的决定因素"，并让人看到"国家如何发挥强大的影响力，而这样的影响力不仅对企业，甚至对整个国家的经济繁荣，都是值得重视的"。[44]

这些理论基于当今全球化时代的新现实，对自由贸易论进行了最新的重要修正。克鲁格曼说得很明白：贸易特征的变化，即贸易不再主要来源于一国自然或基本特征方面的比较优势，而来源于规模经济或激烈技术竞争中暂时领先所赋予的无规律或临时性优势，迫使人们重新思考传统的贸易政策理论。[45]

关于非经济目的问题

这里也顺便提一下非经济目的，因为这点历来也是倡导贸易保护时的重要理由。人所共知，在亚当·斯密寥寥数个自由贸易的例外情形中，第一个就是"特定产业，为国防所必须"这样的非经济理由。同样，凯恩斯列出了四种自由贸易的例外情形："为实现非经济目标（如保护农业）；为保证在'关键'产业中不至于过分依赖其他国家；为促进幼稚产业的发展；为防止损人利己的倾销"，[46]非经济目的在这里也居于首位。举其要者，限制自由贸易的非经济理由至少可体现于以下几个方面：

一是国防。政府会专门补贴那些被认为对国家安全至关重要的产业，除了军工等直接与国防相关的产业外，斯密时代的造船业，现代的飞机制造、半导体等高科技行业均被认为不应当任由市场来主导，往往应当享有贸易保护待遇。比如，"许多美国国防分析家担心，从日本采购高技术产品，会让美国增添危机时期供应中断的风险，从而将影响国防能力。"[47] 再如，"英国和法国连续多届政府有效地向国有航空公司施压，强迫其购买国有航空工业所制造的客机，这是英法为在该部门维持国家技能而努力的部分体现。"由于国家安全问题的特殊性，也由于军事力量与经济力量在高科技时代尤其存在的关联性，民族国家不会基于"诸如国际生产比较成本这样的轻佻原因"，而放弃其所认定的战略性产业部门。当然，另一方面，既然国际贸易体制对"国家安全"往往网开一面，大家便趋于默认相关的产业补贴等保护手段。[48]

二是收入分配。自由贸易固然会促进社会总财富的增长，但常会造成社会不同群体间的收入不均。一般认为，贸易会恶化一国稀缺要素所有者的相对处境，而会改善该国充裕要素所有者的处境。从19世纪初的托伦斯到该世纪末的尼科尔森、爱奇沃斯、查尔斯·巴斯特波、亨利·西奇维克，主要经济学家对此是有一定共识的。历史上，19世纪末和20世纪上半叶，西蒙·帕滕在美国，布利格登在澳大利亚，都实证地观察到，自由贸易虽然增加了土地所有者的收益，但并未创造许多工作机会，因此反而降低了其他部门劳工的工资水平。[49] 鉴于劳动力流动困难、名义工资刚性等原因，政府需要向受到自由贸易不利影响的部门和群体提供保护。当今世界发达国家给予农业的巨额补贴不过是最突出的例子而已。

三是"新贸易议程"。随着国际社会对环境保护、劳工权利、食品安全之类意识的普遍增强，这些方面的新标准或新要求，经由多边或双边协定、公民社会的压力等途径，日渐限制着传统意义上的自由贸易，发达国家大量的非关税贸易壁垒多与此相关。发达世界之所以出现此类"新贸易议程"，原因是在全球化加速发展的过程中，世界贸易的绝对数量和相对比重有了进一步的扩大，贸易已经与政治敏感问题连到一起，特别是发展中国家在某些贸易领域展现了较为强大的竞争优势。"新贸易议程"既包含着削弱新兴竞争对手的现实考虑，又的确反映了全球化态势下国际贸易前所未有的复杂性，传统的自由贸易论因而再次面临严峻挑战。[50]

对自由贸易论的挑战说明了什么

以上对自由贸易论所遭受挑战的历史回顾尚未反映全貌，至少大量左翼的观点，包括劳尔·普雷维什的依附论、A.伊曼纽尔的不平等交换论，等等，都未包括在内。[51] 比如，左翼经济学家安德烈·弗兰克也指出："与比较利益'法则'有关联的国际分工从来不是'自然的'，而是那些英国工业利益及其海外盟友人为造成的，正是他们把这种分工奉为所谓自然法则。"他还强调："自由贸易从来就不是'自由'市场力量想干什么就干什么，想去哪里就去哪里——虽然不可否认市场力量一直在发挥作用——而是通过大力行使政治与军事力量，依靠强迫劳动，以及总的通过生产方式的强力转变而强制推行的。"[52] 应当承认，这些来自左翼的批判还是抓住了自由贸易论的某些要害，有助于凸显那部分在主流话语体系下通常被遮蔽的真相。

至此已很清楚，自由贸易论自从变身为主流意识形态以来，实际上遭遇了众多理论挑战。那么，这些理论挑战提供了何种启示呢？经仔细思考，至少可得出互相关联的四点：

其一，对自由贸易论构成例外的情形不仅是可以设想的，而且其数量在增加，其质疑也在深化。每一个理论挑战都揭示了自由贸易论的漏洞，构成了偏离直至背弃自由贸易原理的有效理由。如1959年约翰·希克斯所说："倡导自由贸易的正面观点一如既往地有效，现在发生的事情是，例外有了增加，而且在许多人头脑中，它们已经压过了正面观点。我想我们可以承认过去对这些例外重视太少了，虽然多数例外早已为人熟知。"[53] 这一番话应当是理性认识贸易理论包括贸易保护主张的一条最起码的底线。

其二，这些理论挑战的实质在于，至少就那些基于经济理由的理论挑战而言，它们各自设想了偏离自由贸易可让自己单方面获取更大利益（往往以对方利益为代价）的可能，无论是强势一方还是弱势一方，理论上都可以有这种改变游戏规则从而获得更大利益的可能。因此，偏离自由贸易的诱惑是大量存在并难以遏制的。这样的"囚徒困境"似乎可以通过国际间特定的制度安排来加以控制，然而，除了世界无政府主义的本质特点外，困难主要在于国际贸易中的博弈者远不止两个，而且偏离自由贸易的理由、压力及借口简直层出不穷。

其三，综合考察理论挑战可知，要使国际自由贸易中的双方同等或接近同等获利，实际上是有严格的条件限制的。只需一个条件就可使贸易双方同等获利变为不可能，而要使同等获利成为可能却需要大量条件的同时具备。这意味着，贸易双方同等获利只是无穷可能性中的"1"，而不同等获利的可能性倒是"无穷大 ∞—1"。这一特点，加上偏离自由贸易的诱惑，就是为何自由贸易中世界主义的利益均沾难能实现的原因。

其四，特别重要的一点是，虽然无论是强势一方还是弱势一方都有可能改变贸易利益分配格局，但主动权实际上掌握在强势方手中，这个强势可以是产业层次意义上，或者相互需求意义上，或者对贸易规律掌握意义上处于更有利地位者。须知，任由贸易自由进行，强势一方会得利，正如收益递增说、国内扭曲说、不完全竞争说所示；而要操纵或限制自由贸易使之对自己更有利，也往往是强势一方更有能力，正如贸易条件说及幼稚产业说所示。自由贸易这种扶强抑弱的特点，一定程度上构成了自由贸易关系中弱者的宿命。

因此，清醒的经济学家会坦陈事实，"无论如何，贸易自由化带来的利润分配总是不成比例的，总会偏向富裕国家"；[54] "如果自由贸易对工业成功国具有显而易见吸引力的话，那么，这一学说未能处理好经济发展的问题，未能处理好发达与落后经济之间的复杂关系，正是这种失败构成了诸如李斯特、汉密尔顿、凯里等19世纪保护主义者所作批评的基础。时至今日，有关争论也远未尘埃落定"。[55] 这样的看法真是一针见血，直接刺中了自由贸易论不是"发展学说"、自由贸易无法有效解决落后国发展问题这一要害部位，如此真相尤其值得当今发展中国家深思。

二、是科学原理还是虚拟猜想

主流经济学在将贸易理论定于一尊后，总是把自由贸易论打扮成某种不证自明而又不容怀疑的科学原理。国内的经济学界自然难脱影响，比如近期一本国际贸易学说史著作就称："只有到了亚当·斯密，才对重商主义进行了彻底的批判与清算，第一次把国际贸易学说建立在科学的理论基础之上。"[56]可是，以上对于自由贸易历来遭受挑战的简要回顾足以让人清晰地看到，自由贸易论与"科学"理论差之远矣。正如克鲁格曼所言："尽管大多数经济学家仍然坚信自由贸易，然而，古典经济学中用来支持自由贸易的经济分析开始显得越来越不切实际。"[57]不过，笔者与克鲁格曼的看法有所不同，克鲁格曼强调的是，重新思考贸易理论，是因为现实已有新的发展，同时经济学本身也有了发展，而本人认为，以比较优势原理为核心的自由贸易论从一开始就不过是一套虚拟猜想而已。

自由贸易论实由众多前提假定支撑

自由贸易论由众多的前提假定支撑着，但这些假定都是高度简单化、理想化、虚拟化的。古典阶段的比较优势原理实际上至少隐含了这些假设（或称前提假定）：一、资源在一国内部自由流动，但在不同国家之间完全不可流动；二、对外贸易和国内经济适用两套不同的价值理论，即外贸以比较成本和相互需求为基础，国内经济或以劳动理论或以生产成本理论为基础；三、国内经济仅使用劳动这个单一生产要素；四、在一国内部和不同国家之间，运输成本为零；五、对外贸易侧重强调静态的资源配置效率，而国内经济侧重强调资本积累、人口增长以及土地收益递减等动态的方面。[58]

同样，赫克歇尔－俄林贸易理论也附有一系列假设：一、贸易发生的形式是两种商品、两种要素、两个国家，即所谓的 $2 \times 2 \times 2$ 模型；二、产品是同质的，即在不同供应者提供的产品之间不存在差异；三、每一国家对于一产品的生产函数相同，即反映不同要素组合的"要素密度"各地相同；四、所有国家都可获得同样的科技知识，任何有关生产某一产品的新知识一旦出现，即可在国际间迅速扩散；五、消费者偏好在所有国家里都大致相同，即消费者大致花费同等比例的收入于不同产品；六、除土地外，生产要素在每个国家内自由流动，在不同国家间则不可流动；七、产品和要素市场都是完全竞争市场；八、交通运输成本为零；九、不存在关税或其他贸易障碍；等等。[59] 此外，充分就业、汇率固定等也是自由贸易论老生常谈的前提假定。[60]

罗列这些前提假定无非是要提请注意，自由贸易论某些基本原理被认为站得住脚，完全是因为由一系列严格的条件支撑着。熊彼特指出过："关于自由贸易的通常命题，只是在常常无法实现的条件下，或只是在高度抽象的水平上才有效。"[61] 斯蒂格利茨等在论及萨缪尔森关于自由贸易要比自给自足更好、自由贸易比贸易限制有利这一观点时说道，萨缪尔森"得出这一结论所采用的基本假设也是相当苛刻的"，是建立在充分就业、存在完美市场等假设前提之上的，而这尤其不符合发展中国家的特点。[62] 国内也有学者指出："如果以上任何一个假设被放松，或有变化，那么赫克歇尔－俄林模型的结论就可能发生变化，甚至完全不能成立。"[63] 实际上，对于比较优势等原理，情况同样如此。以似乎不成问题的 $2 \times 2 \times 2$ 模型为例，经济学家和数学家的联合研究表明，"当贸易品的数量大于'六'的时候，两商品模型下可能成立的情形通常会有很大的不同"，即假定的贸易品数量其实对于"均衡数量和性质"产生着决定性影响。[64]

显而易见，自由贸易论假定出了一个与真实世界反差极大的虚拟世界，从而也铸就了自由贸易论应用于现实世界时的本质弱点。当然，我们并不因此而简单化地抛弃一个理论，毕竟形形色色的理论一定程度上都会构想一些现实世界里未必适用的前提假定，为的是通过规范化的抽象与推演而更好地理解并把握真相。然而，这一事实尖锐地提醒我们，如果因为自由贸易论似乎自圆其说而一定要坚持认为它是科学原理，那也应切记，这至多仅仅在其前提假定的范围内才能成立；而与此同时，毕竟还存在着前提假定之外的一个现实世界；一套理论的逻辑起点和推演结论终究要与现实世界打交道，终究还要经得起实证检验。就如进行实验时需要控制实验条件、限定有关变量一样，自由贸易论在推演过程中终究对大千世界进行了大幅度的简化、纯化、抽象、提炼，故此，实验结果在应用于现实时当然要作出必要的还原和调整。换言之，自由贸易论中的基本原理及其结论，应当永远与其前提假定捆绑在一起才能成立，就如地面上的高楼，实际上永远与其地下基础连在一起时才能站得住。[65]

特别应当指出，既然历史实践中已经频频发生自由贸易的理论预测与实际结果互相抵触的情况，则回头审视理论的前提假定便成为一项非做不可的工作。时至今日，经济学理论固然有了深入发展，可是对自由贸易论及其前提假定的清算并未得到应有重视。弗兰克自称曾著文指出过作为自由贸易论基础的"30多条"前提假定，并认定其中"每一条在历史上和经验中都是没有根据的，有若干条是相互矛盾的，因此使得比较利益'法则'在经验上和逻辑上都站不住脚"。可惜的是，如他本人所言，这是"一篇从未结束也从未发表"的文章。[66] 显然，自由贸易的理论基础并未得到澄清，可是，这却丝毫没有妨碍自由贸易作为一个药方被自由地兜售和贩卖。人们或者拘守过时的先入为主的信条而抵制异类思想，或者因为涉及自身利益而乐得混淆视听，以至于"国际贸易的研究在经济学中被广泛认为是一个很保守的领域……表现出一种罕见的对传统知识的崇拜"。[67] 这种崇拜本质上体现为把前提假定误作前提事实，把限定范围内的自圆其说错认为绝对意义上的真理表述。

与此相反，对自由贸易论历来的挑战则打破框框，或者揭示了自由贸易论（核心是比较优势论）某个前提假定所蕴含的漏洞，或者识别出了原来未曾公示但理论其实依赖的某个假定条件。这些被清算的假设特别包括：交换比价正好位于孤立状态下各自成本比价之中线，故而贸易双方能平均分享贸易获利；一国产业优势是自然形成且往往一成不变的，最有效的办法是静态地顺应和利用现成优势，而不是动态地人为培植优势；不管在技能劳动力的供应，还是在生产经验的积累，或者资本市场的发育方面，市场是不会失灵的，因而无须政府干预，政府干预不过是资源搬家或者资源透支，难以取得正面的外部性效果；生产成本或者恒定不变，或者反而随产出的扩大而增加，故而规模收益一般不是递增的；农业与工业的规模收益特点是相同的，即农业并非收益递减，工业也非收益递增，因此，专业化于不同部门并不会经由贸易而拉开双方的收益差距；一国通过发明创造获得的新技术必然会被其他国家同时获得，因此，技术变迁长远看不会成为某一国在某一生产方面比较优势的源泉；产业调整是即时发生的和没有成本的，劳动成本与产品价格是完全一致的；劳动力是自由流动的，就业是充分的，工资收入是不具有刚性的，汇率手段是可以自由应用的；完全竞争是市场的常态，政府补贴不足以影响企业在国际贸易中的市场力量；等等。

待列出这些被清算的假设后不难发现，它们离经济运行的现实何其远哉！事实上，贸易学说之所以推陈出新、不断进步，就是在把原来明言的或者隐含的此类假设逐步地放松，以图让理论更加贴近现实。比如，斯密的绝对优势论约束条件极强，在现实经济生活中难以得到满足，李嘉图的比较成本差异论就是对斯密有关条件的放松和向现实的靠拢。同样，赫克歇尔和俄林的要素禀赋论又放松了斯密和李嘉图单一要素的假设，并且阐明了比较优势的来源这个基本问题，自然再向现实经济迈进了一大步。以后的收益递增论、不完全竞争论等，则继续在前人的理论假设上放松关键的条件约束，从而更趋真实地反映现实世界的特征。可以说，一部自由贸易学说发展史，本质上就是其核心理论的前提假定日益得到放松并修正的过程。既然这一过程让贸易学说越来越贴近现实，那反过来当然可以说，原先的理论被越来越证明不适合现实经济。需要再次强调一下，这很大程度上并非因为现实发展了（尽管有此因素，突出地体现于贸易新理论和战略性贸易理论），更关键的原因是，原来构想的自由贸易论本身实在太过简单化和理想化，作为一个分析和指导工具，它太过简陋粗糙，从而与现实脱节太大。

前提假定抽象出一个不真实的世界

对于自由贸易论前提假定的严格局限性和虚拟性，当今学界不乏清醒的认识。克鲁格曼说："传统的支持自由贸易的观点部分地建立在理想化的理论模型之上。在该模型中，自由贸易可以被证明是有效的。经济学家一直很清楚，如果抛弃了这些理论中的某些理想化的假设，市场有效的结论就值得怀疑了。"面对这些"传统的但越来越站不住脚的简单化假设"，克鲁格曼指出："相当一部分贸易需要用规模经济、学习曲线、动态创新来解释，而这些现象都与自由贸易是最好的政策这一结论的理想化假设不相容。

经济学家们把这些现象定义为'市场不完全'，这个术语本身就意味着存在不同于理想化体系的状态。然而，现实生活中，这种市场不完善很可能是普遍情况，而不仅仅是例外。"[68] 布兰德说："国际贸易的正统理论认为，贸易和投资模式是由比较优势决定的，而自由市场是发挥比较优势的最好途径。这样，政府的最佳政策是保持一种完全不干预的姿态。本文则提出了一些与此相反的观点，并表明如能稍微偏离标准理论，向现实世界靠近一点的话，我们就能给出政府干预政策的依据。"[69] 这里说得很清楚，自由贸易论的有效性只存在于前提假定的范围内，一旦前提假定发生某些变化，便使原有结论难以成立。

当然，在与自由贸易论的论战中，各种挑战理论也是有其自己的前提假定的。就以战略性贸易理论为例，它所得出的政府出口补贴可使利润向己方转移的结论，就依赖一些重要的前提假定，包括：只有两家寡头公司在市场上竞争；在某一产业中存在着超出正常水平的利润和极其丰厚的回报；不存在新公司进入市场参与竞争并分享超常利润的可能；两家寡头公司采用的是先定产品数量而非先定产品价格的竞争模式；两家寡头公司均视对手公司的产量为已有定量；对手不会通过改变产量来作出回应；政府知道如何识别何种情况确会带来极其丰厚的回报；战略性产业并不与其他产业同时依赖某些关键的生产要素；一国政府的补贴不会引发另一国政府的对等补贴；外资并不在国内公司中拥有所有权；等等。可以说，其中任一前提假定的变化都会对最后的政策意向产生可期或不可期的影响。

这种构想前提假定的方法，本质上与自由贸易论使用的方法没有任何区别，大家都不过在借助"思想实验"，描绘出一些适用自己理论的经济场景。纵观对自由贸易论挑战的历史，在各自都使用前提假定的情况下，贸易保护理论毕竟很有说服力地设想出了针对自由贸易的一种又一种例外情形，一次次从自由贸易论跑马圈定的势力范围内，划出了一块块另当别论的领地。特别需要说明的是，如果比较自由贸易论的假设与贸易保护论的假设，不难发现，后者即挑战方所设想的假定反而更加接近现实，比如，有关经济活动的外部性、市场失灵、收益递增、内部扭曲、不完全竞争等现象的假设，绝大多数倒是得自实际观察，无疑更具有现实性和普遍性。

人们对此不必感到任何诧异。既然随着古典自由主义派别的确立，自由贸易论已成为"范式"，已占领了统治地位，举证的义务已落到"在野"的贸易保护主义的身上，那么，保护主义者显然更需潜心于论证的工作。如果拿不出一些有力的论点和论据，保护主义又如何才能维持自己最基本的立足点呢？又如何才能凭借实力夺回理论失地呢？

当如今已经积累了众多对于自由贸易论的有力挑战后，再来回望历史则显而易见，自由贸易论在约两个世纪前被定于一尊时，它其实充满了大量的未知空间乃至重大漏洞。而参照各国的贸易实践更可看到，"古典模型经不起历史的推敲，其反对保护主义并同时赞成自由贸易的那些论点是非历史的和纯理论性的。"[70]事实上，人们对于绝对优势和比较优势原理倾注极大的热情，是在英国产业优势迅速确立、原贸易限制政策流弊尽显、自由贸易政策展示巨大回报前景这样的大背景下发生的，本质上与理论的完美性、逻辑的严谨性、道理的说服力、历史的实证性等没有多少直接关系。经济学说史家依据学理分析而得出结论："斯密关于保护政策之缺点的论证本不完整，而我们觉得他在试图论证国际贸易的利益时，其不完整性更为突出。"[71]再以通常认为的比较优势原理的创立者为例，李嘉图在著作和议会大厅里，用的都是绝对成本推论，仅有一次才用了比较成本推论，还有人甚至依据李嘉图的阐述而怀疑他并未真懂比较优势概念。[72]可是，所有这些并不妨碍他热情地推销自由贸易，哪怕是单方面的自由贸易。当然，对于自己提出或自己接受的思想，人们倾向于以热情来传播和坚持，这是人之常情；另外，缺乏经验支持的理论与判断在不少时候也可能最终被证明是正确的。然而，即便如此，在最后得到检验和确证之前，它们终究仅仅停留在信念或猜想的层面，与真正的科学原理并不太沾边。

自由贸易论长时期内未获实证检验

对自由贸易的论证过程很大程度上也反映了这一理论的猜想特征。在物理等学科中，一个长期未能得到实际检验和确证的理论不过是一个猜想而已。以此反观贸易理论，让人深感惊讶的是，一方面，学界、政界甚至公众对于比较优势论趋之若鹜，自由贸易被当作一面旗帜而高高举起，另一方面，它却在很长时期内处于未被实证的状态，经济学家们甚至长期都未有对此猜想进行实证检验的尝试。李嘉图论及比较优势概念是在 1817 年出版的《政治经济学原理》中，然而，首次实证地检验该理论居然是在一个多世纪之后。1951 年，由 G.D.A. 麦克道格尔借助英国和美国 1937 年与世界其他地区的贸易统计，试图证明，英美两国的出口实际上反映了其各自的劳动成本优势特点。他的结论当然认为，其样本中的贸易实践大致符合李嘉图原理，不过，此后对有关结果及检验方法等尚多有争论。至少令人惊讶的是，"一直要过了足足 134 年才有人试图检测该理论，看看其预言的结论是否能在实践中得到印证"。[73] 显然，在一个多世纪里，包括自由贸易获得最热烈追捧的时候，自由贸易论的核心思想实际上仅为一个尚未得到实证支持的信念而已。贸易学说史家在论述自由贸易问题时说："我们在经济学方面的思想性和理论性知识已积累了几个世纪，我们的实际或实证知识却远远落在后面，只是到近年才趋于成熟。"[74] 此确非虚言。

对于要素禀赋论的实证检验倒并未等待很长时间，可是实证结论却与原来预言的结论相去甚远。随着该理论在 1930 年代初由赫克歇尔和俄林提出后，瓦西里·里昂惕夫于 1954 年就开展了实证研究，以便检验要素禀赋论中一些看似颇为容易验证的判断。里昂惕夫采用 1947 年美国的相关数据，试图验证美国作为一个资本要素充裕的国家，是否的确如要素禀赋论所认定的那样，实际出口了资本密集的商品，同时进口了劳动密集的商品。然而，他的结论却表明，美国进口商品的资本密集度要高于其出口商品的资本密集度，其出口商品的劳动密集度要高于其进口替代品的劳动密集度，这等于说，美国这个资本充裕国居然在出口劳动密集产品方面拥有比较优势。对于要素禀赋论看似十分合情合理的推论，首次实证检验便得出了与预断完全相反的结论，似乎匪夷所思，于是就有了所谓"里昂惕夫之谜"或称"里昂惕夫悖论"。[75]

从 1950 年代至今，不断有经济学家进行后续的实证检验，以图解开"里昂惕夫之谜"。1959 年，J. 瓦尼克研究了美国贸易中资本与自然资源的互补性后得出结论，在对要素禀赋论的任何检验中，都应该把自然资源排除在外；1963 年，B.S. 闵哈斯根据对 19 个国家 24 个产业的研究，发现要素密度逆转相当普遍地存在，故此仅凭相对的要素禀赋并不能预断贸易模式；1964 年，P.B. 凯南首次将人力资本包括到资本的概念中，借此证明美国贸易与要素禀赋论并不矛盾；1966 年，D. 吉辛继续通过加入人力资本因素，以 1957 年的数据证明美国的出口比其他九个工业化国家依然包含更多的技能，从而资本密度相对更高；1971 年，R. 鲍得温考察了美国 1962 年贸易的要素构成，发现在加入人力资本因素后虽然会明显削弱里昂惕夫悖论，但依然不足以否定它，加入更大范围的要素仍无法确证要素禀赋论；1980 年，E.E. 利马改变了将出口与进口进行对照的方法，转而比较美国生产和消费中的资本与劳动比例，因此认定并无里昂惕夫悖论，并据此表明，方法的不同会导致结果的不同；1981 年，R. 斯特恩、K.E. 马斯库斯发现在加入人力资本因素后，里昂惕夫悖论在 1958 年中显示出来，而在 1972 年中却消失了，由此认为，加入人力资本可以消除悖论，但也导致要素禀赋论的解释面和解释力大为缩小；O. 哈夫雷力辛借助对一组发达国家与发展中国家相互贸易的考察，指出要素禀赋论似乎更擅长于预断发达世界与发展中世界之间的贸易模式；1987 年，H. 波温、利马、L. 斯维考斯卡斯列出 12 种要素来考察 27 个国家的贸易，未能发现足以支持要素禀赋论的证据。[76]

上述进程清楚地告诉我们，为了解释对于要素禀赋论的偏离现象，贸易学家们在以往半个世纪中确实表现出了更为严谨的科学求实精神，然而，其探究的结果远不能支持作为新古典贸易理论支柱的要素禀赋论，相反，倒是有更多的实证结果正恰指向其反面。人力资本、经验积累、技术创新、规模经济最后都被加入到要素禀赋模型中，这使得"比较优势"的概念变得日益失去其严格规定性，仅仅在初级产品的贸易中才算具有较大的解释力。这些研究也让人看到，国际贸易的推动力量十分多元，远非自然禀赋一端，历史偶发事件、政府政策、因果关系的不断强化等，都发挥着作用。这样的结论实际上反而又把比较优势论和要素禀赋论意欲关闭的保护主义大门再次打开了。事实上，当要素禀赋类似、发展阶段接近的国家彼此大规模地进行产业内部贸易后，标准的要素禀赋理论简直已经千疮百孔，无非因为缺乏一个令人满意的全面性替代理论才得以苟延残喘。[77]

　　在贸易问题上，长期停留在理论性讨论而缺乏应用性检验的核心概念或原理还不止于上述两例。半个多世纪前有人指出："用来衡量一国从货物交易中获益或损失程度的贸易条件概念，已被经济理论家讨论了一个世纪甚至更多时间，但直到近期，它都不过是未经实际应用的概念而已。"[78]自由贸易论前提假定的虚拟性、结论性原理的猜想性、其适用范围的有限性，以及例外情形的大量性，就是在这种理论氛围中形成的。也正因如此，对于自由贸易论的倡导和奉行，历来带有严重的机会主义色彩和利益驱动特征。有关历史研究表明，早在斯密之前，"许多人倡导自由贸易，不是出于原则考虑，也不是纯粹基于经济推论，而是为了实现某种政治目标"。[79]仍以那位远早于斯密而系统阐述自由贸易原理的亨利·马丁为例，他一方面在18世纪初有关东印度贸易的辩论中坚持自由贸易态度，赞成自由地从印度进口，另一方面又在1713—1714年有关与法国贸易的辩论中持相反态度，反对英国与法国订立贸易自由化条约。据考证，这种显而易见的矛盾并非因为他的观点发生了变化，而是因为他在政治上非常活跃，在众多问题上采取了"标准的辉格党派立场"。[80]所以，在马丁那里，不管是自由贸易理论还是贸易保护理论，都不过用来服务于其所追求的某一政治目的，这样的理论往往只是在自己设定的条件下才能自圆其说的一套修辞编织而已。

贸易讨论中政治性往往压倒科学性

　　由于缺乏严格的科学规范性，对自由贸易论的倡导和奉行也很容易随着形势和利益的变化而变化，包括随着对例外情形以及矛盾现象的发现而发生改变。贸易学说史上不乏由膜拜自由贸易到改宗保护主义的转变例子。李斯特自己写道："有许多年，我曾经不仅是斯密和萨伊的忠实信徒，而且还是一位把他们的理论当作确实可靠的学说而热情讲授的教师……直到成年，我才改变了信仰。"[81]思想的改变源自形势的逆转：在拿破仑实行封锁英国的"大陆体系"时，德国的工业迅速兴起，但随拿破仑战败导致自由贸易回潮后，新兴工业却遭到毁灭性打击。若对照李斯特从此对幼稚产业保护等问题的深入探究，他早年对自由贸易的热情确实不过是一种信仰罢了。比李斯特稍晚些，亨利·查尔斯·凯里也曾经历过类似的思想转变。"起初，他对英国古典经济学所做的工作很感兴趣，但随着时间的推移，他对英国古典经济学的说法开始持怀疑态度。"如此转变的原因就在于，面对美国落在人后但需要追赶的经济，他认识到，自由贸易派的理论"与他在美国所看到的、自己身边正在发生的情况格格不入"，于是他得出结论，"对美国来说，对外关税是比自由贸易更合适的一种政策"。[82]

另一著名的思想改宗例子就是凯恩斯。大学时代，凯恩斯任"剑桥大学自由贸易协会"秘书，积极为自由贸易辩护。名满天下时，他依然讲授自由放任学说，毫不含糊地支持贸易自由，曾信誓旦旦地宣称："在任何决策场合，我们都必须坚持最宽泛意义上的自由贸易，视之为一条不容许例外、不可以动摇的教义。必须坚持这一点，哪怕我们得不到对等互惠的待遇，哪怕在那些罕见的情况下我们通过违背原则而实际能够获得直接的经济优势"。[83] 凯恩斯后来表示："迟至 1923 年，我还是古典学派的忠实信徒，毫无保留地接受并相信所学到的有关重商主义的一切，我当时写道：'如果保护主义有一件做不到的事，那就是不能医治失业。'"[84] 曾几何时，面对英国日益严重的失业，凯恩斯终于改变立场，走到了认同保护主义的"异端"立场。这里说"异端"，是因为他"试图重新解释斯密前的作品，连最热情的门徒都立刻站出来谴责"。[85] 这个例子除了反映凯恩斯的务实权变、持论劲直外，也再次凸显一个事实：自由贸易论绝非人人皆宜，本质上它是为强者准备的一套"奢侈"理论，缺乏优势者是没有资格去崇奉这套信仰的，衰退时的英国都无法继续消受理论之奢侈。

当代经济学家中思想改宗的例子还有劳尔·普雷维什。据他自述："在1920 年代，当我开始我的青年经济学家和教授生涯的时候，我曾坚信新古典主义理论。"[86] 然而，1930 年代的"世界经济大萧条曾对我的思想形成产生了巨大影响。当时，迫于要对付那次萧条极其不利的影响，我不得不逐步抛弃年轻时在大学里接受的新古典理论。那次危机的教训促使我后来对外围的发展、外围的巨大外部脆弱性以及与中心的关系等进行思考"。看吧，依附论的首创者之一也曾是自由主义新古典经济理论的信奉者，可是严峻的现实教训了他，梦醒后方知，原来"新古典派的选择是将他们那迷人的宫殿建在空气中"，不过是海市蜃楼而已。于是，普雷维什与其他开始反思的经济学家一起，义无反顾地"摆脱那些根深蒂固的教条的束缚"，提出应当改变借自由贸易、外来投资、外部示范等手段而在中心与外围之间建立的结构性关系。他们认为，"外围必须实行工业化"，而且，"鉴于外围发展的历史性延误，由于资本主义的向心性质，适当地保护新的工业以补偿其较高的成本就成为必要"。[87] 从迷信自由主义经济理论，膜拜自由贸易，到倡导贸易保护、进口替代和自主工业化，这就是拉美有为人士的心路历程。

近代以来，国际贸易日益事关国家的强盛和国民的福祉，对贸易问题的研究从来都不是象牙塔内的学问。重商主义者确实都是热衷于国家利益和国家干预的热血分子，前文对此已有充分介绍。可是，古典自由主义贸易理论的创始人又何尝是袖手旁观的纯学者呢？据专项研究，在古典经济学鼎盛时期，即从斯密到穆勒的 90 年间，共有多达 62 名的经济学家担任过议会议员（英国在 1800 年与爱尔兰联合之前共有 558 个下议院议席）；1821 年成立的英国"政治经济学俱乐部"到 1868 年时共有过 109 名成员，其中有 52 名担任过议员。[88] 李嘉图和穆勒都分别在英国议会担任过五年和两年的下议院议员，托伦斯也担任过议员。此外，李嘉图长期在伦敦从事包括政府债券在内的金融经纪与交易，穆勒从 17 岁时开始进入东印度公司并逐步晋升高位，前后供职于此长达 35 年，托伦斯则拥有显赫的军旅生涯。显然，他们无不深深地卷入了当时英国经济等领域重要政策的制订。[89] 例如，穆勒提出过有关贸易条件的理论，其根本出发点是担心外国的关税会堵塞英国的出口并降低英国劳工的较高工资，所以目的在于"敦促英国的治国者们把自由贸易推广到其他国家"。[90]

可见，在贸易理论及政策领域，以为只有科学性而无政治性，无疑是天真幼稚的。本书首章已经讨论了为何斯密暴得大名，同样，为什么在当年落后于英国的美国出现了汉密尔顿，19 世纪上半叶在德国出现了李斯特，在加拿大出现了系统论述产业保护的约翰·雷，曾任教于爱尔兰的爱萨克·巴特成了"联合王国中显示倾向于保护的唯一教授"？再到 20 世纪，为何曼努列斯库和普雷维什的思想诞生在落后国家，为何凯恩斯为重商主义翻案发生在经济大萧条之后，又为何战略性贸易理论涌现在美国工业竞争乏力之际？如此这般，难道都是贸易学说按照其自身逻辑在自动发展，而与理论家的利益关切和政治立场没有关系吗？"经济学作为一门应用性质的学科，必然深受现实讨论中流行气氛的影响，并会反映经济的形势。当经济前景看来暗淡时，经济学往往成为所谓'郁闷的科学'，就如在19世纪前三分之一时期；当工资与支付问题困扰实业家时，此前未曾深思此类问题的经济学家便开始关注它们；在两次大战之间的萧条时期，比比皆是的失业成为头号问题，作为对经济学最独特修正的凯恩斯主义便把提供充分就业放到理论的核心位置。"[91]想来英国经济史家的这番言论远非无的放矢。

诚然，有关政治性与科学性的关系，我们应当铭记熊彼特的清醒之言："一篇分析文章的科学特性，与进行这种分析的动机是不相干的。……除非他故意让他的目的来歪曲他的事实或推理过程，否则我们就不能因为不赞成他的目的而拒绝他的成果或否认其科学性"。[92]然而，跳出分析层面而进入政策和舆论层面，不能不看到关涉科学性的其他因素。最明显的一点是，个人的动机和国家的处境会影响一个人的研究志趣，会塑造其思考问题的范围、角度、方法乃至结果。虽然这是老生常谈，但它也意味着：产业竞争力强国的专家往往会有不同于产业竞争力弱国专家的利益与立场，即使其研究得出了确实公允的结论甚至科学的原理，它们也可能只是覆盖了其所关切的那部分的真相，而同时实际上可能存在的与弱国休戚相关的另一部分真相也许会被继续遮蔽，从而协助形成或继续强化两类国家间的差异与差距。

例如，有关幼稚产业、收益递增、国内扭曲、不完全竞争等问题的保护理论得到系统阐述后，主流经济学界也不得不承认，在某些情况下，它们也许比起放任自流的不干预状态，仍可算作"次优"或"三优"的可选方案。然而，在此之前，这些保护措施在自由贸易乃天经地义的思维下一律被断定为没有存在理由，甚至大逆不道。在此等轻飘飘的否认或恶狠狠的拒斥中，不知有多少落后国家却已被稳稳地纳入以比较优势原理为核心的国际分工体系，已无意或无力摆脱"不平等交换"和"被边缘化"的命运。此外，即使同样两个各有说服力的理论，也会因为各自创立者或所在国不同的处境而产生不同的话语权与影响力，其对国家富强的实际贡献与其理论力量会完全不成比例，以致落后者既难以逆势创造理论，更难以传播自己的理论。所以，毫不奇怪，对自由贸易的现有质疑不少还是来自强势国家，只是产生于它们曾经相对落后或者局部竞争力衰退的时候。

斯蒂格利茨在论及自由贸易论等自由主义经济教义时告诫道："意识形态与科学的重要区别之一是，科学认识到，一个人的知识存在局限性，而且总是存在着不确定性"；[93]"经济学家已经了解了许多关于经济的发展过程，但是还有很多是未知的"；任何有关自由贸易后果的理论都应当受到"实践检验"，那种相信片面的逻辑推理、摒弃实践检验的思想是一种"虚无主义"的迷失。[94]以此观之，自由贸易论从亚当·斯密时代起，便开始傲慢地演化为一种绝对正确、不容例外、有违历史经验、拒斥实践检验的意识形态教条。斯密居然放下这样的狠话：人为干预贸易"在任何情况下可以表明是一个完全的骗局，不过用这种欺骗手段使国家和民族利益为某个特殊商人阶级的利益而蒙受牺牲罢了"。[95]这种说法无疑更靠近意识形态而不是科学。

到19世纪上半叶，古典经济学家更是自信爆棚，认定比较成本理论已经把自由贸易提升到了一个"前所未有的科学真理的地位"，于是更加强烈地膜拜自由贸易教条。连穆勒也曾极度乐观地声称，由于其同代经济学家的努力，"令人欣喜的是，有价值的法则中，已没有什么再需要当代或未来的著述者澄清的了，本学科的理论已经完满无缺"。[96]古典经济学家和早期的新古典经济学家的确已把自由贸易论抬高到了"宗教式信仰"的地步。[97]有人在1869年就当时方兴未艾的经济萧条写道："自由贸易可被视为政治经济学的一条基本公理。……我们没有必要惊惶失措地质疑公理。我们可以欢迎对贸易状况以及目前萧条的原因进行切实调查，但是不应让这样的调查改变我们对自由贸易的看法，正如同'数学学会'不会认为，对某个复杂问题的查究将导致欧几里得原理被否定。"另有人在1886年也说道："要我写东西来辩护自由贸易，简直就是要我再去证明欧几里得几何定理。"[98]面对一套如此排斥异见、以公理自居的自由贸易论，即使不考虑其日后遭遇的种种理论挑战，理智的人们还能把它跟"科学真理"画等号吗？

一个依赖众多前提假定才得以站住脚的理论，一组长期缺乏充分实证支持的猜想，一种从开始便被教条化的意识形态，一套被长期鼓吹和膜拜的信仰体系，一番事后用于巩固自身优势地位的说辞，没有成为英国和美国工业化及总体崛起前期的政策指南，当然完全不足为奇。相反，如果它们成了英美当年所依仗的政策指南，并且一手促成了其历史霸业，那倒才是咄咄怪事。英美的历史已经无可辩驳地表明，贸易保护才是其迈向富强过程中长期采用的政策工具，只有在赢得君临天下的产业优势后，自由贸易方才成为迷人的国策，而一旦自身优势地位受到威胁或遭到削弱，自由贸易就只会选择性地实施或者干脆束之高阁，同时各种保护主义措施又会纷纷出笼。显然，自由贸易和保护主义都不过是手段，产业竞争优势的壮大才是它们共同服务的对象。结合前述自由贸易论科学性的缺乏，尤其是结合前述自由贸易本质上扶强抑弱的固有特点，英美在贸易问题上的所作所为，包括前后脱节、出尔反尔、言行不一、双重标准，等等，都没有什么不可理解的了。

三、历览英美发展史后的启示

凡是读过前面的文字，谅必已经清楚本书的主要观点，为强调起见，这里愿再概述历览英美崛起过程后的一些基本结论，包括点明一下若干史为今用的启示，权作本章也是全书的一个总结。

（一）

● 自由贸易论毫无疑问揭示了某种理想状态下的可能性，具有思想价值，并具有一定的现实参照意义。然而，仅凭其推导过程中使用的大量前提假定便可确知，自由贸易论终究仅在严格限定的苛刻条件下才能成立。支撑自由贸易论的诸多条件在现实中是难以具备的，更难以同时具备。因此，一旦放到真实世界中，自由贸易论便无法兑现其根据假定条件所作出的承诺。假定出的理想世界与真实的现实世界之间存在明显的脱节，这便铸就了自由贸易论的内在漏洞，也取消了这一理论在现实中的普遍适用性。

● 自由贸易论确立后两百年中所遭遇的各种理论挑战已从多个侧面揭示了其诸多内在漏洞。这些理论挑战告诉世人，由于相互需求程度的不同，以及收益递增、国内扭曲、不完全竞争等现象的存在，自由贸易论所承诺的贸易各方间的利益均沾是无法保障的。幼稚产业保护论，以及相关的战略贸易论、竞争优势论等则从其他侧面证明了贸易保护及国家干预的合理性与可取性。这些理论挑战都有助于说明，为何当今发达的国家曾长期违背自由贸易论，不仅没有遭受损失，反倒实现了国家的富强。

● 即使自由贸易可以增进世界财富总量的结论可以成立，也须清醒地认识到，现实世界是由具体国家构成的，包括了在贸易中居于强势的国家和居于弱势的国家。自由贸易论从一开始就是强势国家的理论，而弱势国家一般总应倾向于贸易保护论，从本质上讲，二者对立的焦点在于是否顺应比较优势原理这一问题。比较优势原理当然简明扼要、别有一番洞见，然而，它只是一种静态均衡理论，即基于特定节点上国际生产力的结构状况，从生产总量增加的角度论证了贸易的可能性与可取性，自由贸易论的基础正在这里。

● 但应当充分看到，比较优势原理并不关注国际生产力动态的结构变迁，相反它有意排斥动态结构变迁，趋于凝固既有结构状况。在某些局部和某些阶段，比较优势原理固然有其适当应用的空间，但总体而言，在利益博弈的现实世界，产业发展层次偏低或者弱势一方要保障贸易中的利益所得，一般唯有走产业升级的道路，对于农业社会而言，这首先指实现工业化。自由贸易论的要害是，它趋于迁就并强化现实分工格局，过于静态和盲目乐观地看问题，引导弱势方依赖并不可靠的比较优势，最终使之固定在国际产业分工链的低端位置并因此流失机会和利益。

● 如果说对于自由贸易问题在理论上的探讨尚且聚讼纷纭、未有定案，那么，考察以往的历史，特别是英国和美国的发展史，却可获得明确无误的答案。英美两任霸权国家在其走向崛起的长期历程中，恰恰都是依靠了持久且严格的贸易保护而非自由贸易，才确立起产业优势地位。只有当自己的产业优势明显压倒竞争对手时，英美才转而实施自由贸易或者贸易自由化政策，以图使自身利益在更大的市场范围内进一步最大化。而一旦自身优势地位受到威胁，它们便又退向保护主义，在"公平贸易"等冠冕堂皇的旗号下寻求贸易保护和产业庇护。

（二）

● 具体查究英国历史可知，作为英国"首要产业"的毛纺织业，是在数个世纪中严厉打击原料自由输出和成品自由输入，依靠深入到微观经济活动中的干预和保护之后，才最终确立起来的。英国的麻织业和丝织业走过了典型的国家主导下的进口替代道路，而英国的棉纺织业更是依靠对比较优势原理的彻底背弃，依靠禁入令和高关税等强制性的"人为"手段才兴起的。历史事实表明，正是长期并严格的贸易保护才引发了英国的工业革命。

● 与通行的看法相反，英国不是什么"内源""先发"现代化的原型，它实现发展的手段也与自由派惯于标榜的自由贸易或放任自流格格不入。英国之所以能够后来居上，靠的是早慧的经济学觉醒，尤其是它所带来的务实切用的重商主义；靠的是欧洲列国体系所造就的竞争性互动，包括工业革命前已经发生的技术、设备、技工等先进生产要素的大规模引进；靠的是国家政权对经济活动持续的激励和干预，而英国强大的国家能力特别得益于从外部引进的先进金融制度。

● 到 19 世纪上叶，英国的确开始转向自由贸易，并以之对外大事宣传与利诱。转向自由贸易绝不是英国理论启蒙后的痛改前非，而是英国工业优势达到天下无敌后的一种自然选择，为的是打开并主导他国市场，建立一个以自身垄断优势和垄断利益为中心的国际分工体系。与创造普遍繁荣的承诺相反，自由贸易的推行酿成了欧洲经济的大萧条，弱势的欧洲各国随即改行贸易保护政策，方才摆脱危机并缩小了与英国的差距。对于实力等而下之的其他国家，英国的所谓自由贸易则完全是炮舰政策下的自由剥夺，其实质就是殖民主义和帝国主义。

● 美国的经济脱胎于英国重商主义时代的母体，亚历山大·汉密尔顿开辟了世上堪称登峰造极的美国保护主义传统，美国的富强盖源于此。虽然立国后曾经出现过争议和反复，但美国总体上选定了一条以国家干预和关税保护为核心的工业化道路。美国内战前的纺织业及其所带动的众多产业明显得益于贸易保护政策，内战之后的美国更是长期一贯地实行了世所罕见的保护主义政策，借此赶超了英国及其他欧洲国家。只有当自己的产业优势压倒所有竞争者之后，美国才在 20 世纪上半叶开始转向贸易自由化。

● 严格说来，第二次世界大战后美国推动世界走过的是一条贸易自由化道路，而非自由贸易道路。即使在自身优势无可挑战之时，美国也以利己主义为准绳，实用主义地规划国际贸易体制、推动多边贸易谈判，并给自己划出诸多例外的范围。当自身优势受到竞争者的侵蚀时，美国为了保住自己的产业包括夕阳产业，即采取双重标准，拒绝顺应比较优势的演变趋势，频频打出"公平贸易"等旗号以势压人，五花八门的非关税贸易壁垒随之大量进入国际贸易关系中。美国主导下的当今国际贸易体制本质上还是一个强者各为私利相互角逐的倾斜舞台。

（三）

● 纵览中世纪以来的世界经济史，自由贸易并非通则，而是一种例外，真正的通则倒是贸易保护。西方发达国家虽然现在打着自由贸易的旗号，但其自身得以崛起并保持富强的真正秘诀却是集金银积累、贸易保护、工业扶植、就业促进、国家干预、强权打造、殖民征服于一体的重商主义，这一规律性特点至今未有实质性改变。自由贸易不过是该框架下的一个政策工具而已，强者只会在拥有显著优势时才选用这个工具，并把它兜售甚至强加给其他国家。因此，自由贸易本质上是强者的逻辑，倡导并实行自由贸易是需要资格的。不过，即使是强者，出于谋利的本性，也终究是实用主义地、有选择地实行自由贸易。

● 虽然英美等发达国家总是根据竞争处境的变化而在时时调整本国的自由贸易立场和内容，但它们的主流舆论界却惯于制造并宣传有关自由贸易及亚当·斯密的非历史结论，劝诫他人拘守比较优势之类的所谓普遍原理。研究表明，斯密的理论之所以被推到主流意识形态的顶尖地位，不是因为斯密有何重要的理论创新，纯粹是因为当年英国在取得压倒性工业优势后，需要一种相应的意识形态为新的政治经济现实服务，于是，斯密才被乔装打扮一番，安放到意识形态的神龛中。自由贸易论的流行至今也还是离不开利益的驱动。

● 英美之外其他大国崛起的历史也证明，走向富强的要害绝不是自由贸易，而在于贸易保护和殖产兴业，从法国、德国，到日本、俄国／苏联，历史真相无不如此。开创了经济学历史学派的弗里德里希·李斯特在其《政治经济学的国民体系》等著作中，就系统地论述过欧美大国的早期发展历程，并且实证地得出结论：有条件赶超的后发国家在关键的"追赶"阶段，应当摒弃自由贸易和放任自流之类政策药方，改用关税保护和政府激励等干预措施，追求自主的工业生产力跃进；只有在进入"超越"阶段时，才能而且必须不失时机地推行经济政策的自由化转型，借以不断巩固既得的优势地位。

● 广泛的国际经验表明，任何产业的兴起，都首先是"人为"有意培植的，而非纯靠贸易随意交换出来的。自由贸易也许在最初可以提供某些启动因素，但当外部已有强大无比、谋求垄断的产业力量崛起在先，不加管制的贸易定会给落后者同类产业的发展增加困难，甚至使之化为泡影。强者或垄断者的目标在于，通过经济竞争、意识形态、制度安排等多管齐下，培植依附者土壤，与弱者维持一种共生又不对称的结构关系。故此，弱势的后发国只有基于自身产业成长程度，采取有步骤有选择的步步为营式的动态开放战略，才可能始终承受市场开放的风险，同时自主地利用好其中的机会。

● 贸易保护从理论上说当然是有代价的，然而，哪里有"免费的午餐"呢？一国的经济发展并不是静态地计算眼前或短期的投入产出，也不是单纯地减少扭曲和浪费，帕累托最优原理本质上与长远经济发展并不相干。众多国家的众多产业正是靠利益倾斜方式启动的，正是从低效亏损中起步的，产业政策、干中学、正面外部性、乘数效应，等等，所阐述的就是这个道理。既然创业从来就与风险连在一起，集中资源予以支持是天经地义的，尽管也需谨防矫枉过正。但设想没有代价地实现产业兴起是不现实的，也是经济史未能证明的。当然，在扶植壮大后，任何事业都需要转而在自由竞争中保持长盛不衰。

（四）

● 在当今的全球化时代，一国发展的国际大环境似乎与英美曾经的国际环境大异其趣，但实际上，产业发展所需要的贸易保护丝毫没有减少其必要性。全球化的贸易环境也许孕育着众多发展机会，但也准备了更多凶险的陷阱，此非夸大其词。如今的产业比以往更加呈现出启动成本高昂、规模收益显著甚至"赢家通吃"的特点，研发等人为手段在比较优势的创造中发挥着前所未有的作用，后发国需要跨越的产业发展门槛也在进一步抬高。现代贸易与产业活动所处的环境与以往相比，甚至更加远离自由贸易论原来设定的理想化环境，这是必须认清的现实。

● 发达国家也无意顺应比较优势的变化趋势，即使在本来就不存在优势或者已经失去竞争力的夕阳产业中，发达国家凭借自身的财政实力，还在进行大量的补贴，或者在利用各种新保护主义手段限制外国的贸易竞争。自由派经济学家说得轻巧，倡导尽管放弃已经萎缩的产业部门，因为总可以转向某些正在扩展的其他行业。问题是，这里的前提也还是要存在正在扩展的其他行业，但谁都知道，事实并非如此，而且产业转移也比想象的要困难许多。保障就业岗位、财税收入、国家安全、文化特色、民众选票等众多理由如今都使保护主义压力难以消退。

● 后发国在全球化时代尤应恰当地定位对外经济部门。要看到，国际贸易的目的在于加速经济的结构转型、资本积累和技术进步，比较优势的任何临时性发挥，除了充分利用现有充裕要素外，终究是为了寻求创造更大的生产能力、赢利能力以及竞争优势。外贸出口，与利用外资、金融开放一样，只是达到目的的手段，外贸的增长本身不应成为目标，损害国内产业兴起的贸易更应当摈弃。一国的发展或富强绝不单纯依靠贸易，更非依靠自由贸易，归根到底要依靠殖产兴业与内部改善。说到底，自由贸易和保护主义都只是手段，产业发展和竞争优势以及国民福祉才是它们首先服务的目标。

● 显而易见，全球化时代贸易保护的必要性未降反升了，然而，后发国的困境是，本质上由强国主导的国际贸易体制留给后来者的保护空间却在日益收缩。关税手段的使用已被国际多边贸易规则严格限制，专打规则"擦边球"的非关税贸易壁垒往往只有强势者才能得心应手地运用。更有甚者，新的限制措施已从国门之外正在深入到国内的管理环节，对劳工、环境、安全等标准的强调，以及在知识产权、汇率政策等方面的压力，都限制着后发国实施贸易和产业政策的自主权，这本身就反映了当今国际政治经济秩序并不公正的一面。

● 然而，对于任何一个发展中的大国而言，在目前这个国际贸易和政治经济秩序中，并非无可作为，这是它与小经济体相比特有的优势。具体如何在全球化时代借助保护手段殖产兴业并自主发展，这是各国面临的重大课题，应当通过构建适合自己国情的经济学和国际政治经济学来加以重点研究。本书的相关研究至少先已指向一点：认清自由贸易论的漏洞，尤其是其对后发国产业发展的误导性；认清英美等发达国家在自由贸易问题上的言行不一或称虚伪性，尤其是其逆自由贸易原理而实现国家崛起的历史真相；认清现实与历史之间的联系性和相似性，尤其是认清自由贸易论与现实世界相互脱节这一依然如故的事实。历史地考察发达国家的贸易及相关问题，既可知世事之兴替，也可明理论之得失。

注释：

[1] [英]亚当·斯密：《国民财富的性质和原因的研究》，下卷，郭大力等译，商务印书馆，1997年，第28页。

[2] [英]大卫·李嘉图：《政治经济学及赋税原理》，郭大力等译，商务印书馆，1976年，第114页。

[3] 参见Robert Gilpin, *Global Political Economy: Understanding the International Economic Order*, Princeton University Press, 2001, p. 198.

[4] [美]保罗·萨缪尔森、[美]威廉·诺德豪斯：《经济学》，下册，高鸿业等译，中国发展出版社，1992年，第55页。

[5] [美]保罗·萨缪尔森、[美]威廉·诺德豪斯：《经济学》（英文版），人民邮电出版社，2007年，第296、302页。

[6] Paul A. David, "Learning by Doing and Tariff Protection: A Reconsideration of the Case of the Ante-Bellum United States Cotton Textile Industry", *The Journal of Economic History*, Vol. 30, No. 3 (Sept., 1970), p. 528.

[7] [美]道格拉斯·欧文：《国富策：自由贸易还是保护主义》，梅俊杰译，华东师范大学出版社，2013年，第2页。

[8] 参见前引欧文：《国富策：自由贸易还是保护主义》，第136—147页。

[9] 前引欧文：《国富策：自由贸易还是保护主义》，第147页。

[10] 参见前引欧文：《国富策：自由贸易还是保护主义》，第148—154页。

[11] Nigel Grimwade, *International Trade: New Patterns of Trade, Production and Investment*, Routledge, 2000, p. 304.

[12] 参见前引欧文：《国富策：自由贸易还是保护主义》，第237—238页。

[13] [奥]约瑟夫·熊彼特：《经济分析史》，第1卷，朱泱等译，商务印书馆，1994年，第519页。

[14] 前引欧文：《国富策：自由贸易还是保护主义》，第159页。参见 Jacob Viner, *Studies in the Theory of International Trade*, George Allen & Unwin Ltd., 1955, pp. 71-72.

[15] 前引斯密：《国民财富的性质和原因的研究》，下卷，第29页。

[16] 前引斯密：《国民财富的性质和原因的研究》，下卷，第30页。

[17] 前引欧文：《国富策：自由贸易还是保护主义》，第161页。

[18] 参见 Alexander Hamilton, "Report on the Subject of Manufactures", in Joanne B. Freeman (ed.), *Alexander Hamilton: Writings*, The Library of America, 2001, pp. 697-708.

[19] [德]弗里德里希·李斯特：《政治经济学的国民体系》，陈万煦译，商务印书馆，1997年，第113、128页。

[20] [德]卡尔·马克思：《关于自由贸易的演说》，《马克思恩格斯选集》，第1卷，中央编译局译，人民出版社，1972年，第208页。

[21] [英]约翰·穆勒：《政治经济学原理（及其在社会哲学上的若干应用)》，下卷，胡企林等译，商务印书馆，1991年，第509页。

[22] 参见前引欧文：《国富策：自由贸易还是保护主义》，第 179—181 页。

[23] 参见华民：《国际经济学》，复旦大学出版社，1998 年，第 37 页。

[24] 参见 Ibid. Grimwade, *International Trade: New Patterns of Trade, Production and Investment*, p. 304.

[25] 参见前引欧文：《国富策：自由贸易还是保护主义》，第 185—187 页。

[26] 参见前引欧文：《国富策：自由贸易还是保护主义》，第 187—192 页。

[27] 前引欧文：《国富策：自由贸易还是保护主义》，第 237、203 页。

[28] 参见 [美] 保罗·克鲁格曼：《克鲁格曼国际贸易新理论》，黄胜强译，中国社会科学出版社，2001 年，第 55、概要 1—7 页。

[29] [美] 米歇尔·鲍瑞斯、[美] 劳拉·泰森、[美] 约翰·齐斯曼：《创造优势：政府政策如何影响半导体产业的国际贸易》，[美] 保罗·克鲁格曼主编：《战略性贸易政策与新国际经济学》，海闻等译，中国人民大学出版社、北京大学出版社，2000 年，第 128—129 页。

[30] 参见张幼文等：《外贸政策与经济发展》，立信会计出版社，1997 年，第 54—56 页。

[31] [美] 拉尔夫·戈莫里、[美] 威廉·鲍莫尔：《全球贸易和国家利益冲突》，文爽等译，中信出版社，2003 年，第 18、22、4—5、26—27、71 页。

[32] [美] 爱德华·沃尔夫：《实证分析：工业化国家专业化分工的持续性》，前引戈莫里、鲍莫尔：《全球贸易和国家利益冲突》，第 173—188 页。

[33] [美] 约瑟夫·斯蒂格利茨、[美] 安德鲁·查尔顿：《国际间的权衡交易：贸易如何促进发展》，沈小寅译，中国人民大学出版社，2008 年，第 23、59 页。

[34] 参见前引欧文：《国富策：自由贸易还是保护主义》，第 217—218 页。

[35] 参见前引欧文：《国富策：自由贸易还是保护主义》，第 218—230 页。

[36] 参见 [美] 贾格迪什·巴格沃蒂：《今日自由贸易》，海闻译，中国人民大学出版社，2004 年，第 16 页。

[37] 前引欧文：《国富策：自由贸易还是保护主义》，第 263 页。

[38] 参见前引欧文：《国富策：自由贸易还是保护主义》，第 279 页。

[39] 参见前引欧文：《国富策：自由贸易还是保护主义》，第 279—283 页。

[40] [美]I.M. 戴斯勒：《美国贸易政治》，王恩冕等译，中国市场出版社，2006 年，第 179 页。

[41] [美] 保罗·克鲁格曼：《导论：贸易政策的新思路》，前引克鲁格曼主编：《战略性贸易政策与新国际经济学》，第 12—13 页。

[42] Paul Krugman, "Targeted Industrial Policies: Theory and Evidence", in Dominick Salvatore (ed.), *The New Protectionist Threat to World Welfare*, North-Holland, 1987, p. 281.

[43] [加] 詹姆斯·布兰德：《战略性贸易和产业政策的依据》，前引克鲁格曼主编：《战略性贸易政策与新国际经济学》，第 50 页。

[44] 参见 [美] 迈克尔·波特：《国家竞争优势》，李明轩等译，华夏出版社，2002 年，第 3、10—11 页。

[45] 参见前引克鲁格曼：《导论：贸易政策的新思路》，第 11、14 页。

[46] 前引欧文：《国富策：自由贸易还是保护主义》，第 255 页。

[47] Thomas D. Lairson, and David Skidmore, *International Political Economy: The Struggle for Power and Wealth*, Peking University Press, 2004, p. 21.

[48] 参见 Harry Shutt, *The Myth of Free Trade: Pattern of Protectionism since 1945*, Basil Lackwell, 1985, p. 82, p. 164.

[49] 参见前引欧文：《国富策：自由贸易还是保护主义》，第 236 页。

[50] 参见Ibid. Gilpin, *Global Political Economy: Understanding the International Economic Order*, pp. 225-231; Bernard M. Hoekman, and Michel M. Kostecki, *The Political Economy of the World Trading System: The WTO and Beyond*, Oxford University Press, 2001, pp. 441-458.

[51] 尤参见 [阿根廷] 劳尔·普雷维什：《外围资本主义：危机与改造》，苏振兴等译，商务印书馆，1990 年 ; [希腊]A. 伊曼纽尔：《不平等交换：对帝国主义贸易的研究》，文贯中等译，中国对外经济贸易出版社，1988 年。

[52] [德] 安德烈·冈德·弗兰克：《依附性积累与不发达》，高铦等译，译林出版社，1999 年，第 99—100 页。

[53] John R. Hicks, "Free Trade and Modern Economics", in John R. Kicks, *Essays in World Economics*, Clarendon Press, 1959, p. 42.

[54] 转见前引斯蒂格利茨、查尔顿：《国际间的权衡交易：贸易如何促进发展》，第 56 页。

[55] A. G. Kenwood, and A. L. Lougheed, *The Growth of the International Economy, 1820-1960*, George Allen & Unwin Ltd., 1971, p. 81.

[56] 国彦兵：《西方国际贸易理论：历史与发展》，浙江大学出版社，2004 年，第 27 页。

[57] 前引克鲁格曼：《导论：贸易政策的新思路》，第 7 页。

[58] 参见 H. Myint, "Adam Smith's Theory of International Trade in the Perspective of Economic Development", *Economica*, New Series, Vol. 44, No. 175 (Aug., 1977), p. 234.

[59] 参见 Ibid. Grimwade, *International Trade: New Patterns of Trade, Production and Investment*, p. 39.

[60] 参见 Ibid. Shutt, *The Myth of Free Trade: Pattern of Protectionism since 1945*, p. 175.

[61] 前引熊彼特：《经济分析史》，第 1 卷，第 522 页。

[62] 前引斯蒂格利茨、查尔顿：《国际间的权衡交易：贸易如何促进发展》，第 18—19、53 页。

[63] 前引华民：《国际经济学》，第 32 页。

[64] 前引戈莫里、鲍莫尔：《全球贸易和国家利益冲突》，第 170 页。

[65] 参见《专家批西方一些经济理论不靠谱》，《参考消息》，2014 年 5 月 12 日，第 4 版。

[66] 前引弗兰克：《依附性积累与不发达》，第 99 页。

[67] 前引克鲁格曼：《克鲁格曼国际贸易新理论》，概要第 1 页。

[68] 前引克鲁格曼：《导论：贸易政策的新思路》，第 14、16—17 页。

[69] 前引布兰德：《战略性贸易和产业政策的依据》，第 32 页。

[70] Paul Bairoch, *Economics and World History: Myths and Paradoxes*, The University of Chicago Press, 1993, p. 165.

[71] [法] 夏尔·季德、[法] 夏尔·利斯特：《经济学说史》，上册，徐卓英等译，商务印书馆，1986 年，第 112 页。

[72] 参见前引欧文：《国富策：自由贸易还是保护主义》，第 125、121 页。

[73] Ibid. Grimwade, *International Trade: New Patterns of Trade, Production and Investment*, p. 35.

[74] 前引欧文：《国富策：自由贸易还是保护主义》，第 299 页。

[75] 参见 Ibid. Gilpin, *Global Political Economy: Understanding the International Economic Order*, p. 208.

[76] 参见 Ibid. Grimwade, *International Trade: New Patterns of Trade, Production and Investment*, pp. 43-44.

[77] 参见 Ibid. Gilpin, *Global Political Economy: Understanding the International Economic Order*, pp. 206-214.

[78] Albert H. Imlah, "The Terms of Trade of the United Kingdom, 1789-1913", *The Journal of Economic History*, Vol. 10, No. 2 (Nov., 1950), p. 170.

[79] 前引欧文：《国富策：自由贸易还是保护主义》，第 84 页。

[80] 参见 Christine Macleod, "Henry Martyn and the Authorship of 'Considerations upon the East India Trade'", *Bulletin of the Institute of Historical Research* 56 (Nov., 1983), pp. 222-229.

[81] [德] 弗里德里希·李斯特：《美国政治经济学大纲》，附于 [德] 弗里德里希·李斯特：《政治经济学的自然体系》，杨春学译，商务印书馆，1997 年，第 213 页。

[82] [英] 约翰·米尔斯：《一种批判的经济学史》，高湘泽译，商务印书馆，2005 年，第 151 页。参见傅殷才、颜鹏飞：《自由经营还是国家干预：西方两大经济思潮概论》，经济科学出版社，1995 年，第 218—221 页。

[83] 前引欧文：《国富策：自由贸易还是保护主义》，第 255 页。

[84] [英] 约翰·梅纳德·凯恩斯：《就业、利息和货币通论》，高鸿业译，商务印书馆，2004 年，第 345 页。

[85] Terence Wilmot Hutchison, *Before Adam Smith: The Emergence of Political Economy, 1662-1776*, Basil Blackwell Ltd., 1988, p. 149.

[86] [英] 杰拉尔德·迈耶、[英] 达德利·西尔斯：《发展经济学的先驱》，谭崇台等译，经济科学出版社，1988 年，第 177 页。

[87] 前引普雷维什：《外围资本主义：危机与改造》，第 22—23、i 页。

[88] Frank Whitson Fretter, *The Economist in Parliament: 1780-1868*, Duke University Press, 1980, pp. 6-8, p. 15.

[89] 参见 Henry William Spiegel, *The Growth of Economic Thought*, Duke University Press, 1991, pp. 308-313, pp. 368-373, pp. 346-349.

[90] 前引欧文：《国富策：自由贸易还是保护主义》，第 145 页。

[91] [英] 埃里克·霍布斯鲍姆：《工业与帝国：英国的现代化历程》，梅俊杰译，中央编译出版社，2017 年，第 248 页。

[92] 前引熊彼特：《经济分析史》，第 1 卷，第 26—27 页。

[93] Joseph Stiglitz, *Globalization and Its Discontents*, Penguin Books, 2002, p. 230.

[94] 参见前引斯蒂格利茨、查尔顿：《国际间的权衡交易：贸易如何促进发展》，第 13、23—24 页。

[95] [英] 欧内斯特·莫斯纳、[英] 伊恩·辛普森·罗斯编：《亚当·斯密通信集》，林国夫等译，商务印书馆，1992 年，第 375 页。

[96] Ibid. Hutchison, *Before Adam Smith: The Emergence of Political Economy, 1662-1776*, p. 374.

[97] 参见 [美] 戴维·兰德斯：《国富国穷》，门洪华等译，新华出版社，2001 年，第 641—642 页。

[98] 前引欧文：《国富策：自由贸易还是保护主义》，第 301 页。

征引文献

一、英文部分

Adams, Jr., Donald R., "American Neutrality and Prosperity, 1793-1808: A Reconsideration" (《再思美国的中立与繁荣，1793—1808 年》), *The Journal of Economic History*, Vol. 40, No. 4 (Dec., 1980);

Aldcroft, D. H., "The Entrepreneur and the British Economy, 1870-1914" (《企业家与英国经济，1870—1914 年》), *The Economic History Review*, Vol. 17, Iss. 1 (1964);

Ashley, William James, "Political Economy and the Tariff Problem" (《政治经济学与关税问题》), *Economic Review*, Vol. 14 (1904), in Roger E. Backhouse, and Peter J. Cain (eds.), *The English Historical School of Economics*, Vol. 1, Overstone of Thoemmes Press, 2001;

Ashley, William James, *The Economic Organization of England* (《英国的经济组织》), London: Longmans, Green and Co., 1914, in Roger E. Backhouse, and Peter J. Cain (eds.), *The English Historical School of Economics*, Vol. 6, Overstone of Thoemmes Press, 2001;

Ashton, T. S., "The Manchester School of Economics" (《曼彻斯特经济学派》), *The Economic History Review*, Vol. 13, Iss. 3 (1961);

Atack, Jeremy, and Peter Passell, *A New Economic View of American History: from Colonial Times to 1940* (《新经济史观：从殖民时代到 1940 年的美国史》), New York and London: W. W. Norton & Company, 1994;

Bairoch, Paul, *Economics and World History: Myths and Paradoxes* (《经济学和世界史：神话与悖论》), The University of Chicago Press, 1993;

Bayly, C. A., "State and Economy in India over Seven Hundred Years" (《印度七百年里的政权与经济》), *The Economic History Review*, Vol. 38, No. 4 (Nov., 1985);

Beales, H. L., "Revisions in Economic History: I. The 'Great Depression' in Industry and Trade" (《经济史修正，之一：工业与贸易的"大萧条"》), *The Economic History Review*, Vol. 5, Iss. 1 (Oct., 1934);

Bils, Mark, "Tariff Protection and Production in the Early US Cotton Textile Industry" (《关税保护与美国早期棉纺织生产》), *The Journal of Economic History*, Vol. 44, No. 4 (Dec., 1984);

Blitz, Rudolph, C., "Mercantilist Policies and the Pattern of World Trade, 1500-1750" (《重商主义政策与世界贸易格局，1500—1750 年》), *The Journal of Economic History*, Vol. 27, No. 1 (Mar., 1967);

Bourne, Edward G., "Alexander Hamilton and Adam Smith" (《亚历山大·汉密尔顿与亚当·斯密》), *The Quarterly Journal of Economics*, Vol. 8, No. 3 (Apr., 1894);

Brebner, J. Bartlet, "*Laissez-Faire* and State Intervention in Nineteenth-Century Britain" (《19世纪英国的自由放任与国家干预》), *The Journal of Economic History*, Vol. 8, Supplement (1948);

Brookhiser, Richard, *Alexander Hamilton, American* (《美国人亚历山大·汉密尔顿》), New York: Touchstone, 2000;

Brown, John C., "Imperfect Competition and Anglo-German Trade Rivalry: Markets for Cotton Textiles before 1914" (《不完全竞争与英德贸易竞逐：1914 年前的棉纺织市场》), *The Journal of Economic History*, Vol. 55, No. 3 (Sept., 1995);

Cain, P. J., and A. G. Hopkins, "The Political Economy of British Expansion Overseas, 1750-1914" (《英国海外扩张的政治经济学，1750—1914 年》), *The Economic History Review*, Vol. 33, No. 4 (Nov., 1980);

Cain, P. J., and A. G. Hopkins, "Gentlemanly Capitalism and British Expansion Overseas, I. The Old Colonial System, 1688-1850" (《绅士资本主义与英国海外扩张，之一：旧殖民体系，1688—1850 年》), *The Economic History Review*, Vol. 39, No. 4 (Nov., 1986);

Cain, P. J., and A. G. Hopkins, "Gentlemanly Capitalism and British Expansion Overseas, II. New Imperialism, 1850-1945" (《绅士资本主义与英国海外扩张，之二：

新帝国主义，1850—1945 年》），*The Economic History Review*, Vol. 40, No. 1 (Feb., 1987);

Cameron, Rondo, "A New View of European Industrialization" (《对欧洲工业化的新看法》），*The Economic History Review*, Vol. 38, No. 1 (Feb., 1985);

Cameron, Rondo, *A Concise Economic History of the World: From Paleolithic Times to the Present* (《简明世界经济史：旧石器时代至今》），New York & Oxford: Oxford University Press, 1997;

Capie, Forrest, "The British Tariff and Industrial Protection in the 1930's" (《1930 年代的英国关税与产业保护》），*The Economic History Review*, Vol. 31, No. 3 (Aug., 1978);

Caton, Hiram, "The Preindustrial Economics of Adam Smith" (《亚当·斯密的前工业化经济学》），*The Journal of Economic History*, Vol. 45, No. 4 (Dec. 1985);

Chaudhuri, K. N., "India's Foreign Trade and the Cessation of the East India Company's Trading Activities, 1828-40" (《印度对外贸易与东印度公司贸易活动的停止，1828—1840 年》），*The Economic History Review*, Vol. 19, Iss. 2 (1966);

Clark, G. Kitson, "The Repeal of the Corn Laws and the Politics of the Forties" (《〈谷物法〉的废除与 1840 年代的政治》），*The Economic History Review*, Vol. 4, Iss. 1 (1951);

Coats, A. W. Bob, *British and American Economic Essays* (《英美经济论集》），Vol. I, London and New York: Routledge, 1992;

Conybeare, John A. C., *Trade Wars: The Theory and Practice of International Commercial Rivalry* (《贸易战：国际商业竞逐的理论与实践》），New York: Columbia University Press, 1987;

Coombs, Douglas, "Dr. Davenant and the Debate on Franco-Dutch Trade" (《达维南特博士与有关法荷贸易的争论》），*The Economic History Review*, Vol. 10, Iss. 1 (1957);

Cootner, Paul H., "The Role of the Railroads in the United States Economic Growth" (《铁路在美国经济增长中的作用》），*The Journal of Economic History*, Vol. 23, No. 4 (Dec., 1963);

Crafts, N. F. R., "British Economic Growth, 1700-1831: A Review of the Evidence" (《英国经济增长，1700—1831 年：证据回顾》），*The Economic History Review*, Vol. 36, No. 2 (May 1983);

Crouzet, Francois, "Wars, Blockade, and Economic Change in Europe, 1792-1815" (《战争、封锁与欧洲的经济变化，1792—1815 年》), *The Journal of Economic History*, Vol. 24, No. 4 (Dec., 1964);

Cunningham, William, *The Growth of English Industry and Commerce in Modern Times* (《近代英国工商业成长史》), Part I, Cambridge: at the University Press, 1907, in Roger E. Backhouse, and Peter J. Cain (eds.), *The English Historical School of Economics*, Vol. 4, Overstone of Thoemmes Press, 2001;

David, Paul A., "Learning by Doing and Tariff Protection: A Reconsideration of the Case of the Ante-Bellum United States Cotton Textile Industry" (《干中学与关税保护：美国内战前棉纺织业问题再研究》), *The Journal of Economic History*, Vol. 30, No. 3 (Sept., 1970);

Davis, Ralph, "Merchant Shipping in the Economy of the Late Seventeenth Century" (《17 世纪晚期经济中的商船业》), *The Economic History Review*, Vol. 9, Iss. 1 (1956);

Davis, Ralph, "English Foreign Trade, 1700-1774" (《英国对外贸易，1700—1774 年》), *The Economic History Review*, Vol. 15, Iss. 2 (1962);

Davis, Ralph, "The Rise of Protection in England, 1689-1786" (《保护在英国的兴起，1689—1786 年》), *The Economic History Review*, Vol. 19, Iss. 2 (1966);

Dicken, Peter, *Global Shift: Transforming the World Economy* (《全球变迁：改造世界经济》), Paul Chapman Publishing Ltd., 1999;

Earle, Edward Mead, "Adam Smith, Alexander Hamilton, Friedrich List: The Economic Foundation of Military Power" (《亚当·斯密、亚历山大·汉密尔顿、弗里德里希·李斯特：军事实力的经济基础》), in Peter Paret (ed.), *Makers of Modern Strategy from Machiavelli to the Nuclear Age*, Oxford: Clarendon Press, 1986;

Edwards, Richard C., "Economic Sophistication in Nineteenth Century Congressional Tariff Debates" (《19 世纪国会关税辩论中的经济学素养》), *The Journal of Economic History*, Vol. 30, No. 4 (Dec., 1970);

Eichengreen, Barry, "Keynes and Protection" (《凯恩斯与保护》), *The Journal of Economic History*, Vol. 44, No. 2 (June, 1984);

Eichengreen, Barry, "The Political Economy of the Smoot-Hawley Tariff" (《斯穆特－霍利关税的政治经济学》), in Jeffry A. Frieden, and David A. Lake (eds.), *International Political Economy: Perspectives on Global Power and Wealth*, Beijing:

Peking University Press, 2003;

Ellsworth, P. T., and J. Clark Leith, *The International Economy* (《国际经济》), New York: Macmillan Publishing Company, 1984;

Elton, G. R., "State Planning in Early Tudor England" (《都铎王朝早期的国家计划》), *The Economic History Review*, Vol. 13, Iss. 3 (1961);

Engerman, Stanley L., "Mercantilism and Overseas Trade, 1700-1800" (《重商主义与海外贸易，1700—1800 年》), in Roderick Floud, and Donald McCloskey (eds.), *The Economic History of Britain since 1700*, Vol. 1, Cambridge University Press, 1994;

Engerman, Stanley L., "Slavery and Its Consequences for the South in the Nineteenth Century" (《奴隶制及其对 19 世纪南方的影响》), in Stanley L. Engerman, and Robert E. Gallman (eds.), *The Cambridge Economic History of the United States*, Vol. II, Cambridge University Press, 2000;

Fieldhouse, D. K., "'Imperialism': An Historiographical Revision" (《"帝国主义"：历史编撰的修正》), *The Economic History Review*, Vol. 14, Iss. 2 (1961);

Fisher, F. J., "Commercial Trends and Policy in Sixteenth-Century England" (《16 世纪英国的商业趋势与政策》), *The Economic History Review*, Vol. 10, Iss. 2 (Nov., 1940);

Fishlow, Albert, "Internal Transportation in the Nineteenth and Early Twentieth Centuries" (《19 世纪及 20 世纪初的国内运输》), in Stanley L. Engerman, and Robert E. Gallman (eds.), *The Cambridge Economic History of the United States*, Vol. II, Cambridge University Press, 2000;

Frankel, Jeffrey A., "The 1807-1809 Embargo against Great Britain" (《1807—1809 年对英国的禁运》), *The Journal of Economic History*, Vol. 42, No. 2 (June, 1982);

Fretter, Frank Whitson, *The Economist in Parliament: 1780-1868* (《议会中的经济学家：1780—1868 年》), Durham, North Carolina: Duke University Press, 1980;

Freyer, Tony, "Business Law and American Economic History" (《商法与美国经济史》), in Stanley L. Engerman, and Robert E. Gallman (eds.), *The Cambridge Economic History of the United States*, Vol. II, Cambridge University Press, 2000;

Gallagher, John, and Ronald Robinson, "The Imperialism of Free Trade" (《自由贸易帝国主义》), *The Economic History Review*, Vol. 6, Iss. 1 (1953);

Gallman, Robert E., "Economic Growth and Structural Change in the Long Nineteenth Century" (《漫长的 19 世纪的经济增长与结构变迁》), in Stanley L. Engerman, and Robert E. Gallman (eds.), *The Cambridge Economic History of the United States*, Vol. II, Cambridge University Press, 2000;

Gilpin, Robert, *The Political Economy of International Relations* (《国际关系的政治经济学》), Princeton University Press, 1987;

Gilpin, Robert, *Global Political Economy: Understanding the International Economic Order* (《全球政治经济学：理解国际经济秩序》), Princeton University Press, 2001;

Goodrich, Carter, "American Development Policy: The Case of Internal Improvements" (《美国的发展政策：国内建设情况》), *The Journal of Economic History*, Vol. 16, No. 4 (Dec., 1956);

Goodrich, Carter, "Recent Contributions to Economic History: The United States, 1789-1860" (《关于 1789—1860 年美国经济史的新近成果》), *The Journal of Economic History*, Vol. 19, No. 1 (Mar., 1959);

Gould, J. D., "The Trade Crisis of the Early 1620's and English Economic Thought" (《1620 年代初的贸易危机与英国经济思想》), *The Journal of Economic History*, Vol. 15, No. 2 (June, 1955);

Griffiths, Trevor, Philip A. Hunt, and Patrick K. O'Brien, "Inventive Activity in the British Textile Industry, 1700-1800" (《英国纺织业中的发明活动，1700—1800 年》), *The Journal of Economic History*, Vol. 52, No. 4 (Dec., 1992);

Grimwade, Nigel, *International Trade: New Patterns of Trade, Production and Investment* (《国际贸易：贸易、生产、投资的新方式》), London and New York: Routledge, 2000;

Hamilton, Alexander, "Report on the Subject of Manufactures" (《关于制造业的报告》), in Joanne B. Freeman (ed.), *Alexander Hamilton: Writings*, The Library of America, 2001;

Harley, C. Knick, "International Competitiveness of the Antebellum American Textile Industry" (《内战前美国纺织业的国际竞争力》), *The Journal of Economic History*, Vol. 52, No. 3 (Sept., 1992);

Harnetty, Peter, "The Imperialism of Free Trade: Lancashire and the Indian Cotton Duties, 1859-1862" (《自由贸易帝国主义：兰开夏与印度棉品关税，1859—1862

年》), *The Economic History Review*, Vol. 18, No. 2 (1965);

Harnetty, Peter, "Cotton Exports and Indian Agriculture, 1861-1870" (《棉花出口与印度农业，1861—1870 年》), *The Economic History Review*, Vol. 24, No. 3 (Aug., 1971);

Hartwell, Richard M., "Economic Growth in England before the Industrial Revolution: Some Methodological Issues" (《工业革命前英国的经济增长：若干方法论问题》), *The Journal of Economic History*, Vol. 29, No. 1 (Mar., 1969);

Hawke, G. R., "The United States Tariff and Industrial Protection in the Late Nineteenth Century" (《19 世纪晚期美国的关税与产业保护》), *The Economic History Review*, Vol. 28, No. 1 (Feb., 1975);

Heckscher, Eli F., "Multilateralism, Baltic Trade, and the Mercantilists" (《多边结算、波罗的海贸易与重商主义者》), *The Economic History Review*, Vol. 3, Iss. 2 (1950);

Heckscher, Eli F., *Mercantilism* (《重商主义》), London and New York: Routledge, 1994;

Hicks, John R., "Free Trade and Modern Economics" (《自由贸易与现代经济学》), in John R. Kicks, *Essays in World Economics*, Oxford: Clarendon Press, 1959;

Hidy, Ralph W., "Rise of Modern Industry: Government and the Petroleum Industry of the United States to 1911" (《现代产业的兴起：政府与 1911 年前的美国石油业》), *The Journal of Economic History*, Vol. 10, Supplement (1950);

Hinton, R. W. K., "The Mercantilist System in the Time of Thomas Mun" (《托马斯·孟时代的重商主义体制》), *The Economic History Review*, Vol. 7, Iss. 3 (1955);

Hoekman, Bernard M., and Michel M. Kostecki, *The Political Economy of the World Trading System: The WTO and Beyond* (《世界贸易体系的政治经济学：世界贸易组织及其他》), Oxford University Press, 2001;

Hoffmann, W., "The Growth of Industrial Production in Great Britain: A Quantitative Study" (《英国工业生产的增长：一项量化研究》), *The Economic History Review*, Vol. 2, Iss. 2 (1949);

Hoppit, Julian, "Financial Crises in Eighteenth-Century England" (《18 世纪英国的金融危机》), *The Economic History Review*, Vol. 39, No. 1 (Feb., 1986);

Howe, Anthony, *Free Trade and Liberal England, 1846-1946* (《自由贸易与自由派英国，1846—1946 年》), Oxford: Clarendon Press, 1997;

Hudson, Michael, *Super Imperialism: The Origin and Fundamentals of US World Dominance*（《超级帝国主义：美国世界主宰地位的起源与要旨》），London & Sterling, Virginia: Pluto Press, 2003;

Hutchison, Terence Wilmot, *Before Adam Smith: The Emergence of Political Economy, 1662-1776*（《亚当·斯密之前：政治经济学的兴起，1662—1776 年》），Oxford and New York: Basil Blackwell Ltd./Inc., 1988;

Imlah, Albert H., "The Terms of Trade of the United Kingdom, 1789-1913"（《联合王国的贸易条件，1789—1913 年》），*The Journal of Economic History*, Vol. 10, No. 2 (Nov., 1950);

Irwin, Douglas A., "Strategic Trade Policy and Mercantilist Trade Rivalries"（《战略性贸易政策与重商主义贸易竞逐》），*The American Economic Journal*, Vol. 82, No. 2 (May, 1992);

Irwin, Douglas A., "Higher Tariffs, Lower Revenues? Analyzing the Fiscal Aspects of 'the Great Tariff Debate of 1888'"（《高关税，低岁入？分析"1888 年关税大辩论"的财政事宜》），*The Journal of Economic History*, Vol. 58, No. 1 (Mar. 1998);

Irwin, Douglas A., "Did Late-Nineteenth-Century US Tariffs Promote Infant Industries? Evidence from the Tinplate Industry"（《19 世纪末美国的关税是否促进了幼稚产业？来自镀锡铁业的证据》），*The Journal of Economic History*, Vol. 60, No. 2 (June, 2000);

Irwin, Douglas A., *Free Trade under Fire*（《自由贸易遭受攻击》），Princeton University Press, 2002;

Issawi, Charles, "Egypt since 1800: A Study in Lop-sided Development"（《1800 年以来的埃及：对失衡发展的研究》），*The Journal of Economic History*, Vol. 21, No. 1 (Mar., 1961);

John, A. H., "War and the English Economy, 1700-1763"（《战争与英国经济，1700—1763 年》），*The Economic History Review*, Vol. 7, Iss. 3 (1955);

Jones, E. L., "The European Background"（《欧洲背景》），in Stanley L. Engerman, and Robert E. Callman (eds.), *The Cambridge Economic History of the United States*, Vol. I, Cambridge University Press, 1996;

Kenwood, A. G., and A. L. Lougheed, *The Growth of the International Economy, 1820-1960*（《国际经济的成长，1820—1960 年》），London: George Allen & Unwin

Ltd.; Sydney: Australian Publishing Co., 1971;

Kessler, William C., "Incorporation in New England: A Statistical Survey, 1800-1875" (《新英格兰的公司成立：一项统计调查，1800—1875 年》), *The Journal of Economic History*, Vol. 8, No.1 (May, 1948);

Kindleberger, Charles P., "The Rise of Free Trade in Western Europe" (《自由贸易在西欧的兴起》), in Jeffry A. Frieden, and David A. Lake (eds.), *International Political Economy: Perspectives on Global Power and Wealth*, Beijing: Peking University Press, 2003;

Knight, Frank H., *On the History and Method of Economics* (《论经济学的历史与方法》), The University of Chicago Press, 1956;

Koot, Gerard M., "Historical Economics and the Revival of Mercantilism Thought in Britain, 1870-1920" (《历史经济学与重商主义思想在英国的复活，1870—1920年》), in Lars Magnusson (ed.), *Mercantilist Economics*, Kluwer Academic Publishers, 1993;

Krasner, Stephen D., "State Power and the Structure of International Trade" (《国家实力与国际贸易的结构》), in Jeffry A. Frieden, and David A. Lake (eds.), *International Political Economy: Perspectives on Global Power and Wealth*, Beijing: Peking University Press, 2003;

Krugman, Paul, "Targeted Industrial Policies: Theory and Evidence" (《针对性产业政策：理论与证据》), in Dominick Salvatore (ed.), *The New Protectionist Threat to World Welfare*, New York, Amsterdam and London: North-Holland, 1987;

Lairson, Thomas D., and David Skidmore, *International Political Economy: The Struggle for Power and Wealth* (《国际政治经济学：为权力和财富而战》), Beijing: Peking University Press, 2004;

Lake, David A., "British and American Hegemony Compared: Lessons for the Current Era of Decline" (《英美霸权比较：对目前衰落时代的教训》), in Jeffry A. Frieden, and David A. Lake (eds.), *International Political Economy: Perspectives on Global Power and Wealth*, Beijing: Peking University Press, 2003;

Lardy, Nicholas R., *Integrating China into the Global Economy* (《让中国融入全球经济》), Brookings Institution Press, 2002;

Lebergott, Stanley, "The Returns to US Imperialism, 1890-1929" (《美国帝国主义的回报，1890—1929 年》), *The Journal of Economic History*, Vol. 40, No. 2 (June,

1980);

Lewis, W. Arthur, *The Evolution of the International Economic Order* (《国际经济秩序的演变》), Princeton University Press, 1978;

Lieberman, Sima, *The Economic and Political Roots of the New Protectionism* (《新保护主义的经济与政治根源》), Rowman & Littlefield Publishers, 1988;

Lipsey, Robert E., "US Foreign Trade and the Balance of Payments, 1800-1913" (《美国的对外贸易和国际收支，1800—1913 年》), in Stanley L. Engerman, and Robert E. Gallman (eds.), *The Cambridge Economic History of the United States*, Vol. II, Cambridge University Press, 2000;

Lubasz, Heinz, "Adam Smith and the 'Free Market'" (《亚当·斯密与"自由市场"》), in Stephen Copley, and Kathryn Sutherland (eds.), *Adam Smith's* Wealth of Nations: *New Interdisciplinary Essays*, Manchester and New York: Manchester University Press, 1995;

Macleod, Christine, "Henry Martyn and the Authorship of 'Considerations upon the East India Trade'" (《亨利·马丁与〈关于东印度贸易的思考〉之作者问题》), *Bulletin of the Institute of Historical Research* 56 (Nov., 1983);

Magnusson, Lars, *Mercantilism: The Shaping of an Economic Language* (《重商主义：一套经济话语的形成》), London and New York: Routledge, 1994;

Magnusson, Lars (ed.), *Mercantilism* (《重商主义》), Vol. 1, London and New York: Routledge, 1995;

Marsot, Afaf Lutfi al-Sayyid, *Egypt in the Reign of Muhammad Ali* (《穆罕默德·阿里统治下的埃及》), Cambridge University Press, 1984;

Matson, Cathy, "The Revolution, the Constitution, and the New Nation" (《革命、宪法与新国家》), in Stanley L. Engerman, and Robert E. Callman (eds.), *The Cambridge Economic History of the United States*, Vol. I, Cambridge University Press, 1996;

McClelland, Peter D., "The Cost to America of British Imperial Policy" (《英国的帝国政策对美洲的代价》), *The American Economic Review*, Vol. 59, No. 2 (May, 1969);

McGuire, Robert A., "Deflation-Induced Increases in Post-Civil War US Tariffs" (《由通货紧缩引发的内战后美国关税的提升》), *The Economic History Review*, Vol. 43, No. 4 (Nov., 1990);

Meredith, David, "The British Government and Colonial Economic Policy,

1919-39"（《英国政府与殖民经济政策，1919—1939 年》），*The Economic History Review*, Vol. 28, No. 3 (Aug., 1975);

Miller, Edward, "The Fortunes of the English Textile Industry during the Thirteenth Century"（《13 世纪英国纺织业的状况》），*The Economic History Review*, Vol. 18, Iss. 1 (1965);

Moore, R. J., "Imperialism and 'Free Trade' Policy in India, 1853-54"（《帝国主义与在印度的"自由贸易"政策，1853—1854 年》），*The Economic History Review*, Vol. 17, Iss. 1 (1964);

Morton, A. L., *A People's History of England*（《人民英国史》），London: Lawrence & Wishart Ltd., 1979;

Mosse, George L., "The Anti-League: 1844-1846"（《反联盟：1844—1846 年》），*The Economic History Review*, Vol. 17, Iss. 2 (1947);

Muchmore, Lynn, "A Note on Thomas Mun's 'England's Treasure by Forraign Trade'"（《托马斯·孟〈英国得自对外贸易的财富〉简评》），*The Economic History Review*, Vol. 23, No. 3 (Dec., 1970);

Musson, A. E., "The Great Depression in Britain, 1873-1896: A Reappraisal"（《大萧条在英国，1873—1896 年：重新评估》），*The Journal of Economic History*, Vol. 19, No. 2 (June, 1959);

Myint, H., "Adam Smith's Theory of International Trade in the Perspective of Economic Development"（《从经济发展角度看亚当·斯密的国际贸易理论》），*Economica*, New Series, Vol. 44, No. 175 (Aug., 1977);

Neal, Larry, "The Finance of Business during the Industrial Revolution"（《工业革命期间对实业的融资》），in Roderick Floud, and Donald McCloskey (eds.), *The Economic History of Britain since 1700*, Vol. 1, Cambridge University Press, 1994;

Nef, J. U., "The Progress of Technology and the Growth of Large-Scale Industry in Great Britain, 1540-1640"（《技术进步与英国大规模工业的成长，1540—1640 年》），*The Economic History Review*, Vol. 5, Iss. 1 (Oct., 1934);

Nef, John U., "War and Economic Progress 1540-1640"（《战争与经济进步，1540—1640 年》），*The Economic History Review*, Vol. 12, Iss. 1/2 (1942);

Nettels, Curtis P., "British Mercantilism and the Economic Development of the Thirteen Colonies"（《英国的重商主义与 13 个殖民地的经济发展》），*The Journal of Economic History*, Vol. 12, No. 2 (Spring, 1952);

North, Douglass C., *Structure and Change in Economic History*（《经济史中的结构与变迁》）, New York and London: W. W. Norton & Company Inc., 1981;

Nye, John Vincent, "The Myth of Free-Trade Britain and Fortress France: Tariffs and Trade in the Nineteenth Century"（《关于自由贸易英国与关税堡垒法国的神话：19 世纪的关税与贸易》）, *The Journal of Economic History*, Vol. 51, No. 1 (Mar., 1991);

O'Brien, Patrick K., "The Political Economy of British Taxation, 1660-1815"（《英国税收的政治经济学，1660—1815 年》）, *The Economic History Review*, Vol. 41, No. 1 (Feb., 1988);

O'Brien, Patrick, "Central Government and the Economy, 1688-1815"（《中央政府与经济，1688—1815 年》）, in Roderick Floud, and Donald McCloskey (eds.), *The Economic History of Britain since 1700*, Vol. 1, Cambridge University Press, 1994;

O'Brien, Patrick, Trevor Griffiths, and Philip Hunt, "Political Components of the Industrial Revolution: Parliament and the English Cotton Textile Industry, 1660-1774"（《工业革命的政治因素：议会与英国棉纺织业，1660—1774 年》）, *The Economic History Review*, Vol. 44, No. 3 (Aug., 1991);

Pares, Richard, "The Economic Factors in the History of the Empire"（《帝国历史中的经济因素》）, *The Economic History Review*, Vol. 7, Iss. 2 (May, 1937);

Perrotta, Cosimo, "Early Spanish Mercantilism: The First Analysis of Underdevelopment"（《早期的西班牙重商主义：对欠发达的首次分析》）, in Lars Magnusson (ed.), *Mercantilist Economics*, Kluwer Academic Publishers, 1993;

Pollard, S., "*Laissez-Faire* and Shipbuilding"（《放任自流与造船业》）, *The Economic History Review*, Vol. 5, Iss. 1 (1952);

Pollard, Sidney, "Industrialization and the European Economy"（《工业化与欧洲经济》）, *The Economic History Review*, Vol. 26, No. 4 (1973);

Price, Jacob M., "What Did Merchants Do? Reflections on British Overseas Trade, 1660-1790"（《商人做了什么？反思英国海外贸易，1660—1790年》）, *The Journal of Economic History*, Vol. 49, No. 2 (June, 1989);

Ramsay, G. D., "Industrial *Laisser-Faire* and the Policy of Cromwell"（《产业放任自流与克伦威尔的政策》）, *The Economic History Review*, Vol. 16, Iss. 2 (1946);

Ramsey, Peter, "Overseas Trade in the Reign of Henry VII: The Evidence of Customs Accounts"（《亨利七世统治时的海外贸易：海关账册的证据》）, *The*

Economic History Review, Vol. 6, Iss. 2 (1953);

Rashid, Salim, *The Myth of Adam Smith*（《亚当·斯密的自由贸易理论》），Cheltenham and Northampton: Edward Elgar Publishing Ltd./Inc., 1998;

Robb, Peter, "British Rule and Indian 'Improvement'"（《英国的统治与印度的"改善"》），*The Economic History Review*, Vol. 34, No. 4 (Nov., 1981);

Rothgeb, Jr., John M., *US Trade Policy: Balancing Economic Dreams and Political Realities*（《美国贸易政策：兼顾经济梦想与政治现实》），Washington: Congressional Quarterly Press, 2001;

Rothschild, Emma, "Adam Smith and Conservative Economics"（《亚当·斯密与保守经济学》），*Economic History Review*, XLV, 1 (1992);

Rousseau, Peter L., and Richard Sylla, "Financial Revolution and Economic Growth: Introducing this EEH Symposium"（《金融革命与经济增长：〈经济史探索〉研讨会综述》），*Explorations in Economic History*, No. 43 (2006);

Sadorsky, Perry, "The Behavior of US Tariff Rates: Comment"（《美国关税率的行为：评论》），*The American Economic Review*, Vol. 84, No. 4 (Sept., 1994);

Salvatore, Dominick, "The New Protectionist Threat to World Welfare: Introduction"（《新保护主义威胁世界福利：导论》），in Dominick Salvatore (ed.): *The New Protectionist Threat to World Welfare*, New York, Amsterdam and London: North-Holland, 1987;

Saul, S. B., "Britain and World Trade, 1870-1914"（《英国与世界贸易，1870—1914 年》），*The Economic History Review*, Vol. 7, Iss. 1 (1954);

Saul, S. B., *Studies in British Overseas Trade 1870-1914*（《1870—1914 年英国海外贸易研究》），Liverpool University Press, 1960;

Sawers, Larry, "The Navigation Acts Revisited"（《〈航海法〉再考察》），*The Economic History Review*, Vol. 45, No. 2 (May, 1992);

Semmel, Bernard, "Malthus: 'Physiocracy' and the Commercial System"（《马尔萨斯："重农主义"与商业体制》），*The Economic History Review*, Vol. 17, No. 3 (1965);

Shutt, Harry, *The Myth of Free Trade: Pattern of Protectionism since 1945*（《自由贸易的迷思：1945 年以来的保护主义样式》），Basil Lackwell: The Economist Books, 1985;

Simon, Matthew, and David E. Novack, "Some Dimensions of the American

Commercial Invasion of Europe, 1871-1914: An Introductory Essay"（《1871—1914 年美国对欧洲商业入侵的若干方面：导论》），*The Journal of Economic History*, Vol. 24, No. 4 (Dec., 1964);

Skousen, Mark, *The Making of Modern Economics: The Lives and Ideas of the Great Thinkers*（《现代经济学的创立：伟大思想家的生平与理念》），New York and London: M. E. Sharpe, 2001;

Sokoloff, Kenneth L., and Stanley L. Engerman, "Technology and Industrialization, 1790-1914"（《技术与工业化，1790—1914 年》），in Stanley L. Engerman, and Robert E. Gallman (eds.), *The Cambridge Economic History of the United States*, Vol. II, Cambridge University Press, 2000;

Spiegel, Henry William, *The Rise of American Economic Thought*（《美国经济思想的兴起》），Philadelphia and New York: Chilton Company – Book Division, 1960;

Spiegel, Henry William, *The Growth of Economic Thought*（《经济思想的成长》），Durham & London: Duke University Press, 1991;

Stavrianos, L. S., *A Global History: The World since 1500*（《全球通史：1500 年以来的世界》），Englewood Cliffs, N. J.: Prentice Hall, Inc., 1971;

Stiglitz, Joseph, *Globalization and Its Discontents*（《全球化与不满的缘由》），Penguin Books, 2002;

Stone, Lawrence, "Elizabethan Overseas Trade"（《伊丽莎白时期的海外贸易》），*The Economic History Review*, Vol. 2, Iss. 1 (1949);

Sylla, Richard, "Experimental Federalism: The Economics of American Government, 1789-1914"（《实验联邦主义：美国政府的经济学，1789—1914 年》），in Stanley L. Engerman, and Robert E. Gallman (eds.), *The Cambridge Economic History of the United States*, Vol. II, Cambridge University Press, 2000;

Teichgraeber, III, Richard F., "'Less Abused Than I Had Reason to Expect': The Reception of *the Wealth of Nations* in Britain, 1776-90"（《"攻击比通常预料的要少"：〈国富论〉在英国的接受过程，1776—1790 年》），*The Historical Journal*, Vol. 30, No. 2 (June, 1987);

Temin, Peter, "Product Quality and Vertical Integration in the Early Cotton Textile Industry"（《早期棉纺织业中的产品质量与垂直整合》），*The Journal of Economic History*, Vol. 48, No. 4 (Dec., 1988);

Thomas, Robert P., "A Quantitative Approach to the Study of the Effects of

British Imperial Policy on Colonial Welfare: Some Preliminary Findings" (《英国帝国政策对殖民地福利之影响的量化研究：若干初步结论》), *Journal of Economic History*, Vol. 25, No. 4 (Dec., 1965);

Tribe, Keith, "Natural Liberty and *Laissez-Faire*: How Adam Smith Became a Free Trade Ideologue" (《天然自由与放任自流：亚当·斯密如何成为自由贸易论者》), in Stephen Copley, and Kathryn Sutherland (eds.), *Adam Smith's* Wealth of Nations: *New Interdisciplinary Essays*, Manchester and New York: Manchester University Press, 1995;

Vickers, Daniel, "The Northern Colonies: Economy and Society, 1600-1775" (《北部殖民地的经济与社会，1600—1775 年》), in Stanley L. Engerman, and Robert E. Callman (eds.), *The Cambridge Economic History of the United States*, Vol. I, Cambridge University Press, 1996;

Viner, Jacob, *Studies in the Theory of International Trade* (《国际贸易理论研究》), London: George Allen & Unwin Ltd., 1955;

Viner, Jacob, "Adam Smith" (《亚当·斯密》), in Douglas A. Irwin (ed.), *Essays on Intellectual History of Economics*, Princeton University Press, 1991;

Viner, Jacob, "Adam Smith and *Laissez-Faire*" (《亚当·斯密与放任自流》), in Douglas A. Irwin (ed.), *Essays on Intellectual History of Economics*, Princeton University Press, 1991;

Walton, Gary M., and Hugh Rockoff, *History of the American Economy* (《美国经济史》), The Dayden Press, Harcourt Brace College Publishers, 1998;

Webster, Anthony, "The Political Economy of Trade Liberalization: The East India Company Charter Act of 1813" (《贸易自由化的政治经济学：1813 年〈东印度公司特许法〉》), *The Economic History Review*, Vol. 43, No. 3 (Aug., 1990);

Wendler, Eugen, *Friedrich List: An Historical Figure and Pioneer in German-Ameircan Relations* (《弗里德里希·李斯特：德美关系中的历史人物和先驱》), Verlag Moors & Partner, 1989;

Williams, Gwydion M., *Adam Smith – Wealth without Nations* (《亚当·斯密：富而无国》), London: Athol Books, 2000;

Willis, Kirk, "The Role in Parliament of the Economic Ideas of Adam Smith, 1776-1800" (《亚当·斯密的经济思想在议会中的角色，1776—1800 年》), *History of Political Economy*, No. 11 (Winter 1979);

Wilson, Charles, "Treasures and Trade Balances: The Mercantilist Problem" (《金

银钱财与贸易平衡：重商主义问题》），*The Economic History Review*, Vol. 2, Iss. 2 (1949);

Wilson, Charles, "'Mercantilism': Some Vicissitudes of an Idea"（《"重商主义"：一个理念的沉浮变迁》），*The Economic History Review*, Vol. 10, Iss. 2 (1957);

Wilson, Charles, *Mercantilism*（《重商主义》），London: Routledge and Kegan Paul, 1958;

Wilson, Charles, "Cloth Production and International Competition in the Seventeenth Century"（《17 世纪的呢绒生产与国际竞争》），*The Economic History Review*, Vol. 13, Iss. 2 (1960);

Winch, Donald, "Economic Liberalism as Ideology: The Appleby Version"（《作为意识形态的经济自由主义：阿普比的观点》），*The Economic History Review*, Vol. 38, No. 2 (May, 1985);

Wright, Gordon, "The Origins of Napoleon III's Free Trade"（《拿破仑三世自由贸易的来源》），*The Economic History Review*, Vol. 9, Iss. 1 (Nov., 1938);

Wright, J. F., "British Government Borrowing in Wartime, 1750-1815"（《英国政府的战时借款，1750—1815 年》），*Economic History Review*, Vol. 52, No. 2 (Feb., 1999).

二、中文部分

[希腊] A. 伊曼纽尔：《不平等交换：对帝国主义贸易的研究》，文贯中等译，中国对外经济贸易出版社，1988。

[美] 爱德华·沃尔夫：《实证分析：工业化国家专业化分工的持续性》，载 [美] 拉尔夫·戈莫里、[美] 威廉·鲍莫尔：《全球贸易和国家利益冲突》，文爽等译，中信出版社，2003。

[英] 埃里克·霍布斯鲍姆：《工业与帝国：英国的现代化历程》，梅俊杰译，中央编译出版社，2017。

[挪] 埃里克·赖纳特：《国家在经济增长中的作用》，载 [英] 杰弗里·霍奇逊主编：《制度与演化经济学现代文选：关键性概念》，贾根良等译，高等教育出版社，2005。

[英] 埃里克·罗尔：《经济思想史》，陆元诚译，商务印书馆，1981。

［加］埃伦·M.伍德：《资本的帝国》，王恒杰等译，上海译文出版社，2006。

［德］安德列·冈德·弗兰克：《依附性积累与不发达》，高铦等译，译林出版社，1999。

［英］安格斯·麦迪森：《世界经济千年史》，伍晓鹰等译，北京大学出版社，2003。

［法］保尔·芒图：《18世纪产业革命：英国近代大工业初期的概况》，杨人楩等译，商务印书馆，1997。

［美］保罗·克鲁格曼：《导论：贸易政策的新思路》，载［美］保罗·克鲁格曼主编：《战略性贸易政策与新国际经济学》，海闻等译，中国人民大学出版社、北京大学出版社，2000。

［美］保罗·克鲁格曼：《克鲁格曼国际贸易新理论》，黄胜强译，中国社会科学出版社，2001。

［美］保罗·肯尼迪：《大国的兴衰：1500－2000年的经济变迁与军事冲突》，陈景彪等译，国际文化出版公司，2006。

［美］保罗·萨缪尔森、［美］威廉·诺德豪斯：《经济学》下册，高鸿业等译，中国发展出版社，1992。

［美］保罗·萨缪尔森、［美］威廉·诺德豪斯：《经济学》英文版，人民邮电出版社，2007。

北京大学世界现代化进程研究中心编：《罗荣渠与现代化研究》，北京大学出版社，1997。

［英］查尔斯·达维南特：《论英国的公共收入与贸易》，朱泱等译，商务印书馆，1995。

［美］查尔斯·P.金德尔伯格：《世界经济霸权，1500－1990年》，高祖贵译，商务印书馆，2003。

陈岱孙：《陈岱孙遗稿和文稿拾零》，北京大学出版社，2005。

陈曦文：《英国16世纪经济变革与政策研究》，首都师范大学出版社，1995。

陈勇：《14至17世纪英国的外来移民及其历史作用》，载吴于廑主编：《15、16世纪东西方历史初学集》，武汉大学出版社，1985。

［美］D.C.诺斯：《美国的工业化（1815—1860年）》，载［美］W.W.罗斯托：《从起飞进入持续增长的经济学》，贺力平等译，四川人民出版社，1988。

［英］大卫·李嘉图：《政治经济学及赋税原理》，郭大力等译，商务印书馆，1976。

[美] 戴维·S. 兰德斯：《国富国穷》，门洪华等译，新华出版社，2001。

[美] 丹尼·罗德里克：《新全球经济与发展中国家：让开放起作用》，王勇译，世界知识出版社，2004。

[美] 道格拉斯·诺斯、[美] 罗伯特·托马斯：《西方世界的兴起》，张炳九译，学苑出版社，1988。

[美] 道格拉斯·欧文：《国富策：自由贸易还是保护主义》，梅俊杰译，华东师范大学出版社，2013。

[德] 迪特·森哈斯：《欧洲发展的历史经验》，梅俊杰译，商务印书馆，2015。

[法] 费尔南·布罗代尔：《15 至 18 世纪的物质文明、经济和资本主义》第 3卷，施康强等译，三联书店，1993。

[德] 弗里德里希·恩格斯：《保护关税制度和自由贸易》，载 [德] 卡尔·马克思、[德] 弗里德里希·恩格斯：《马克思恩格斯全集》第 21 卷，中央编译局译，人民出版社，1965。

[德] 弗里德里希·李斯特：《政治经济学的国民体系》，陈万煦译，商务印书馆，1997。

[德] 弗里德里希·李斯特：《政治经济学的自然体系》，杨春学译，商务印书馆，1997。

[德] 弗里德里希·李斯特：《美国政治经济学大纲》，附于 [德] 弗里德里希·李斯特：《政治经济学的自然体系》，杨春学译，商务印书馆，1997。

傅殷才、颜鹏飞：《自由经营还是国家干预：西方两大经济思潮概论》，经济科学出版社，1995。

高作钢：《英国都铎王朝海上政策初探》，载吴于廑主编：《15、16 世纪东西方历史初学集》，武汉大学出版社，1985。

国彦兵：《西方国际贸易理论：历史与发展》，浙江大学出版社，2004。

[美] 哈罗德·福克纳：《美国经济史》上、下卷，王锟译，商务印书馆，1964。

[秘鲁] 赫尔南多·德·索托：《另一条道路：一位经济学家对法学家、立法者和政府的明智忠告》，于海生译，华夏出版社，2007。

何新：《思考：新国家主义的经济观》，时事出版社，2001。

[比] 亨利·皮朗：《中世纪欧洲经济社会史》，乐文译，上海人民出版社，1986。

华民：《国际经济学》，复旦大学出版社，1998。

[美]I.M. 戴斯勒：《美国贸易政治》，王恩冕等译，中国市场出版社，2006。

[英]J.H. 克拉潘：《现代英国经济史》中卷《自由贸易和钢，1850 – 1886 年》，姚曾廙译，商务印书馆，1975。

[美] 吉尔伯特·C. 菲特、[美] 吉姆·E. 里斯：《美国经济史》，司德淳等译，辽宁人民出版社，1981。

[美] 贾格迪什·巴格沃蒂：《今日自由贸易》，海闻译，中国人民大学出版社，2004。

[美] 杰弗里·卡林纳：《新兴产业的产业政策》，载 [美] 保罗·克鲁格曼主编：《战略性贸易政策与新国际经济学》，海闻等译，中国人民大学出版社、北京大学出版社，2000。

[英] 杰弗里·帕克：《1500 – 1730 年欧洲近代金融的产生》，载 [意] 卡洛·奇波拉主编：《欧洲经济史》第 2 卷，贝昱等译，商务印书馆，1988。

[美] 杰拉尔德·冈德森：《美国经济史新编》，杨宇光等译，商务印书馆，1994。

[英] 杰拉尔德·迈耶、[英] 达德利·西尔斯：《发展经济学的先驱》，谭崇台等译，经济科学出版社，1988。

[德] 卡尔·马克思：《关于自由贸易的演说》，载 [德] 卡尔·马克思、[德] 弗里德里希·恩格斯：《马克思恩格斯选集》第 1 卷，中央编译局译，人民出版社，1972。

[德] 卡尔·马克思：《鸦片贸易史》，载 [德] 卡尔·马克思、[德] 弗里德里希·恩格斯：《马克思恩格斯选集》第 2 卷，中央编译局译，人民出版社，1972。

[德] 卡尔·马克思：《资本论》第 1 卷，中央编译局译，人民出版社，1975。

[美]L.S. 斯塔夫里亚诺斯：《全球分裂：第三世界的历史进程》上册，迟越等译，商务印书馆，1993。

[美] 拉尔夫·戈莫里、[美] 威廉·鲍莫尔：《全球贸易和国家利益冲突》，文爽等译，中信出版社，2003。

[阿根廷] 劳尔·普雷维什：《外围资本主义：危机与改造》，苏振兴等译，商务印书馆，1990。

李明德：《"特别 301 条款"与中美知识产权争端》，社会科学文献出版社，2000。

[美] 里亚·格林菲尔德：《资本主义精神：民族主义与经济增长》，张京生等译，上海人民出版社，2004。

李增洪：《13－15 世纪伦敦社会各阶层分析》，中国社会科学出版社，2005。

林珏：《战后美国对外贸易政策研究》，云南大学出版社，1995。

林钟雄：《欧洲经济发展史》，三民书局（台北），1987。

[美] 罗伯特·B.马克斯：《现代世界的起源：全球的、生态的述说》，夏继果译，商务印书馆，2006。

罗荣渠：《现代化新论：世界与中国的现代化进程》，北京大学出版社，1993。

罗荣渠主编：《各国现代化比较研究》，陕西人民出版社，1993。

[美] 马克斯·考森、[美] 肯那·泰勒：《经济学的困惑与悖论》，吴汉洪等译，华夏出版社，2003。

[德] 马克斯·韦伯：《经济通史》，姚曾廙译，上海三联书店，2006。

[美] 迈克尔·波特：《国家竞争优势》，李明轩等译，华夏出版社，2002。

[美] 迈克尔·J.希斯考克斯：《国际贸易与政治冲突——贸易、联盟与要素流动程度》，于扬杰译，中国人民大学出版社，2005。

梅俊杰：《以开放的头脑认识中国国有企业改革问题：访托马斯·罗斯基教授》，《战略与管理》1995 年第 6 期。

梅俊杰：《所谓英国现代化"内源""先发"性质商议》，《社会科学》2010 年第 10 期。

梅俊杰：《后发展学说与中国道路：以迪特·森哈斯的研究为视角》，《国外社会科学》2015 年第 1 期。

梅俊杰：《重商主义真相探解》，《社会科学》2017 年第 7 期。

[美] 米歇尔·鲍瑞斯、[美] 劳拉·泰森、[美] 约翰·齐斯曼：《创造优势：政府政策如何影响半导体产业的国际贸易》，载 [美] 保罗·克鲁格曼主编：《战略性贸易政策与新国际经济学》，海闻等译，中国人民大学出版社、北京大学出版社，2000。

[英] 欧内斯特·莫斯纳、[英] 伊恩·辛普森·罗斯编：《亚当·斯密通信集》，林国夫等译，商务印书馆，1992。

[法] 帕斯卡·萨兰：《自由贸易与保护主义》，肖云上译，商务印书馆，1997。

钱乘旦：《第一个工业化社会》，四川人民出版社，1988。

钱乘旦、许洁明：《英国通史》，上海社会科学院出版社，2002。

[美] 乔纳森·伊顿：《信贷政策与国际竞争》，载 [美] 保罗·克鲁格曼主编：《战略性贸易政策与新国际经济学》，海闻等译，中国人民大学出版社、北京大学出版社，2000。

覃翠柏：《英国工业革命为什么从棉纺织业开始》，《北大史学》1997 年总第 4 期。

[美]R. 西拉、[德]R. 蒂利、[德]G. 托特拉：《国家、金融体制与经济现代化》，吕刚译，四川人民出版社，2002。

沈伯明：《当代美国经济与贸易》，中山大学出版社，1996。

唐晋主编：《大国崛起》，人民出版社，2006。

[美] 托马斯·K. 麦格劳：《现代资本主义：三次工业革命中的成功者》，赵文书等译，江苏人民出版社，2000。

[英] 托马斯·孟：《英国得自对外贸易的财富》，袁南宇译，商务印书馆，1965。

[英] 托马斯·孟、[英] 尼古拉斯·巴尔本、[英] 达德利·诺思：《贸易论（三种）》，顾为群等译，商务印书馆，1982。

[美]W.W. 罗斯托：《这一切是怎么开始的——现代经济的起源》，黄其祥等译，商务印书馆，1997。

王家丰、张卫良：《西欧原工业化的兴起》，中国社会科学出版社，2004。

[法] 夏尔·季德、[法] 夏尔·利斯特：《经济学说史》上册，徐卓英等译，商务印书馆，1986。

熊良福主编：《当代美国对外贸易研究》，武汉大学出版社，1997。

[英] 亚当·斯密：《国民财富的性质和原因的研究》下卷，郭大力等译，商务印书馆，1974。

[美] 雅各布·瓦伊纳：《约翰·雷著〈亚当·斯密传〉指南》，载 [英] 约翰·雷：《亚当·斯密传》，胡企林等译，商务印书馆，1998。

[美] 雅各布·瓦伊纳：《倾销：国际贸易中的一个问题》，沈瑶译，商务印书馆，2003。

[美] 亚历山大·汉密尔顿、[美] 约翰·杰伊、[美] 詹姆斯·麦迪逊：《联邦党人文集》，程逢如等译，商务印书馆，1980。

杨杰：《英国现代化的初级阶段：工业革命》，载丁建宏主编：《发达国家的现代化道路》，北京大学出版社，1999。

[法] 伊曼纽尔·沃勒斯坦：《现代世界体系》第 1 卷《16 世纪的资本主义农业与欧洲世界经济体的起源》，尤来寅等译，高等教育出版社，1998。

[法] 伊曼纽尔·沃勒斯坦：《现代世界体系》第 2 卷《重商主义与欧洲世界经济体的巩固》，吕丹等译，高等教育出版社，1998。

[法] 伊曼纽尔·沃勒斯坦：《现代世界体系》第 3 卷《资本主义世界经济大扩

张的第二个时代：1730年代—1840年代》，孙立田等译，高等教育出版社，2000。

[法]伊奈丝·缪拉：《科尔贝：法国重商主义之父》，梅俊杰译，上海远东出版社，2012。

[英]约翰·雷：《亚当·斯密传》，胡企林等译，商务印书馆，1998。

[英]约翰·梅纳德·凯恩斯：《就业、利息和货币通论》，高鸿业译，商务印书馆，2004。

[英]约翰·米尔斯：《一种批判的经济史》，高湘泽译，商务印书馆，2005。

[英]约翰·穆勒：《政治经济学原理（及其在社会哲学上的若干应用）》下卷，胡企林等译，商务印书馆，1991。

[美]约翰·S.戈登：《财富的帝国：一部记录美国经济发展的史诗》，董宜坤译，中信出版社，2007。

[美]约瑟夫·E.斯蒂格利茨、[美]安德鲁·查尔顿：《国际间的权衡交易：贸易如何促进发展》，沈小寅译，中国人民大学出版社，2008。

[奥]约瑟夫·熊彼特：《经济分析史》第1卷，朱泱等译，商务印书馆，1994。

[美]詹姆斯·布兰德：《战略性贸易和产业政策的依据》，载[美]保罗·克鲁格曼主编：《战略性贸易政策与新国际经济学》，海闻等译，中国人民大学出版社、北京大学出版社，2000。

张少华：《美国早期现代化的两条道路之争》，北京大学出版社，1996。

张卫良：《英国社会的商业化历史进程》，人民出版社，2004。

[韩]张夏准：《富国陷阱：发达国家为何踢开梯子》，肖炼等译，社会科学文献出版社，2007。

张幼文：《外贸政策与经济发展》，立信会计出版社，1997。

张振江：《从英镑到美元：国际经济霸权的转移（1933－1945）》，人民出版社，2006。

赵秀荣：《1500－1700年英国商业与商人研究》，社会科学文献出版社，2004。

郑伊雍：《冷战一页：建国初期西方对我封锁禁运揭秘》，中国青年出版社，2000。

朱维铮：《重读近代史》，上海文艺出版集团、中西书局，2010。

后　记

行文至此，如同爬山终于登顶，感到疲惫而又兴奋。疲惫是自然的，每个章节几乎都是单独的专题，就像一座座孤立的高山一样，每次都需要从头起步，重聚很大的力量才能攀登。在每个问题上，从观点酝酿到资料求证，再到观点的修正与深化，如此来回反复，劳神费力矣！但与此同时，我又感到兴奋，因为总算把某些重大问题查了个水落石出。

质言之，我完成的工作包括：通过辨析斯密及其理论获得信奉的历史细节，实证地揭示了自由贸易论的意识形态本源；还原了英国纺织业的成长历程，证明恰恰是保护主义促成了英国的工业革命；挖掘了英国实际经历的经济学革命、初始工业革命、金融革命，指出重商主义而非自由主义才是英国富强的真正基石；梳理了英国实行自由贸易的前因后果，揭露了自由贸易扶强抑弱的本来面目；追溯了美国走向富强的崛起过程，确认美国的成功赶超乃源于实施了世所罕见的保护主义；剖析了"二战"以来国际贸易自由化进程中美国远非自由化的角色，并认定历史规律至今依然不失其有效性；借助历来对自由贸易的理论挑战，通过分析理论前提假定的虚妄性，揭示了自由贸易论的内在漏洞，并以此解释了历史表面的反常现象。

我攻读硕士学位时师从著名历史学家罗荣渠先生，导师有关为学的四点看法值得记述。其一，他认为世界上固然到处都是可研究的问题，但有使命感的学者理当着力研究那些对国家发展和人类命运具有重大意义的问题。其二，他提出经济发展是现代社会变迁中的一个活跃因素，比之其他是更值得关注的核心问题，而且他还为自己未能学习经济学专业而"抱恨终天"。其三，他说过，"大脑并不分泌思想"，言下之意，思想的形成首先要立足于阅读文献，应通过消化和明辨既有研究成果，做到言必有据、厚积薄发。其四，他打比方说，"观点像削铅笔一样，要反复削尖"，即需要不断提炼。

上述看法我以为是先师的毕生感悟和成功之道，本书如果说有所成就的话，在选题、研究到成稿的过程中，无疑得益于先师的教诲和启发。虽然本书甚少用到"现代化"这个字眼，但实际内容还是属于罗先生在国内开创"现代化研究"的范围。当然，我主要从经济史的角度，以英美为案例，探讨了现代发展问题。沉入具体领域、聚焦要害问题，这是深化现代化研究所必需，也是后学义不容辞的责任。

本书是一项以经济史为本的研究，但决非为历史而历史，从问题的提出到取得的结论，着眼点显然还是现实的国际政治经济学问题，诚所谓"一切历史都是当代史"。研究当今的发达国家何以发达起来，恰如研究当今发展中国家何以实现发展，是一门需要会通历史和现实的学问。历史的影子是很长的，现实的根源也是很深的，故此，历史从来都是思考和解决现实问题的一个重要支点。

历史上，德国以及英国经济学的历史学派都以其独到卓越的思想成果，回应了时代的要求，为取得或保持国家的富强作出了重大贡献。不管与西方既往还是今日的学界相比，经济史的分量在中国还相当不够，特别是对西方经济史的研究，哪怕仅就吸收西方学界的相关研究成果而言，也远未达到应有的程度。由于经济史研究实乃经济学研究的重要基础，对西方经济史了解甚少，会导致公众轻信某些似是而非的陈说与教条，无力透视西方经济学理论的来龙去脉，难以分辨西方政策与说辞的真实用心。显然，加强对世界经济史的了解和研究已成当务之急。

余不多言，我愿借本书再版的机会，由衷感谢曾给予我热心帮助的人们，特别是：北京大学世界现代化进程研究中心原主任罗荣渠教授，北京大学历史系原副主任董正华教授，上海社会科学院原院长尹继佐教授，上海社会科学院世界经济研究所原所长张幼文研究员，美国伯克莱加州大学历史系 Richard M. Abrams 教授，上海王桥开发公司原总经理陆辉权先生，上海浦东新区孙桥派出所原所长张家福先生。家人梅纪成、蔡玉林、梅炜、季玉英、梅黎霞、梅健、张桂南、季根生、赵凤金、梅君怡、陆建中、梅静雯等，一直与我同在，给予我丰富的生活体验和强大的精神激励，让我知足感恩并猛志常在。张旦红、梅新枝见证了本书辛苦的成稿过程，并给以最大程度的理解和支持，本书何尝不是我们多年来共同努力的结果呢！